教育部人文社会科学重点研究基地
云南大学西南边疆少数民族研究中心学术集刊

西南边疆民族研究

中文社会科学引文索引(CSSCI)来源集刊

第22辑

主　编　何　明
副主编　李志农　朱凌飞

云南大学出版社
Yunnan University Press

图书在版编目（CIP）数据

西南边疆民族研究．第22辑／何明主编．-- 昆明：
云南大学出版社，2017
ISBN 978－7－5482－3095－3

Ⅰ．①西… Ⅱ．①何… Ⅲ．①少数民族—西南地区—
年刊 Ⅳ．①K280.7－54

中国版本图书馆CIP数据核字（2017）第196646号

策划编辑： 张丽华
责任编辑： 孙小林
封面设计： 周　旸

西南边疆民族研究
第22辑

何　明　主　编
李志农　朱凌飞　副主编

出版发行： 云南大学出版社
印　　装： 昆明卓林包装印刷有限公司
开　　本： 889mm×1192mm 1/16
印　　张： 16
字　　数： 475千
版　　次： 2017年8月第1版
印　　次： 2017年8月第1次印刷
书　　号： ISBN 978－7－5482－3095－3
定　　价： 58.00元

地　　址： 昆明市一二一大街182号（云南大学东陆校区英华园内）
邮　　编： 650091
发行电话：（0871）65033244　65031071
E－mail： market@ynup.com

本书若发现印装质量问题，请与印厂联系调换，联系电话：0871－64197093。

目　　录

边疆治理中的国家能力[①]

张剑源*

摘　要：当代中国边疆治理面临着发展差距问题、边疆安全问题，以及边疆在国家整体战略中如何发挥作用等现实难题。在边疆治理结构优化的情况下，要解决边疆治理难题，需要不断加强边疆治理过程中的国家能力。根据当代中国边疆治理的实际情况，学习能力、安全保障能力、贯彻执行能力、回应能力、创新和促进发展的能力、团结的能力等，应当是国家边疆治理应具备的基本能力。国家能力的有效发挥，可以不断强化国家保护职责、完善微观管理、促进发展带动，实现国家对边疆的有效治理，促进国家边疆治理能力和边疆治理体系的现代化。

关键词：边疆治理；国家能力；发展

DOI：10. 13835/b. eayn. 22. 01

一、问题的提出

历史经验表明，边疆治理效能从总体上与两个因素密切相关。一个因素是治理结构，它所要解决的核心问题是：在统一的多民族国家内部，国家应当如何处理“多元”“差异”，以及如何处理中央与边疆民族地方的关系；第二个因素是国家能力，所要解决的核心问题是：在边疆治理结构确立和完善的基础上，如何使国家的边疆治理政策能够落到实处，以及如何回应在边疆治理过程中出现的新的问题和挑战。[②]

就第一个因素“治理结构”来说，新中国成立后，中国在处理边疆民族问题上所采取的以民族区域自治制度为代表的“合作治理”策略取得了较大的成就。它“对于加强各民族平等、团结、互助的关系，维护国家统一，加快民族自治地方发展，促进少数民族进步，起到了巨大的作用”[③]。虽然也有质疑的观点，但很多研究已表明，如果政府不能继续倡导民族认同、保证优惠政策和某种程度的自治，那中国公民身份对少数民族就会失去吸引力，政府与地方民族间的脆弱平衡就会瓦解。

---

* 作者简介：张剑源，法学博士，云南大学法学院副教授。

① 基金项目：国家社科基金项目“西南边疆民族事务治理法治化研究”（项目编号：15BFX043）阶段性成果。

② 参见张剑源《治边西南：历史经验与当代启示》，载苏力主编《法律和社会科学》（第 13 卷第 2 辑），法律出版社 2014 年版。需要指出的是，不仅中国历代治边的经验说明“治理结构”和“国家能力”对于边疆治理至关重要，西方学者的研究也表明，与治理结构相关的“民族建设”和与国家能力相关的“国家组织建设”在整个西方政治发展过程中同样是至关重要的决定性因素。可参见［美］弗兰西斯·福山《政治秩序与政治衰败：从工业革命到民主全球化》，毛俊杰译，广西师范大学出版社 2015 年版，第 150 – 179 页。

③ 中华人民共和国国务院新闻办公室：《中国的民族区域自治》（白皮书），2005 年。

相关研究还指出，少数民族权利的扩展而不是收缩，反而能给中国带来更大的民族平等和社会稳定。[①]因此可以说，在“治理结构”层面上，当代中国所采取的“合作治理”策略乃是符合时代要求和中国实际的。

问题是，在边疆治理过程中，单有“治理结构”层面的确立和完善还不足以实现边疆治理效能的最优化。长期以来，在边疆民族地方出现的国家民族主义与本位民族主义的极端化之间的冲突、中央政权的整合意图与强调自身特殊性的边疆民族之间的抗衡、“同质化社会语境”和“异质化社会语境”之间的差异[②]，以及由于市场化、区域一体化、全球化而引发的一系列与边疆治理相关的问题无不表明：边疆治理结构的确立和完善并不意味着边疆治理效能的实现。边疆民族政策得不到有效落实、边疆地区非传统安全问题不断出现（比如恐怖主义、“三非人员”问题等）、边疆民族地区与内地发达地区发展差距依然存在等问题，实际上都对国家的边疆治理和民族政策的有效落实提出了新的挑战。

本文认为，国家能力对于边疆治理效能的实现意义重大，无论是在缩小发展差距、提供安全保障，还是在促进边疆地区融入国家战略等方面，国家能力都起到不可替代的作用。即便国家边疆治理结构已经完善，国家能力的发挥同样不能忽略。为此，本文将在既有研究基础上，从国家能力在边疆治理中的重要性讨论入手，分析目前中国边疆治理的现实难题，进而提出国家在边疆治理过程中应该具备的具体能力。

二、理论基础

通常意义上，国家能力是指国家将自己的意志、目标转化为现实的能力。[③]托马斯·海贝勒认为，国家能力不仅指政府确保经济增长的抽象能力，而且还指实施法律、维持秩序、消除不平等或者提供额外保障的能力。[④]迈克尔·曼则使用基础权力（infrastructural power）概念，认为其是指合法制定和执行法律或提供安全、健康和教育的能力。[⑤]

（一）回归国家

从20世纪80年代末开始到现在近三十年时间内，在有关国家的讨论中曾出现过两个截然不同的理论，一个被称为“弱化国家理论”，另一个则是“回归国家理论”。“弱化国家理论”的产生与20世纪80年代和90年代初期民主化“第三次浪潮”之后，在东欧、拉丁美洲、亚洲以及非洲等出现的缩减国家机构的浪潮密切相关。这一理论产生的标志是“华盛顿共识”（Washington Consensus）和“新自由主义”理论的产生。[⑥]其核心主张是：私有化，放松政府管制，促进贸易和金融自由化。这一理论虽然在促进竞争等方面发挥了积极的作用，但从一些国家（比如墨西哥等国家）的经验中

---

① ［美］沙伯力：《中国民族政策能否采用美国/印度模式？》，林紫薇、张俊一译，《中央民族大学学报》（哲学社会科学版）2014年第4期。

② 参见靳薇《新疆问题的综合治理之道》，《文化纵横》2014年第4期；刘晓原《中国国家形态转型的边疆之维》，《文化纵横》2011年第6期；关凯《民族区域自治：在历史与现实之间》，《中国民族》2014年第11期。

③ 王绍光、胡鞍钢：《中国国家能力报告》，辽宁人民出版社1993年版，第6页。

④ ［德］托马斯·海贝勒：《转型国家的战略集团与国家能力》，刘合光、冯贞柏译，《经济社会体制比较》2004年第1期。

⑤ ［美］弗兰西斯·福山：《政治秩序与政治衰败：从工业革命到民主全球化》，毛俊杰译，广西师范大学出版社2015年版，第32页。

⑥ ［美］弗兰西斯·福山：《国家构建：21世纪的国家治理与世界秩序》，黄胜强、许铭原译，中国社会科学出版社2007年版，第4－5页。

可以看出，新自由主义同时也引发了社会不平等、两极分化严重、社会问题突出等问题。[①]究其原因，在“弱化国家”之后，软弱无能国家或失败国家已成为当今世界许多严重问题（从贫困、艾滋病、毒品到恐怖主义）的根源。[②]“回归国家理论”则是在广泛认识到“新自由主义”所存在问题的基础上，重新认识国家重要性的一种理论。福山认为，“国家力量的强度”（通常指国家能力或制度能力）与“国家职能的范围”是两个不同的领域，而且国家力量重于国家职能。[③]许多“华盛顿共识”支持者的一个普遍谬误在于，他们在主张削减“国家职能的范围”的同时，却忽略了国家能力的重要性。进而使国家持续弱化，并引发各种社会问题的发生。福山指出：“发展中国家的政府所寻求承担的职能范围往往过于宽泛且不断膨胀。但对于大多数发展中国家来说，强化它们的国家制度的基础力量应是当务之急，只有这样才能提供那些只能由政府来承担的核心职能。”[④]

“回归国家理论”强调国家能力——将自己的意志、目标转化为现实的能力[⑤]——的重要性。这一点非常重要。理顺国家与社会、政府与市场的关系，往往有利于塑造较强的国家能力，能使国家专注于它所必需的管理领域[⑥]，进而促进国家整体的稳定和发展。

（二）国家能力的关键概念

第一，社会安全网。提供一个较优的社会安全网可以说是任何一个国家和政府能力最重要的体现。通过“社会安全网”的建构，国家能够提供基本的就业保障、医疗保障、教育机会，以及其他相关社会福利，同时保障人民免受战争、贫困、饥荒的困扰和各种不公正对待。发达国家和经济腾飞国家往往通过“增长引发”（growth - mediated）实现社会服务的拓展。而对于后发国家来说，经济的滞后往往不能成为不提供社会安全网的理由。比如改革之前的中国，就通过“扶持导致”（support - led）——那种通过精心策划的医疗保健、教育等社会扶助计划项目及其他有关的社会安排改进人们的生活条件。[⑦]

第二，组织动员。对于一个国家来说，组织动员能力主要体现在两个方面。首先，是在科学民主决策基础上的国家建设动员，比如中国改革进程中邓小平提出的“集中力量办大事”就是一个显著例子。它在很大程度上取决于国家当事部门的质量，特别是组织形式以及政府手中的人力和物力。[⑧] 其次，是在环境变化下的应对能力。比如在对国际国内环境不断变化情况下所出现新问题的应对能力，以及对特定、突发情况的应对能力。亨廷顿认为，制度是创造出来满足社会某种需求的。它作为重复行为的模式，本身又会变得僵化。一旦当初促使它问世的情形发生变化，却无法作出相应的调整，那么，政治制度也会衰败。[⑨]因此，也可以说在避免政治衰败的过程中，国家的组织和动员至关重要。

---

① ［美］大卫·哈维：《自由主义简史》，王钦译，上海译文出版社 2010 年版。

② ［美］弗兰西斯·福山：《国家构建：21 世纪的国家治理与世界秩序》，黄胜强、许铭原译，中国社会科学出版社 2007 年版，序言第 1 页。

③ ［美］弗兰西斯·福山：《国家构建：21 世纪的国家治理与世界秩序》，黄胜强、许铭原译，中国社会科学出版社 2007 年版，第 7 - 19 页。

④ ［美］弗兰西斯·福山：《国家构建：21 世纪的国家治理与世界秩序》，黄胜强、许铭原译，中国社会科学出版社 2007 年版，第 40 页。

⑤ 王绍光、胡鞍钢：《中国国家能力报告》，辽宁人民出版社 1993 年版，第 6 页。

⑥ 包刚升：《走出理解“国家能力”概念的误区》，《中国社会科学报》2013 年 10 月 25 日，B02 版。

⑦ ［印］阿马蒂亚·森：《以自由看待发展》，任赜、于真译，中国人民大学出版社 2013 年版，第 37 页。

⑧ ［美］弗兰西斯·福山：《政治秩序与政治衰败：从工业革命到民主全球化》，毛俊杰译，广西师范大学出版社 2015 年版，第 52 页。

⑨ ［美］弗兰西斯·福山：《政治秩序与政治衰败：从工业革命到民主全球化》，毛俊杰译，广西师范大学出版社 2015 年版，第 23 页。

第三，监管。监管似乎一直是与自由市场相矛盾的一个概念。以美国为例，过去人们普遍信奉自由主义和自由市场，不管是在思想理论界还是在实践领域都如此。19 世纪后期到 20 世纪初，在威尔逊任职总统期间，这一情况发生了根本性的改变。人们逐渐认识到并承认：纯粹的自由市场体制无法提供足够的服务，也无法协调相互冲突的利益。强大中央集权政府在很多功能上是必不可少的，从监管铁路和电报的运作，到遏制试图垄断市场的大企业。①近年来，监管理论和实践的发展已经从过去单纯关注经济领域向更广泛的社会领域发展，比如食品安全监管、污染监管、劳动环境监管等。

总之，日益复杂的社会环境给国家能力提出了新的、更多的挑战。阿马蒂亚·森说过："市场机制的自由—效率成果和自由—不均等问题的严重性，值得同时加以考察。特别是在处理严重的剥夺和贫困问题时，必须正视不均等问题，在这个领域，社会干预，包括政府扶助，应该发挥重要的作用"。② 王绍光也曾提出一个"基础性国家能力"的概念，认为没有基本的治国能力，做其他任何努力都没用，所谓民主化、市场化也一样。③国家能力如此重要，在国家整体的建设和发展之外，实际上给边疆治理提供了新的思路和视角。

三、中国边疆治理的现实难题

从中国边疆多民族地区发展的现实来看，虽然国家边疆治理结构日益完善，国家对边疆民族地区也出台了大量的照顾政策和促进发展的政策，但边疆治理结构优势尚未得到充分发挥，国家的政策"表达"离"现实的边疆治理效能"实际上还存在一定的差距。

（一）从一项基础性调查展开

对云南边境（临沧市、怒江州、西双版纳州、普洱市、文山州、红河州、保山市等）市（州）、县两级 108 名基层公务员进行的基础调查显示：在发展问题上，69.4% 的被访者（75 名）认为目前边疆地区和东中部依然存在较大的发展差距；28.7% 的被访者（31 名）认为目前边疆地区和东中部有一定的发展差距；1.9% 的被访者（2 名）认为目前边疆地区和东中部没有发展差距，见图 1。④

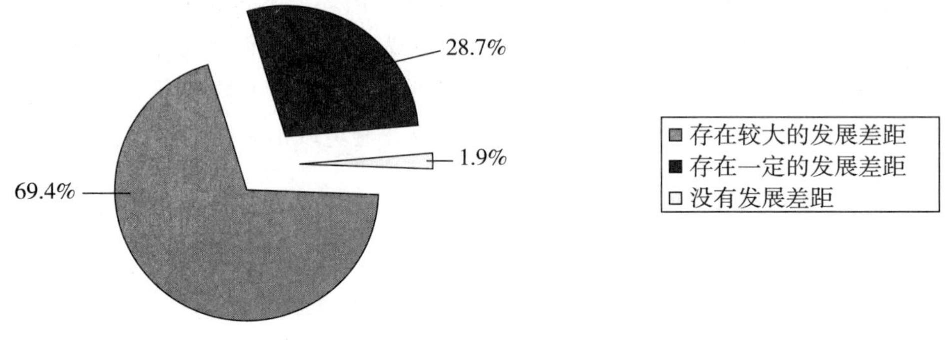

图 1　基层公务员对边疆地区和东部、中部地区发展差距的判断

---

① ［美］弗兰西斯·福山：《政治秩序与政治衰败：从工业革命到民主全球化》，毛俊杰译，广西师范大学出版社 2015 年版，第 138－153 页。

② ［印］阿马蒂亚·森：《以自由看待发展》，任赜、于真译，中国人民大学出版社 2013 年版，第 118 页。

③ 王绍光：《国家治理与基础性国家能力》，《华中科技大学学报》（社会科学版）2014 年第 3 期。

④ 之所以在基层公务员中展开调查，一个重要的原因在于：国家能力的强弱在很大程度上将取决于政府能力，政府能力的发挥又将在很大程度上取决于政府公务人员的能力。对于边疆民族地区的政府公务员来说，他们对边疆民族地区事务的了解最为直观。了解他们对待边疆民族事务的具体判断和意识，有助于深化我们对边疆治理的理解和把握。

被调查者认为，发展差距产生的主要原因包括（按出现频率高低排序）：教育医疗等公共服务欠缺（出现25次）、经济发展能力不足（出现22次）、地理位置和自然条件的制约（出现17次）、基础设施建设（特别是交通建设）滞后（出现16次）、当地人发展观念和意识不强（出现16次）、国家政策支持力度不够（出现9次）、人才缺乏（出现6次）、信息闭塞（出现5次）、历史原因（出现5次）。另外，开放程度不高、发展机遇少、领导干部能力有待提高等各出现1次是，见图2。

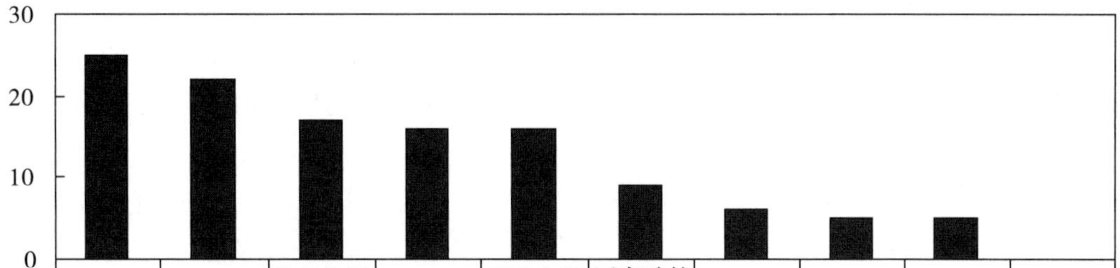

	公共服务欠缺	经济发展能力不足	地理位置和自然条件的制约	基础设施滞后	当地人发展观念不强	国家政策支持力度不够	人才缺乏	信息闭塞	历史原因	开放程度不高等
■ 出现频率(单位:次)	25	22	17	16	16	9	6	5	5	各1次

图2　基层公务员对边疆地区发展差距产生原因的判断

另外，被调查者还认为，边境地区的社会问题主要包括（按出现频率高低排序）：“三非人员”问题（出现25次）、毒品问题（出现17次）、经济和发展滞后问题（出现10次）、艾滋病及其他传染病问题（出现9次）、社会治安问题（出现7次）、边境管理法律政策的制定和落实问题（出现6次）、社会稳定问题（出现6次）、文化教育问题（出现6次）、留守妇女儿童问题（出现6次），到境外赌博和私自出国伐木等问题各出现1次。

通过调查可以看出：首先，边疆地区与东中部地区之间存在的发展差距问题依然是制约边疆地区发展过程中的最大问题；其次，边疆地区社会问题多样，很多都具有一定的特殊性，比如“三非人员”问题、毒品艾滋病问题、边境地区的社会治安和社会稳定问题等。这一基础性调查有助于我们在一定程度上认识当前中国边疆治理的现实难题。除此之外，需要进一步指出的是：由于我国边疆范围广阔，社会问题也有一定的差异，除了我们在调查中所见的云南边疆地区出现的问题外，在我国其他边疆地区还存在宗教极端主义、非法越境等非传统安全威胁。边疆安全问题已经成为一个不可忽视的问题。另外，除调查数据外，我们还应看到：目前我国正在实施“一带一路”等国家战略，边疆地区正从传统意义上的边缘、落后地区转变为国家开放和国家战略落实的前沿地区。如何“主动服务和融入国家发展战略”已经成为当前国家边疆治理的重点和难点。

综上，结合云南调查数据所反映出的问题，以及中国边疆更为宏观的社会、经济、政治环境，本文认为：如何缩小发展差距、保障边疆安全、服务和融入国家战略等问题已经成为国家在边疆治理过程中需要面对的新挑战。

（二）边疆治理的现实难题

1. 发展差距问题

缩小发展差距，一直是国家边疆民族政策的一项重要内容。特别是改革开放以后，国家从制度层面进一步加强了对边疆多民族地区发展和稳定的重视。比如：1979年，国家制定实施《边疆建设规划（草案）》；1992年，国家实施沿边开放战略；1996年，国务院制定促进边境贸易发展和对外经济合作的优惠政策；1999年，国家实施旨在振兴边境、富裕边民的兴边富民行动；2009年，国家决定推进兴边富民行动覆盖全国所有边境县和新疆生产建设兵团边境团场。[①]再加上各种形式的民族平等、民族团结，以及民族地方的优惠和支持政策[②]，为边疆多民族地区发展提供了坚实的制度保障。

然而，从现实情况来看，边疆地区在发展过程中还是遇到了一系列的挑战。首先，由于受历史基础和地理条件等诸多因素的制约和影响，少数民族分布较集中的西部地区，经济和社会发展水平较东部发达地区还不高，特别是一些偏远地区，还比较落后。[③]东部与西部和民族地区之间在经济发展水平、产业结构、固定资产投资、利用外资、收入水平等方面有明显的差距，且有日益扩大的趋势[④]；其次，在经济体制改革和市场化过程中，政府逐渐从经济领域淡出，国家调控的作用在相当程度上开始被市场竞争机制取代。特别是在中国新兴的劳动力市场中，由于缺乏适当的规管调控，性别和民族歧视问题开始日益凸显[⑤]；再次，在很长一段时间内，随着"传统的"和"国家的""社会安全网"的双重收缩，边疆民族地区的国家公共服务体系程序呈现出与其他地区较大的差距。在教育领域，改革后期经济结构转型和教育体系改革（国家逐渐退出）以及城乡之间的巨大鸿沟使得低收入群体和少数民族获得教育的机会不断收缩。[⑥] 在医疗领域，由缺医少药带来的问题，在使边境沿线地区民族群众的生命健康权得不到切实保障而有失社会公正的同时，也是引发其他一系列问题的重要原因，并对社会的和谐稳定造成一定的负面影响。[⑦]

可以说，边疆地区发展差距的问题还依然存在，边疆和民族政策的"制度优势"还未能得到完全的现实转化。国家边疆治理政策所预设的"兴边富民"、发展、稳定等目标与实际的边疆治理效能之间还存在一定的差距。

2. 边疆安全问题

边疆安全问题主要涉及边疆社会管理、边境管控、边防执法等方面的具体问题。[⑧]

在边疆社会管理方面。我国边疆地区目前仍然存在跨界民族、民族人口流动、宗教信仰、发展差距等民族宗教问题。[⑨] 除此之外，公共卫生、环境资源、毒品犯罪等问题也对边疆社会管理提出了新的挑战。比如，我国云南、广西、新疆等边疆省份、自治区一直都是国家艾滋病和毒品犯罪报告数量较多的省份、自治区；我国西北干旱地区一直存在干旱少雨、生态环境脆弱、土地荒漠化严重

---

① 中华人民共和国国务院新闻办公室：《中国的民族政策与各民族共同繁荣发展》（白皮书），2009年。

② 比如，从20世纪50年代开始，国家对民族地区实行"统收统支、不足补助"、提高预备费的设置比例（比一般地区高2个百分点）等优惠财政政策；1994年开始实施的《国家八七扶贫攻坚计划》，通过放宽标准而使享受优惠政策的少数民族贫困县达到116个；1996年，国务院制定促进边境贸易发展和对外经济合作的优惠政策；1997年，国家出台了新的优惠政策，设立专项贴息贷款，免除部分企业增值税，惠及全国1760多家少数民族特需商品定点生产企业；2000年实施西部大开发，5个自治区、30个自治州、120个自治县全部纳入西部大开发范围或者参照享受西部大开发的有关优惠政策；2008年以来，国家陆续制定出台了促进宁夏、青海等省（自治区）藏族聚居区、云南边疆地区经济社会发展的一系列优惠政策措施，增加投入，加强基础设施建设，发展特色优势产业，推动社会事业发展，促进少数民族和民族地区经济社会加快发展。除此之外，各级各类学校全部面向少数民族招生并实行一定优惠。国家在招录公务员时，对少数民族考生适当放宽条件，通过划定比例、定向招考、适当加分等优惠政策，确保一定数量的少数民族考生进入公务员队伍。参见中华人民共和国国务院新闻办公室《中国的民族政策与各民族共同繁荣发展》（白皮书）。

③ 中华人民共和国国务院新闻办公室：《中国的民族区域自治》（白皮书），2005年。

④ 刘学愚、金荣：《论社会主义市场经济条件下民族地区经济的发展》，《思想战线》1996年第6期。

⑤ 吴晓刚、宋曦：《劳动力市场中的民族分层：对新疆维吾尔自治区的实证研究》，《开放时代》2014年第4期。

⑥ 洪岩璧：《族群与教育不平等　我国西部少数民族教育获得的一项实证研究》，《社会》2010年第2期。

⑦ 鲁刚等：《社会和谐与边疆稳定》，中国社会科学出版社2011年版，第71页。

⑧ 周平：《我国的边疆治理研究》，《学术探索》2008年第2期。

⑨ 贾东海、米娟婷：《新世纪西部边疆民族宗教问题对中国民族关系的影响——以新疆为例分析》，《社科纵横》2007年第2期。

等问题。①

在边境管控方面，近年来出现的“三非人员”、难民、非法越境等问题对边境管理提出了较大的挑战。② 在我国西南边境地区，“三非”人员爆发式的增长，加剧了失控、漏管现象，导致犯罪率节节攀升，尤其是“三非”人员参与走私贩卖毒品、拐卖妇女儿童、“两抢一盗”、卖淫、吸毒等跨境违法犯罪活动，已经成为当地社会稳定的突出问题③；由于缅甸内战造成大量难民涌入，因此对边境地区经济、社会和生态环境均造成了不同程度的影响。④ 另外，在我国西北、西南，和东北边疆地区都存在非法越境的问题，这给国家安全、边境管理造成了不同程度的威胁。除此之外，周边形势也对边疆安全造成了巨大影响。比如在我国西北边疆地区，“三股势力”活跃、周边主权国家较为明显的民族主义倾向，对新疆跨界民族公民意识与族别认同产生了影响。⑤ 另外，俄美之间在中亚地区的争夺与斗争，不仅威胁中亚地区政治稳定，也给中亚相邻地区和国家，特别是我国西北边疆地区带来安全隐患。⑥ 在边防执法方面，2010—2013 年近三年间，我国公安边防部队共破获刑事案件近 5 万起，查处治安案件 23 万余起；查获偷渡案件 2500 多起，抓获偷渡人员近 5000 人；破获毒品案件 9000 余起，缴获各类毒品 1.6 万千克；查获各类枪支 12 万余支，子弹 26 万余发；抓获在逃人员 11060 人。⑦ 可以看出边防执法和边防建设的艰巨性。

3. 边疆地区如何更好地服务和融入国家整体战略的问题

2015 年，习近平同志在云南考察工作时提出，云南要“主动服务和融入国家发展战略，闯出一条跨越式发展的路子来”⑧。2015 年“两会”期间，习近平同志到广西代表团参加审议时指出，随着国家推进“一带一路”建设，广西在国家对外开放大格局中的地位更加凸显，迎来了历史性的发展机遇。⑨ 在新疆，“中巴经济走廊”的建设进一步强化了新疆的枢纽和核心地位，将为新疆社会稳定和长治久安增添动力。⑩ 在东北，“黑龙江和内蒙古东北部地区沿边开发开放规划”和“新一轮东北振兴计划”等国家战略的实施，都为国家沿边开放战略的推进以及边疆地区的发展带来了新的机遇。从这些可以看出，国家整体战略发展为边疆地区“跨越发展”带来了重要机遇，同时，国家整体战略发展也离不开边疆地区的融入和参与。

---

① 任朝霞、杨达源：《近 50a 西北干旱区气候变化趋势及对荒漠化的影响》，《干旱区资源与环境》2008 年第 4 期。

② 仅 2013 年一年，地处云南文山州的天保口岸就协助驻地地方公安机关遣返越南籍“三非人员”25 起 238 人；从 2014 年到 2015 年 6 月，云南全省共破获组织、运送、偷越国（边）境案件 132 起，抓获组织策划人员 35 名，“黑车”司机 161 名，“蛇头”73 名，偷渡人员 553 名，解救被裹挟未成年人 217 名，击毙暴恐分子 4 名。新疆、广西等地亦有较多关于非法越境的事件发生；2015 年 2 月，缅甸果敢地区发生战争，截至 2015 年 3 月就有 6 万多人次缅甸边民为躲避战事通过云南省临沧市边境进入中国。参见赵岗等《云南天保口岸遣返 24 名越南籍“三非”人员一年内遣返 238 人》，http：//society. yunnan. cn/html/2014 - 01/16/content_ 3040999. htm；《云南警方端掉 73 个非法越境团伙“黑车”司机成内线》，http：//xw. kunming. cn/a/2015 - 07/16/content_ 3965535. htm；《缅甸已有 6 万多人次为躲避战事进入中国》，《新文化报》2015 年 3 月 8 日，第 A02 版。

③ 张洁：《边境地区“三非”人员跨境违法犯罪问题研究——以云南省德宏傣族景颇族自治州为例》，《云南警官学院学报》2014 年第 2 期。

④ 于海利等：《缅甸果敢难民涌入对中国边境地区的影响》，《热带地理》2015 年第 4 期。

⑤ 高汝东、宋德志：《跨界民族视角下新疆应对非传统安全威胁的有利条件和不利因素》，《塔里木大学学报》2011 年第 1 期。

⑥ 高科：《地缘政治视角下的美俄中亚博弈——兼论对中国西北边疆安全的影响》，《东北亚论坛》2008 年第 6 期。

⑦ 张民生、丁际超：《围绕建设“法治边防”总目标　不断提升边防执法公信力》，《边防警察报》2013 年 6 月 1 日，第 1 版。

⑧ 《中共云南省委关于认真传达学习贯彻落实习近平总书记在云南考察工作时的重要讲话精神的通知》，《云南日报》2015 年 01 月 24 日，第 2 版。

⑨ 《决不让一个少数民族一个地区掉队》，《云南日报》2015 年 3 月 9 日，第 1 版。

⑩ 董少华：《为新疆再添发展强劲动力——专家解读“中巴经济走廊”》，《中国外资》2015 年第 11 期。

然而，由于受制于各种主客观因素，边疆治理总体上处于滞后状态。从国家总体发展来看，边疆明显薄弱。这种状况，不仅制约了国家整体实力的提升，而且还会引发更多的问题。从国家发展总体战略的角度来看，边疆已经成为国家发展的战略短板。因此，从国家战略的高度重视边疆治理及加强边疆治理，尽快补齐国家发展的战略短板，已成为必然的选择。① 与此同时，“一带一路”倡议的提出要求边疆多民族地区应该“既力争唱主角、打头阵，抓住机遇加快发展和开放步伐，又服务中央统一部署，为国家战略实施作出应有贡献”②。

总之，无论是国家宏观政策和战略、还是具体的制度设计，都对边疆治理有较为全面的安排和部署。然而，由于各种原因，国家边疆治理的现实效能还没有充分体现，边疆在国家整体发展战略中的作用也没有得到充分发挥，边疆与其他地方的差距依然存在。因此，缩小这种宏观与微观、制度与现实、国家整体与地方具体实践之间的差距，使国家的安排部署和边疆人民的发展需求相契合，就成了目前边疆治理的重点。

四、边疆治理中的国家能力：主要领域

边疆治理中的国家能力需要与边疆的实际情况相结合。也就是要能有效地回应边疆治理的现实难题，同时为边疆地区和谐稳定和发展提供必要的支持和保障。本文认为，以下六个方面的国家能力是边疆治理中必不可少的：学习能力、安全保障能力、贯彻执行能力、回应能力、创新和促进发展的能力、团结的能力，见表1。

表1　边疆治理中必不可少的国家能力

边疆实际情况	边疆治理中的国家能力
是一个历史范畴	学习能力
是国家的边缘	安全保障能力
是“末梢”	贯彻执行能力
存在特定类型的社会问题	回应能力
是开放的前沿	创新和促进发展的能力
多元文化并存、多民族聚居	团结的能力

（一）学习能力

德国学者托马斯·海贝勒认为，学习能力是国家能力的一部分，是指政府能够从过去的失误和失败（政治遗产）中汲取教训，从而或许可以产生不同的或者改善的政策。③ 从实践层面看，边疆是一个历史范畴，历代国家政权在边疆治理中的经验和教训对现时边疆治理有着重要的启示意义。

首先，“学习”并不意味着要完全效仿哪一个历史朝代的治边策略，即便这一朝代的边疆治理策略较优于其他历朝历代，而应该是一个“以时而定制，令各顺其宜”（《商君书·更法第一》）的过程。因为，边疆治理作为一项复杂的国家治理工作，特别需要根据各个地方特定的历史经验和实际

① 周平：《强化边疆治理　补齐战略短板》，《光明日报》2015年6月10日，第13版。
② 王正伟：《民族地区要在服务“一带一路”战略大局中大有作为》，《求是》2015年第14期。
③ ［德］托马斯·海贝勒：《转型国家的战略集团与国家能力》，刘合光、冯贞柏译，《经济社会体制比较》2004年第1期。

情况来制定相应的治理策略。在这个问题上，美国学者拉铁摩尔的研究具有一定的启示意义。它分析了中国古代边疆地带的总体布局，将其分作四个各具独立特征的部分，即东北地区、蒙古地区、新疆地区、西藏地区。在对每个地区的研究中，拉铁摩尔将该地区的环境、社会、经济、政治等结为一个有机的整体，来对其内部的机制特征和每一地区与中原的关系进行考察。① 其次，“学习”还意味着它是一个总结、甄别、比较和借鉴的综合过程，而不能只是效仿。比如，有关国家“治边西南”的历史研究发现，历史上国家治边西南显示出两条主线，分别是“控制”和“改造”。根据强度不同，产生四种主要的治边模式，分别是：弱控制—弱改造、弱控制—强改造、强控制—强改造、强控制—弱改造。根据比较发现，“强控制—弱改造”的治边策略是一种既强调国家责任履行，又强调尊重差异、包容多元的客观化治理模式，对现时的边疆治理有一定的启示和借鉴意义。② 这同时也正如屠凯在其有关中国民族区域自治的研究中所指出的：“历史过程、政治博弈和道德情感等都能为法政安排提供有效支撑。面对一个实实在在的世界，我们尤其需要警惕那些从意识形态教条出发的学说盲目破坏历史形成的精巧设计。……任何设计都不可能是完美的，但是那些决定了它过去成功的主要特征仍然需要得到理解和珍惜。”③

（二）安全保障能力

由于边疆地处国家边缘，维护边疆的秩序和安全，对于整个国家的安全都具有十分重要的意义。因此，国家在边疆治理过程中，应重视安全保障能力的培育和发挥。

从总体上看，边疆治理中的安全保障能力由三个部分组成：第一，保障国内边疆地区的安全和稳定。在这方面，国家一直通过严厉打击民族分裂势力，严厉打击各类严重刑事犯罪活动，以及积极预防、妥善处置各类突发事件，不断增强人民群众的安全感，维护安定团结的政治局面④。第二，强化边境管理。目前，中国陆地边境地区存在着毒品犯罪、宗教渗透、公共卫生安全威胁等跨界民族问题⑤，同时还存在着“三股势力”活跃以及暴力恐怖活动的威胁。近年来，难民、越境捕捞、“三非人员”（非法入境、非法拘留、非法就业）、“五过”（过境耕种、放牧、打猎、伐木、居住五种行为）等问题同样给边境管理带来了新的挑战。在海疆，存在着海盗、海上恐怖主义、海上走私等跨国犯罪活动的威胁。⑥ 近年来，从国家到地方层面针对边境管理采取了很多相关措施，比如国家层面提出：“要坚持把国家主权和安全放在第一位，贯彻总体国家安全观，周密组织边境管控和海上维权行动，坚决维护领土主权和海洋权益，筑牢边海防铜墙铁壁。要坚持军民合力共建边海防，统筹边海防建设和边境沿海地区经济社会发展，巩固军政军民团结和民族团结，发挥军警民联防的特色和优势，坚决维护边疆安全稳定和繁荣发展。”⑦ 在地方层面，比如云南提出了“边境地区社会管理服务体系进一步加强，边防基础设施建设进一步改善，出入境管理更加有序，边境地区大防控体系建设更加完善，边境管理法制化、规范化和实效化迈出新步伐，促进民族团结、边疆稳定、边防

---

① ［美］拉铁摩尔：《中国的亚洲内陆边疆》，江苏人民出版社 2010 年版，第 2 页。

② 张剑源：《治边西南：历史经验与当代启示》，载苏力主编《法律和社会科学》（第 13 卷第 2 辑），法律出版社 2014 年版。

③ 屠凯：《湘西土家族苗族自治州成立考》，载黄宗智主编《中国乡村研究》（第 11 辑），福建教育出版社 2014 年版。

④ 潘从武：《坚决维护边境地区安全稳定》，《法制日报》2012 年 4 月 5 日，第 1 版；柳耀华：《维护边疆地区安全稳定　促进新疆社会和谐发展》，《人民公安报》2006 年 11 月 4 日，第 2 版。

⑤ 穆智：《非传统安全视域下的中缅跨界民族问题与应对策略》，《民族论坛》2015 年第 6 期。

⑥ 葛红亮：《非传统安全与南海地区国家的策略性互动》，《国际安全研究》2015 年第 2 期。

⑦ 《习近平：军警民联防维护边疆安全稳定》，http：//news. 163. com/14/0628/09/9VQMID0U00014Q4P. html。

巩固和经济社会全面发展”的总体目标。[①] 吉林确立了“科技管边、科技控边”的思路，通过边境视频监控建设打击犯罪、管控边境，同时服务群众。[②] 第三，提高针对周边形势的安全应对能力。比如，随着国际能源供给的日趋紧张和能源价格的飙升，俄美之间在中亚地区的争夺与斗争，不仅威胁中亚地区政治稳定，也给中亚相邻地区和国家，特别是我国西北边疆地区带来安全隐患。[③] 再比如，陆上恐怖主义、海上海盗势力，以及跨国违法犯罪活动的猖獗带来了一系列的“非传统安全”问题，严重威胁我国的周边安全。在这个问题上，除了强化国内的管控外，由于其涉及“周边关系”，因此，应特别强调“合作”的重要性。比如，在应对美俄的中亚争夺及其对我国的影响方面，有学者认为，应积极鼓励中亚国家开展地区经济一体化合作，在合作中增加中亚国家间的共同利益，使大国无机可乘，只能采取合作的态度，从而使中亚地区局势重上安全轨道。[④] 在南海边疆安全方面，有学者提出，中国和东盟在南海非传统安全领域的积极对话及形成的相关制度性安排并未让地区非传统安全威胁有实质性好转；而中国和有关国家在南海非传统安全个别领域或次区域开展的互动与累积的信任关系也未能转化为中国和东盟南海周边国家在更广范围、更多领域中的对话与合作。因此，我国一是既要正视东盟相关国家对此的担忧心理，又要借助此前非传统安全对话与合作建立彼此间的信任关系，积极加强和相关国家在安全防务问题上的合作；二是在将中国—东盟达成的系列制度安排落到实处的同时，还必须积极推动中国和有关国家在个别具体问题与次区域层面就南海非传统安全合作展开双边、多边互动与合作，以实践行动中的实效性来寻求中国和有关国家在南海非传统安全领域合作更大的突破。[⑤]

（三）贯彻执行能力

一方面，国家针对边疆多民族地区的繁荣稳定和发展，制定了大量的法律和政策，以达到“国家尽一切努力，促进全国各民族的共同繁荣”的目标（《宪法》序言）；另一方面，由于边疆是国家的“末梢”，因此，很多法律政策就存在是否已经得到落实，落实得好与不好等问题。这些问题涉及国家边疆治理中“制度优势”的转化和实际效能问题，同时也对边疆稳定，以及边疆融入国家战略产生重要影响。

从宏观的角度来看，国家在这方面已有一些基本的经验。比如，为贯彻落实《宪法》和《民族区域自治法》中有关对民族自治地方提供支持和帮助的规定，各级政府采取了如下措施：第一，把加快民族自治地方的发展摆到突出位置；第二，优先合理安排民族自治地方基础设施建设项目；第三，加大对民族自治地方财政支持力度；第四，重视民族自治地方的生态建设和环境保护；第五，采取特殊措施帮助民族自治地方发展教育事业；第六，加大对少数民族贫困地区的扶持力度；第七，增加对民族自治地方社会事业的投入；第八，扶持民族自治地方扩大对外开放；第九，组织发达地区与民族自治地方开展对口支援；第十，照顾少数民族特殊的生产生活需要。[⑥]

然而，在取得实效的同时，边疆民族地区法律政策的落实长期以来也存在一些不可忽视的问题。比如，有研究发现，由于财政投入资源有限、体制尚待改革等种种原因，导致国家对边疆民族特困

---

① 刘百军：《云南积极探索边境社会管理新路子　增强边境群众自我管理能力》，http://www.legaldaily.com.cn/bm/content/2012-07/16/content_3706744.htm?node=20730。

② 李吉胜：《吉林：“科技管控”铸起边境安全屏障》，http://bf.cpd.com.cn/n2450678/c24315921/content.html。

③ 高科：《地缘政治视角下的美俄中亚博弈——兼论对中国西北边疆安全的影响》，《东北亚论坛》2008年第6期。

④ 高科：《地缘政治视角下的美俄中亚博弈——兼论对中国西北边疆安全的影响》，《东北亚论坛》2008年第6期。

⑤ 葛红亮：《非传统安全与南海地区国家的策略性互动》，《国际安全研究》2015年第2期。

⑥ 中华人民共和国国务院新闻办公室：《中国的民族区域自治》（白皮书），2005年。

乡给予的系列政策扶持存在进一步落实的问题。[①] 还有研究发现，由于自然条件、经济基础、群众观念、体制制度等制约，使得《义务教育法》所确立的均等性原则在云南边疆贫困地区贯彻落实中存在发展机会不均等问题。[②]

正因为这些问题的存在，所以需要在边疆治理过程中不断推进对既有法律政策的贯彻和落实。一方面，要加强对既有法律政策贯彻落实的监督力度，促进民族区域自治制度、国家优惠政策等在边疆地区切实发挥作用；另一方面，各级政府应当对贯彻落实不到位、贯彻落实出现偏差的问题有足够的回应能力和纠偏能力，促进既有法律政策在既定的轨道上运行。

（四）回应能力

边疆地区的社会问题复杂多样，这给国家的边疆治理工作提出了较大的挑战。但一个基本的经验是，如果国家有足够积极的回应，社会问题往往可以得到有效的预防和处置；如果国家的回应能力不足，社会问题往往会呈现出扩大化、长久化的趋势。

首先，需要对长期以来逐步形成的民族分层、少数民族边缘化等社会现象有足够的重视和积极的回应，以避免民族不平等现象的发生。[③] 比如，一项依据2005年新疆人口抽样调查数据的研究成果显示，在就业领域往往存在“部门隔离”和“部门内不平等”的问题。大部分少数民族在农业部门就业，收入差距比在非农业部门要大；另外，即便是在同样的部门（比如私营企业或个体经营）就业，少数民族也常常要经受较大的竞争，从而使得经济增长所带来的经济机会较少惠及少数民族。研究显示，在市场力量和政府力量之间，政府力量对于促进民族平等有着十分重要的意义。[④] 事实上，从过去一段时间国家在边疆治理过程中的一些重要举措可以看出这种回应能力已经形成并正在发挥作用。比如2014年新疆就把增加就业尤其是增加少数民族就业作为新疆特别是南疆发展的第一任务，同时还作出规定，政府投资重大建设项目和国有企业新招用人员中新疆籍劳动者比例不低于70%，其中大中专毕业生比例不低于30%。[⑤] 再比如，2015年在中央第六次西藏工作会议上提出：“要实施更加积极的就业政策，为各族群众走出农牧区到城镇和企业就业、经商创业提供更多帮助。”[⑥] 从这些举措中不难看出，对既存问题积极回应对于民族分层问题的解决以及边疆地区的稳定都具有十分重要的现实意义和促进作用。

其次，在处理边疆地区突出社会问题方面需要因地制宜，在保证落实中央统一部署的前提下，充分发挥地方的积极性和主动性，重视地方实践和地方经验在解决突出社会问题时的作用。在广大中国陆地边疆地区，毒品贩卖和滥用、艾滋病传播、拐卖妇女儿童、非法越境等问题一直都是边疆地区突出的社会问题，为了有效地回应和解决这些问题，很多边疆地方都出台了各具特色的措施。比如在禁毒方面，云南丽江小凉山地区地方政府已经把彝族“虎日”戒毒盟誓仪式和扩大“无毒社

---

① 赵俊臣：《边疆特困乡急需落实党的扶贫政策——来自云南省宁蒗彝族自治县战河乡的调研》，《今日中国论坛》2007年第10期。

② 胡明学、安树昆：《义务教育均等原则在边疆贫困地区的落实》，《中共云南省委党校学报》2010年第5期。

③ 关于民族分层、少数民族边缘化等问题，可参见马东平《甘肃民族社会分层现状分析》，《甘肃社会科学》2007年第5期；洪岩璧《族群与教育不平等　我国西部少数民族教育获得的一项实证研究》，《社会》2010年第2期；沈红《中国历史上少数民族人口的边缘化——少数民族贫困的历史透视》，《西北民族学院学报》（哲学社会科学版）1995年第2期；陆海发、白利友《边疆少数民族自发移民的边缘化处境及其成因分析——基于对云南K县的调查》，《北方民族大学学报》（哲学社会科学版）2012年第3期等。

④ 吴晓刚、宋曦：《劳动力市场中的民族分层：对新疆维吾尔自治区的实证研究》，《开放时代》2014年第4期。

⑤ 张云梅：《新疆多措并举增加少数民族就业》，http://news.ts.cn/content/2014-03/29/content_9491904.htm。

⑥ 《依法治藏富民兴藏长期建藏　加快西藏全面建成小康社会步伐》，《人民日报》2015年8月26日，第1版。

区”五年计划结合起来，试图扩大戒毒和禁毒的成果①；在艾滋病防治方面，云南傣族地区充分借助宗教组织的力量和作用，促进艾滋病防治和关怀救济工作的有效开展。② 可以说，在国家统一部署之外，这些具体的措施对于边疆地区社会问题的解决是尤为重要的，应该引起足够的重视。

最后，应当强调在法治轨道上回应和解决各类社会问题。在边疆多民族地区，由于历史、文化等原因，很多问题极易转化为各种类型的群体性事件。比如1989年清明节前夕，贵州松桃苗族自治县部分杨姓干部群众准备利用清明节祭祖的机会，组织万人进城游行，要求恢复为土家族。此事引起了当地苗族群众的对立情绪。一旦进城游行，双方矛盾激化，势必发生大规模械斗。该事件最后在贵州省委和当地政府的共同努力下得到了妥善解决。③ 同时，对于这类事件，如果回应和处理不当，一些纠纷就容易形成“长时段”纠纷或民族宗教“热点问题”。除此之外，还有一些非民族的问题会出现“民族问题化”的趋势，不利于纠纷的解决。比如，嘉日姆几等人在有关云南黑树林水利纷争的研究中就发现，这一“长时段”的纠纷曾一度被理解为是哈尼族因水利纠纷而产生的民族内部矛盾。但实际上，它却是多民族共同参与的地域性环境纷争。政府频繁的区划调整、体制变迁以及各种处理方案，都导致了黑树林水利纠纷的产生与扩散。民族问题的社会建构呈现出一定的随机性。④ 这些问题的存在提醒我们，边疆多民族地区各类社会问题的解决，不仅仅需要依靠应急性的“处置”，还需要有常态化的预防、冲突管理等措施的建构，需要将随机过程转化为有序过程来进行管理。⑤ 只有这样，才能有效克服边疆多民族地区纠纷所呈现出的“长时段”“民族问题化”等问题。而无疑，在现代国家治理领域，法治在这方面的作用已经得到了越来越广泛的承认。需要不断健全依法维权和化解纠纷机制，同时，需要根据边疆实际情况，“秉持法律这个准绳，用好法治这个方式，推进边疆治理体系和治理能力现代化，筑牢政治稳定、经济发展、社会和谐、民族团结、边疆安宁的法治根基。”⑥

（五）创新和促进发展的能力

边疆的特殊性除了表现为是国家的“边缘”“末梢”，以及存在特定的社会问题外，它还同时是国家开放的前沿。在服务国家战略，参与全球竞争过程中，创新和促进发展的能力在边疆治理过程中无疑是极为重要的。根据梁双陆的研究，中国多元化的国际区域合作战略、西部大开发战略、“兴边富民”行动等宏观环境对边疆边缘经济增长中心成长具有一定的推动作用，但许多政策还需改进，行政指令型的“对口支援”模式对边疆经济的发展基础有促进作用，但效率低下，需要向市场机制型的“内地—边疆”合作机制转换。⑦ 这一观点对重新认识边疆地区发展路径有很大的实践意义。但需要进一步指出的是，在新的发展环境下，边疆地区除了需要与内地建立合作关系外，还需要在国家战略部署和国家开放前沿寻求进一步创新和更为积极的发展策略。

首先，从国家战略的角度看，“一带一路”战略的提出给中国边疆各省份发展带来了新的机遇。比如新疆被定位为“丝绸之路经济带核心区”，福建被定位为“21世纪海上丝绸之路核心区”，广西的定位是21世纪海上丝绸之路与丝绸之路经济带有机衔接的重要门户，云南的定位是面向南亚、东

① 庄孔韶、关凯：《“虎日”：一项关于戒毒模式的人类学研究》，《中国民族报》2007年6月29日，第6版。

② 张剑源：《再造团结：中国艾滋病防治法律制度研究》，法律出版社2015年版，第137－154页。

③ 洪云鹏主编：《贵州年鉴，1990》，贵州人民出版社1990年版，第192页。

④ 嘉日姆几、石吓沙：《非“民族”的民族问题：黑树林水利纷争的人类学研究》，载苏力主编《法律和社会科学》（第13卷第2辑），法律出版社2014年版，第43－68页。

⑤ 嘉日姆几：《民族问题社会建构的随机过程与马尔可夫性策略——云南黑树林地区水利纷争民族问题化的人类学解读》，《西南民族大学学报》（人文社科版）2015年第8期。

⑥ 尹朝平、耿嘉：《推进边疆治理体系和治理能力现代化》，《云南日报》2014年12月3日，第1版。

⑦ 梁双陆：《边疆经济学：国际区域经济一体化与中国边疆经济发展》，人民出版社2009年版，第359页。

南亚的辐射中心等。① 这就需要边疆地区能够主动融入国家发展战略，在“加强东中西互动合作，全面提升开放型经济水平”中发挥应有的作用。比如在云南，“主动服务和融入国家发展战略”已经成为该省一项核心工作。这就必须要树立强烈的机遇意识、发展意识和开放意识。② 在具体工作上，则需要根据实际和国家战略需要，着力建设区域性经济中心、着力突破基础设施瓶颈、着力构建开放型经济体制、着力强化公共服务平台建设、着力深化睦邻友好和务实合作。③

其次，从对外开放的角度来看，边疆地区的发展还意味着必须在国家开放的前沿发挥应有的作用，在开放中向前发展，并在发展中扩大开放与合作。2010 年 5 月，中央新疆工作座谈会决定设立霍尔果斯经济开发区。由此，霍尔果斯口岸与整个伊犁都迎来了前所未有的发展机遇，成为我国向西开放的前沿；黑龙江“借港出海”，成为开放的前沿；云南则在努力建设“面向南亚、东南亚辐射中心”。除此之外，特色和优势产业的发展也为边疆地区对外交流、合作和竞争奠定了基础。有学者认为，在民族地区，尤其值得探索的是寻找本地具有相对比较优势的产业，直接与国际接轨，而不采用承接东南沿海地区淘汰产业的方式来发展本地经济。这样就可以突破边缘化的命运，以积极的态度参与到国际经济一体化的生产链条当中，充分利用本地资源以及劳动力优势，真正实现中西部地区以及少数民族地区的经济飞跃。④ 比如云南在 2012 年就提出了“大力发展高原特色农业”的发展策略，旨在提高农业发展的质量和效益，增强农产品市场竞争力、改善农村民生、促进社会主义新农村建设、推动全省科学发展和谐发展跨越发展。

最后，从发展创新的角度看，在日新月异的社会变化进程中，边疆地区要实现跨越发展，必须努力实现观念的创新、技术的创新和制度的创新。既要努力培育、涵养具有开放创新意识和竞争力的知识技术基础⑤，同时还要充分发挥国家政策的牵动和导向作用，按照自主创新、重点跨越、支撑发展、引领未来的方针和有所为、有所不为的原则，深入贯彻《国家中长期科学和技术发展规划纲要（2006—2020 年）》，把增强自主创新能力、转变经济增长方式作为中心环节，走出一条符合民族地区实际、具有民族地区特点的科技进步与创新之路。⑥ 除此之外，还需要不断完善和夯实制度基础，为创新和发展提供制度保障。

（六）团结的能力

团结的能力是指国家在“合作治理”（而非单线控制或整合）的基础上积极主动地促进地区和谐、民族团结。它是一种国家积极主动的作为，同时也是一种尊重差异、包容多样的实践。

在这方面，我们国家过去有一些成功的工作经验。新中国成立之初广西《大瑶山团结公约》和云南普洱《民族团结誓词碑》的制定，都在很大程度上为边疆多民族聚居区的民族团结奠定了基础。这些成果以民众的需求、民主协商和具体实践为基础，同时也得益于国家在民族工作方面的积极作为。比如在《大瑶山团结公约》制定过程中，中央访问团的指导以及政府对国家民族政策的宣传实际上起到了很大的作用⑦；在普洱《民族团结誓词碑》制定过程中，“普洱专区第一届兄弟民族代表

---

① 国家发展改革委、外交部、商务部：《推动共建丝绸之路经济带和 21 世纪海上丝绸之路的愿景与行动》，《人民日报》2015 年 3 月 29 日，第 4 版。

② 《主动服务和融入国家发展战略——二论认真学习贯彻习近平总书记考察云南重要讲话精神》，《云南日报》2015 年 1 月 29 日，第 1 版。

③ 谭晶纯、尹朝平、李绍明：《主动服务和融入国家发展战略　建设面向南亚东南亚辐射中心——专访全国人大代表、省委书记、省人大常委会主任李纪恒》，《云南日报》2015 年 3 月 9 日，第 1 版。

④ 张守营：《少数民族地区：优势产业接轨国际才能不被边缘化》，《中国经济导报》2012 年 11 月 22 日，第 B05 版。

⑤ 王文长：《边境地区加快发展需要创新思维》，《中国民族报》2012 年 11 月 30 日，第 6 版。

⑥ 李鸿：《推动民族地区科技进步与自主创新的政策因素探析》，《中央民族大学学报》2006 年第 6 期。

⑦ 韦杨：《〈大瑶山团结公约〉：催开民族团结之花》，《中国民族报》2010 年 6 月 11 日，第 7 版。

会议”的召开为各族代表“共商民族团结大事”奠定了基础。[①] 这些工作及其成果都表明，国家积极主动地创造团结的政治和社会氛围，可以从根本上预防边疆民族地区的社会矛盾和冲突，同时，也可以为事后纠纷解决提供必要的法理基础[②]，是边疆治理迈向常态化、法治化的重要实践经验。近年来，云南开展的“民族团结进步边疆繁荣稳定示范区”建设进一步拓展了民族团结进步的工作方式和领域，提出到2020年要在民族经济发展、民生改善保障、民族文化繁荣、民族教育振兴、生态文明建设、民族干部培养、民族法制建设、民族理论研究、民族工作创新、民族关系和谐十个方面作出示范。[③] 这些工作的开展都凸显了边疆民族地区加强团结的重要性和必要性。

五、结　语

从国家整体的角度来看，中国边疆的治理和发展相对滞后，并导致了边疆的薄弱，进而影响到国家发展总体目标的实现。因此，从国家战略的高度重视边疆治理及加强边疆治理，尽快补齐国家发展的战略短板，已成为必然的选择。而且，今天的中国也有能力和条件全面加强边疆治理。[④]

在这个时候，重新认识和重视边疆治理中的国家能力具有重要的意义。首先，它既是对边疆特殊性、边缘性的一种积极回应，同时也是对市场机制局限的积极补充和有效矫正。它可以通过“社会安全网”的重建（主要是边疆地区的教育、医疗等公共服务问题）和积极的政府干预（比如针对少数民族的就业）来提供国家保护；其次，它可以在国家宏观管理领域和职能不断扩展、宏观管理能力不断提升的情况下，提升国家在边疆治理领域的微观管理能力（micro - management capacity），同时促进边疆基层政府创新、决策、应对突发事件等能力的提升[⑤]；最后，国家能力的发挥对于边疆地区跨越发展，以及对于边疆地区“主动服务和融入国家发展战略”都具有十分重要的现实意义。它可以通过发展促进，改变过去行政指令型“对口支援”模式效率相对低下的问题，同时也可以通过制度（比如政策倾斜）对市场机制型的“内地—边疆”合作机制提供国家保护。[⑥]

总之，如果说治理结构的完善是边疆治理的“黏合剂”，那么，国家能力的提升就是边疆治理有效运转的保障性动力。国家能力的发挥不仅可以使边疆治理的制度优势得以充分展现，同时还可以使国家在应对新的边疆治理挑战时候能够及时作出回应，以此保证边疆长治久安，促进边疆在国家战略中发挥更大的作用。

---

① 黄桂枢：《论云南普洱“民族团结誓词”碑》，《民族研究》1994年第6期。

② 高其才等在有关《大瑶山团结公约》的研究中指出，《大瑶山团结公约》是新中国成立初期金秀瑶族自治地方各族人民共同制定和实施的得到中央、自治区认可的新石牌，具有民族自治地方单行条例的性质。参见高其才、罗昶《尊重与吸纳：民族自治地方立法中的固有习惯法——以〈大瑶山团结公约〉订立为考察对象》，《清华法学》2012年第2期。

③ 《中共云南省委、云南省人民政府关于建设民族团结进步边疆繁荣稳定示范区的意见》（云发〔2012〕9号）。

④ 周平：《强化边疆治理　补齐战略短板》，《光明日报》2015年6月10日，第13版。

⑤ 李庚伦：《边疆县级政府社会管理职能的弱化及其成因分析——基于对云南省K县的调查》，《黑河学刊》2014年第3期；段尔煜、陈旭东：《边疆民族自治地方群体性突发事件政府管理长效机制的建立——以云南省孟连傣族拉祜族佤族自治县“7·19”事件为例》，《云南行政学院学报》2010年第1期。

⑥ 关于“对口支援”模式和“内地—边疆”合作机制，可参见梁双陆《边疆经济学：国际区域经济一体化与中国边疆经济发展》，人民出版社2009年版，第359－378页。

中国陆地边疆治理若干基本问题析论①

范 俊*

摘 要：安全防控问题、政治稳定问题、民族与宗教问题、社会整合问题、边境的维护与管理问题，是中国陆地边疆治理中的一些基础性问题，共同构成了中国陆地边疆的问题架构，也构成了陆疆治理的主要面向。此类问题在国家实施边疆治理中，不仅无法回避而且解决难度很大；它们产生于边疆地区，影响力却具有溢出效应，甚至对整个国家治理具有全局性的负面作用；具有较强的扩散性和衍生性，乃至成为其他边疆问题的根源或强化因素。这些基本问题之间彼此交织，难以做到各个击破，因此必须纳入统一框架中进行系统治理。

关键词：陆地边疆；边疆安全；边疆稳定；民族问题；边境管理

DOI：10. 13835/b. eayn. 22. 02

陆地边疆是一类独特的区域，其治理逻辑同内地和沿海地区相比存在着诸多不同。受到地理环境、社会形态、地缘政治等先天因素，以及国家发展阶段和国家治理范式的后天因素影响，陆地边疆地区产生了许多特殊而影响广泛的政治社会问题，而所谓边疆治理也多是围绕这些问题展开的。边疆问题的多样性，再加上边疆地区复杂的治理生态，使得陆疆治理成为一项面向广泛的社会系统工程。而在边疆治理过程当中，往往面临着这样一些基础性的核心问题：它们在国家实施边疆治理中无法回避，不仅时有发生而且解决难度很大；产生于边疆地区，但其影响力却具有溢出效应，甚至对整个国家治理具有全局性的负面作用；具有较强的扩散性和衍生性，乃至成为其他边疆问题的根源或强化因素。正因如此，研究和归纳这些问题，就成为把握陆地边疆的主要矛盾、认识边疆治理的其他问题、理清边疆治理总体思路、形成陆疆治理战略的基础环节。然而从当下情况来看，无论是理论研究还是治理实践，都存在一种碎片化和权宜性倾向，要么长期聚焦于某一特定问题，要么受到时局影响针对某个问题作出权宜性的应激反应。这样一种现状，不但无法从整体上把握陆疆治理要素，产生“头疼医头，脚疼医脚”的弊端，而且也影响了具体问题的解决效度。面对这样的客观形势，应当从系统和全面的考察视角出发，将我国陆疆治理中的若干基础性问题提炼和凸显出来，从整体上把握陆疆治理的对象和内涵，并采取系统性治理思路予以控制和解决。

一、边疆地区的安全防控问题

从地理位置上来看，陆地边疆不仅处于国家疆域的边缘部分，而且往往距离权力中心较远，受

---

* 作者简介：范俊，博士在读，云南大学社科处助理研究员，主要从事民族政治与边疆治理研究。

① 基金项目：云南省教育厅科学研究基金项目“中国民族国家构建与边疆治理转型研究”成果。

中央政府的控制也较为疏松，越是偏远，这样的现象越是凸出。正如德国社会学家韦伯所洞见的："政权领域的各个部分，离统治者官邸愈远，就愈脱离统治者的影响；行政管理技术的一切手段都阻止不了这种情况的发生。"① 与此同时，在主权国家构成的国际体系和国际格局之中，边疆往往又成为两国甚至多国邻接的区域，因此时常受到邻国或区域不稳定因素的影响。在这种内外环境之下，陆疆地区不仅容易面临较为严峻的安全形势，而且难以通过常规化的国家安全治理手段得到有效防控。所谓边疆安全，就是指边疆地区的"各个领域均不受内外破坏性因素的威胁，而按照既定的规则和秩序平稳运行的状态"②。时下，人们往往将陆地边疆安全分为传统安全和非传统安全两种类型。

传统安全问题一般指由军事侵略、战争威胁或国际战略遏制等外部因素，所导致的一种国家主权、领土和政权的不安全状态。③ 由于"传统安全强调的国家边界安全与硬边疆的边界息息相关"④，因此与边界无论是在概念上还是在现实形态上均紧密联结的陆地边疆区域，同传统安全问题之间天然地就具有关联性。在新中国成立后，美、苏两个超级大国对我国实施了经济封锁与军事威胁的政策，周边还同印度、越南等国家存在着边界争端和领土冲突。这样一个严峻而复杂的国际局势和区域环境导致传统安全一度成为我国陆地边疆治理中的主导性问题。冷战结束以后，和平与发展逐步成为时代的主题，中国陆地边疆所处的周边环境也大为改善，出现了相对安定的局势。但是，这绝不意味着传统安全问题已经退出历史舞台，或者完全淡出中国边疆治理的视野。特别是在地缘政治的视角下进行审视，传统安全问题不仅仍然存在，而且在特定的政治形势下还有被激化的可能。

近年来，在中国的陆地边疆地区，非传统安全问题变得越来越突出，并且越来越受到人们的关注。"如果说传统安全主要是指军事安全与政治安全，那么非传统安全所涉及的内容主要是非军事领域的。"⑤ 这类安全问题在陆地边疆地区集中表现在："三股势力"活动猖獗，成为威胁国家统一、政权稳定和人民群众安宁的重大安全问题；地缘政治格局变迁与周边国家政局变动，为我国边疆区域带来安全隐患；跨界民族和跨界宗教现象凸显，暗藏国家认同安全问题；伴随全球化和区域一体化进程，非法跨境活动日渐兴起，给国家安全带来全新挑战。在上述各种因素的作用之下，边疆地区的非传统安全问题不仅涉及国家领土、主权、政权和社会秩序等传统范畴，而且还出现了文化安全、生态安全、信息安全、意识形态安全、政治安全、制度安全、认同安全等多种形式。虽然非传统安全问题在外观上往往不如传统安全问题来得那样激烈和迅猛，但其带来的负面影响却是不可小觑的。特别是随着现代化与全球化进程的不断推进，非传统安全问题将变得更加复杂和棘手，其影响范围已经开始出现扩散化的趋势，不仅影响到边疆社会自身的安全，也影响到内地、主权国家乃至跨国区域的长治久安。

一个容易被忽视的问题是，传统安全与非传统安全之间并不是泾渭分明的，而是时常交织在一起的，共同给边疆稳定和国家安全带来挑战。一方面，从时间维度来看，两种不同类型的安全问题并不是非此即彼的替代关系，而是可以在同一时期对国家安全共同构成威胁；另一方面，从内容上来看，二者之间也相互联系、相互强化。从现实情况来看，当下一些所谓的非传统安全问题实际上是在以往传统安全问题基础上衍生出来的。与此同时，在一定条件下，这两种安全问题是可以相互转化、互为因果的。因此，在边疆安全问题上，不宜单纯使用"新—旧"或"传统—非传统"的二分法予以简单划分，而应该使用一种综合性和整体性的视角来进行系统考察和分析。同时应该认识到，在边疆地区无论是传统安全还是非传统安全，都具有突发性、跨国性、危害性和长期性的基本特征，解决安全问题也不是一蹴而就的，而是要经历一个漫长的、循序渐进的和系统性的治理过程。

---

① ［德］马克斯·韦伯：《经济与社会（下卷）》，林荣远译，商务印书馆1997年版。

② 方盛举、王志辉：《我国边疆治理的一般客体与特殊客体》，《思想战线》2015年第5期。

③ 李东燕：《联合国的安全观与非传统安全》，《世界经济与政治》2004年第8期。

④ 徐黎丽、梁世甲：《论边疆与安全的关联性》，《西北师大学报》（社会科学版）2012年第2期。

⑤ 余潇枫等：《非传统安全概论》，浙江人民出版社2006年版。

二、边疆地区的政治稳定问题

边疆地区的社会与政治稳定，首先就意味着边疆社会运行处于一种有秩序的状态，其中政治秩序是最为关键的。当然，稳定绝不等同于边疆社会体系、政治体系、经济体系的静止状态，而更多地代表着原有系统能够与变动的外部环境之间形成良性的互动关系，从长远来看，这种互动关系是动态结构的。而稳定问题实际上是作为稳定状态的对立面存在的，也就是对社会失序和失范现象的描述。由于陆地边疆地区地处国家疆域的边缘，在地理空间上属于国家权力的末梢，常态化、普遍性的政治统治在维持边疆社会秩序方面往往显得乏力。[①] 因此，这样的问题也就成为一个相对突出而独立的领域，并在我国的陆地边疆治理活动中凸显出来。

边疆地区的社会与政治稳定问题的产生原因是多方面的。其一，与内地社会相比，边疆地区的社会环境和政治生态表现出复杂性的特征，这是导致其稳定问题的重要动因。从整体环境来看，国内因素和国外因素都有可能影响到社会稳定和政治秩序；在边疆社会问题方面，一般性的社会问题和边疆地区特有的社会问题都十分突出；从价值规范来看，在边疆地区既有国家主导的意识形态和法律法规，也存在着原生性的社会习俗、民族习惯法和宗教习惯法，边疆社会是一个典型的多元价值社会；从权威模式来看，除了国家政权权威以外，还存在着极强的地方性传统权威。这样的治理生态，使得边疆社会治理往往面临着比内地社会更为复杂的环境，也更容易出现社会和政治稳定问题。其二，在现代化进程加速推进的背景下，边疆地区的稳定问题显得更为尖锐。诚如美国学者亨廷顿所言，“现代性意味着稳定而现代化则意味着动乱”[②]。这样的论断不仅适用于边疆社会，而且在边疆地区表现得十分典型。除了亨廷顿所言的，在现代化过程中政治参与热情超出现有制度承受能力的因素以外，边疆各族民众之间族际利益、阶层利益、群体利益的分化和冲突，以及传统社会协调机制的解体，都对边疆社会政治稳定产生了解构性作用。其三，在全球化时代，民族国家边界对于不同国家及其成员之间的划分和规约作用受到软化，跨国和跨界的人员活动日渐频繁。在此条件下，跨国非法移民问题、跨国婚姻问题、跨国犯罪问题、传染病跨国传播问题都呈现出愈演愈烈之势，这也给边疆社会稳定和政治秩序带来了全新的挑战。

边疆治理中面临的社会政治稳定问题形形色色、多种多样，但归纳起来可概括为地方政府运行的平稳问题、边疆社会秩序问题、边疆民众社会心理稳定问题。边疆社会稳定关系到边疆治理成效和国家稳定发展大局，因此必然成为边疆治理中的重大课题。首先，边疆稳定是进行边疆开发建设和促进边疆地区发展的基本前提。离开了稳定的社会环境，边疆治理的其他活动便无法有效开展，而实现边疆的发展更是一种空谈。其次，边疆稳定为增进国家共同体认同，维护国家安全与统一创造了有利条件。正如费孝通先生在2000年致“兴边富民行动”领导小组的信函中指出的：“天下未乱边先乱，天下已定边未定。观边疆治乱兴衰，可知国家统一还是分裂，国力强盛还是贫弱，民族和睦还是纷争，都与边防有着密切的联系。”[③] 边疆稳定不仅是保障国家安定的重要条件，也是反映整个国家秩序的“晴雨表”。最后，从反面来看，边疆社会政治稳定和秩序的缺失将带来严重后果，不仅危及边疆自身还会拖累国家的整体发展。特别值得注意的是，边疆稳定和边疆安全之间并不存在一条不可逾越的鸿沟，如若边疆稳定问题得不到及时有效的控制，很有可能在特定形势下恶化或异化为边疆安全问题，进而对整个国家安全造成不良影响。

---

① 孙保全：《论中国陆地边疆治理体系的转型与重构》，《昆明学院学报》2015 年第 5 期。

② ［美］塞缪尔·P. 亨廷顿：《变化社会中的政治秩序》，王冠华等译，上海人民出版社 2008 年版。

③ 费孝通：《致“兴边富民行动”领导小组的一封信》，《民族团结》2000 年第 3 期。

三、边疆地区的民族与宗教问题

中国的少数民族大都聚居于边疆地带，多民族国家的国情在陆地边疆地区表现得尤为突出，因而这一地区往往又被称为“边疆民族地区”或“少数民族地区”。而多民族往往又同多宗教信仰联系在一起，这也使得民族问题和宗教问题在边疆地区纠缠和交织在一起，进而形成了更加复杂的社会政治问题。

中国的民族分布格局同地理生态结构之间存在着高度的一致性。历史上，王朝国家以“华夷”来区别边疆与内地，采取了“因俗而治”“分而治之”的治理思路进行统治和管理，进一步固化了边疆的民族属性。新中国成立以后，随着移民支边的大规模推行，以及市场经济条件下人口的自发流动，使得边疆社会的人口结构已经发生了重大的调整，但是总的来看，边疆地区独特的民族问题仍然没有发生根本性变化。在历史上，由于自然地理环境的阻隔与压迫性民族政策的长期实施，使得边疆地区与内地之间以及边疆各族民众之间存在着较强的族际隔阂与族际矛盾。新中国成立以来，党和国家通过卓有成效的民族工作和民族政策，改善了边疆地区的族际关系，尤其是疏通了主体民族与少数民族之间的固有成见。然而，由于受各民族间根深蒂固的风俗习惯、宗教信仰和生产生活方式的深刻影响，族际间难以弥合的文化差异与隔阂仍旧存在，并对民族关系的进一步改善形成了障碍，产生了一些不良后果。与此同时，在全球化和现代化加速推进的时代背景下，民族问题呈现出新的发展态势：一是受到境外势力和民族主义思潮的影响，边疆民族问题变得错综复杂；二是在传统社会向现代社会急剧转型的过程中，各族体的利益诉求日益旺盛，族际利益的博弈关系也日趋明显；三是近年来边疆地区的跨界民族问题日渐成为一种新的民族问题，并对我国陆地边疆区域的国家认同、社会稳定、政治安全、宗教安全、地缘政治以及周边关系等多个方面的治理均产生了一定影响。在这样的影响之下，边疆地区的民族问题便以新的形式凸显出来。

与民族问题相关联的另外一个问题便是边疆地区的宗教问题。宗教因素对于民族精神和民族共同体感的形成，以及民族成员的公共生活、社会心理、关系协调均具有重要影响。在信教群众和不信教群众之间，以及不同宗教信仰群体之间，宗教因素又往往成为引发边疆社会问题和稳定问题的重要变量。此外，宗教因素的深刻影响，还会带来宗教权威、宗教习惯法和国家权威、国家法治之间产生张力的问题，从而对于边疆治理乃至国家治理都可能产生负面效应。近年来，学者们普遍注意到有关宗教问题的一个新现象，即境外宗教的渗透问题，特别是境外敌对势力利用宗教工具对边疆社会和国家安全稳定施加的影响，应当引起足够的重视。宗教渗透问题不仅对边疆民众的精神生活产生负面影响，还将危及社会稳定和社会秩序的维护，甚至对边疆民众的“五个认同”、国内族际关系的良性发展产生威胁。据国内学者观察，近年来边疆地区的宗教渗透问题不仅有攀升趋势，而且呈现出政治目的愈加隐蔽、计划性愈发鲜明、途径越来越多样的特征，其治理难度也越来越大。①

四、边疆地区的社会治理问题

边疆地区独特的地理属性、文化属性和经济属性，导致这一区域的社会形态和社会治理面临的问题也不同于内地。在不同的历史时期，边疆社会问题及其治理方式存在着较大的差异。在王朝国家时代的羁縻治策的整体框架之下，边疆地方与中央王朝之间的关系更多地体现在政权上的对接，而对于具体社会问题的治理则属于边疆地方政治体系承担的“自治”领域。但在民族国家时代，随着国家一体化进程的不断推进，边疆社会与国家政权之间形成了直接接触的关系，边疆社会治理也

① 黄建明：《新时期境外势力对我国宗教渗透的基本特点及对策选择》，《湖北行政学院学报》2009年第5期。

成为整个国家治理的有机构成部分。在新中国成立之初，边疆社会治理中的最大问题就是境外敌对势力、国民党残余势力、传统顽固权威带来的社会稳定和社会秩序问题。时至今日，边疆的社会环境和周边形势已然发生翻天覆地的变迁，社会治理问题的形式也随之发生了深刻变化，总体来说，这些问题具有多样、多变、多发的基本特征。

归纳起来，现阶段我国的边疆社会治理主要面临着以下几个方面的问题。一是贫困问题。长期以来，由于历史、交通、技术等多种原因，边疆地区相对于“中心”来说，贫穷落后似乎一直是它在人们心里的印象，它在经济、文化、社会等方面都处于欠发达状态。陆疆地区中的相当一部分“是我国贫困人口大面积分布区，具有贫困人口众多、贫困发生率高的特点①，总体的经济发展水平明显落后于核心区域。因此，贫困问题已经成为边疆治理不得不面对和解决的一个艰巨问题。二是治安问题。由于边疆地区独特的地缘属性和社会形态，使得这一地区的社会治安问题较为突出。其中毒品问题、艾滋病问题、拐卖人口问题、跨国婚姻问题、跨境犯罪问题、境外非法社会组织问题都对边疆的社会治安构成了冲击和挑战。三是社会整合问题。现代民族国家的发展逻辑表明，推进社会整合是实现国家发展的必备条件和基础性环节，这个问题在边疆地区表现得尤为突出。同内地社会相比，边疆社会不仅是异质性的也是复杂性的，多样化甚至是彼此冲突的社会势力和社会文化相互激荡、彼此博弈，民族国家的一体化进程在边疆地区仍待从社会整合层面进一步推进。与此同时，上述这些问题往往又同经济问题、政治问题、民族宗教问题、社会稳定和国家安全问题复杂地交织在一起，使得边疆的社会治理变得更加繁杂和困难。

五、边境的管理与维护问题

上述边疆治理所针对的主要问题，在边境地带均有体现并且更显突出。在安全防控问题上，作为边疆的最外围部分，边境由于直接面对周边国家和国际势力，就成为拱卫国家安全的首当其冲之地，换句话说也是最容易出现安全问题的区域。在社会治安和社会稳定问题上，边境地区的社会治理面临着比内地和其他边疆区域更为复杂的外部环境和公共问题，其中跨国非法移民问题、跨国非法婚姻问题、跨国犯罪问题、艾滋病蔓延问题、毒品问题都十分严峻。在民族与宗教问题上，跨国民族和跨界民族在我国边境地带广泛分布，境外宗教渗透问题也尤显突出。

同时边境地带还存在着一些独有的治理问题。首先是边界的管理。我国从东北到西南共与 14 个主权国家接壤，陆地边界线长达 2.2 万多公里，是世界上陆上邻国最多、边界线最长的国家之一，因此也面临着繁重的边界管理任务。时至今日，中国与印度、不丹的边界问题都尚未完全解决，勘界、划界等界务工作还未完成。而在那些主权领土纠纷已经得到解决的边界地带，边界管理仍是一项核心工作。在“控制与便利”的双重原则下，边界管理一方面要求能够有效规约境内外人员的跨界活动，确保国家的边界安全与领土安全；另一方面则要适应经济全球化与区域一体化的需要，方便货物与人员的跨国流动。

其次，在边境管理活动中，作为国家间领土分界的标志物，界碑管理是一项重要内容。界碑虽小，却关乎国家主权的神圣性与领土的完整性，因此利用常规机制和措施来保护和维护界标就十分必要。但是，从目前的情况来看，中国的边境管理存在着较为严重的空虚化甚至空洞化的问题，从人口分布和国家力量布局来看都显得较为松散和稀疏，尤其是对于界碑、界桩的管理与维护工作时常表现得捉襟见肘，这也成为边境管理和边界管理中必须要面对和解决的一个问题。

再次，口岸管理是现代边境管理的又一核心内容。正如有学者所比喻的，“口岸相当于一堵墙上

---

① 陆大道，樊杰：《2050：中国的区域发展（中国至 2050 年区域科技发展路线图）研究报告》，科学出版社 2009 年版。

的门，是一个国家人员、货物和交通工具等出入境的门户和通道”。[①] 口岸的门户和通道作用是相对于边界的围合性和封闭性而言的，二者共同构成了边境地带排他性和开放性的双重属性。与整个边界管理的“控制与便利”原则一样，口岸管理也必须通过一套严格的规章制度来规范人员、货物和交通工具的出入境活动。从整个流程来看，口岸管理实际上包含了设置口岸、划分口岸类型、建立口岸管理体制以及对口岸的日常管理工作。其中，狭义上的口岸管理即口岸的日常管理，可分为专业管理和综合管理两种工作类型，具体又包含了一套复杂而系统的管理内容。近年来，随着中国沿边开放政策的扩大推进和“一带一路”战略的实施，口岸管理将在边境管理和边疆治理中占据更为重要的地位，开放更多的口岸、投入更多的人力和物力成本，将成为中国口岸管理的一个基本趋势。与此同时，更加主动的开放战略也意味着口岸管理将面临更大的压力，越来越多、越来越复杂的口岸管理问题也会随之出现，并给中国的边疆治理带来新的挑战。

除此之外，边境管理还包括边境通道管理（包括合法与非法通道）、边境便道管理、边民互市点管理、出入境管理、边境通行证管理、边境地区突发事件管理、边境贸易与经济合作、边境外交和边防武装建设等多个方面的内容。

六、陆疆问题的交织性及其系统化治理

上述讨论的五个问题，是边疆治理中面临的基础问题和重大问题。在国家治理的现代背景下，探索边疆治理体系和治理能力的转型与重构，最终都将落实到这些基本问题的治理上。易言之，这些问题是否得到有效的控制和解决，是衡量我国陆地边疆治理绩效的核心指标。应该注意到的是，这些问题之间并非相互独立，而是相互交织、彼此作用，共同构成了一个中国陆地边疆的问题架构，也构成了陆疆治理的主要面向。针对陆地边疆问题的这种特征，必须采取系统性的治理思路，同时进行整体性的谋划。

第一，从生成逻辑上来看，边疆地区独特的治理生态，长期以来国家治边方式，以及现代化和全球化的快速推进，是促使上述问题形成的共同因素。首先，边疆地区的自然禀赋、社会形态、地缘特征构成了一种先天性的空间场域，所有的边疆问题归根结底都是在这个特定场域中形成的。从治理环境来看，边疆社会不仅是边缘和偏远的，而且往往是封闭和异质的，这意味着国家治理能量容易随着空间距离的拉伸而受到损耗，同时还意味着边疆更容易受到内外因素的多重影响。从边疆地方政府的治理能力来看，由于受到自然和人文环境的限制，其拥有和可调配的治理资源通常处于紧缺状态，从而制约了边疆治理目标的有效实现。除此之外，中国正处于一个高速现代化的发展进程之中，并且这种现代化又发生于全球化的背景之下。而无论是现代化还是全球化都是一种巨大的改造力量，在解构传统边疆现实和边疆治理规范的同时，也在迅速制造出新的边疆现象，从而导致上述基本性的边疆问题均出现了新的发展趋势。

第二，这些问题彼此联系、共同作用。其中安全问题和稳定问题，不仅在内涵上相互交叉，而且在特定环境下可以相互转化。民族宗教问题不仅是陆疆地区的一个突出问题，也是影响稳定、安全的重要问题。社会治理问题是一个综合问题，不仅受到其他问题的影响，而且也对其他问题能否得到有效控制具有基础性影响。在边疆地区，上述这几个问题又集中反映在边境地带，同时作为边疆的外围空间，边境管理和维护也构成了陆疆治理成败的关键。因此边疆地区的各个问题之间不是彼此孤立的而是相互连通的，某一问题的恶化很可能会产生多米诺骨牌效应。另外，上述基本问题又成为其他问题形成和发生影响的基础。这些问题得到有效控制，其他问题的治理也就有了基本保障；反之这些问题若治理失灵，整个陆疆治理都会遭遇困境。

---

① 周平：《中国边疆政治学》，中央编译出版社2015年版。

第三，陆疆问题的控制和解决，需要系统性的治理思路。一方面，陆疆问题的形成和演变是在较长的历史过程中发生的，盘根错节且影响深远，对这些问题的解决无法一蹴而就，必须进行系统的谋划，在缓解和控制的基础上谋求最终的解决；另一方面，陆疆问题之间彼此交织，难以做到各个击破，而必须纳入统一的治理框架中进行系统治理。例如，边境管理环节就应该同边疆社会治理环节紧密结合。边境作为紧邻边界的特殊地带，不仅相对狭窄而且漫长，而且难以形成对非法跨境活动的有效控制，这必然导致大量非法入境人员进入边境以外的空间范围，必须通过边疆社会治理活动予以监控和管理。通过这个例子可以窥探出，陆地边疆治理必须运用一种协同性、联动性、系统性和综合性的治理思路，将边疆问题尤其是上述若干重大问题进行统筹掌控和整体治理。

云南边境地区的毒品与艾滋病问题治理机制

——基于禁毒防艾人民战争的考察①

保跃平*

摘 要： 毒品和艾滋病问题是云南边境地区两大突出社会安全问题。经过20多年特别是三轮禁毒防艾人民战争的实践，云南边境地区的毒品和艾滋病形势得到有效控制，并探索出一套政府主导、民间社会组织广泛参与的毒品和艾滋病治理机制，即以行政管理为中心的四级网络联动机制；以禁毒为中心的毒品禁种、禁制、禁贩以及禁吸戒毒机制；以行为干预为中心的艾滋防控与治疗机制；以精神文明建设为中心的道德约束机制；以扶贫开发为中心的民生改善机制。

关键词： 云南边境地区；毒品与艾滋病；治理机制

DOI：10.13835/b.eayn.22.03

云南边境地区，主要是指在中缅边界云南段、中老边界和中越边界云南段共计4061千米的边境线我国一侧分布的怒江州、西双版纳州、德宏州、文山州、红河州、保山市、临沧市、普洱市8个边境州（市）的25个沿边县（市）。该区域地域广阔，覆盖国土面积9.20万平方公里，占到沿边8个州（市）辖区总面积的46.09%，相当于云南省总面积的23.35%。漫长的边境线和特殊的地缘环境使得云南成为我国区域地缘与人文环境最为复杂的地区之一。20世纪90年代全方位开放以来，云南边境地区经济社会呈现良好的发展态势。但是在历史与现实、国际与国内因素的作用下，这一区域在发展过程中也面临一系列社会安全问题，形成传统社会安全问题与非传统社会安全问题交叉重叠的复杂局面，给边疆社会稳定、国家安全以及国家沿边开放战略的实施带来冲击和不利影响，其中尤以毒品、艾滋病两大问题的危害与影响最大。为应对这两大问题，云南省以全民动员、全民参与的方式开展了三轮禁毒人民战争（第一轮为2005—2007年，第二轮为2008—2010年，第三轮为2011—2015年），2016年5月启动了第四轮禁毒人民战争。经过20多年特别是三轮禁毒防艾人民战争的实践，云南边境地区在禁毒防艾方面取得较为明显的效果，并探索出一套相对完整、行之有效的禁毒防艾治理机制。

---

* 作者简介：保跃平，男，云南师宗人，社会学博士，云南师范大学历史与行政学院讲师，硕士研究生导师，云南民族大学民族学博士后科研流动站工作人员，主要从事发展社会学与边疆社会问题研究。

① 国家社科基金一般项目"中缅边境地区的缅甸难民问题及其对策调查研究"（项目编号：17BSH136）、云南省哲学社会科学规划项目"社会转型视野下缅甸社会结构变迁与中缅关系研究"（项目编号：QN2015028）、中国南亚东南亚研究院研究项目"缅甸社会转型与推动中缅关系健康稳定向前发展对策研究"（项目编号：CKYB201608）。

一、云南边境地区的毒品问题：现状与趋势

毒品制贩违法犯罪活动，是当今世界最严峻的社会问题之一。20 世纪末，国际贩毒组织在“金三角”地区全力开辟贩毒路线，其北线经中缅、中老、中越边境进入中国内地或转运到港澳再输往欧美。此外，产于南非和阿富汗的大量毒品（主要为海洛因）也进入中国并通过陆路或水路向内地扩散。由于与世界最大的毒品生产地“金三角”毗邻，漫长的陆地边境线弱化了国境线的分隔功能，与“金三角”北缘地带接壤的中缅边境中下段沿线地区成为国内外贩毒集团走私贩卖毒品最主要的通道。云南边境地区不仅是全国走私贩毒的主要过境通道，而且也是吸食毒品的重灾区。据云南省禁毒部门的统计，2011～2013 年，云南年均缴毒 16 吨，查破制毒物品案件 581 起，抓获嫌疑人 405 人，缴获各类制毒物品 2332 吨，超过前两轮禁毒人民战争 6 年缴获总量的 3 倍以上。[①] 同时，毒品泛滥势头已从边疆波及内陆，贵州、四川、广西、广东、福建、甘肃、陕西、宁夏、新疆等十多个省（自治区）受毒品影响严重。

近年来，云南边境地区的毒品问题得到了一定程度的控制，但总体而言仍然呈现出复杂化态势，出现了一些值得关注的新动向。

第一，毒源威胁更加突出。云南省境外的罂粟种植，虽然由于“替代种植”的实施而有所缓解，但在“金三角”特别是缅北民族武装控制地区，由于“以毒养军、以毒养政”现象的存在，这一区域不仅鸦片种植规模较大，而且还分布着大量的新型毒品加工厂。在这些地区交易毒品要交贸易税，运走毒品要交出口税，与毒品相关的各类税收和贩毒的收入成为地方武装力量长期生存的重要经济来源。在此背景下，云南边境地区的毒源威胁呈现三个态势：一是毒品的种植出现反弹。2013 年 12 月 18 日，联合国毒品和犯罪问题办公室发布报告称，尽管“金三角”地区各国积极致力于清除罂粟种植，但该地区 2013 年的鸦片产量仍然增长了 22%。仅缅甸和老挝两国 2013 年鸦片产量就达到 893 吨，占全球鸦片总产量的 18%。“金三角”所在的缅甸、老挝、泰国交界地区罂粟种植面积连续七年呈现上升趋势。二是云南近邻的另一毒源地“金新月”地区已发展成新的毒品源产地。《2014 年中国禁毒报告》显示，2014 年阿富汗罂粟种植面积达到历史最高值 336 万亩，鸦片总产量达 6400 吨，可制海洛因 670 吨，是全球最大的海洛因产地。我国查获的毒品近半来自于“金新月”地区，两大毒源基地对我国形成包围之势。三是毒品种类日趋多样化。云南沿边地区毒品在 20 世纪 80 年代为较单一的鸦片，随着毒品“白色化”，海洛因大量流行，20 世纪末又出现冰毒、摇头丸等新型毒品，在一些地区还出现“卡苦”（是一种以鸦片为原料，加芭蕉叶、车前草茎掺拌煎熬而成的毒品）。[②] 不同类型的毒品可以满足不同群体的需求，增加了毒品输入的动力。

第二，境外毒品加工出现新变化。近年来，缅甸北部地区每年生产的鸦片绝大部分加工成海洛因贩运。为躲避国际社会的持续打击，毒品加工工厂由过去的少、密、大型转变为多、散、小型，地点更加隐秘，抗打击能力不断增强，毒品生产在保持传统的海洛因制毒技术的同时，逐步出现了“冰毒”“K 粉”为主的新型毒品生产合成技术。新型毒品制毒原料来源广、加工地易选且加工成本低，近年来呈明显上升趋势，数量难以估计。2009 年在东南亚共捣毁新型毒品非法加工点 468 个，大部分在“金三角”地区，而类似的毒品加工点在 2008 年仅有 288 个。毒品包装和制作工艺也在不断改进，专业化制作水平越来越高。

第三，贩毒方式变化多端。一是传统贩毒方式依然保留。受特殊地理位置以及“金三角”毒品

---

① 《云南近三年缴获毒品超之前六年 3 倍》，云南网，http：//society. yunnan. cn/html/2014 - 06/26/content_3261710. htm。

② 鲁刚：《社会和谐与边疆稳定》，中国社会科学出版社 2012 年版，第 82 页。

南下受阻、国内毒品消费市场进一步扩大等因素的影响，与德宏紧邻的缅甸等地近年来已成为缅北地区最大的毒品聚集地，以致德宏州成为全省乃至全国的毒品危害重灾区。从德宏州破获的大宗贩毒案件看，毒品基本上是从缅甸木姐、九谷、勐古等地采用“人背马驮”方式，避开交通干线和支线上的检查站，通过边境相连的山村分散运到该州姐告、瑞丽、芒市等地囤积，再利用车辆夹层、货运偷运等各种手段向内地贩运。二是贩运毒品手段升级。从毒品贩运的路线和通道来看，毒品进入我国境内的路线大致是沿三江（怒江、澜沧江、红河）和三路（320 国道、213 国道、214 国道）等主要干线，毒品运送通道包括陆路、水路、空路、邮路、物流等，多路并举。昆明铁路公安局 2011 年历时三个月破获的 2011－017 号特大毒品走私案最具代表性。该贩毒团伙形成了一个跨境、跨地区，集“走私、贩卖、运输、销售”为一体，组织严密、分工明确、行动隐秘的组织。该组织从国外购毒，通过人体、行李、货物藏匿携带，利用铁路、物流、航空建立起立体式运输通道。该团伙先后从缅甸小勐拉走私 3 批毒品至广州、武汉，共计 180000 粒冰毒，15 块海洛因。同时，伙同缅甸籍毒贩组织利用湖北、河南、山东等省市的马仔，通过铁路、物流等贩运冰毒 60000 粒、海洛因 1000 余克至武汉获利 100 余万元。① 三是藏毒手段更加隐秘。近年来边境地区贩毒团伙携带毒品手段可谓花样翻新，变幻莫测。云南省德宏州芒市的木康边防检查站建立了一个“缉毒博物馆”，有上百种历年缴获的贩毒团伙用于夹带毒品的物件陈列于此。至于人体藏毒更是极为普遍，该检查站的官兵先后识破 300 多种藏毒伎俩，并在此基础上自编了一本《毒品查缉手册》。

第四，贩毒组织构成更加复杂。云南境内外贩毒人数众多，成分极其复杂，大体可划分为如下几类：一是本地贩毒人员。主要包括边境沿线一带的边民不法分子，以及内地的城乡无业游民等。就民族成分看，几乎包括沿边地区的所有世居民族。二是外地贩毒人员。省内人员主要来自昆明、大理、曲靖、昭通等州（市）；省外人员主要来自湖北、两广、川黔、江浙、甘陕、新疆等省（区）。近年来外省（区）贩毒人员已超过云南本省贩毒人员。三是境外贩毒人员。主要为缅、老、越三国边民中的不法人员以及我方各个时期流出未归的滞留人员，泰、印、亚太、欧美的外籍人员也有涉及。四是港澳台贩毒人员。此类毒贩多有黑社会背景。此外，带毒人群继续扩大，各类带毒人群已由非洲籍黑人转向东南亚籍人，并由男性转向女性，“水客”、女留学生、无业女性等带毒人员的比重明显增加，甚至还查获了大量艾滋病人和孕妇带毒，给毒品稽查和现场处理造成很大困难。这里要特别指出的是，近年来，在云南边境贩毒人员中，四川凉山地区部分彝族群众组织的家支式贩毒数量大增②，这类贩毒团伙在云南省怒江、西双版纳、德宏等州都为数不少，给云南边疆地区的社会稳定和凉山地区社会发展造成不利影响。

第五，大规模有组织贩毒、武装贩毒现象突出。近年来，云南省对毒品的贩运打击力度持续增加，云南边境地区贩毒数量特征随之发生了变化，归纳起来可分为如下几类：一是零星走私夹带。零星走私夹带在沿边地区（除高黎贡山部分高寒地区外）都普遍存在。比较突出的是那些吸毒人员较多的边境村寨，其成员主要是“以贩养吸”边民。因出入边境方便，获取毒品较易且资金较少，单次贩毒数量一般较小，多以探亲访友，或从小道出境夹带毒品。这类贩毒虽然数量小，但由于市场需求量大，沿边地区数以万计的毒品吸食者构成一个庞大的毒品消费市场。二是中、小批量的走私贩毒。近年来，为了逃避边防警方的打击，云南边境地区的毒品贩运发生重大变化，“少量多次、少带多跑、蚂蚁搬家、立体贩运”成为边境毒品走私的主要方式。三是有组织大规模的走私贩毒仍然猖獗。这类走私贩毒团伙境内外相互勾结，走私数量巨大且大多具有黑社会背景，或者受到缅甸

---

① 《昆明铁路公安局侦破“1·06”特大跨国走私贩卖毒品案纪实》，云南网，http：//yn. yunnan. cn/html/2011－06/22/content_ 1679426. htm。

② 孙萍，李琳：《凉山地区毒品犯罪的特征、原因及对策思考》，《西南石油大学学报》（社会科学版），2013 年第 3 期。

民族武装支持。近年来，边境地区破获的毒品走私案中，万克以上的毒品走私案件数量明显上升。2012 年 5 ~ 6 月，普洱警方在一个月时间内就连续查获万克以上毒品走私大案 3 起，大理警方破获万克以上走私案 6 起（而 2005 年云南省破获的万克毒品走私案全年共计 12 起）。再如，2012 年在勐腊县勐腊镇橡胶厂破获一起境内外贩毒集团联合贩毒大案，缴获冰毒 243.7 千克，抓获缅甸籍毒贩 3 人，老挝籍毒贩 1 人。① 四是武装贩运，“枪毒一体”现象显著增加。相关资料显示，云南近 10 年来查获毒品案 23946 起，抓获犯罪嫌疑人 26915 个，缴获毒品 24537 千克，缴获各类用于贩毒枪支 4800 支，在禁毒斗争中 8 名官兵牺牲，29 名官兵负伤。② 较为典型的案例是 2012 年发生在西双版纳的“2·23”缉毒案，贩毒团伙计划将先期购得的 60 件冰毒在景洪交易，被警方查获，在对峙中，毒贩开枪顽抗，造成一边防民警牺牲。该案共抓获毒贩 12 人，击毙 1 人，缴获毒品 80 件 48 千克，军用手枪 1 支。这是 2012 年西双版纳破获的最大一起武装贩毒案。因案发地处于西双版纳州政府所在地的繁华地段，曾引起轰动。

第六，“以毒养恐”的贩毒新动向已初露端倪。资料显示，我国西北一带的恐怖势力组织，部分南下潜入云南省边境地区以躲避打击，为筹集资金，和当地贩毒集团勾结起来，形成毒恐结合的复杂形势，这是一种带有更大风险性的贩毒新动向，一旦形成气候，危害更烈。近年来新疆籍人员外流贩毒问题日趋严重，其中不乏“三股势力”分子，毒品贩卖正逐渐呈现网络化、集团化趋势。在云南从事贩毒活动的新疆籍人员有上千人，已经呈现出职业化、家庭化的特征，不少人由过去的“马仔”变成了毒枭。部分贩毒分子以地缘、血缘为纽带，在一些大中城市盘踞一方，并与当地的黑恶势力相勾结，集偷盗、抢劫、扒窃、贩毒和学经习武为一体，严重影响边疆的社会稳定。

第七，新型毒品滥用问题形势更为严峻。可卡因、海洛因和大麻的全球市场缩小或基本稳定，但处方类阿片药物、新合成毒品（尤其是冰毒和麻黄素）的产量和滥用量却在上升。自 2009 年底到 2012 年中期，新的精神活性物质的种类呈快速上升趋势，从 166 种增加到 251 种，超过受到国际管制的种类总数。2011 年云南省第三轮禁毒防艾人民战争开展至 2014 年 4 月，共查破毒案 5.3 万起，抓获毒贩 5.6 万人，缴毒 50 余吨。在查缴的毒品中，冰毒等新型毒品占全国总数的 70% 左右，云南省注册的感染毒品青少年中，有 60% 以上已感染新型毒品。③ 与传统毒品相比，新型毒品使得禁毒形势更加严峻。

二、云南边境地区的艾滋病问题：现状及特征

1989 年，云南省一个处于中缅边境的少数民族自治州在静脉注射吸毒人群中大规模发现了 146 例艾滋病病毒感染者。1989 年以来，云南省边疆有 98% 的县发现艾滋病病毒感染者，是全国艾滋病病毒感染与传播的重灾区。

2005 年，云南省累计报告艾滋病病毒感染者（包括病人）40157 例，占全国同期报告数的 28%，为全国感染人数最多的省份。2005 ~ 2015 年的 10 年间，云南省艾滋病感染者（包括病人）年均增长率维持在 10% 左右（见表 1）。而一个明显的变化是，2013 ~ 2015 年的 3 年间，云南省艾滋病感染者（包括病人）年均增长率呈现明显下降的趋势，维持在 8% 左右。以五年为一个周期来看，2005 年、2010 年和 2015 年，云南省累计报告艾滋病感染者（包括病人）人数分别为 40157 例、82305 例、132901 例，2010 年较 2005 年增长了 105%；2015 年较 2010 年增长了 61.5%，说明近五年来云南艾

---

① 《勐腊县破获一起境内外贩毒集团联合贩毒大案》，《云南信息报》2012 年 6 月 25 日，第 1 版。

② 《云南边防 10 年扫毒 24537 千克》，新华网云南频道，http://www.yn.xinhuanet.com/drug/2011-06/25/content_23091275.htm。

③ 数据来源于云南省公安厅禁毒局公布的数据，2014 年 6 月。

滋病疫情总体平稳，在逐年扩大检测的基础上，新报告感染者数量基本稳定。

表 1　近十年云南省累计报告艾滋病感染者（包括病人）人数及年增长率①

项目 年份	人数（人）	比上年增长（%）
2005	40157	
2006	48951	21.9
2007	57325	17.1
2008	63322	10.5
2009	72939	15.2
2010	82305	12.8
2011	93567	13.7
2012	104981	12.2
2013	114072	8.7
2014	123133	7.9
2015	132901	7.9

目前，云南省大部分地区的艾滋病疫情基本得到有效控制，但仍有部分地区情况较为严重，德宏、红河、临沧、文山、大理 5 个州（市）为艾滋病高度流行区。在全省 5 个高度流行区域中，跨境民族地区占 4 个，是全省边境民族地区总数的一半。此外，近年来云南边境地区报告外籍人员艾滋病病毒感染者和艾滋病病人逐年增多。云南省防治艾滋病局 2013 年 10 月公布的数字显示，云南省累计报告外籍艾滋病病毒感染者和病人 6970 例，其中缅甸籍占 86%，越南籍占 4%，老挝籍占 0.1%，不详占 9.9%。

云南省民族地区艾滋病流行特征主要表现在以下几个方面：

一是呈现出亚洲艾滋病流行相似的模式。亚洲艾滋病传播肇始于注射吸毒人群，又经由暗娼等桥梁人群蔓延开来。在欧美国家的艾滋病传播模式中，则以同性恋人群和性传播为开端。云南省艾滋病流行模式与亚洲艾滋病传播模式相类似，首批艾滋病病毒感染者在吸毒人群中被发现，而由于注射吸毒而感染艾滋病的人口比例在相当长时期内一直居高不下，居于艾滋病传播的主导地位，经由暗娼以及非商业性性行为传向一般人群。

二是注射吸毒与性行为成为边疆地区艾滋病流行的两个最主要途径。1993 年，云南省采用静脉注射吸食毒品而感染艾滋病病毒的人占感染者总数的 5%。到 1999 年，28% 的感染者是因注射吸毒而感染。从对静脉吸毒人数的检测来看，从 1992 年到 2000 年，注射吸毒者感染艾滋病的比例在逐渐增大，1999 年达到峰值 28%；2001 年以后呈现下降趋势，但仍居高不下保持在 20% 以上，远远高于同期其他途径感染者比例，云南边境民族地区注射吸毒感染率远远高于全省平均水平。2008 年笔者所在课题组对德宏、红河、临沧三地的调查显示，静脉吸毒感染比例分别为 49.4%、62.49%、58.29%。除静脉吸毒传染外，性传播明显加快。从高危人群向一般人群发展，商业形态和婚姻形式同比上升。② 云南省部分地区的专题调查结果显示，性传播成为老年人感染艾滋病的主要途径，③ 在

① 根据云南省防治艾滋病局历年在云南防治艾滋病工作新闻发布会上公布的数字整理而成。

② 张金鹏：《边疆民族社会艾滋病流行现状、发展趋势与社会控制研究》，中国社会科学出版社 2012 年版，第 148 页。

③ 《云南艾滋病人和感染者全国最多》，人民网，http：//sn. people. com. cn/n/2014/1202/c358020 - 23082815. html。

被调查的378名老年感染者（包括病人）中，男性通过商业性性行为感染的情况约占90%，66.7%的人在发生商业性性行为时从不使用安全套，地点主要是在出租屋、小旅馆和发廊等场所。

三是性别分布上，女性感染者明显增加。云南省艾滋病感染者（包括病人）性别比，已由20世纪90年代初的40∶1上升为现在的2.45∶1。而笔者参加的课题组在调查中也发现，艾滋病感染者（包括病人）性别比为1.78∶1。随着作为桥梁人群的男性感染者不断增加，无论是通过商业性行为还是婚内性行为，女性感染率将不断攀升。

四是地域分布上，由边境向内地蔓延。2004年，艾滋病感染者（包括病人）已从边境部分地区蔓延到全省16个州（市）的121个县（市）。2006年艾滋病已蔓延至129个县（市），有3个州（市）是高度流行地区，11个是中度流行区，2个是轻度流行区。2008年9月，高度流行区已发展到5个州（市），其余州（市）均上升为中度流行地区。

五是年龄分布上，青壮年是艾滋病感染的主要人群，同时呈现出明显的老年化特征。笔者在盈江县的调查显示，该县2009年共计报告艾滋病感染者3732人，其中30～39岁的感染者人数最多，占感染者总数的41.02%；40～49岁的感染者人数占比为27.97%；50岁以上的感染者也占有较大比例，达13.29%。

总体来看，边疆民族社会艾滋病蔓延，其传播是以地域为特征，以人际网络为途径，以姻缘、业缘、趣缘为纽带的传播模式。从发展趋势上看，迅猛蔓延的态势已初步得到控制，但经性途径传播已成为主要的传播源之一。同时，在经性传播的途径中，艾滋家庭婚内性行为即夫妻交叉感染是性渠道感染的主要方式之一。特别是因种种原因，部分感染者还游离在云南省艾滋病防治体系之外，现仍迅速增加的跨境婚姻将构成艾滋病传播的巨大风险因素。

云南边境地区的毒品与艾滋病问题不仅严重危害着当地各族人民的身心健康、家庭稳定，弱化了当地民众社会发展能力和应对生活挑战的能力，加剧了边疆民族社会的综合性贫困，而且严重影响了当地的社会秩序和社会稳定，制约了社会经济的发展，阻碍着当地社会发展的可持续性，甚至影响到了一些民族的发展和兴衰，无疑给边疆各族人民正常的生产生活和当地社会的良性运行和协调发展带来了严重影响。

三、禁毒防艾人民战争中的毒品与艾滋病治理机制

毒品和艾滋病在云南边境地区高度流行，有着极其深刻的社会、历史、地理和文化根源：第一，这一地区长期存在的毒品制造和摄用的历史文化积累所形成的毒品经济与毒品亚文化，为毒品的死灰复燃提供了温床。而毒品泛滥是导致艾滋病传播的重要途径。第二，当前边疆民族地区凸显的毒品问题还与历史上的边患问题存在较高的关联度。新中国成立初期，云南边境地区存在的严重边患问题在人民解放军的清剿下，最终被解决，然而退逃到境外的国民党余部最后进入了“金三角”地区并与盘踞于此的贩毒势力结合，开辟了毒武结合贩毒的道路，极大地刺激了“金三角”地区毒品经济发展，并在较短时间内完成“白色化”进程，催生了“海洛因”毒品王国的出现，又深化了缅北地区以毒养军民族武装地方政权林立的局面，造成这一地区长期动荡。第三，特殊的地缘环境使得云南边境地区的社会环境复杂多变且十分险恶。一是两大毒源地“金三角”“金新月”长期的存在与发展，形成较为深厚的毒品经济与毒品亚文化并导致毒品泛滥。二是与我国边境线最长的缅甸，长期面临的中央政权与民族地方武装对峙与冲突的局面，沿边境地区民族地方武装为筹集资金，呈现出“以毒养军”的态势。第四，境外国家的政府对毒品和艾滋病的防治态度各异，投入不高且缺乏积极应对措施，构成了艾滋病进入云南省最具挑战性的国际环境。第五，从内部环境来看，云南省边疆民族社会长期处于相对封闭的状态，社会发育程度低，无论从政府层面还是边疆民族地区的人口素质和心理态势来看，都缺乏应对改革开放以来国际上非传统安全因素所引发的社会问题的机

制和准备，加之其他一些社会问题（如赌博、性交易等）的共同作用，最终导致这一地区成为毒品和艾滋病的重灾区。

上述社会、历史、地理和文化等因素的综合决定了云南禁毒防艾斗争的长期性、艰巨性与复杂性。经过20多年特别是三轮禁毒防艾人民战争的实践，云南边境地区探索出一套相对完整、行之有效的毒品和艾滋病治理机制。根据相关研究成果，结合实地调研的资料，现将云南边境地区毒品艾滋病治理机制概括为政府主导、民间社会组织广泛参与的五个机制耦合联动的防治运行体系，具体为：以行政管理为中心的四级网络联动机制；以禁毒为中心的毒品禁种、禁制、禁贩以及禁吸戒毒机制；以行为干预为中心的艾滋病防控与治疗机制；以精神文明建设为中心的道德约束机制；以扶贫开发为中心的民生改善机制（见图1）。

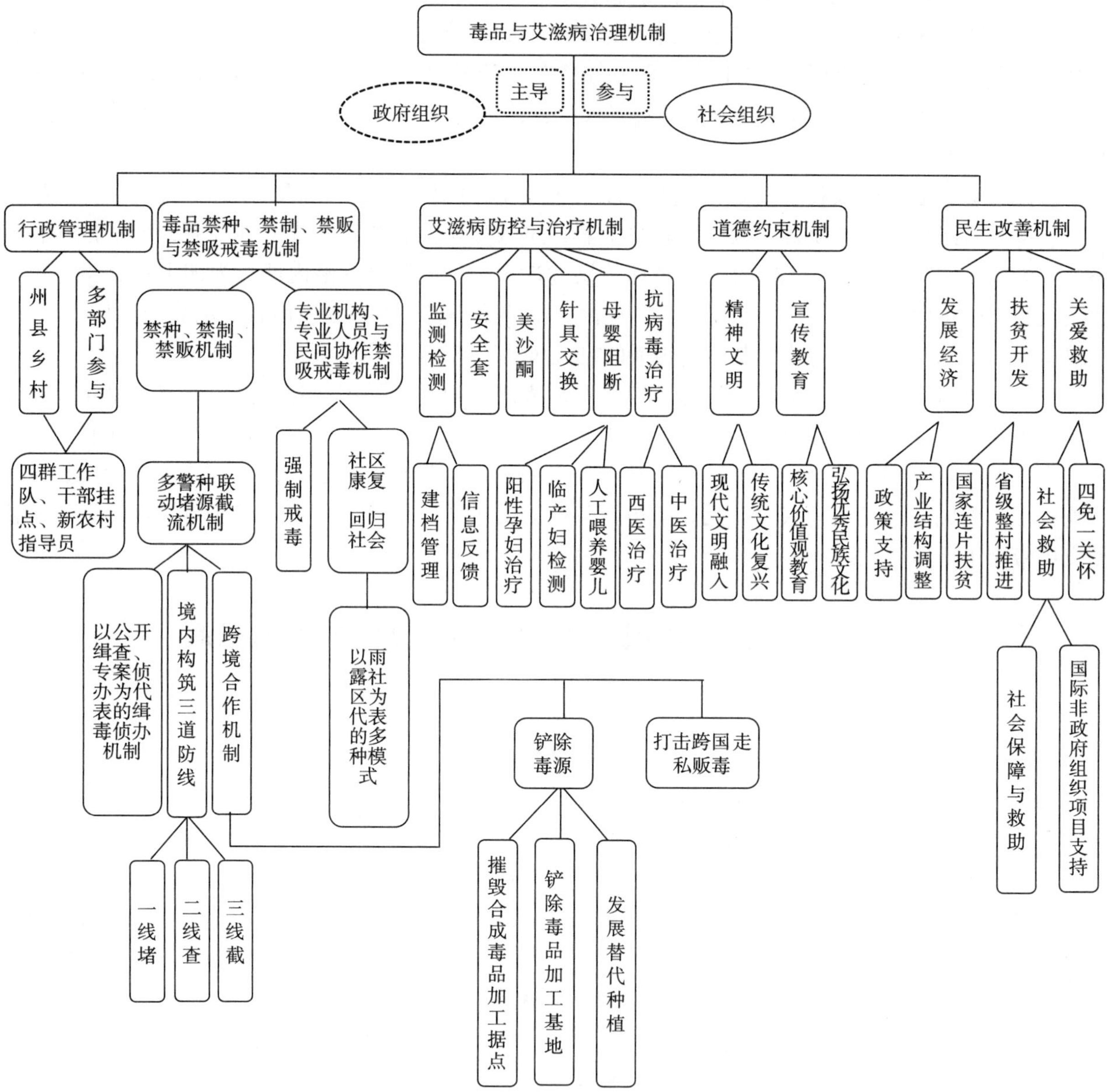

图1　跨境民族地区毒品和艾滋病治理机制

（一）行政管理机制：四级联动与多部门参与

云南边境地区在毒品艾滋病的治理实践中，通过实现“两个前移”，即社会治理重心和主体分别前移至乡村民族社区和广大少数民族群众，建立健全了“州（市）、县、乡、村”四级禁毒防艾综合禁防机构和组织网络体系，实行“纵向到底、横向到边、齐抓共管”目标责任制。纵向建立了州（市）—县（市）—乡（镇）—村委会（社区）—村（居）民小组四级网络联动机制，形成各级党政领导负责的责任制度。横向建立了全州（市）各级党政机关、企事业单位分别与同级党委、政府下属部门、下级单位构成的责任体系，并成立了专门的组织机构，构建了“三四五”网络监控制度，即三项制度［党政一把手负责制、责任追究制、州（市）县领导联系制］，四个机制（领导决策工作机制、部门协调配合机制、日常工作管理机制、经费保障机制），五支队伍建设（民间组织与志愿者参与的行政管理队伍建设、高危人群行为干预队伍建设、宣传骨干队伍建设、教师骨干队伍建设、卫生技术服务队伍建设）。三项制度和五支队伍建设贯穿于四个机制运行的全过程，是四个机制有效运行的基础与保障。

（二）禁毒戒吸机制：替代种植与跨境合作

针对禁毒领域面临的禁毒除源、堵源截流、禁吸戒毒三大任务，边境州（市）根据“巩固传统毒品的治理成果，遏制境外毒品内流，控制合成毒品蔓延”的要求，构建了以禁毒为中心的毒品禁种、禁制、禁贩、禁吸戒毒新机制。

第一，多部门、多警种联动的堵源截流机制。该机制涉及境外和境内，境外主要是开展跨境合作，铲除毒品种植基地与开展绿色禁毒的替代种植。经过多年的努力，“金三角”地区铲除毒源的工作取得明显成效。早在2007年，缅甸的罂粟种植面积已降至27.9万亩，已降至之前30年来的最低点。[①] 毒品种植面积的大幅度下降从另一个角度反映出我国在当地开展的绿色禁毒替代种植已产生了显著效果。替代种植从20世纪末开始推行，2006年国家为进一步推行替代种植出台了专门政策，鼓励国内企业赴境外开展替代种植，并从资金、出境往返等方面提供支持。目前有上百家企业在境外的缅甸、老挝北部等地开展替代种植，发展橡胶、甘蔗、柠檬、茶叶等替代产业，共实施替代种植项目200多个。替代种植实施以来，相关企业在缅甸和老挝北部地区修建道路、桥梁、饮水工程等一批基础设施，使缅北和老北地区的公共基础实施得到明显改善，促进了当地经济发展和社会进步。同时也应看到，缅甸时局动荡，特别是缅中央政府与缅北地区民族武装冲突不断，加之“金三角”地区缅甸人民的极度贫困，在很大程度上制约着铲除毒源斗争以及替代种植工作的开展。2007年以来，连续几年境外罂粟种植又出现了反弹势头。同时，缅甸境内武装冲突导致封关随意性大，影响替代种植产品顺利通关，给企业造成极大损失。因此，应进一步加大合作力度，加强监测，共同控制传统毒品的反弹势头，同时加强外交协调，以保障在境外特别是在缅开展替代种植企业不受损失。

第二，双方警方协调合作，持续打击毒品走私和摧毁合成毒品加工点。目前，相关部门与境外警方开展联合打击走私贩毒的机制已经相对成熟。国家、云南省以及边境州（市）层面都与周边国家和地区开展了广泛而卓有成效的合作。2011～2015年的五年间，西双版纳警方先后与邻国警方开展会谈会晤、工作互访230多次，联合扫毒行动15次，联合破案33起，抓获吸贩毒人员721名，联手破获了“10·5”湄公河我国船员遇害案件等33起具有国际影响的毒品大案，打掉了14个跨境贩毒团伙，抓获吸贩毒人员721名，将近4吨毒品和12.5吨制毒物品打在境外。[②] 然而，鉴于合成毒

---

① 和丽中、施晓焰：《缅甸罂粟种植面积降至30年来最低点》，《人民公安报》2001年6月8日，第1版。

② 赵锦丽等：《西双版纳禁毒34年峥嵘岁月》，云南长安网，http://www.zfw.yn.gov.cn/ynszfwyh/3898146952465874944/20160627/120183.html。

品具有工艺简便、成本低、利润高、易隐蔽、需求大的特点，在境外开展联合摧毁合成毒加工点的任务是长期而艰巨的。

第三，建立禁毒与戒毒机制。在强制戒毒的基础上，经过多年实践，边疆民族社会形成并建立了一套以社区（乡镇）为基础，以村（居）民小组为主体的禁吸戒毒工作机制。在社区一级成立办公室，村（居）民小组成立戒毒工作小组，成员来自社区民警、社区卫生服务中心、劳动保障等部门；乡（居）戒毒小组则由居委会、警务室、综治办、小区支部组成“四位一体”帮教小组。同时活跃在基层一线的各种草根民间组织如女子戒毒护村队等广泛参与，创造了多种形式的社区戒毒模式。红河州开远市的“雨露社区”是社区戒毒模式的典型，该模式通过实行特殊管理、完善社会功能、发展产业项目、加强文化建设四大举措，帮助戒毒人员从生理、心理两方面戒除毒瘾，实现康复。同时通过生产、生活两方面的适应性“训练”帮助吸毒人员做好顺利融入社会的准备。“雨露社区”的社区戒毒模式被国家禁毒委、公安部作为禁吸戒毒新模式向全国推广。

（三）防控治疗机制：行为干预与关怀救助

云南边境地区在借鉴引进国外防治经验的基础上，紧密结合当地实际，积极探索艾滋病在边疆地区的传播渠道和规律，形成了相对成熟的艾滋病防治机制。一是把好监测检验关口，免费推广使用安全套，形成开展清洁针具交换、母婴阻断、抗病毒治疗、中医中药治疗等多层面协调配合的防治机制。二是调整艾滋病防治工作的战略思路，实施“关口前移，重心下沉”，把防艾工作的重心前移到农村，形成“以家庭、社区为基础，以县、乡为依托，以州、县专业机构为技术支撑”的州—县—乡—村四级联动的艾滋病综合防治工作模式。“以家庭、社区为基础”就是将艾滋病防治知识宣传到社会的最基层，到户到人，开展新婚人群、孕产妇、吸毒人员、外出务工人员自愿咨询检测，为感染者家庭提供定期随访、母婴阻断、抗病毒治疗、关怀救助等。“以县、乡为依托”就是县、乡两级人民政府加强对本行政区域内艾滋病防治工作的领导，制订艾滋病预防和控制计划，并纳入国民经济和社会发展规划，艾滋病所需经费列入财政预算，实行目标责任管理，统筹协调县、乡防艾成员单位，指导基层开展社区宣传教育、重点人群检测监测、高危人群行为干预、感染者随访治疗及关怀救助的个性化管理服务等工作。“州、县专业机构为技术支撑”就是指州（市）防艾办加大对各级防艾专业人员的业务技术培训，切实提高专业队伍能力，对口负责乡、村两级的业务指导工作，包括业务培训、技术支持、信息收集、工作监督等。该机制的实施和运作，充分整合和利用了卫生资源，有效提升了基层卫生网络的服务功能和服务质量，感染者的随访、治疗、管理和高危人群干预覆盖面都大幅提高，经过几年的禁毒防艾人民战争，边疆民族地区艾滋病防治工作取得突破性进展。其一，建立起覆盖基层的防治网络。2012年全省完成各类免费监测70万人，进一步摸清了艾滋病的底数。以西双版纳州为例，全州已建成了4个艾滋病初筛实验室、1个确认实验室，设立了37个监测点、10个监测哨点，培养了119名检测技术人员。州及一市两县设立了4个抗病毒治疗机构和38个母婴阻断服务机构。2008—2010年，共培训250名专业技术人员，4648名医务人员，1200名骨干教师，1450名公安干警，组建了800多人的禁毒防艾志愿者队伍，完成了各类人群监测检测301476人次，报告艾滋病感染者和病人719例。其二，通过宣传，提高禁毒防艾工作的社会认知度。禁毒、防艾知识政策进校园、课堂，进机关、企业，进社区、农村，进工地、厂矿，广大人民群众成为参与这场艾滋病防治人民战争的主力军。艾滋病防治知识和关怀救助政策在城市居民、农村居民、学生、校外青少年、农家工的认知度大大提高。其三，在防艾方面，积极查处了组织、强迫、引诱、容留、介绍他人卖淫嫖娼的违法案件，积极推广科学安全防范措施，在娱乐场所女性高危人群中开展了艾滋病防治知识宣传教育培训、安全套推广使用、同伴教育、咨询检测等有效行为干预，在吸毒人群中开展清洁针具交换和美沙酮维持治疗，降低毒品和艾滋病的危害。其四，有效遏制艾滋病疫情快速上升的势头，基本实现了艾滋病新发感染人数减少、病人病死率降低、感染者和病人生存质量提高的“两降一升”防治目标。“四免一关怀”政策得到有效落实，受艾滋病影响儿童入学“两免一补”率达100%，基本做到了应治尽治、应保尽保、应免尽免，艾滋病感染者和病人生存质量得到较大改善。

（四）道德约束机制：民族文化与传统道德

在毒品、艾滋病的侵袭下，边疆民族社会民族道德约束机制一度缺失，民族精神弱化和价值观扭曲，相关亚文化滋生蔓延，构成了边疆民族地区毒品、艾滋病泛滥的社会文化环境。因此，重构边疆民族地区健康民族道德体系是禁毒、防艾工作持续性的精神基础。边疆民族地区在长期的工作实践中，紧密结合新农村精神文明建设，构建了当代边疆民族社会的道德伦理约束机制。

其一，创新民族文化运行机制，为精神家园重构提供制度保障。首先，构建文化创新的制度保障。在《云南省民族文化大省建设纲要》以及民族文化发展的有关文件和法规指导下，边疆民族地区结合民族特点、地域特征，创新性地出台支持文化发展的政策文件，为改善文化建设提供了政策支持。其次，加大力度改善基础设施，为群众性民族文化活动提供良好平台。云南省先后实施两期“千里边疆文化长廊”建设工程共428个项目。同时开展农家书屋建设工程，“十二五”期间，云南在全省13994个行政村建设了农家书屋14260个，实现全省行政村全覆盖[①]，并部分延伸到自然村，构筑起一张植根乡村，惠及全省3000多万农民的图书、报刊、电子音像制品公共文化服务网。与此同时，各边境州（市）也加大投资力度，在各乡镇设置了文化站，建成集文化活动室、教室、篮球场于一体的文化活动中心，目前绝大部分村寨都建起了文化室。最后，利用多种形式搭建活动平台，既能丰富民间文艺生活，又能提升民众的道德素养和凝聚力。一是依托“国际献血日”“世界艾滋病日”“国际禁毒日”积极开展毒品和艾滋病宣传活动，提升少数民族群众对毒品和艾滋病的认知和应对能力。二是以宗教祭祀为平台，将健康有益的民族文化活动有机融入宗教祭祀活动当中。边疆民族地区由于少数民族的宗教祭祀与民俗生活关联度高，群众认同度高，参与人数众多，祭祀与欢乐共融，娱神与娱人共存，能够净化人们的心灵。三是充分发挥各级政府部门的作用，通过文化馆、图书馆，开展“四送”活动（送书、送戏、送电影、送辅导），促进乡村文化活动积极开展。

其二，着力丰富民族精神的内涵。首先，加强社会公德、职业道德、家庭美德为主的道德教育。通过道德教育召唤人们的良知，知荣明耻，并让良知“看守”言行，为社会道德约束机制提供强大的精神支柱。其次，促进民族文化振兴，挖掘优秀民族传统文化资源，为精神文明建设提供内生动力。少数民族传统文化中蕴含着深刻的爱国主义、集体主义、团结进取的文化精神；吃苦耐劳、尊老爱幼、家庭和谐的传统美德；诚实守信、乐于助人、坦率真诚的人格精神；有难同当、有福同享、帮贫济困的古朴民风，是少数民族地区思想道德建设的良好传统文化基础和传统道德基础。[②] 大力弘扬边疆少数民族优秀的传统文化和伦理道德，推动形成“知荣辱、讲正气、促和谐、谋发展”的社会风尚，并以其强大的教化、培育和道德约束功能形成应对毒品和艾滋病的精神动力。

（五）民生改善机制：扶贫开发与新农村建设

总体来看，边疆民族地区仍是一个集边疆、民族、贫困为一体的经济欠发达地区，民生问题是边疆地区社会稳定的根本，是有效应对毒品、艾滋病等突出社会问题的基础和保障。扶贫开发是边疆民族地区发展生产、改善民生的中心环节。现阶段边疆民族地区贫困形势依然严峻：一是贫困面大，贫困程度深和整体性贫困共存；二是贫困与毒品、艾滋病等突出社会问题交织。云南边境25个县中有16个县属于国家级贫困县。2014年全省25个边境县贫困人口达101.2万人，贫困发生率为

---

① 张勇、任维东：《“书香云南”落地乡村：山区群众有了图书馆》，《光明日报》2016年5月29日。

② 郑维川：《弘扬少数民族优秀传统文化，建设社会主义精神文明》，《思想战线》1997年第5期。

18.5%，远远高于全国平均水平。[①] 而一些世代生活在边境沿线的部分少数民族出现整体性贫困现象，如怒江州的独龙族、怒族，德宏州的景颇族，临沧市的佤族、拉祜族等。云南省在治理边疆毒品与艾滋病的过程中，始终高度关注民生问题，并把扶贫开发作为一项重大的战略任务来抓。充分利用国家西部大开发、“一带一路”战略、连片扶贫的政策机遇，实施“富民兴边”战略，并结合边境民族地区贫困的实际情况，先后制定实施了《云南省扶持特困民族发展规划》《云南省扶持散居民族发展规划》《云南省兴边富民行动重点县实施规划》《云南省民族特色村寨保护和发展规划》等政策。[②] 2005—2010 年先后实施了两轮兴边富民工程，2011 年启动实施了《云南省兴边富民工程“十二五”规划》。通过 10 年来的努力，边境地区发生了翻天覆地的变化。2015 年全省深入实施兴边富民工程三年行动计划，决定从 2015 年至 2017 年以 25 个边境县（市）、110 个沿边乡镇、373 个沿边行政村（社区）为范围，覆盖 3783 个自然村、23.6 万户、92.8 万人，同时兼顾沿边 19 个农场，深入实施兴边富民工程改善沿边群众生产生活条件的三年行动计划。通过 3 年努力，实现“五通”“八有”“三达到”，全面改善沿边群众生产生活条件。

边疆民族地区极为重视社会力量和民间组织在禁毒防艾中的重要作用，自 2011 年起，在全国率先开展了政府购买社会组织防治艾滋病服务。累计投入省级专项经费 1750 万元，参与的社会组织由 2011 年的 193 个增加到 2015 年的 262 个。2015 年支持社会组织申请到国家首度支持的社会组织防艾项目 42 个、资金 294.466 万元。[③] 在发挥社会力量和民间组织作用的同时，还开展了广泛的国际交流与合作，以开放、务实的态度引进和实施国际项目。1997 年以来先后与中央艾滋病防治合作项目、全球基金项目、克林顿基金项目、英国无国界组织、海外志愿者服务社、美国艾伦戴蒙德艾滋病研究中心、联合国开发计划署、联合国教科文组织、联合国艾滋病规划署，以及英国、美国、澳大利亚等国家海外援助机构和国际非政府组织等 100 余家机构和组织开展合作，这些机构和组织投入的经费已达 2 亿多元。通过项目合作，双方经过磨合，理解和信任不断加深，合作的领域不断拓展，合作的层次不断提升。双方合作的领域包括：一是对毒品、艾滋病预防的大众宣传教育；二是进行艾滋病行为干预和关怀救助，开展母婴阻断服务，提供国际上先进的救助模式，完善服务网络；三是指导以临床治疗为中心的实验室的技术支撑；四是引进性健康需求评估、行为监测等先进手段；五是以社区为基础，开展降低毒品危害和艾滋病预防的教育。有的项目还延伸到为受害者家庭提供小额贷款和具体发展项目支持，以改善贫困和提高他们的生活质量，同时还参与制定部分州（市）、县（区）禁毒防艾战略规划。这些海外组织的活动对边疆民族地区禁毒和防艾工作起到了积极的推进作用，同时也在边疆民族地区引进了国外新的管理理念，其作用应给予充分的肯定。

---

① 云南省民族宗教事务委员会：《云南民族经济工作手册》，2015 年。

② 《云南省国民经济和社会发展第十一个五年规划纲要》，《云南政报》2006（S1）。

③ 李发兴、虎遵会：《云南累计投入 1750 万元开展政府购买社会组织防治艾滋病服务》，人民网云南频道，http：//yn.people.com.cn/news/yunnan/n/2015/1201/c228496－27215590.html。

近代英国媒体视野下英俄在西藏的“大博弈”

——以《泰晤士报》为例①

韩 磊 郭永虎*

摘 要：自19世纪初，英国与俄国在波斯、阿富汗以及中亚地区便展开激烈争夺，时称“大博弈”或“维多利亚时代的冷战”。至19世纪末20世纪初，双方争夺的战场蔓延至中国西藏地区，西藏遂成为英俄两大帝国主义国家争夺的焦点。《泰晤士报》对俄国在中国西藏的侵略活动给予了极大关注，在19世纪80年代俄国向西藏派遣“科学考察队”、1900—1901年德尔智使团访俄，英国第二次侵藏战争期间其与俄国的争夺等涉藏问题上发表了大量带有倾向性和煽动性的报道，对英国国内舆论、英印政府决策、国际舆论产生了恶劣影响。这充分体现了《泰晤士报》服务于英国国家利益的新闻价值观。

关键词：西藏；《泰晤士报》；英国；俄国；“大博弈”

DOI：10. 13835/b. eayn. 22. 04

自19世纪初，英国与俄国在波斯、阿富汗以及中亚地区便展开激烈的争夺，双方动用了谍战、外交、新闻宣传等除战争之外的一切手段争夺中亚地区的利益。英国维多利亚时代的政治观察家将英俄之间的竞争称为“大博弈”（the Great Game），也有人称之为“维多利亚时代的冷战”。至19世纪末20世纪初，双方争夺的战场蔓延至中国西藏地区，西藏成为英俄两大帝国主义国家争夺的焦点。19世纪70年代至20世纪初，《泰晤士报》的涉藏报道中包含了大量关于俄国在西藏侵略活动的社论及通讯，内容涵盖俄国在西藏的探险考察、德尔智使团访俄等事件，俄藏关系的相关报道逐渐在《泰晤士报》涉藏报道中占据重要地位。“新闻是历史的草稿”，尽管秘密外交在19世纪末20世纪初的欧洲大行其道，公共舆论难以对政府的外交决策施加影响，但新闻报道毕竟反映了当时朝野上下对某个问题的普遍观点与认识，是我们了解某个历史事件或政治决策时代背景的窗口。通过研究《泰晤士报》的新闻报道，可以探究英国政府及舆论对当时英俄“大博弈”的基本立场及态度，以及主流媒体的新闻价值取向。本文利用《泰晤士报》全文数据库，梳理总结近代英国媒体对俄国在西藏活动的报道，既是从一个全新的视角探究英俄两个帝国主义国家在中国西藏的激烈争夺，同时也是对英国媒体的新闻价值观进行的探析。

---

* 作者简介：韩磊，吉林大学马克思主义学院博士后流动站研究人员，哈尔滨商业大学马克思主义学院讲师；郭永虎，吉林大学马克思主义学院教授。

① 基金项目：中国博士后科学基金第60批面上资助项目“百年来《泰晤士报》涉藏报道研究”（项目编号：2016M601369）阶段性研究成果。

一、《泰晤士报》对俄国涉藏活动报道概览

从 19 世纪 40 年代开始，为了确保英属印度的安全，英国提出了“三个缓冲区、两个同心圆和一个内湖”的国家安全战略构想。为实现这一安全战略，英国开始向印度北部地区扩张势力，相继控制拉达克、吞并尼泊尔、蚕食锡金、侵略不丹，至 19 世纪 60 年代末基本控制了喜马拉雅山南麓地区，并将武装入侵西藏作为下一步战略目标。① 随着英国政府不断进行侵略扩张活动，遥远的西藏逐渐进入英国媒体的视野。

事实、媒体、受众是新闻的三个基本要素，国际新闻报道即是指本国媒体向本国受众报道境外事实。《泰晤士报》涉藏报道属于国际新闻报道，即英国媒体向英国受众报道说明涉藏问题。明显地，与国内新闻相比，国际新闻报道的三要素不在一个传播平台上，即作为媒体的《泰晤士报》和受众在国内，而事实来自国外。因此，在传播的过程中，由于三要素形成错位，新闻事实和新闻受众不可避免地“被国家界线所割断并受国家因素所影响”②。国家利益是影响国际新闻最直接和最有力的因素之一。19 世纪末至 20 世纪初，《泰晤士报》与英国政府立场保持一致，以国家利益为标准，对国际新闻进行有目的地选择、分析和评价，进而发挥“舆论制造者”的作用。③

《泰晤士报》最早的涉藏报道出现于 1856 年，但数量较少。从 19 世纪 80 年代中期开始集中刊载以涉藏贸易、英国人在西藏的“考察”“游历”，西藏与印度、锡金、缅甸之间关系为议题的报道，为英国政府武装侵藏制造舆论，见表 1。

表 1　《泰晤士报》1883 ~ 1905 年涉藏报道数量

时间	涉藏报道数量	时间	涉藏报道数量
1883	2	1895	1
1884	3	1896	4
1885	6	1897	2
1886	6	1898	4
1887	2	1899	5
1888	19	1900	6
1889	5	1901	7
1890	6	1902	2
1891	1	1903	25
1892	2	1904	146
1893	1	1905	12
1894	2		

数据来源：Duke Libraries，*The Times* Digital Archives，1785 - 1985.

19 世纪下半叶，英国业已将势力范围扩展至喜马拉雅山南麓地区，英国商人在印度北部山区建

① 梁俊艳：《英国与中国西藏（1774 - 1904）》，兰州大学出版社 2012 年版，第 220 - 230 页。

② 刘笑盈：《国际新闻学：本体、方法和功能》，中国广播电视出版社 2010 年版，第 14 - 15 页。

③ 刘行芳、刘修兵：《西方新闻理论概论》，武汉大学出版社 2011 年版，第 238 页。

立大面积茶叶种植园，依靠廉价的劳动力、充裕的资金支持、先进的制茶设备和现代化的交通运输工具，印度茶叶在19世纪末产量剧增，故而价格低廉，拥有较强的市场竞争力。而西藏人又普遍有饮茶的习惯，英国商人便企图占领西藏市场，为印度茶叶寻找商品倾销地。此时，俄国正在中亚地区进行领土扩张，俄国的行动令英国感到警惕：“俄国愈接近印度，印度愈会成为俄国的目标”。[①]在此种情况下，英国企图在政治和经济上控制西藏的“北上”政策与俄国控制中亚地区之后形成的“南下扩张政策”产生了尖锐的矛盾冲突。英国政府认为俄国不仅仅是潜在的军事威胁，它对中亚的控制亦会对英国在喜马拉雅地区的商贸产生消极影响。

在英俄“大博弈”的国际背景下，西藏被赋予了特殊的地缘政治含义。英国决策层视西藏为保卫印度北部边界安全的“缓冲区”：西藏具有极其重要的战略地位，如果俄国控制了中国西藏，将进一步严重威胁英国在印度的殖民统治。双方矛盾的焦点由此逐步集中到中国西藏，英国政府甚至将西藏置于与俄国争夺世界霸权的地位上来看待。“从1895年至1911年，西藏逐渐成为伦敦和圣彼得堡之间争斗世界控制权的小卒。”[②]

英国媒体与政府的立场保持高度一致，对俄国在西藏的政治、经济活动格外警觉。《泰晤士报》对俄国官方及民间在西藏的各类活动密切关注，及时报道，推动英国政府出台积极强硬的对藏政策，遏制俄国势力在西藏的扩张。以“Russia”和“Russian”为关键词对上述涉藏报道进行检索，仅新闻标题中包含“俄国”字样的报道就有20余篇之多，均为重要社论。此外还有大量报道虽然标题中未出现“Russia”或“Russian”字样，但在内容上也多论及俄国在西藏的侵略活动。这表明《泰晤士报》对俄国在西藏活动的高度关注，见表2。

表2　《泰晤士报》关于俄国涉藏活动的部分相关报道

报道时间	文章类型	题目
1885年5月15日	新闻	*Colonel Prjevalsky's Journey To Tibet*
1887年1月7日	新闻	*Russian Traders in Tibet. – The Novoe Vremya*
1888年9月5日	新闻	*Russia And Tibet*
1889年4月15日	新闻	*The Russian Expedition To Tibet*
1889年8月19日	新闻	*The Russian Tibetan Expedition*
1890年1月2日	新闻	*The Russian Expedition To Tibet*
1890年1月23日	新闻	*The Russians in Tibet. – The practicable road*
1900年10月2日	新闻	*Russia And Tibet*
1900年10月15日	新闻	*Russia And Tibet*
1900年10月24日	新闻	*Russia And Tibet*
1900年10月24日	新闻	*The Tibetan Mission To Russia*
1900年10月31日	新闻	*Russia And Tibet*
1901年1月26日	新闻	*Russia And Tibet*
1901年1月29日	新闻	*Russia And Tibet*

① Premen Addy, *Tibet on the Imperial Chessboard: The Making of British Policy Towards Lhasa* 1899—1925, London: Sangam BooksLimited, 1985, p. 34.

② A. Tom Grunfeld, *The Making of Modern Tibet* (*Revised Edition*), New York: M. E. Sharpe, Inc, 1996, p. 50.

续 表

报道时间	文章类型	题目
1901年7月9日	新闻	*Russia And Tibet*
1901年8月31日	新闻	*The Tibetan Mission To Russia*
1903年7月21日	新闻	*Russia, And Tibet*
1903年8月1日	新闻	*Russia, China, And Tibet*
1904年6月18日	新闻	*Russia And Tibet*
1904年9月26日	新闻	*The Return Of The Tibet Mission. Russia And The Lhasa Treaty*
1904年10月11日	新闻	*The Tibetan Treaty. A Russian View*

数据来源：Duke Libraries, *The Times* Digital Archives, 1785 - 1985.

二、1880年代《泰晤士报》密切关注俄国“西藏探险队”

由于不断向中亚地区扩张，俄国政府急需了解西藏的气候、地理、文化等全方位信息。俄国的外交情报部门控制下的学术机构开始进入西藏收集各类情报信息。成立于1845年的帝国地理学会（Imperial Geographical Society）虽然由私人基金建立，但其活动目的不仅仅是单纯的学术性质，而是与沙皇政府的军事外交政策目标密切相关，活动本身也多由军官组织，其主要任务是向中亚和西藏地区派遣各类“探险队”和“科学考察队”绘制地图和搜集情报。[①] 沙皇俄国政府不仅对这些活动提供财政支持、测绘器材和后勤供应，还派遣哥萨克卫队保护“西藏探险队”。这些“科学考察队”打着科学考察的旗号，但实际上是为沙皇政府的侵略政策服务，他们撰写的“考察报告”是俄国政府制定侵华政策的重要依据。在帝国地理学会的推动下，从1870年代至1880年代，索斯诺夫斯基（Sosnoffsky，1872年，1874—1875年）、科罗鲍特金（Kropotkin，1876—1877年）、伊万诺夫（Ivanoff，1883年）、班德尔斯基（Bendersky，1883年）、格罗姆切维斯基（Grombchevsky，1889年）等俄国探险家先后进入西藏。[②]

与此同时，英国探险家频繁进入西藏，双方在西藏的考察路线交织在一起。再加上英国视俄国为争夺中亚地区最强有力的竞争对手，俄国的一系列“考察”活动迅速引起英国政府及媒体的警惕：俄国以“科学研究”为幌子派遣探险队进行“考察”，背后势必隐藏着政治目的。1885年，《泰晤士报》或通过新闻快讯，或通过援引书信和日记等方式，以“俄国与西藏”“普尔热瓦尔斯基的西藏之旅”“俄国在西藏的考察”“俄国人在西藏”等为题详细记录了俄国“西藏考察队”创始人——探险家尼科莱·普尔热瓦尔斯基（Nicholai Prejevalsky）的第四次中国之行——即“考察”昆仑山和西藏东北部的情况。[③] 俄国人在西藏的活动遂成为英国媒体的热门话题。早在1871年普氏就曾经提出利用俄国境内的布里亚特蒙古族佛教徒联合西藏共同对抗清廷。[④] 1877年，普氏在他提交给帝国地

① David Schimmelpenninck Van Der Oye, *Tournament of shadows: Russia's Great Game in Tibet*, *exerted from The History of Tibet*, Edited by Alex McKay, *Volume* Ⅲ *The Modern Period*: 1895 - 1959, *The Encounter with Modernity*, London and New York: RoutledgeCurzon Taylor&Francis Group, 2003, pp. 46 - 47.

② Tieh - Tseng Li, *Tibet: Today and Yesterday*, New York: Bookman Associates, 1960, p. 84.

③ Colonel Prjevalsky's Journey To Tibet, *The Times*, Friday, May 15, 1885; p. 7; Issue 31447; col F.

④ David Schimmelpenninck Van Der Oye, *Tournament of shadows: Russia's Great Game in Tibet*, exerted from *The History of Tibet*, Edited by Alex McKay, *Volume* Ⅲ *The Modern Period*: 1895 - 1959, *The Encounter with Modernity*, London and New York: RoutledgeCurzon Taylor&Francis Group, 2003, p. 48.

理协会和俄国政府战争部（War Ministry）的备忘录中将达赖喇嘛描绘成“权力巨大的东方教皇，他掌控着两亿五千万亚洲人的灵魂”，极力鼓吹占领拉萨，因为“谁统治了拉萨，谁就拥有了统治这片大陆的权力”①。正因其觊觎西藏之观点在前，《泰晤士报》对普氏此次西藏之旅格外关注。该报称“普尔热瓦尔斯基并不满足于只进行科学考察，还向他的代理人和支持者展示了他要打开俄国与西藏政治关系的强烈愿望”②，主要观点是普尔热瓦尔斯基的“科学考察”带有强烈的政治色彩。

由于俄国在西藏的“考察”活动愈发活跃，英国认为英属印度北部边疆受到了压力和威胁，遂于1888年发动了第一次侵藏战争。为了配合英国政府的战争政策，《泰晤士报》于1888年9月5日刊文报道了即将进行第五次中亚之行的普尔热瓦尔斯基“西藏考察队”。文章对俄国在中亚地区的行动进行了回顾，并担心西藏像阿富汗一样倒向俄国。③ 尽管普尔热瓦尔斯基在1888年10月病逝于伊塞克湖畔，但是俄国政府并没有中止此次考察活动，而是派遣佩夫佐夫将军（Colonel Pevtsoff）负责接管考察队，进一步加强探查西藏的道路情况。从1889年4月至1890年初，《泰晤士报》对佩夫佐夫考察队进行全面跟踪报道。

从上述一系列报道可以看出，出于对俄国威胁印度的忧虑，英国舆论界对俄国探险队频频出现在中国西藏异常警觉，《泰晤士报》尤其注重对俄国“考察队”在西藏的行动路线、范围，以及这些行动可能带来的潜在影响进行分析报道。这些报道试图传递给英国公众一个信息：俄国正在制订侵略西藏计划，这在地缘政治上将对“女王王冠上的明珠”——印度产生威胁。

三、《泰晤士报》对德尔智访俄的过度解读（1900—1901）

（一）俄国的西藏政策

第一次侵藏战争结束之后，清政府于1890年和1893年先后与英国签订了《藏印条约》与《藏印续约》，承认锡金归英国保护，英国事实上成为锡金的保护国。西藏当局担心英国在喜马拉雅山地区的武力扩张将使西藏成为英国下一个吞并目标，对英国便形成了疑虑和抵触的心理。④ 再加上出于对甲午战争中战败的清政府的不信任，十三世达赖喇嘛开始转向国际社会寻求政治援助。西藏内部曾一度出现了亲英、亲法和亲俄三种倾向，西藏和俄国之间存在的宗教纽带使“联俄抗英”思想逐渐在西藏上层占据上风。

俄国境内生活着大约100万信仰藏传佛教的布里亚特蒙古人和卡尔梅克蒙古人，“每年数千俄国喇嘛教信徒将会踏上前往蒙古和西藏的朝圣之旅接受宗教教育”⑤。沙皇政府充分利用宗教信仰来加强对西藏的渗透和控制，与西藏上层贵族建立了更为密切的关系。基于共同的宗教信仰，西藏上层贵族认为俄国是一个奉行宗教宽容的国家。“噶厦中大部分人的观点是结交俄国，因为在那里佛教能

---

① David Schimmelpenninck Van Der Oye, *Tournament of shadows*: *Russia's Great Game in Tibet*, exerted from *The History of Tibet*, Edited by Alex McKay, *Volume Ⅲ The Modern Period*: 1895—1959, *The Encounter with Modernity*, London and New York: RoutledgeCurzon Taylor&Francis Group, 2003, p. 48.

② Russia and Tibet, *The Times*, Tuesday, Oct 02, 1900; p. 3; Issue 36262; col F.

③ Russia and Tibet, *The Times*, Wednesday, Sep 05, 1888; p. 5; Issue 32483; col C.

④ David Schimmelpenninck Van Der Oye, *Tournament of shadows*: *Russia's Great Game in Tibet*, exerted from *The History of Tibet* Edited by Alex McKay, *Volume Ⅲ The Modern Period*: 1895－1959, *The Encounter with Modernity*, London and New York: RoutledgeCurzon Taylor&Francis Group, 2003, p. 52.

⑤ Russia and Tibet, *The Times*, Saturday, Jun 18, 1904; p. 4; Issue 37424; col E.

够自由地发展。”① 混入西藏农奴主贵族中间的布里亚特蒙古人宣传的“联俄抗英”思想能够影响达赖喇嘛决策，西藏当局轻易地作出了“只有俄国才能帮助西藏”的论断。② 十三世达赖喇嘛于1898年、1900年9月和1901年6月至8月，先后三次派遣俄籍布里亚特蒙古族僧人、西藏地方政府官员德尔智（Agvan Dorzhiev）率领使团出访俄国，谋求建立政治联系，以抵抗英国的军事威胁和政治侵蚀。

刚刚继位的沙皇尼古拉二世认为在甲午中日海战中失利的清政府已经丧失对东亚地区的控制力，东亚地区产生了巨大的权力真空亟待填补，俄国政府的战略重心开始转向东亚，其侵略政策首先指向了中国东北和朝鲜半岛。俄国媒体甚至鼓吹称“目前是欧洲相关利益大国瓜分中国，给中国致命一击的绝佳机会”③。但与东北亚地区相比，俄国政府却始终缺少清晰明确、完整连贯的西藏政策，“当俄国外交在满洲和朝鲜变得更富有侵略性之后，却继续忽略西藏……1900年的一项对华外交动议涉及了蒙古、满洲、大部分新疆地区，却没有提及西藏”④。对西藏感兴趣的仅仅是部分知识分子。

由于在西藏没有政治、经济、军事利益，俄国更倾向于在西藏维持现状，无意在西藏采取过激行动、更深程度地介入西藏事务，甚至将西藏纳入自己的影响范围之内，这从沙皇对待德尔智访俄的态度可见一斑。1898年，德尔智第一次率团出访圣彼得堡，此行目的除了为西藏修建寺院向布里亚特蒙古人和卡尔梅克蒙古人筹集资金之外，和俄国建立政治上的密切联系亦是题中应有之义。其间尼古拉二世虽然热情接见了德尔智，但却表明俄国将在收到西藏官方正式的书面请求之后再对其诉求予以回复，实际上是以巧妙的外交辞令拒绝与西藏建立政治上的密切关系。1900年德尔智受达赖喇嘛派遣，携带达赖喇嘛致沙皇的正式书信和礼物再次出访俄国，在克里米亚半岛的里瓦几亚受到尼古拉二世接见。尼古拉二世回复称“我很高兴地了解到您希望俄国与西藏建立经常性的联系，我会义不容辞地向您的来使就这一议题进行阐释”⑤。沙皇的回复闪烁其词，此次双方会见仍然没有任何实质结果。事实上随着中俄密约的签署，俄国已经把侵略的目光投向中国东北，尼古拉二世对德尔智的含糊其辞并未转化为实际的行动。

（二）寇松对俄国的态度

尽管俄国缺乏明确的西藏政策，但为了保障自身在喜马拉雅地区的利益，英国仍然将俄国视为自己在该地区的最大竞争对手，并于1903年12月悍然发动第二次侵藏战争，随后在1904年8月攻陷拉萨之后胁迫清政府签订《拉萨条约》。那么为何在第一次侵藏战争结束短短15年之后，西藏局势再次恶化，甚至战端再起？根本原因在于英俄“大博弈”的白热化及英国强硬派寇松的上台。

---

① Nikolai Kuleshov, *Agvan Dorjiev, The Dalai Lama's Ambassador*, exerted from *The History of Tibet*, Edited by Alex McKay, Volume Ⅲ *The Modern Period*: 1895 - 1959, *The Encounter with Modernity*, London and New York: RoutledgeCurzon Taylor&Francis Group, 2003, p. 60.

② Nikolai Kuleshov, *Agvan Dorjiev, The Dalai Lama's Ambassador*, exerted from *The History of Tibet*, Edited by Alex McKay, *Volume* Ⅲ *The Modern Period*: 1895 - 1959, *The Encounter with Modernity*, London and New York: RoutledgeCurzon Taylor&Francis Group, 2003, p. 58.

③ David Schimmelpenninck Van Der Oye, *Tournament of shadows: Russia's Great Game in Tibet*, exerted from *The History of Tibet*, Edited by Alex McKay, *Volume* Ⅲ *The Modern Period*: 1895 - 1959, *The Encounter with Modernity*, London and New York: RoutledgeCurzon Taylor&Francis Group, 2003, p. 48.

④ David Schimmelpenninck Van Der Oye, *Tournament of shadows: Russia's Great Game in Tibet*, exerted from The History of Tibet, Edited by Alex McKay, *Volume* Ⅲ *The Modern Period*: 1895 - 1959, *The Encounter with Modernity*, London and New York: RoutledgeCurzon Taylor&Francis Group, 2003, p. 51.

⑤ Nikolai Kuleshov, *Agvan Dorjiev, The Dalai Lama's Ambassador*, exerted from*The History of Tibet*, Edited by Alex McKay, *Volume* Ⅲ *The Modern Period*: 1895 - 1959, *The Encounter with Modernity*, London and New York: RoutledgeCurzon Taylor&Francis Group, 2003, pp. 59 - 61.

第一，德国的崛起固然令英国对自身的世界霸权感到担忧，但是19世纪末20世纪初，正值俄国在远东大肆扩张之时，英国更视俄国为主要的竞争对手。此时欧洲大陆虽然已经形成了法俄同盟和德意奥三国同盟两大军事集团，但是由于英国固有的“光辉孤立”外交政策，且欧洲两大军事集团的未来走向尚存变数，因此英国对于欧洲局势尚处在犹豫和观望之中。1898年—1901年，英国希望通过谈判来协调与德国之间的矛盾，共同遏制俄国的扩张。英国政府甚至曾经向德国政府发出照会，“如果俄国获得印度和君士坦丁堡的话，希望双方能够缔结军事和政治协议来共同遏制俄国”①。

在这样的政策背景下，具有强烈的“俄罗斯恐惧症”倾向且对西藏奉行强硬政策的寇松于1899年1月6日出任印度总督。“寇松自从19世纪80年代早期以来就一直在亚洲推行反俄政策。”② 其外交理念混杂着对俄国的恐惧与疑虑。寇松对于西藏也有深刻认识。“在他的观念中，一个既与中国保持若即若离关系，又拒绝向俄国寻求帮助的自由西藏，构成了对印度极为理想的缓冲地区，乃是大英帝国生死攸关的利益。”③ 寇松十分警惕俄国在西藏给英国带来的潜在危险。寇松称：“如果我们在西藏毫不作为，俄国就将在不到10年的时间里在西藏建立一个保护国。这也许构不上军事威胁，但在某种程度上会构成政治威胁……我们必须阻止俄国在西藏建立保护国。”④ “俄国最终的野心是控制亚洲，即使默许俄国在德黑兰的行动，也不会使俄国放弃西藏。”⑤ 寇松急切地希望在远东地区为英国制造商创建开放市场，但俄国急剧在中亚扩张以及随之而来的铁路修建将使俄国掌控中亚的贸易。他甚至称：“落入法国和俄罗斯之手的每一个港口、每一个城镇和每一个乡村对于曼彻斯特、布拉德福德和孟买的出口来说都是损失。”⑥

总之，寇松统治下的英印政府的西藏政策是确保西藏同英国而不是同俄国结盟。⑦ 英国政府一直严密监控俄国与西藏的往来，俄国与西藏之间政治互动的增多无疑令英国倍感紧张，愈发引起英国的忌惮。受寇松强硬对俄政策的影响，《泰晤士报》在1899年之后报道俄藏关系时开始将重心由报道俄国在西藏的“科学考察”转移至双方在政治上的互动。德尔智访俄自然引起英国政府及媒体的密切关注。

（三）《泰晤士报》对德尔智访俄的渲染及影响

《泰晤士报》对德尔智访俄事件反应非常强烈，从1900年10月2日至31日期间陆续刊登了5篇新闻稿，1901年6月至8月《泰晤士报》又陆续刊登了4篇新闻稿对双方的接触进行持续、细致、全面的报道和分析。《泰晤士报》对德尔智访俄的跟踪报道对俄藏之间的互动作出了过度解读，适时地为英国政府制定更为强硬的西藏政策制造了紧张气氛，刺激了公众对涉藏问题的兴趣，间接地助推了第二次侵藏战争的到来。

1. 对德尔智访俄的过度解读

第一，《泰晤士报》强调德尔智使团访俄的政治意义非同小可，是值得密切关注的事件，对双方

---

① Nikolai Kuleshov, *Agvan Dorjiev*, *The Dalai Lama's Ambassador*, exerted from*The History of Tibet*, Edited by Alex McKay, *Volume* Ⅲ *The Modern Period*: 1895 – 1959, *The Encounter with Modernity*, London and New York: RoutledgeCurzon Taylor&Francis Group, 2003, p. 61.

② A. Tom Grunfeld, *The Making of Modern Tibet* (*Revised Edition*) New York: M. E. Sharpe, Inc, 1996, p. 52.

③ Premen Addy, *Tibet on the Imperial Chessboard*: *The Making of British Policy Towards Lhasa*, 1899 – 1925, London: Sangam BooksLimited, 1985, p. 135.

④ A. Tom Grunfeld, *The Making of Modern Tibet* (*Revised Edition*), New York: M. E. Sharpe, Inc, 1996, p. 52.

⑤ Premen Addy, *Tibet on The Imperial Chessboard*: *The Making of British Policy Towards Lhasa*, 1899 – 1925, London: Sangam BooksLimited, 1985, p. 60.

⑥ Premen Addy, *Tibet on The Imperial Chessboard*: *The Making of British Policy Towards Lhasa*, 1899 – 1925, London: Sangam BooksLimited, 1985, p. 60.

⑦ 梁俊艳：《英国与中国西藏（1774—1904）》，兰州大学出版社2012年版，第271 –272页。

可能出现的“政治同盟”给予高度重视。《泰晤士报》发表一系列评论，认为“西藏是中国的从属，除了以中央政府作为中间渠道之外，没有权力和外国进行直接交往”①，而此次德尔智使团出访俄国“具有非同寻常的意义……这是西藏的精神领袖第一次派遣特别使团到欧洲国家”②，“西藏的精神领袖向沙皇派遣特别使团是应当给予严重关注的事件”③。

第二，报道对德尔智使团访问俄国的深层原因和目的进行剖析。认为俄国加强与西藏的政治联络就是企图借机向西藏进行渗透，以抗衡英国。一篇以《俄国与西藏》为题的报道称：“俄国总是想保护西藏的边界以对抗英国对西藏的控制。”④《泰晤士报》还披露了德尔智使团能够顺利往返于西藏与俄国本身就是俄国秘密资助的结果。“很明显，如果没有俄国的资助，西藏使团无法完成这一艰险的旅程。在这种情况下，毫无疑问使团成员被俄国军队经蒙古护送回国……而且俄国军队中可能会有经过训练的情报人员。”⑤

第三，报道对德尔智使团访俄给英国带来的潜在威胁进行评估，认为“俄藏联盟”一旦建立将完全与英国利益背道而驰。《泰晤士报》认为这些危害主要包括：

（1）德尔智访俄建立了双方沟通的渠道，将使双方的政治互动成为常态。《泰晤士报》1901 年 6 月 26 日的报道称，“此次圣彼得堡之行加强了俄国与西藏之间的友谊、种族和政治纽带……可以断言，目前这个极具影响力的使团造访俄国首都正是俄国和西藏在许多问题上达成谅解的结果”⑥。（2）西藏以及中亚地区有可能被俄国全面控制。《泰晤士报》评论称，“由于俄国已经在中亚地区各民族中获得了威望，那么不仅西藏，中国北部和西部其他地区也会一步一步落入俄国的控制”⑦。“现在我们了解到，事态的发展已经不再停留在臆想的阶段，俄国已经成功地进入到中亚的‘禁地’”⑧。（3）“俄藏联盟”一旦形成甚至对英国在东南亚的殖民利益也会产生威胁。

1901 年 6 月 29 日，一篇题为《俄国与西藏》的报道对此进行详细分析：

> 西藏使团的到来以及沙皇与达赖喇嘛之间愉快的互动对英国来讲没有任何好处。双方联盟的建立完全与英国的利益背道而驰。俄藏联盟形成之后的第一个计划就是在云南和西藏的对面，即在越南的东京地区和中亚地区，建立法国和俄国之间的贸易联系，通过此举将英印政府从欧亚大陆的贸易圈中踢出去。这样，不仅印度，就连缅甸和暹罗也会排除在对华贸易之外，而暹罗也会很容易被法国吞并。俄国的近期目标是将西藏变成自己的保护国。目前中国混沌迷乱的局势对俄国的计划非常有利。由于清政府的羸弱，达赖喇嘛会倾向于寻求强有力的沙皇的保护。当法国在云南、俄国在西藏建立起稳固的基础，法俄同盟将会从波罗的海延伸至东京湾，并将对英国对华贸易产生不利的影响。这种形势将使法国和俄国在中国和印度的利益问题上形成最终的合作⑨。

从上述报道看，《泰晤士报》除了对德尔智访俄的基本事实进行简略报道之外，主要是对俄藏双方此次政治互动的潜在影响进行评估和预测。

---

① Russia and Tibet , *The Times*, Monday, Oct 15, 1900, p. 5, Issue 36273, col C .

② Russia and Tibet , *The Times*, Tuesday, Oct 02, 1900, p. 3, Issue 36262, col F.

③ Russia and Tibet, *The Times*, Wednesday, Oct 24, 1900, p. 5, Issue 36281, col D.

④ Russia and Tibet, *The Times*, Wednesday, Oct 24, 1900, p. 5, Issue 36281, col D.

⑤ The Tibetan Mission to Russia, *The Times*, Saturday, Aug 31, 1901, p. 3, Issue 36548, col E .

⑥ Russia and Tibet, *The Times*, Wednesday, Jun 26, 1901, p. 7, Issue 36491, col A.

⑦ Russia and Tibet, *The Times*, Wednesday, Oct 31, 1900, p. 3, Issue 36287; col G.

⑧ The Tibetan Mission to Russia, *The Times*, Wednesday, Oct 24, 1900; p. 12; Issue 36281; col A.

⑨ Russia and Tibet , *The Times*, Saturday, Jun 29, 1901, p. 9, Issue 36494, col A.

2. 助推英印政府制定强硬政策

《泰晤士报》对英印寇松政府的政策进行批评指责，通过严厉的语气刺激英印政府，最终对寇松的态度产生影响。1900 年德尔智第一次访俄时寇松曾评论说“和俄国相比，我认为西藏在事实上更可能向英国寻求帮助”，可见德尔智第一次访俄并没有引起寇松过多的重视。《泰晤士报》随即在 1900 年 10 月 24 日的社论中批评道，“由于过度自负，英印政府忽视了跨越印度大陆北部边界之外的所有问题，这最终导致了俄国的成功。俄国只有在其影响遍及中国的时候才会心满意足，而英印政府一直对俄国的计划持漠不关心的态度”①。《泰晤士报》认为正是英印政府的不作为导致俄藏之间日益密切的交往。

尽管 19 世纪末 20 世纪初的欧洲盛行秘密外交，公共舆论难以影响政治决策，但新闻报道毕竟反映了当时英国朝野上下对某个政治问题的普遍观点与认识，决策者同样也无法对此完全置若罔闻。随着媒体对德尔智访俄事件的持续关注与发酵，特别是当寇松试图与西藏建立外交关系的努力失败后，他对俄藏之间的政治互动再也不能无动于衷。从寇松给英国内阁的一封信中可以看出他的态度的变化：“绝不能说西藏赴俄使团仅仅代表了西藏北部寺院的利益。相反，使团的首领——那个俄籍蒙古人——在拉萨逗留了许多年，毫无疑问对统治那个地方的神权集团非常熟悉……我可以肯定地说（访问）结局对我们来说必然非常不利。”②

英国政府在对西藏采取具体行动前，希望获得俄国干预西藏事务更为明显的证据。为了营造西藏局势的紧张氛围，推动寇松制定强硬的政策，《泰晤士报》甚至不顾真实——新闻报道最为重要的原则和职业道德，捏造俄国向西藏秘密提供武器的消息，夸大俄国在西藏的行动，煽动英国公众的反俄情绪。后来英国发动第二次侵藏战争，荣赫鹏率领的军队进入拉萨，并未发现任何俄国提供的装备，证明了该报道的内容纯属子虚乌有。③《泰晤士报》关于德尔智访俄连篇累牍的报道在向英国外交政策制定者传递一个信息：如果英国政府继续对西藏无动于衷、听之任之，那么类似德尔智访俄之类的俄藏互动将会常态化，英国将彻底失去对西藏的控制，西藏将成为俄国的势力范围。

总之，寇松的“俄罗斯恐惧症”及国际社会谣传称俄国业已与清政府签订《中俄关于西藏密约》，清政府将保障俄国在西藏的利益等原因都促使英国在距离第一次侵藏战争结束仅仅 15 年之后，迫不及待地发动第二次侵略西藏的战争。不可否认的是，《泰晤士报》的鼓噪同样也使西藏局势进一步恶化，加速了战争的到来。

四、第二次侵藏战争期间《泰晤士报》对俄国的警惕

第二次侵藏战争发生的 1903 ~ 1904 年，《泰晤士报》的涉藏报道数量急剧增加。从 1903 年 11 月 ~ 1904 年 9 月，以 Thibet、Tibet、Tibetan 为关键词，在《泰晤士报》数据库中进行检索，获得各类涉藏报道数量共计 171 篇。仅这两年的涉藏报道就占 1883 ~ 1905 年全部涉藏报道数量的 63.6%。将这些报道整合起来，完全就是一份完整的第二次侵藏战争期间的英军“行军日志”。随军记者在大量报道英军战争进程的同时，英俄在中亚的明争暗斗仍然是《泰晤士报》的报道重点。

《泰晤士报》认为英国发动战争的目的就是为了针对俄国。“通过（战争）控制西藏和达赖喇嘛

---

① Russia and Tibet, *The Times*, Wednesday, Oct 24, 1900; p. 5; Issue 36281; col D.

② David Schimmelpenninck Van Der Oye, *Tournament of shadows: Russia's Great Game in Tibet*, exerted from *The History of Tibet*, Edited by Alex McKay, *Volume* Ⅲ *The Modern Period*: 1895 – 1959, *The Encounter with Modernity*, London and New York: RoutledgeCurzon Taylor&Francis Group, 2003, p. 53.

③ David Schimmelpenninck Van Der Oye, *Tournament of shadows: Russia's Great Game in Tibet*, exerted from *The History of Tibet*, Edited by Alex McKay, *Volume* Ⅲ *The Modern Period*: 1895 – 1959, *The Encounter with Modernity*, London and New York: RoutledgeCurzon Taylor&Francis Group, 2003, p. 53.

政府，英国将不可避免地对俄国控制之下的蒙古和其他地区施加影响，也会利用这种地位给俄国制造困难。”① 该报甚至毫不掩饰地宣称：“英国在西藏的远征唯一的针对目标就是俄国……破坏俄国在中亚的威望。”②《泰晤士报》强调英国只有通过发动战争才能限制俄国在西藏的扩张。“自从远征开始以来……有证据显示英国的行动可以制衡俄国针对达赖喇嘛的阴谋。”③ “英国军队在西藏的行动是能够制约俄国的最大胆也是最重要的措施。”④

《泰晤士报》还对远东的英日同盟对俄国的制衡寄予厚望。该报对俄国和日本在中国东北的争夺十分感兴趣，特别分析了俄国和日本在中国东北的争夺对西藏局势的间接影响。1904 年 1 月，在日俄战争开战前夕，《泰晤士报》分析称：“由于认为俄国将忙于在亚太地区对付日本，英国判断在西藏进行远征活动较为安全……在该地区重新获得威望的唯一方式就是战胜俄国。”⑤ “如果日本在远东获胜的消息能够逐渐在西藏传播开来，喇嘛们就会认为俄国不会支持他们，他们的态度就会发生变化，远征军便会较容易地完成任务。”⑥《泰晤士报》希望英日同盟能够发挥效力，日本在远东尽量拖住俄国，以便使英国能够较为容易地控制西藏。

受日俄战争的影响，俄国无暇顾及西藏，与之前相比英俄在西藏的矛盾得到缓解。1904 年 8 月英军进入拉萨之后，《泰晤士报》的报道基调亦有所转变，开始大谈英俄之间达成的“谅解”。“西藏问题不再成为冲突的根源。相反，两国关系应当更为密切，相对于亚洲种族来说，英俄两国之间的纽带是毫无疑问的。亚洲的政治平衡依赖于英俄关系正常化，如果两国团结起来，那么‘黄祸’不足为惧。”⑦

从当时的帝国主义国家之间在世界范围的争霸的宏观视角来看，自从德国在北非挑起第一次摩洛哥危机之后，英国便逐渐将德国视为挑战其世界霸权的对手；再加上 1905 年底新的自由党政府上台执政，中英关系和英俄关系被置于英藏关系之上，英国政府愿意与俄国在“西藏问题”上寻求妥协⑧，寇松强硬的对俄政策逐渐成为英国政府的弃卒。而俄国在远东的扩张受到英国和日本的双重钳制，不得不将战线回收至欧洲。在俄国和德奥集团都将巴尔干半岛视为自己的势力范围的情况下，双方的矛盾便不可调和。在英德矛盾激化的情况下，英俄关系缓解便成为可能。1907 年 8 月 18 日，英俄就波斯、阿富汗、中国西藏问题达成妥协，签订了《英俄协定》。两国正式承认中国对西藏享有宗主权，承诺不干涉西藏内部事务，持续了近一个世纪的英俄“大博弈”落下帷幕。由于双方矛盾的解决，对俄国的关注也逐渐淡出《泰晤士报》的涉藏报道。

---

① The Mission to Tibet. The Retreat of the Natives. （FROM OUR SPECIAL CORRESPONDENT. ），*The Times*，Tuesday，Apr 05，1904，p. 3，Issue 37360，col B.

② The Mission to Tibet. Position at Gyangtse. （FROM OUR SPECIAL CORRESPONDENT. ），*The Times*，Thursday，Jun 09，1904；p. 7；Issue 37416；col D.

③ The British Mission to Tibet. Attitude of China. （FROM OUR OWN CORRESPONDENT. ），*The Times*，Wednesday，Jan 13，1904，p. 3，Issue 37289，col D.

④ The Mission to Tibet. The Retreat of the Natives. （FROM OUR SPECIAL CORRESPONDENT. ），*The Times*，Tuesday，Apr 05，1904，p. 3，Issue 37360，col B.

⑤ The British Mission to Tibet. （FROM OUR CORRESPONDENT. ），*The Times*，Thursday，Jan 07，1904，p. 3，Issue 37284，col D.

⑥ The British Mission to Tibet. （FROM OUR SPECIAL CORRESPONDENT. ），*The Times*，Friday，Feb 26，1904，p. 3，Issue 37327，col F.

⑦ The Tibet Expedition. Foreign Opinion. （FROM OUR CORRESPONDENT. ），*The Times*，Tuesday，Aug 09，1904；p. 3；Issue 37468；col D.

⑧ A. Tom Grunfeld，*The Making of Modern Tibet*（*Revised Edition*），New York：M. E. Sharpe，Inc，1996，p. 59.

五、结　语

近代中国报刊的诞生与发展，深受以《泰晤士报》为代表的英国主流报刊的影响，晚清的中国媒体人尤为推崇有“现代报业鼻祖”之称的《泰晤士报》，并在经营理念、报道方式等方面加以仿效，对该报一直秉承的“独立地、客观地报道事实”的宗旨“仰之几如泰山北斗”。

以“第四权”自诩、作为影响政治决策重要因素的大众传媒固然可以通过营造公众舆论形成政府决策的压力环境，促使政府考虑公众意见，甚至迫使政府尊重舆情修订决策，达到对政府决策施加潜移默化的影响之目的。但纵观《泰晤士报》200 多年的发展历史，该报的政治倾向整体上趋向保守，在历史上历次重大国内及国际事务上支持英国政府的观点，与英国政府的战略设想与决策不谋而合。尽管从创刊以来，《泰晤士报》向来以报道真实、独立、客观、公平公正自居，否认与政府利益一致，甚至以“政府监督者”的身份相标榜。但实际上，意识形态是新闻报道的重要属性，新闻媒体总是表现出一定的政治倾向和价值立场。

通过前文分析可以看出，综观近代《泰晤士报》的涉藏报道可以看出，19 世纪末 20 世纪初世纪之交的中国面临帝国主义列强瓜分的民族危机，英国是侵略中国西藏的主要角色，英国理所当然地将中国西藏看作是自己的势力范围，并不容其他列强染指；同时也可以看出英国维护印度——这一拥有众多资源的殖民地的坚定决心，以及对在中亚疯狂扩张的俄国进一步侵略印度的恐惧。因此，任何觊觎中国西藏的企图和行动都会遭到英国的有力回击。而这一时期正是《泰晤士报》的政治观点转向保守主义时期，价值观与主流社会保持一致，因此《泰晤士报》的涉藏报道并没有体现出客观、独立、公正的原则，相反与英国政府维护在印度的利益，以及在西藏的侵略诉求上不谋而合。该报为英国政府出谋划策，积极引导国内舆论，充当英国政府喉舌，甘当国家政策的传播者，体现出鲜明的国家主义特征。在英俄西藏“大博弈”的过程中，《泰晤士报》在客观上有利于政府的倾向性，其为英国国家利益服务的保守新闻价值观显而易见。

民族国家视域下我国跨界民族的国家认同研究①

廖林燕*

摘　要： 民族国家时代的边界是个敏感的政治话题，那些跨居于民族国家边界上的跨界民族成员对国家的认同程度，对民族国家的统一和稳定具有举足轻重的影响。其中，民族认同和国家认同关系的失衡，尤其是民族认同僭越其文化认同的定位，进入政治领域并向国家权力提出诉求，是诱发跨界民族国家认同问题的根本原因。当前，全球民族主义思潮的影响、境外敌对势力的分化与渗透、市场经济下跨界民族成员价值观念的深刻变化，这些都对我国跨界民族的国家认同状况造成不利影响。在我国全面进入国家建设时期，需要从国家整体利益的角度，从有利于中华民族凝聚的角度，高度重视并不断推进跨界民族的国家认同建设。

关键词： 国家认同；跨界民族；民族国家；民族认同

DOI：10.13835/b.eayn.22.05

对民族国家而言，处于国家疆域的边缘地带、与邻国交界、并跨国界而居的跨界民族的国家认同是一个举足轻重的问题。当跨界民族的国家认同出现危机时，极易诱发民族分裂主义运动，从而直接牵动民族国家的疆域安全，造成国家分裂、动荡，而且还易诱发领土争端，甚至冲击地缘政治。我国共有31个跨界民族，与朝鲜、俄罗斯、缅甸、越南等14个国家接壤，陆地边境线长达2.2万多公里。不论是从民族国家建设的角度，还是从国家发展中疆域安全问题治理的角度，跨界民族的国家认同问题都是需要高度重视并不断推进的重大历史性课题。

一、民族国家时代下跨界民族国家认同问题的凸显

对民族国家来讲，跨界民族的国家认同状况，直接关涉着民族国家的疆域安全与发展稳定，是民族国家统一和稳定的重要心理基础。民族国家是当今世界最普遍的国家形态。这种国家形态最早出现在西欧，二战以后，民族国家向全球扩张，成为国际关系的基本主体。“到目前为止，民族国家仍然是唯一得到国际承认的政治组织结构。”② 民族国家建立以后，最根本的安全便是疆域安全，而疆域安全的核心便是主权和领土的安全。疆域安全问题成为民族国家建立以后必须高度重视的重大政治问题。在国家的疆域范围内，跨界民族地区往往是国家主权和领土安全最容易受到威胁和破坏

* 作者简介：廖林燕，博士，云南大学公共管理学院副教授，研究方向为民族政治与边疆治理。

① 基金项目：2015年国家社科基金重大项目（项目编号：15ZDB112）和2016年云南省哲学社会科学规划项目（项目编号：YB2016022）阶段性研究成果。

② ［英］安东尼·D. 史密斯：《全球化时代的民族与民族主义》，中央编译出版社2002年版，第122页。

的区域，尤其是当跨界民族的国家认同出现危机进而引发民族分裂活动时，这对民族国家的统一和疆域安全无疑也是一种极大的威胁和破坏。因此，如何构建并维持跨界民族对国家的归属感并形成深刻的共同体意识，是民族国家建设的一个重要内容。

跨界民族是指“历史上形成的而现在分布在两个或两个以上国家并在相关国家交界地区毗邻而居的同一民族”①。跨界民族的突出特点就是跨界，其中，“界”即国家边界，或者说国界线。跨界民族是在人类社会发展进程中作为人群共同体的民族的范畴与作为政治共同体的国家的范畴交错重叠而产生的一种普遍现象。这种现象在全球范围内比较普遍，因为在民族国家发展演进过程中民族边界与国家疆界的非对称性是历史和社会发展的一种常态。当今世界，约有3000个民族，分布在200多个国家和地区中。这一方面使得绝大多数国家在民族构成上表现为多民族国家；另一方面也使得相当一部分民族因国家政治疆界分割从而成为跨界民族。

跨界民族的形成与现代政治疆界的分割紧密联系在一起。国家自形成之日起，便占有和控制着一定的地理范围，也就是国家的疆域。疆域是国家的一个重要构成要素。在民族国家时代，国家主要是以主权以及表现主权的领土、边界等方式来确定国家的政治疆域范围②；然而，在民族国家确定边界的过程中，有一些原本为同一民族的传统聚居地因政治的力量从而被分割在不同国家的疆域范围之内，这些民族即跨界民族。跨界民族原本是在历史上形成的原生形态民族，在族源、文化、经济、地理等方面具有密切的联系；但由于现代政治疆界的分割，使得原本同一民族的传统聚居地被分割在不同国家的疆域之内，从而使同一民族成为不同国家的国民，也就具有不同国家的公民身份。

20世纪90年代以来，跨界民族国家认同问题尤为突出，并演变为一个全球性的问题。在民族意识不断增强的驱使下，跨界民族也会重新审视自身与国家的关系，要求获得更多的自治权或要求获得更多的经济利益和文化利益。在民族主义泛化的时代，一些跨界民族甚至也会要求从现有的国家政治共同体中分离出去、单独建立自己的国家政治共同体，从而引发国家认同问题。苏联解体后，在世界范围内引发了一股民族分离主义的浪潮，这股浪潮给民族国家的政治疆界造成了前所未有的震撼。全球大量的事件表明，几乎所有的民族分离主义运动都有跨界民族纷争的影子，或者首先从跨界民族问题中反映出来，如科索沃问题、斯里兰卡的泰米尔人问题、库尔德人问题、英国的北爱尔兰问题等。这些民族分离主义运动，给民族国家内部的统一和稳定都造成了强大冲击。

二、跨界民族国家认同问题的生成逻辑

全球的发展实践表明，由于全球民族主义的泛滥，以及多民族国家中民族构成的复杂性与宗教信仰的复杂性，从而使得国家认同总是面临挑战。“在任何一个国家历史上的某一个时刻，当对传统的准国家单位的忠诚同对国家的忠诚和国家的目标发生冲突时，政治共同体的问题就可能成为首要的问题，并造成重大的政治危机。”③ 派伊也指出：“第一个也是最根本的一个危机是由认同感的获得引发的。……在大多数新国家中，传统的认同方式都是从部族或种姓集团转到族群和语言集团的，而这种方式是与更大的国家认同感相抵触的。”④

从根本上看，民族认同和国家认同的矛盾和张力是诱发跨界民族国家认同问题的根本原因。在各种认同对象中，民族认同往往是最牢固的一种认同形式。安东尼·史密斯指出：“无论一种民族认

① 刘稚：《跨界民族的类型、属性及其发展趋势》，《云南社会科学》2004年第5期。

② 其中，领土是疆域的核心部分。

③ ［美］加布里埃尔·阿尔蒙德、小G. 鲍威尔：《比较政治学：体系、过程和政策》，上海译文出版社1987年版，第39页。

④ ［美］鲁恂·派伊：《政治发展面面观》，天津人民出版社2009年版，第81页。

同是何时被铸造的，也无论它是怎样被铸造的，一旦形成了，它就很难被根除。"① 西方人类学家格尔茨曾指出，族群内含两类社会关系，其中之一便是从血族、共同语言、宗教信仰和习俗中所产生的社会关系，而格尔茨将这种社会关系描述为"被给予"的社会关系，即一生下来就居于其中的那个群体。② 因此，民族认同从本质上讲就是一种复杂的文化心理过程，一经形成，就非常深厚和稳固。其中，共同的民族文化纽带是民族认同的重要基础所在，甚至可以说，民族认同的核心就是对民族文化的认同。在民族漫长的发展过程中，特定环境下的人群必然创造自己独特的文化，包括语言文字、风俗习惯、宗教信仰、生产方式等，而这些渐次传承与积淀的文化又成为一种强有力的纽带，把这个特定环境中的人群进一步紧密地联系成为一个稳定的人群共同体。而这个人群共同体，在与其他民族成员的交往互动中，必然逐渐体验并感受到民族差别的客观存在，如不同的历史记忆、不同的生活习俗、不同的宗教信仰等历史文化差异。而在对社会关系中"他者"的认知和感受中，由此也促使特定的人群共同体成员在潜意识里产生了"我是谁""来自何方""走向何方"的思考和判断，并逐渐萌生出对"我者"与"他者"的群体边界的明确感知。在全球化的今天，随着人们生活空间的无限放大，面对不同文化的诸多"他者"的存在，对归属感的追求本能更加唤起人们内心的民族归属意识以及对民族的自我认同。

除了共同的民族文化纽带之外，民族成员个体与民族群体之间的利益依存关系，也是民族认同的重要利益纽带。马克思主义认为，利益是人的一切活动的根本动因。人们奋斗所争取的一切，都同他们的利益有关。在人类永远生活在优胜劣汰法则的竞争环境下，个人利益最大化的努力显然受制于自身条件与外在机会，因此通过民族群体以更有效地追求利益并使利益最大化的个人选择，就成为人类政治生活中集体行动的基本动因。事实上，"任何集团或组织，不管其大小，都是为某一集体利益服务的，其本质就是使集团中的成员受益"③。因此，现实中的民族除了为民族成员提供文化的归属之外，还为民族成员实现自己的利益提供坚实的利益保障。为了实现对民族成员利益的最大保障，特定民族往往是在民族精英的影响与领导下，对民族整体利益作最大的提炼，并与其他民族、国家不断展开激烈的利益博弈与利益竞争，从而试图在国家权力体系中发挥更大的影响力。正是在民族成员个体与民族群体之间的利益依存关系中，使民族具有了其他类型的群体所难以企及的感召力、亲和力与稳定性，并获得了民族成员的稳固认同。

从认同政治的角度分析，跨界民族的国家认同问题尽管表现形式多样，但都有着内在的共同逻辑，就是民族认同僭越其文化认同的定位，进入政治领域并向国家权力提出诉求。

从政治认同的角度审视跨界民族问题，一方面，跨界民族整体作为一个历史文化族群，由于共同的族源以及在宗教信仰、民族文化等方面的密切联系，促成国界两侧的跨界民族相互之间密切的联系和交往，并使跨界民族作为一个整体在思想观念和潜意识中持有共同的民族意识；另一方面，跨界民族也生活在各自所属的国家政治共同体当中，并与国内其他民族群体一起共建多民族国家。然而，在全球民族主义思潮的影响和境外敌对势力的渗透与分化下，跨界民族成员在自身的族属身份与作为公民的国民身份之间往往表现出博弈、竞争甚至排斥关系。

"民族意识既是天使又是恶魔，关键是看它在什么时候和什么场合出现和怎样发挥作用。"④ 当跨界民族在族裔民族主义的影响下，民族的自我意识不断上升和膨胀，并表现出跨界民族的利益超越所属国家的利益、同族观念超越所属国家的观念时，就极易产生跨界民族的国家认同问题。其中，极端民族主义和民族分裂主义是对国家认同的直接威胁与破坏。从政治主张的角度看，极端民族主

① Anthony Smith: "A Europe of Nations or the Nation of Europe?", *Journal of Peace Research*, Vol. 30, No. 2 (May1993), p. 131.

② 何群:《论民族认同性与多民族国家民族政策的成功调整》,《内蒙古大学学报》2001年第1期。

③ ［美］曼瑟尔·奥尔森:《集体行动的逻辑》，上海三联书店、上海人民出版社1995年版，第18页。

④ 王逸舟:《当代国际政治析论》，上海人民出版社1995年版，第128页。

义主要是由于跨界民族要求实现政治上的独立性而引发的。其中，最根本的要求便是建立独立统一的民族国家，从而实现“一个民族一个国家”的要求。在“国家主权高于一切”和国家利益至上的准则下，这样的政治诉求显然对民族国家的疆界和国家主权构成严重威胁和破坏。

三、国内外形势对我国跨界民族国家认同的影响

我国建立民族国家以后，一直以十分慎重的态度进行国家认同的建构，并使国家认同的水平得到迅速提升；然而，全球化民族主义的泛滥、西方敌对势力的分化与渗透以及市场化过程中跨界民族成员价值观念的深刻变化，这些现实因素都对我国跨界民族的国家认同状况带来不利影响。

（1）民族主义的泛化对跨界民族国家认同的挑战。

以民族意识和民族情感为基础的民族主义，曾经在西欧缔造民族国家的历史进程中以及在广大亚非拉国家争取民族独立和国家统一的过程中发挥了巨大作用，但是，在殖民体系瓦解、民族国家成为现代政治体系的基本单元以后，人们蓦然发现，民族主义已经走向了一个极端，并表现出弊大于利的趋势。尤其是在苏联解体后，民族主义呈现出新的趋向，在世界范围内形成了一种以民族分离为基本要求的民族主义。新一轮的民族主义思潮中，“新的观点和理论不断涌现，导致了民族主义的泛化……如族际政治、少数人权利”，以及由此产生的“多元文化主义、差异政治理论、蕴含‘一族一票’诉求的族际政治民主化理论等”①。

在全球范围第三次民族主义思潮的冲击下，在周边跨国民族主义思潮的影响下，我国部分跨界民族的民族意识也在迅速增长，如泛蒙古主义、泛突厥主义、大哈萨克斯坦主义等跨国民族主义思潮不断抬头。如：“纠集了民族主义思想的泛突厥主义则梦想建立一个由亚德里亚海滨到中国的‘大突厥国’，将所谓共同语言、共同历史、共同宗教而联系的‘突厥同胞’统一在一个‘突厥民族’构成的民族国家里。”② 在这些民族主义思潮的影响下，极端民族主义者或寻求跨界民族在政治上的独立，或企图合并到境外主体民族所在国中，与境外同族实现政治的统一或地域的一体，从而对国家认同带来直接威胁与侵蚀。

（2）境外敌对势力的渗透、分化和破坏对跨界民族国家认同的挑战。

作为国家软实力重要组成部分的国家认同，对民族国家的统一和稳定具有举足轻重的作用。在国家软实力对国家的发展作用日渐突出的今天，许多国家都将国家认同作为软实力进行建设，其中，也有一些国家将破坏和侵蚀他国的国家认同作为攻击的主要手段。

随着我国综合国力的不断增强，境外敌对势力针对我国国家认同为目标的渗透和破坏呈现出越演越烈之势。尤其是随着我国不可阻逆的崛起，传统地缘政治格局的既得利益者担心崛起的中国会挑战到既有的国际政治秩序，在国家利益的思量下，境外敌对势力更是不遗余力地对中国进行遏制、分化与渗透。其中，利用跨界民族问题不断削弱、侵蚀国民的国家认同成为其中的一种重要手段，以图阻滞我国的经济发展，破坏我国疆域安全、颠覆我国政权。其中，宗教渗透往往是境外势力对我国跨界民族地区进行渗透的首选工具和手段。在现代传媒手段的作用下，宗教的强大凝聚力给分布在世界不同国度中的同一民族的共同信仰者提供了跨越时空的认同力量。境外势力则充分利用跨界民族在宗教信仰上的密切联系以及宗教本身的强大凝聚力，不断离散人心，甚至鼓吹跨界民族自决、独立、自治等。这些渗透活动在客观上延迟或阻滞了跨界民族对党和国家认同的持续性，甚至形成某种侵蚀或消解作用，并给我国的疆域安全带来严峻挑战。

---

① 周平：《多民族国家的国家认同分析》，《政治学研究》2013 年第 1 期。

② 张春霞、蒲晓刚：《境外宗教渗透与新疆意识形态安全》，《新疆社会科学》2010 年第 1 期。

（3）市场经济下跨界民族价值观的深刻变化，对跨界民族国家认同的影响。

市场经济中，跨界民族成员不仅作为公民而存在，也作为基本的利益行为主体而存在。在市场经济的普遍逐利意识环境下，跨界民族成员的利益意识被空前地激发出来；此外，随着我国对外开放战略的实施，在普遍的跨国流动下，对于跨界民族成员而言“国家”往往是一个极抽象的概念。逐利意识的普遍、“国家”概念的模糊、跨国流动的可能，这些都使跨界民族成员在对国家的责任和义务的体认和感知上要弱于对自身权利的体认和感知。如在对各级政府的评价上，跨界民族成员往往是从自身当前利益的体认以及满足程度出发，从而形成对党和国家的政治立场和态度。

在笔者深入中缅边境调研时①当问及“当国家利益与您所在的民族的利益发生冲突时，您的态度是什么”时，有40%左右的边民选择理性对待或其他行为；当问及“如果有其他政治组织想取代我国现行政权或政府，您的态度是什么”时，有30%左右的边民选择理性对待或其他行为②；另外，有学者通过对中越边境上苗族边民的跨国流动发现，跨界民族存在着不同程度的国家认同的不稳定特征。表现在：当中国政府给予边民利益和文化满足时，越南边民向往中国；而当越南民族政策强于中国时，中国边民则向往越南。③ 也有学者在中缅边境调研时发现，“生活在我国境内的景颇族与缅甸克钦族的同一族体意识均较为强烈。然而，对于中华民族的认识更多的仅限于知道，而无法准确对自己与中华民族的关系进行表述。现实中，跨界居民更关注自己的族属及地方政策上的族属价值”④。

四、我国必须高度重视跨界民族国家认同问题的治理

对中国这样一个民族构成复杂并迅速崛起的民族国家而言，必须针对跨界民族国家认同中所呈现的新特点和新形势，高度重视并不断加强对跨界民族国家认同问题的有效治理。

（1）要把跨界民族的国家认同提升到国家核心价值的高度进行建设，并形成具有统摄性的国家认同建设战略。

从国家的地理空间范围看，地处我国疆域边缘地带、与邻国交界、并跨国界而居的跨界民族对国家的认同与归属程度，对国家的疆域安全以及边疆治理具有特别重要的意义。尤其是随着我国融入世界的程度达到前所未有的水平，我国边疆的地位与作用也史无前例地凸显出来，不论是对国家的地缘政治格局，还是对国家的战略安全，边疆都发挥着越来越突出的作用，并关系到国家整体发展目标的实现，成为事关国家全面发展和崛起的重要区域。在这样的背景下，现代主权国家越来越重视边疆的治理。其中，跨居于国家边界上的跨界民族问题，是我国边疆治理的一个重要对象，也是影响边疆地区经济社会发展的最大变量。其中，跨界民族对国家认同问题，是边疆治理的重中之重，也是一个重大现实难题。

与民族认同的相对稳定和牢固不同，国家认同是逐步建构起来的，而且这种建构是一个极为复杂的和长期的过程。既与各民族融合为统一的国族的程度有关，也有赖于各民族对自身与国家之间利益关系如何认识，同时与国家政策的内容有关。因此，国家必须构建一个跨界民族国家认同建设的战略，形成跨界民族国家认同建设的具体目标与思路，使地处我国疆域边缘地带的跨界民族在民

① 笔者于2016年3月、4月在云南昆明、文山、西双版纳打洛镇进行实地调查。其中，在打洛镇发放问卷400份，回收371份，有效问卷322份，有效回收率为80.5%。

② 关于边境群众的30%“理性对待”的比例，事实上，由于边民担心个人隐私泄露可能对他们不利，以及基层干部对边民交代要讲政治。这些都使得边民对“理性对待”的比例可能会有所保留。

③ 郑宇、曾静：《跨国民族流动与国家认同构建——以云南省文山州马关县箐脚村苗族为例》，《北方民族大学学报》2010年第4期。

④ 刘永刚：《边疆治理视野下跨界民族成员的身份选择与公民身份建构》，《吉首大学学报》2016年第2期。

族利益的基础上坚定地保持对国家的信仰认同和政治情感，积极推进跨界民族国家认同的巩固和提升，进而为国家疆域的安全与发展稳定提供坚实的心理基础。

（2）积极培养各民族成员牢固的中华民族共同体意识，并通过中华民族认同来夯实国家认同的基础。

在国家崛起的伟大历史进程中，要从有利于各民族凝聚的角度去促进各民族之间的交融交往交流，不断提高各民族之间的凝聚力和向心力。尤其是充分利用好中华民族这一宝贵的政治资源与文化资源，这“是老祖宗留给我们的一笔重要财富，也是我们国家的一个重要优势”①，通过中华民族建设，来阻断民族极端主义者的极端利益要求，不给民族分裂主义以可乘之机。习近平同志在中央民族工作会议的讲话中指出：“加强中华民族大团结，长远和根本的是增强文化认同，建设各民族共有精神家园，积极培育中华民族共同体意识。”当前，需充分运用好中华民族这一宝贵的文化资源和纽带，并通过强有力的族际政治整合机制，从而使跨界民族坚定地保持对中华民族的认同。其中，中华民族认同越是巩固，各民族对国家的认同基础就越牢固、越厚实。“中国要建构对中华人民共和国的国家认同，最为有效的方式便是建立巩固的中华民族，进而塑造中华民族的认同。其实，中华民族认同就是中国现代国家认同的另外一种表现形式。”②

加强中华民族认同的前提，就是加强中华民族的文化认同。文化认同是最深层次的认同，只有文化认同的问题解决了，各民族对国家的认同才能更加巩固。加强中华民族的文化认同，首先就是要构建中华民族文化。要着力构建和突出中华民族文化的核心观念，并不断促进各个民族群体文化的交融，实现跨界民族和其他民族之间的相互认同；在认同的基础上，形成“你中有我、我中有你、谁也离不开谁”的格局，并朝着越来越凝聚、越来越一体化、越来越巩固的方向发展。

此外，还要积极培育各民族成员的中华民族共同体意识。要通过国家教育、新闻媒体等政治社会化的力量，积极引导国民在中华民族共同体意识上达成共识，从历史文化共同体、命运共同体、精神共同体等方面凝聚高度的情感共识，并在自觉维护国家利益和国家统一方面凝聚高度的政治共识，并将对中华民族的政治认知和情感转为对国家的政治认知和情感，从而赋予国家认同强大的精神资源与动力。

（3）从国家整体利益的角度进行跨界民族的国家认同建构。

国家认同并不是与生俱来的，而是逐步建构起来的。新中国成立以来，由于历史上不平等的民族关系、民族之间的矛盾与隔阂、少数民族发展的滞后以及当时的边疆地区还存在多个少数民族地方政权，部分少数民族对国家政权还持怀疑甚至抵触的态度，因此，国家一直以十分慎重的态度进行国家认同的积极建构。尤其是注重对少数民族权利的保障与维护，并以关心和扶持少数民族发展为基本思路。在这种思路的指导下，国家通过各种制度机制、政策机制、民族工作机制、意识形态机制和国民教育机制，尤其通过民族关系的调整，通过民族精英的政治吸纳等进行国家认同的全方位建构。突出体现在：通过民族识别工作，明确少数民族的民族身份与族称；通过民族区域自治，赋予少数民族“自治权利”；通过在政治、经济、文化、教育等方面实施的民族优惠政策，从而在国家资源与政治价值的权威性分配中给予少数民族以特殊的政治权利。这些制度和政策不仅极大地改善了民族关系，切实保障和维护了少数民族的整体利益，而且也极大地促进了少数民族和民族地区的整体发展。如果从经济理性人的角度而论，社会资源的充分输入、社会地位的极大提高、社会利益的切实满足，这些显然都在客观上大大提高了包括31个跨界民族在内的少数民族对党和国家的整体认同，使国家认同的水平得到迅速提升。

然而，民族不仅是一种历史文化共同体，本质上也是一种利益共同体。随着民族利益意识的增

---

① 习近平同志在中央民族工作会议中的讲话。

② 周平：《中华民族的性质和特点》，《学术界》2015年第4期。

强，多民族国家中的各个民族群体在争取、实现和维护自身利益的行动上会更加积极、活跃和坚决。霍布斯鲍姆曾指出：“在一个多族裔或多部族的社会中，这意味着如何以集体方式和其他族群竞争国家资源，如何保护这个族群免于歧视排挤，如何扩大这个族群成员的机会并降低不利于它们的因素。”① 周平也认为：“如果说，民族是‘想象的共同体’的话，这些基于多民族国家内民族群体的利益和以这样的利益为最大诉求的族际政治理论，会调整或改变相关民族群体对自身及其与其他民族群体和国家之间关系的‘想象’，进而又将在此基础上的利益要求诉诸行动，并以此来确定和调整自己与其他民族群体和国家的关系。”② 尤其是在现代化进程中利益的重新调整背景下，客观上会更加激发各民族群体如何以“民族”作为工具和手段去追逐更多的政治资源与发展空间，这也在客观上进一步激发了各民族群体民族意识的增强以及民族边界的凸显。然而，民族意识的增强与民族边界的凸显不仅不利于跨界民族与其他民族之间的融合，也不利于中华民族的巩固与凝聚。

五、结　语

随着国家形势的不断变化以及跨界民族的不断发展和当前民族意识的不断增强，客观上也要求党和国家要从有利于国家整体利益的角度开展国家认同建设。无论是在开展民族工作上，还是在制定民族政策与相关制度，抑或进行民族事务治理时，都要把国家利益作为根本出发点。要将对跨界民族的优待与政策倾斜纳入国家整体利益的考虑中，并从国家整体利益的角度来统筹跨界民族的利益。同时，要处理好维护跨界民族权益和增强国族同质性之间的问题。

此外，还要进一步巩固和扩大跨界民族国家认同的社会基础。一方面，要通过国民教育，积极加强跨界民族成员公民意识的培养与教育。从公民的主体意识、法制意识以及权利义务意识出发，牢固建构起一种公民与现代民族国家的关系；另一方面，要加强边疆的有效治理，切实解决边疆地区不断凸显的边疆安全问题、边疆稳定问题和边疆发展问题，并通过对跨界民族成员公民权益的保障与落实，牢固夯实跨界民族成员的国家认同基础，并使现有的政治体系不断地为跨界民族成员在情感上所认同，并在实践中给予积极的支持与合作。

① 埃里克・霍布斯鲍姆：《民族与民族主义》，上海人民出版社 2000 年版，第 184 页。

② 周平：《多民族国家的国家认同分析》，《政治学研究》2013 年第 1 期。

"苗疆治理"的地方视角：以丁允煜《抚夷策》为中心的分析

郭 旭 张云峰*

摘 要：生活在康乾年间的贵定乡贤丁允煜，之所以在历史上留下一定的影响，不仅仅由于其具有独特的学思历程和学术成果，更是由于其在雍正初年写了上贵州巡抚何世璂的《抚夷策》。但长期以来，《抚夷策》几为学界所忽视。本文从丁允煜的学习经历出发，追寻其学术渊源和所受的影响，分析其作《抚夷策》的历史背景和学术脉络，剖析《抚夷策》的主要思想内容，以期为理解雍正初年的苗疆治理，提供一个来自地方的独特视角。

关键词：丁允煜；《抚夷策》；苗疆治理；乡贤；地方视角

DOI：10. 13835/b. eayn. 22. 06

丁允煜，贵州贵定县人，约略生活于清朝康熙到乾隆年间，其主要事迹见成书于道光二十三年（1843）的《贵阳府志》中。其著述有《圣学阶梯》《集朱子语要》《葆庵语录》等，其中《圣学阶梯》一卷，收入民国年间任可澄等人纂辑的《黔南丛书》第八集行世。而丁允煜之所以引起我们的关注，是因为《贵阳府志·丁允煜传》中，录入了其雍正年间所上贵州巡抚何世璂的《抚夷策》。雍正初年，亦是西南地区一大变动的时代，刚刚执掌政权的雍正皇帝，为了推行其统治意图、树立绝对权威，也为了解决西南地区的民族冲突问题和土司制度，借口一系列的事件，推行了后世称为"改土归流"的历史政策。云贵总督鄂尔泰、贵州巡抚何世璂、署贵州巡抚石礼哈等人，在治黔方略上存在一定的分歧。这便是丁允煜上何世璂《抚夷策》的大致背景。为了了解丁允煜《抚夷策》的历史意义和价值，我们从丁允煜的学思历程出发，追寻其学术渊源和所受的影响，分析其作《抚夷策》的重要历史背景，剖析《抚夷策》的主要思想内容，以期为理解雍正初年的苗疆治理，提供一个来自地方的视角。

一、丁允煜的学思历程

关于丁允煜，我们所知不多，在今人的研究中更是付诸阙如。民国年间，贵州普定人任可澄（1878—1941）任总纂的《黔南丛书》，其第八集收入丁允煜所撰《圣学阶梯》一卷。《黔南丛书》系民国年间编纂的一部地方性丛书，它集中收录和较为完整地保存了有关贵州政治、经济、军事、历史、文化、民俗等方面的著述，具有极高的历史文化价值。《黔南丛书》收录了贵州建省以来的主要著作，其中明代作者8位，著述10种；清代作者39位，著述46种；民国作者3位，著述5种。

* 作者简介：郭旭，博士，贵州商学院经济学院副教授；张云峰，硕士，贵州省社会科学院副研究员。

《黔南丛书》"以清代著述为主，反映出贵州古代文化兴于明而盛于清这样一个历史事实"①。《黔南丛书》收入丁允煜著作，表明其在贵州清代学术史上占据一定的历史地位。而今人的研究成果中，仅在张新民教授的《论王阳明龙场悟道的深远历史影响：以黔中王门为中心视域的考察》一文中，表列丁允煜（《圣学阶梯》《集朱子语要》《葆庵语录》）及其弟子庭绍瑚（《文学寻源录》《圣学阶梯注》）的著述，与李渭、孙应鳌、陈法、周际华等硕儒同列，以明王阳明龙场悟道之后的贵州思想世界，窥贵州"地方学术文化发展之盛况"②。

据成书于道光二十三年（1843）的《贵阳府志》载："丁允煜，贵定人。性鲁朴，不能记诵。幼学《四书》《毛诗》十余年，不能卒业。已而学禅于释月，恒久之，不见其实际，乃去，而师事丰城熊玉洲。玉洲授之以主敬之要，恍然有所得，遂受之以终身。既又教授于平伐，与弟子庭绍瑚、向霖远互相切磋，业益进。居父母丧，皆庐墓三年，枕块泣血，未尝见齿，四方硕儒咸称之。久之补县学生。"③ 这段简短的记载，是丁允煜难得一见的传记，也是其学术思想发展历程的简单阐释。从这段记载中，我们能够了解到丁允煜的一些基本情况及学思历程。

其一，丁允煜"性鲁朴"。据唐苏鹗《杜阳杂编》卷中记载，唐宪宗时有处士伊祁玄解，"上知其异人，遂令密召入宫……每日亲自访问，颇加敬仰"，"玄解鲁朴，未尝闲人臣礼"④。此处之鲁朴，作质朴、朴实解。《贵阳府志》云丁允煜"性鲁朴"，然其后续之"不能记诵"一语，或揭示出丁并非有过人之资。且其"幼学《四书》《毛诗》十余年，不能卒业"，则更说明其或发育较晚，或早年对诗书之学了无体悟。

其二，丁允煜的学习经历发生过几次大的变化。幼学《四书》《毛诗》，十年不能卒业。"已而学禅于释月，恒久之，不见其实际，乃去。"释月为何许人，暂因资料缺乏，未及详考，想来定是贵定一邑之中之德高望重、学问深厚者。然因丁允煜"不见其实际"，这恐有教者与学者两方面的原因。在教者，固然是以释道禅学为宗旨，而学者则是希望见其"实际"。两方面的疏离，导致丁允煜最终的离去。后来，丁允煜求学于丰城（今江西省丰城市）熊玉洲，熊授之以"主敬之要"，方才"恍然有所得，遂受之以终身"。

在先秦典籍中，"敬"的含义大致有三，主要是指人在人伦关系中所表现出的一种态度，或敬畏，或敬重，或恭敬。在孔子看来，"敬"不仅仅是在人伦关系中应具的一种态度，而且还是人在为人行事时时刻存在的一种内在品质，或做人的一种准则。这样，"敬"就成了一种价值概念。在人伦关系中它是谦恭有礼的行为规范；在处理事务时，它是严肃认真的、一丝不苟的敬业精神。孔子对"敬"的理解与使用，成为儒家士人普遍遵守的一种道德准则。对人恭敬有礼，对事有求实精神，这是儒家人格的一个重要方面。⑤"主敬"则是宋儒经常使用的一个方法论层面的重要概念，学界在论及宋儒特别是程、朱一派时一般多强调他们的"主敬"。周、张、二程"主敬"的言论极多。如"君子主敬以直其内，守义以方其外。敬立而内直，义形而外方。义形于外，非在外也。敬义既立，其德盛矣，不期大而大矣"；"涵养须用敬"；"学者须敬守此心，不可急迫，当栽培深厚，涵泳于其间，然后可以自得"等。⑥

丁允煜师承熊玉洲的"主敬之要"，其源为先秦至清之程朱理学"主敬"一脉。丁允煜不但将

---

① 陈琳：《任可澄与〈黔南丛书〉析》，《贵州文史丛刊》2006年第4期。

② 张新民：《论王阳明龙场悟道的深远历史影响：以黔中王门为中心视域的考察》，《教育文化论坛》2010年第1期。

③（清）周作楫辑、朱德璲刊，贵阳市地方志编纂委员会办公室校注：《贵阳府志》，贵州人民出版社2005年版，第1372页。

④（唐）李浚等：《松窗杂录　杜阳杂编　桂苑丛谈》，中华书局1958年版，第35页。

⑤ 李春青：《论"敬"的历史含义及其多向价值》，《辽宁大学学报》（哲学社会科学版）1997年第2期。

⑥ 路新生：《"主静"与"主敬"：〈近思录〉中的"人"—"生"智慧》，《天津社会科学》2015年第5期。

熊玉洲所授"主敬之要""受之以终身"，更发为著述，进行阐发。《黔南丛书》所收入之丁允煜所著《圣学阶梯》一卷，便是专门阐发其"主敬"之意的。道光《贵阳府志》载："允煜尝著《圣学阶梯》一卷，专发明主敬之意，首为赞敬之辞：'一意环中，不杂不息，内融外彻，终身是职。'又集朱子之言，分敬之义、敬之功、敬之效、敬之病、不敬之病、敬之事，实为六章，终之总论、原敬二章，盖有心得而守约者。又作《葆庵语录》，分子目十三：曰理气，曰为学，曰身体，曰五伦，曰存省，曰言行，曰出处，曰用世，曰礼乐，曰祭义，曰圣贤，曰经书，曰训蒙，亦有条理。""南域之尊宋学者，以允煜为最。"① 可见，丁允煜不但学有师承，且能发为著述，流传后世，足见其重大影响。

其三，丁允煜学之所得，与其弟子切磋有着重要的关联。前引《贵阳府志》云丁允煜"教授于平伐，与弟子庭绍瑚、向霖远互相切磋，业益进"，直接点明了丁允煜学之所成，与其弟子之间的关系。据《贵阳府志》："向霖远，岁贡生，以老寿称。"对向霖远之学思我们不得其详，然丁允煜另一弟子庭绍瑚，则有较为详细的记载。《贵阳府志》云："庭绍瑚，字伯庸……师事丁允煜，尽传其学，为之注《圣学阶梯》。五十九年以优等补廪膳生。嘉庆二年卒，年三十八，学者惜之。著有《学问寻源集》一卷。"无论是为丁允煜注《圣学阶梯》，还是著《学问寻源集》，都需要有相当的功底，才能相互砥砺切磋。

另外，丁允煜之所学，还受到贵州地域文化学术的涵养。张新民教授指出："贵州学术思想世界的形成与发展，不但与中央王朝凭借国家力量开发和经营帝国西南疆域的历史进程一致，而且也与以儒学为主体的大传统文化向滇黔两省的扩散传播同步。更重要的是，它还有赖于地方文化风气的开启，特别是一定的人才队伍的产生，主要的标志即是知识精英数量群体的增多、士大夫阶层的形成。而无论知识精英数量的增多或士大夫阶层的形成，都直接或间接地促进了地方社会发展的内地化转型，加快了地方社会融入庞大国家体系的过程，催生了区域学术思想世界的诞生，形成了有别于民间信仰的一整套大传统文化价值体系。易言之，至迟十五世纪中叶以后，贵州已形成了可供大传统学术思想生存发展的经济、社会、政治与文化环境，地方知识精英群体已建立起自己的学术思想世界，他们不断配合主流话语展开各种与学术文化建构活动有关的思想性言说，最终则形成了经、史、子、集各部皆有撰述的繁荣局面。"② 清代贵州经学的发展与儒学传播范围的扩大同步，"一方面仍然是固有主流经学传统的延伸或嬗衍，代表了儒家学说的核心价值要义；另一方面也通过诠释学的路径与地方文化的结合，或多或少具有了某些本土化的特征。而所谓本土化的特征，最主要的便是坚持王学传统，但在受科举制度的影响下，程朱之学也有很大的发展"③。丁允煜服膺程朱"主敬"之学，便有着这样的思想和文化根源。

二、雍正年间的"苗疆再造"：丁允煜作《抚夷策》的历史背景

要了解丁允煜《抚夷策》的历史意义，便要先了解雍正初年贵州一地的历史情势。雍正时期在西南之大事，便是后世史家着墨甚多的"改土归流"④。雍正初年，西南地区与内地的交流和联系更趋紧密，然土司与土民之间、土司与中央政权之间的矛盾亦日趋激烈，"改土归流"的呼声日益高

---

① （清）周作楫辑、朱德璲刊，贵阳市地方志编纂委员会办公室校注：《贵阳府志》，贵州人民出版社 2005 年版，第 1274 页。

② 张新民：《穿行在历史与现实之间的地缘学术思想——〈贵州：学术与思想的世界〉前言》，《贵州文史丛刊》2010 年第 2 期。

③ 张新民、李发耀等：《贵州：传统学术思想世界重访》，贵州人民出版社 2010 年版，第 101 页。

④ 衣长春：《论雍正帝西南边疆治理方略》，《社会科学战线》2015 年第 4 期。

涨。[①] 故雍正推行“改土归流”政策，在政治、经济、社会、文化、思想等方面对西南各地的发展产生了深远影响。常建华教授认为，雍正三年（1725）云贵总督高其倬在贵州省贵阳府广顺州仲家村寨建立营房，长寨的建房增置防汛引起土司抵抗，长寨事件是引起后来改土归流的导火索。[②] 贵州知名史家范同寿言道：“明清之际的改土归流无疑属于一场区域性的政治体制改革。”[③] 马国君认为雍正朝在西南地区进行大规模的“改土归流”，主要原因之一是为了防御西南地方势力转化倒戈策应漠西蒙古南下，以巩固清朝内陆边防之需要。[④] 四川大学徐新建教授认为，从清帝国治理的角度看，王朝统治者通过“改土归流”对苗疆“异族”的再造，产生了政教“大一统”后果。[⑤] “改土归流”的动因为何，其过程如何，其意义又为何，并非本文关注的焦点。但在各家学说中，徐新建教授提出的“苗疆再造”，颇能揭示出一些新的面相，故取“苗疆再造”为视角，剖析丁允煜《抚夷策》产生的历史背景。

据《清史列传·高其倬传》载，雍正元年（1723）九月，云贵总督高其倬疏言：“云贵两省土司承袭，向有陋规，上下衙门每因文结舛错，藉端需索苦累，臣已严行禁革，并请嗣后咨部文册内，数字舛错，无甚关系者，免其驳换，于疏内代为声明。庶承袭之事易结，措索弊除。”为此传笺注的学者写道：“土司袭替过程有一套严格的规章制度，清中央王朝对土司的管理更趋制度化和规范化，承袭手续也日益烦琐，对承袭人宗支嫡庶的次序、承袭人年龄、承袭手续、承袭号纸、亲身赴部、袭替禁例以及承袭期限等，都有相应规定。但在实施中，每因主管流官不法，贪官污吏多方搜刮，承袭弊端百出。最典型的就是因土司不熟悉汉文和官文格式，主管官员遂借其承袭公文中的错误多方刁难苛剥，致使承袭过程繁复冗长，承袭土司被迫重金行贿的事时有发生，事后土司又将这些负担转嫁于土民，土民重负难勘。”九月二十日，高其倬专门为此上一奏章，分析根源：“窃查云贵两省土司承袭之事，皆有规礼，上下各衙门往往借文结之绅错，假驳查之名为需索之地，故事皆迟滞。而土司亦习为故常，每遣头人串通棍蠹，行贿营求，经年住居省城，名为‘打干’。所费银钱皆两倍三倍派之夷民，故夷民之苦累，倍于内地百姓。”[⑥] 高其倬所言“夷民”“倍于内地百姓”之苦累，根源在于汉官的需索与土司土官的盘剥。高其倬革除其根源，土官和土民之重负得以适当减轻，但亦未完全缓解土民所受之别种压迫。

贵州长寨苗乱便是其最为显著的一例。康熙四年（1665），清廷以武力废除贵州最大的水西安氏土司，于其地设府直接治理。贵州苗疆三千余里，一千三百余寨，多集中于广顺、定番二府境内，清廷的直接控制政策引起了当地少数民族的恐惧与不安，于雍正二年（1724）起而抵抗。高其倬派兵平定，乱遂平。雍正三年（1725），高其倬决定在长寨等地设营驻兵，以加强统治，引发当地土司更加强烈的反对。雍正四年（1726），云贵总督鄂尔泰剿平长寨土司之乱，设立长寨厅（今长顺），大规模“改土归流”由此始。当然，学界也有不同的观点。如罗康隆教授认为，“雍正二年（1724）至雍正五年（1727）间，贵州长寨地区（今贵州长顺县长寨镇）发生了一次重大的历史事件。史学界对这次事件性质的评议分歧较大。有的同志认为，长寨事件是中央王朝通过对土司的战争，废除了野蛮的土司制度，取消了土司对少数民族的压迫和剥削，为社会发展创造了有利条件，加速了贵州地区政治、经济、文化的发展。有的同志认为，这场事件是清廷统治者视少数民族为‘禽兽’，对

---

① 李世愉：《试论清雍正朝改土归流的原因和目的》，《北京大学学报》（哲学社会科学版）1984年第3期。

② 常建华：《清雍正朝改土归流起因新说》，《中国史研究》2015年第1期。

③ 范同寿：《基于社会学视野下的明清西南改土归流》，《贵州民族研究》2015年第3期。

④ 马国君：《雍正朝“改土归流”的动因新议》，《吉首大学学报》（社会科学版）2007年第2期。

⑤ 徐新建：《苗疆再造与改土归流——从张中奎的博士论文说起》，《中南民族大学学报》（人文社会科学版）2011年第3期。

⑥ 周琼、辛玲：《〈清史列传·高其倬传〉笺证》，载林超民主编《西南古籍研究2004》，云南大学出版社2005年版。

少数民族横加杀戮，肆意狂掠的残暴大屠杀。所到之处，尽为废墟，严重地阻碍了社会的向前发展。"这两种观点都有可商榷之处，"长寨事件是雍正皇帝为巩固其皇位，宣张'国威'的整个策略的一个微小部分"①。关于此段公案，学术界自有不同的观点和讨论。然我们所关注者，是治理黔境之苗者的手法与心态，特别是督抚群体，以深切了解丁允煜《抚夷策》的思想背景。

在高其倬任云贵总督期间，对西南少数民族大致上还是能够做到相对客观与公正，其对云南土司的和平处置便充分体现了此点。② 雍正三年（1725）十月高其倬去职后，广西巡抚鄂尔泰署云贵总督。雍正四年（1726）四月，何世璂为贵州巡抚，未几到任。③ 从现存史料来看，云贵总督鄂尔泰、威宁总兵署贵州巡抚石礼哈、提督贵州总兵官马会伯等人，力主进剿；而新任贵州巡抚何世璂，则主张不宜"骤行进剿"。雍正三年（1725）十月十三日《署理贵州巡抚石礼哈为预先筹划安设塘汛添盖营房事奏折》云："苗仲凶悍性成，出没无定，或见起盖营房安兵防御不便横行，乘间夜半焚烧，亦未可定，不得不预为防范。"雍正四年（1726）三月二十日，石礼哈与贵州提督总兵官马会伯合上《署贵州巡抚石礼哈等为在苗寨修造官署营房事奏折》云："无如苗蛮性同犬羊，反复不常，旋化旋变。本年二月内……有长寨仲苗抗违不法。"二人并在奏折中列举了一系列长寨仲苗不法的历史。当年正月二十五日，定番州青藤汛新造营房三十间，便有人言为"蛮子"烧毁。但"又据定广协守备周豹禀称，青藤汛营房火由木匠人夫歇房烧起，是夜有外委把总同卧龙土司带兵防守协同扑救，追查并无蛮子踪迹"。虽二人言"放火委无实据，又是夜风狂势骤，致难扑灭"，"青藤、断杉树苗蛮皆有土司管辖，俱各醇良，当夜现有土司协防追赶，杳无蛮子踪迹，不便坐以放火之罪，恐遽以蛮子放火之言传播于外，反挑动顽苗不逞之心，此风断不可长"④。但从前一次奏折所言"或见起盖营房安兵防御不便横行，乘间夜半焚烧，亦未可定"，到后面确有失火之事且险些推诿到了苗仲身上，这样的有罪推定，自然是对少数民族的长期不信任所致。

三、贵州巡抚何世璂与《抚夷策》之关系

在鄂尔泰、石礼哈、马会伯等人的奏折中，在以武力进剿为念。他们的背后，是最大的主子雍正皇帝，这从雍正皇帝在贵州各级官员奏折上的朱批内容可以看出。雍正四年（1726）四月初八日《贵州巡抚何世璂为广顺地方苗民阻建营房遣员化诲事奏折》，雍正朱批："朕无方略，惟喜得中恩威二字，只求得当。鄂尔泰非寻常抚督，其人之材，其心、其公、其诚，实难多得者。此等事听其指挥而行，不可另立主见掣肘，以失机宜。再马会伯原偏急过于揽事，新任扬天纵深悉苗彝情形，而料理皆的其中，凡事可与之竭诚同心和衷为之，万不可存文武各途卑鄙初浅之见，有误地方事宜。"四月初九日《云南巡抚鄂尔泰为请肃清广顺长寨等处顽苗事奏折》，雍正朱批云："前者马会伯奏到，朕恐其孟浪，复见何世璂之奏，朕又恐其怯懦因循，正在忧疑，览汝此奏，朕始宽怀。量尔料理必得事情之中也。事定之时，此事朕意应具题奏，当以军功赏叙。石礼哈调他用广州将军，因汝此奏复急命暂止往粤，料理此事毕再赴新任。"四月二十九日《贵州巡抚何世璂为报遣员前往化诲阻建营房苗人情形事奏折》，雍正朱批云："前已明谕鄂尔泰，马会伯、石礼哈非正事邀功之辈，伊等自有确见，万不得已处方如此料理，尔初到未建，地方情形委曲不可偏执迂论掣肘以误机宜，罪归于汝也。凡筹此事，若皮软因循，遗害非细。此似意见不到处，不可轻作主张，当以此事为终身戒。"⑤

① 罗康隆：《试论长寨事件的性质》，《贵州文史丛刊》1993 年第 4 期。

② 周琼：《从土官到缙绅：高其倬在云南的和平改土归流》，《中国边疆史地研究》2004 年第 3 期。

③ （清）周作楫辑、朱德璲刊，贵阳市地方志编纂委员会办公室校注《贵阳府志》，贵州人民出版社 2005 年版，第 77 页。

④ 中国第一历史档案馆：《雍正初年镇压长寨苗民史料》（上），《历史档案》2008 年第 3 期。

⑤ 中国第一历史档案馆：《雍正初年镇压长寨苗民史料》（上），《历史档案》2008 年第 3 期。

五月二十九日《贵州巡抚何世璂为报进兵日期及破关得寨等情形事奏折》，雍正朱批：“此事诸臣筹划久矣，乃不得已必举之事。但看此强横不法光景，岂可以德化之辈，足见汝初到孟浪之谬论矣。不必惊惶，坐看伊等成功就是了。但或一时未能清理稍有守候之迟延、一切粮饷之接济、兵弁之赏劳，当悉从督、提之调度。若少掣肘阻挠有误机宜，亦罪归于汝也，勉之慎之。一些私忌之心使不得，从来文武不能合志者误事者多，观汝此奏，露不业成功之景，朕甚忧之。”① 此处所引朱批，明确表明最高统治者是采取进剿政策的，对鄂尔泰、石礼哈、马会伯等人之论完全支持。并在鄂尔泰奏折中朱批何世璂为“书生之论”，反复告诫何世璂不得掣肘，不得另有主张，一切只以鄂尔泰等人马首是瞻便可。

那么，何世璂具体又是什么态度呢，导致雍正不惜笔墨，亦不惜撕破脸皮，在朱批中反复申饬？这个问题，或可从两个方面去追寻原因。一方面，何世璂与雍正皇帝对于贵州苗疆之治理政策，颇有不合之处，或与何世璂为官经历有关。何世璂，山东新城人，由举人授莒州学正，康熙四十八年（1709）进士，改庶吉士，散馆授检讨。康熙五十九年（1720）充山西乡试副考官，寻授山西道监察御史。雍正元年（1723）再充山西副考官，七月提督浙江学正。雍正二年（1724）迁两淮盐运使，雍正四年（1726）三月擢贵州巡抚。雍正六年（1728）二月何世璂到京，上以“世璂谨慎老成，过于柔善，不宜巡抚之任，留京以侍郎用”②。寻补刑部额外侍郎，改户部右侍郎，四月调吏部左侍郎，五月署直隶总督。雍正七年（1729）卒，加赠礼部尚书，谥端肃。从这段记载来看，何世璂在巡抚贵州之前，并无地方行政经历，仅有约两年的两淮盐运使经历。这是其虽为一代“名儒”，却总被申饬的缘由。另一方面，何世璂服膺程朱理学，对讲求事功者持怀疑态度。清末陈康祺在《郎潜纪闻三笔》“何世璂沈廷正理学门户之见”条谓：“雍正间，贵州巡抚何端简公世璂，奉敕建龙神祠，将祀明臣王守仁之阳明书院，改作。后抚沈督部廷正疏言：守仁谪龙场驿丞时，讲明圣贤之学，化民牖俗，黔人始知诵习诗书，实为有功名教。阳明书院夙为省城士子瞻仰诵读之所，请仍其旧，别建龙神祠宇。得旨：‘此举妥协之至。何世璂留心理学，伊等各立门户，互相是非，若云无心，何至错误若此。俯顺舆情，改建为是。’康祺按：端简亦理学名臣，其平日殆诵法程朱，以姚江之学为害道，故龙场祠祀，毅然借端以去之。圣训煌煌，已如见其幽隐矣。”③ 从此则记载中，颇可见出雍正对于何世璂之理学立场，还是很赞赏的。但从何世璂的奏对及上奏内容来看，其治理之策，在雍正及其宠臣鄂尔泰等人看来，不免为书生迂腐之见。

雍正四年（1726）四月，长寨仲苗阿革等乱，署贵州巡抚石礼哈请兵进剿。何世璂上奏云：“礼哈武臣，只知贪功生事；仲苗固凶悖，亦有强弱良顽不同，骤行进剿，恐大兵所到，玉石难分。仰体皇上好生之德，札嘱提臣严饬将弁，毋恃勇躁进，先宣布皇上威德，令归诚就抚，倘恃恶不悛，即与督、提二臣相机进剿。”后果进兵，五月乱平。鄂尔泰、石礼哈、马会伯皆叙功。上谕云：“仲苗扰害，礼哈署巡抚时则请剿，世璂受事则请抚，且言武员好大喜功、贪图议叙。仲苗药箭铦利，地势险阻，不易成功。会下旨令其招抚，并无成效。世璂见事不明，性又柔懦。”雍正“以世璂书迂、不能振作，欲易他人抚贵州”。鄂尔泰言其“虽拘谨，然于官方民事，实心干办，解事亦出杨名时上，请留黔助臣”，方得以留任。而后有李日更求何世璂保举不成，见何世璂与总督鄂尔泰议事常有不合，故而劾奏世璂多项罪状。“鄂尔泰重世璂为名儒，乃发日更保举不允蓄怨诬劾状。”④ 虽未因此获罪，却也落得留京叙用。由此看来，总督鄂尔泰与巡抚何世璂，议事虽常有不合，但还是敬

① 哈恩忠：《雍正初年镇压长寨苗民史料》（下），《历史档案》2008 年第 4 期。

② （清）周作楫辑、朱德璲刊，贵阳市地方志编纂委员会办公室校注《贵阳府志》，贵州人民出版社 2005 年版，第 1191 页。

③ （清）陈康祺撰，晋石点校：《郎潜纪闻初笔二笔三笔》（下册），中华书局 1984 年版，第 649 页。

④ 此段所引文字，均出（清）周作楫辑、朱德璲刊，贵阳市地方志编纂委员会办公室校注：《贵阳府志》，贵州人民出版社 2005 年版，第 1190 – 1191 页。

重何世璂之为人做事的，二人亦有思虑一致的地方。

何世璂治理贵州之策，是否有丁允煜《抚夷策》的影响，尚难断定。然道光《贵阳府志》载："雍正中贵州苗叛，当事欲尽剿之，允煜上《抚夷策》于巡抚何世璂……书上，世璂奇之。已而世璂去职。厥后当事闻之，间采用其言，然亦不能尽从也。俄而，学官闻允煜贤，将以优行举，允煜具书辞焉。"① 从此段记载来看，还是可以稍做解析：第一，关于丁允煜作《抚夷策》的时间。何世璂巡抚贵州时间，从雍正四年（1726）三月擢任，到雍正六年（1728）二月到京奏对留京叙用，合计不过二载。则丁允煜《抚夷策》之作，亦在此时段内。从"已而世璂去职"一句来看，丁允煜作《抚夷策》之时限，当在雍正四年（1726）或五年（1727）间。第二，关于丁允煜《抚夷策》对当局施政之影响。从何世璂巡抚贵州治理苗疆之策可以看出，他与丁允煜所倡言者，多有暗合之处。然"书上，世璂奇之"聊聊数字，实在难以看出对何世璂产生了若何具体的影响。"厥后当事闻之，间采用其言，然亦不能尽从"，则充分表明了丁允煜《抚夷策》所产生的影响，虽未被完全采纳，然何世璂之继任者，对此亦有所吸收采择者。

四、《抚夷策》的思想内容

丁允煜之《抚夷策》，约二千四百字。② 它不但是丁允煜对苗疆治理的意见，而且也代表了一部分生于斯长于斯的贵州士子的看法。其内容丰富，颇值得引述申论一番。

第一，在《抚夷策》中，丁允煜站在"人"的高度，对既往以及当时统治阶层对少数民族的偏见进行了分析和批判。丁允煜写道："今夫夷者，亦人之类也。天以阴阳五行之气为生，同一气也；天以健顺五常之理为赋，同一理也。""今夫夷者，亦人之类"一语，高度肯定了黔苗之为"人"的身份及权利。接着，丁允煜分析了彝汉分别之所由来。他指出："故外者形体耳目之不异，在内者仁义礼智之无殊，而名则有彝汉之分者，以其所生之地有不同，而习俗异之，非生而即异也。凡物之异，不可以强使之同者，以生而即异焉耳。苟生而不异，为习所拘，则习可使异，独不可使同乎？黔之苗不能汉习，为强悍，岂黔之苗生有异形、异性，如异物焉，不可转移之使为人乎？"就算是彝汉之别极大，也并非毫无办法。

且彝汉之别，是有其历史原因的："以其生于边方，从古未入版图，但能使其奉正朔，入朝贡，任地为治而已。今值大化翔洽，声施远播，际天薄海已成一统，诚万古所未有。黔之苗仲久已在版图，设官分治之中，犹强悍梗顽不化，岂黔之苗仲独以虎豹豺狼成性成形，不在人之数耶？"更具体地说来，"总由治之未得其道，教之未得其人故耳。""历来上宪下车之始，未有不以求治为心。无如官则朝更夕改，职则百务兼营。朝更久［夕］改者，虽有良谋，施为不及；百务兼营者，虽有肫诚，分身无术。甚至有惧盗案而讳贼不报，图升迁而草草结局之弊。"

黔苗强悍之习得以养成，一时间想要治理妥善，确实较难。丁允煜写道："故以养成强悍之习，今骤欲治之，实难也。"然则黔苗虽"强悍难制"，然"非称王作叛，掳州掠显，劫库杀官，纠千夥万之盛大也。迹其行，不过盗窃乡村，捆绑孤客，谋杀仇家种种恶习，虽属王法之所难容，要非无道以处之。究其心，苟非迫于饥寒，未免即失于教化"。官方所言的"强悍难治"，也不过是因为饥寒交迫、教化未及，故而有种种劣行。

第二，在《抚夷策》中，丁允煜对官方一味"尽剿"的做法提出批评，并分析其深刻根源。丁

---

① （清）周作楫辑、朱德璲刊，贵阳市地方志编纂委员会办公室校注：《贵阳府志》，贵州人民出版社 2005 年版，第 1372－1374 页。

② 本文所引《抚夷策》文字，均出（清）周作楫辑、朱德璲刊，贵阳市地方志编纂委员会办公室校注：《贵阳府志》，贵州人民出版社 2005 年版，第 1372－1374 页。另外，民国《贵州通志·人物志·丁允煜传》所载《抚夷策》内容相同，且其标注来源于道光《贵阳府志》，故《抚夷策》文字均引自《贵阳府志》。

允煜写道："何乃今之言治者，由官以及士民、客商，无不以剿为宜，且无不以尽剿为快。亦因受其害之深、痛之切然耳。"何则？在官则"苦其盗案，非剿不足以利其升迁"，在民则"苦其窃盗，非剿不足以安其寝食"，商则"苦其绑劫，非剿不足以便其往来"。是故"剿之一字，众口同辞，无有一人能思其非者。且武臣更以为非剿不足以尽彼职，兵亦以为非剿不足以录其能，而喜功好杀之私愈有难问者矣"！正因种种原因交汇，才造成了众口一词要求"尽剿"。

然而，"抑思剿者，杀也。"一味进剿，以杀人为手段，与天理不合。丁允煜指出："天地生物以见用于天下，生人以爱惜天下之物，物且用爱，况于人乎？杀一人且有不可，况尽杀乎？"在这里，丁允煜直接批评了朝廷的政策。"朝廷设官分职以治民，岂设官分职以杀民乎？"此之一句，确正中问题之要害。是故"先王用兵，威之而已。干羽两阶，有苗来格，何不于不格之时，皆尽杀之也。三苗之杀，无非戮其首恶，以威天下之苗。今尽杀之，用以谁威？是尽皆为恶，且不可没，况无罪之老幼，无知之妇女。兵戈所至，玉石难分，是心血染深林之地，秽污白日之天。牛马、鸡犬、桑麻、黍稷、禾苗同含生气于天地间者，俱同一惨毒，天地有知，岂能堪此"？而且大军压境，黔苗并不会就此束手就擒。故丁允煜接着分析道："且又不独苗民无辜遭其杀戮，征剿之下，彼又岂能甘为敛手？势必互相攻击，而我兵我卒难保无虞。积数百年之杀伤，谅不及一朝之靡战矣。且兵动既众，马匹弓矢志费，枪炮粮糈之需，难以数计。是积数百年之偷窃掳掠，不足偿一朝之军需矣！"丁允煜并引老子"佳兵乃不祥之器，战胜则以丧礼处之"一句以为佐证。

当然，丁允煜也并不赞成完全放任由之。"然不剿之，一任其掳掠劫杀而不之罪，是又所仁在苗、所忍在汉；倒行逆施，则苗之害汉，非苗之为害，官害之矣。且堂堂盛世，威令已极于八荒之地，区区黔省数苗，乃异其服色，殊其言语，悍其性情，非独生民之害不可容，而且为国典之所深耻也。"

第三，丁允煜在《抚夷策》中，提出了系列治理方策。丁允煜指出："夫一方之不服王化，即一体之有所麻木不仁，一体之有所麻木不仁，非体之过，盖真气不能流通之过也。治之者必有异气导之，以引其流行。此方不效，易以别方；此药不灵，易以别药；此医不善，易以别医。多方引诱，多金购药，多访名医，未有不治之疾。不闻其以难医而引刀去其赘瘤者也。"丁允煜从中医的系统理论出发，指出"一方之不服王化"，就如医者所谓"一体之有所麻木不仁"。只要对症下药，善寻验方、良药与夫良医，就能得以康复。黔苗之难治，亦与此理同。

丁允煜指出："今苗性难治，无非习俗使然。"故"欲治其性，先破其俗；欲破其俗，则惟使之变汉而已"。当然，丁允煜提出的解决方法，其要旨在于"使之变汉"。且不论此法之是否有大汉族主义的味道，然若从文化视角言之，则有其一定的道理。然"变汉之道，岂易言哉？"何则？只"变其外而不变其内"，不能变也；"变其男而不变其女"，不能变也；"变其言语而不变其冠婚丧祭之礼"，不能变也；"变其冠婚丧祭之礼，而不变其居处之地"，不能变也。"故欲变之，必彻底变之，而后可。"然"彻底变之之法，将出一示而通晓其变乎""将执人人而面命以变之乎""将责成各府州县而变之乎""将命其各土司而变之乎"皆不能也。何则？"出一示而使之变，彼则视为故常也矣。执人人而告之变，日亦不足矣。责诸州县而使之变，事繁难理矣。责诸土司而命之变，则彼无民可官矣。"

那么，既然"使之变汉"如此困难，化解这一难题的方法又何在呢？丁允煜自有其一套设想。他指出："今欲彻底变之，非设专官不可。官专则事专，事专则讲谕专。一法不精，则讲谕专而无有不精；一事不善，则讲谕专而无有不善。各州府县皆有其职，庆赏刑威皆有其常。由近及远，由驯及生，严其教化，宽其程途，皆以能变为止。各寨之中，联以保甲，立以塾师。保甲以严为贵，塾师以贤为贵。保甲之头，不时赏之以利；塾师之首，不时课之以功。而寸寸步步之间，安以塘汛之地；寨之大者，即多以其兵；山之深者，即密以其防。设汛之地，招集汉民同居，许以开垦。"具体来说，就是在黔苗聚居之地，设立专官，负责讲解朝廷谕旨。在各村寨之中，广设保甲，给保甲头目以赏赐之利；设立塾师以施教化，"不时课之以功"。一方面设立塘汛以为威慑，另一方面招集汉民开垦杂居。

如此一来，"使有一寨彝居，即有一村汉户，互相观感，互相制伏。彝之子弟，杂以汉之子弟，则言语易清；彝之妇女，杂以汉之妇女，则廉耻易晓。川广江楚之民，不必禁其娶彝女为婚；读书入学之苗，为择小户之汉女为配，而不必有强压之条。山之险者，伐之使平，以能开垦者为之主；水之险者，通之使渡，以能桥梁者为有功"。官"不必朝廷别设，即以佐贰之候补者为之，有功即使之升，而彼不无不勤"；兵"不必朝廷别加，而以在城者分之，久居不换，而彼业自成"；塾师"亦必考取在学之士为之，学业不成者不用，则自无汉奸勾彝之弊"；兵则"只许其防汛盗贼奸宄，而柴炭、马草与夫传递扛抬必禁，则自无借端生衅之虞"；仇"则不许私为攻杀，而弓弩之带可除"；土司"之土传之累朝，不可骤加改削，以伤圣朝忠恕之道"。而其习俗方面，则"官庄火烟，实彼先代代耕之，禄亦未可概后禁取，以使其寒心泣怨"。此外一切，则"应加痛革"。

对黔苗"才识贤明出众之辈，则宜别加升用，而彼方有濯磨向上之心。其清出之钱粮，即以为目下劝善奖赏之需，庶不致动国课。大吏又实心择人，小吏又实心力行，则所以体天地生物之心，体朝廷爱民如子之意。尽平日读书谈道之志，或虽稍受委屈怨谤，亦未可生其懈怠之思"。长此以往，可"胜残去杀""万物曲成"。然后"有以见大人之作，固无不皆和顺于道德、而训迪于义理者焉"。

如若毫无成效，则可秉"教化不改然后加诛"之义。丁允煜写道："脱或丑苗无状，习与性成，百方莫挽，百计莫化，则是凶顽倍于禽兽，劣恶过于穷奇。即在上天，不能无雷霆之怒，在王者，不能无挞伐之师，亦应大彰国纪，刑威之文又不容不讲者矣。"

五、结　语

作为一名没有太高功名，仅有极少著述流传于世的乡贤，丁允煜之所以引起我们的关注与讨论，是因其独特的学思历程和在复杂历史背景下所作的《抚夷策》。我们对丁允煜的了解与研究，因材料的匮乏，很多问题的探讨难以深入进行。但依据道光《贵阳府志》、民国《贵州通志·人物志》等基本史料，我们还是能够重建丁允煜的学术发展历程和主要思想脉络。史载丁允煜生性质朴，不能为记诵之学。学《四书》《毛诗》十余年仍不能卒业，后跟随释月禅师学禅，恒久亦"不见其实际"。师事丰城熊玉洲，受"主敬之要"，方"恍然有所得，遂受之以终身"。既又"教授于平伐，与弟子庭绍瑚、向霖远互相切磋，业益进"。从这些简短的记载中，透露出了丁允煜成才之不易。

丁允煜所处的时代，正是康乾盛世的鼎盛时期。然从雍正即位后，在西南边疆少数民族地区，长期积累的问题和矛盾凸显。在中央，雍正力图以强力手段，实现"苗疆再造"；地方督抚如云贵总督鄂尔泰、署贵州巡抚石礼哈等人，秉承雍正旨意，力主进剿；而理学名臣出身的贵州巡抚何世璂，则主张"不宜进剿"。督抚之间的不尽一致，是丁允煜上书何世璂《抚夷策》的大致背景。在《抚夷策》中，丁允煜首先站在"人"的高度，对既往以及当时统治阶层对少数民族的偏见进行了分析和批判。并对官方一味"尽剿"的做法提出批评，分析当事各方意图"尽剿"的因由。此外，丁允煜还提出了汉苗杂居、加强交流与学习、改易少数民族习俗使其"变汉"等一系列措施。当然，丁允煜《抚夷策》对当道的施政方略产生了何种程度的影响，尚难定论。但从何世璂的应对方略来看，不是吸收了丁允煜《抚夷策》的部分内容，就是二人在这一问题上有着某些相通的认识。既往对雍正一朝"改土归流"等相关问题的研究，较多关注来自上层（如奏折、朱批、实录、督抚之记录等）的材料，而对如丁允煜等地方士人的观察，缺乏相应的认识与了解。当然，丁允煜上何世璂的《抚夷策》，也并不是十全十美的，但至少为我们了解雍正朝的"苗疆治理"提供了一个独特的分析视角。丁允煜《抚夷策》所展示的，是世代居住于贵州、对"苗疆"有着深切了解的地方士子的思考与动议。虽数百年后，仍值得我们深思，更值得我们做进一步的研究。

村规民约与村落公共秩序的维护

——以1949年前的锦屏文书为例[①]

池建华[*]

摘　要：锦屏文书内容丰富，涵盖契约买卖、山林经营、纠纷调解、村规民约等诸多方面。村规民约是锦屏文书的重要组成部分，是锦屏村民在长期生活、生产实践中共同议定并自觉遵守的社会规范。现在留存的锦屏文书中的村规民约以碑刻为主，兼有少量纸质文本，涵盖生态保护、风俗习惯、社会治安等内容，是锦屏乡土社会得以有序运行的重要行为规范。这些村规民约在维护公共生活秩序和民事生活秩序方面发挥了积极作用。具体言之，维护公共生活秩序包括自然生态秩序、社会治安秩序、公共财产使用秩序、公益事业秩序等内容，这些内容涵盖了乡土社会生活的很多方面。这些村规民约切实影响着锦屏村民的价值观念，规范着锦屏村民的行为选择。在全面推进依法治国的当下，村规民约作为一种社会规范，依然具有积极的借鉴意义，需要我们认真对待，深入研究，进而为完善基层社会治理提供参考建议。

关键词：村规民约；锦屏文书；秩序；碑刻

DOI：10.13835/b.eayn.22.07

村规民约、乡规民约是产生于、适用于我国乡土社会的一种社会规范，由村民共同约定并为村民所自觉遵守，辅之以相关处罚规范加以保障，从而成为乡土社会中具有普遍约束力的一种行为规则。村规民约具有维护乡村社会秩序、增强乡村凝聚力、发展乡村公共事务等功能，其中维护乡村社会秩序的功能是基础性的，是开展其他活动的重要前提条件。秩序也是现代法规范的基本价值，据《辞海》释义："秩，常也；秩序，常度也，指人或事物所在的位置，含有整齐守规则之意。"秩序"意指在自然进程和社会进程中都存在着某种程序的一致性、连续性和确定性"[②]。自北宋蓝田《吕氏乡约》[③]起，我国乡土社会在乡村治理过程中出现了盈千累万的村规民约，村规民约从体现形式上来说主要有纸帛、碑刻等，由于纸帛长期保存较难，故我们现在能够识别、研究的村规民约主要以碑刻形式留存。贵州黔东南锦屏地区的乡土社会在长期发展过程中产生了众多的文书，现在统

---

* 作者简介：池建华，清华大学法学院博士生。

① 基金项目：中国法学会2015年度部级法学研究重点委托课题"乡规民约在社会治理中的积极作用实证研究"［项目编号：CLS（2015）ZDWT22］和清华大学自主科研计划文科专项W04－文化传承研究专项"全面推进依法治国进程中的村规民约研究"（项目编号：2015THZWWH01）。

② ［美］E. 博登海默：《法理学：法律哲学与法律方法》，邓正来译，中国政法大学出版社1999年版，第219页。

③ 这是我国现有历史资料中所记载的第一份村规民约，由吕大忠、吕大钧、吕大临、吕大防四人于北宋神宗熙宁九年（1076）所制订，其主要内容包含德业相劝、过失相规、礼俗相交、患难相恤等四个方面。

称为锦屏文书[1]，村规民约即是锦屏文书中的重要组成部分，这为我们研究锦屏地区乡土社会的法规范和运行机制提供了重要的历史资料，需要我们进一步深入研究，多角度挖掘其历史意义和现实价值。

一、锦屏文书中的村规民约

锦屏文书是以锦屏林业契约为主要内容，主要反映以贵州省锦屏县为中心的清水江中下游地区明清以来林业生产力与生产关系以及侗、苗族人民生产生活、民族习惯、生态保护、区域经济、民俗文化、社会发展变迁的原始记载（包含相印证的碑刻与实物档案等）。以锦屏文书包含的主要内容为划分标准，我们可将其简单分为山林、田、地、房屋、宅基地、水塘、菜园权属买卖，财产析分及传承，山林经营、纠纷调解，村规民约，生态环境保护，乡村民俗文化记录，家乘族谱，古籍及信函书札等。锦屏地区的传统乡土社会在长期发展过程中，十分重视村规民约在社会秩序维护方面的积极作用，因此在锦屏文书中也留存着众多的村规民约。这些村规民约主要有两种产生途径，一是官府针对具体事项发布的告谕或者针对纠纷作出的判文因为对村民具有普遍约束力而成为村民自觉遵守的村规民约，二是村民针对某一事项而由自己共同议定的村规民约。留传至今的村规民约主要刊刻在石碑上，同时也有少量纸质文本流传，我们在文中引用的锦屏村规民约主要来源于《锦屏县志》《锦屏县林业志》，兼涉其他文献资料中的村规民约。由于资料来源有限，我们在文中使用的村规民约数量与锦屏地区实际存在的村规民约数量肯定有差距，并且我们文中分析的这些村规民约主要是1949年前制定实施的，总体而言，这并没有直接影响我们对村规民约的梳理和分析，以后会根据新材料加以补充。

村规民约实质上是乡土社会的一种习惯法，我们此处使用的习惯法是指“独立于国家制定法之外，依据某种社会权威和社会组织，具有一定强制性的行为规范的总和”[2]。根据习惯法的规范内容，我们可将习惯法划分为民事习惯法、公共生活习惯法、纠纷处理习惯法。因此，村规民约的社会秩序维护功能可以体现为维护民事生活秩序、维护公共生活秩序、维护纠纷处理秩序，而现在留存的锦屏文书中的村规民约主要体现在维护公共生活秩序、民事生活秩序方面，具体来说，维护公共生活秩序包括维护自然生态秩序、社会治安秩序、公共财产使用秩序、公益事业秩序等。锦屏文书中的村规民约被当地村民切实地遵循和实践，推动了乡村各项事业活动的开展，在乡土社会治理过程中发挥了积极的作用，并且村规民约在当代依然具有生命力，这就需要我们在紧密结合当前实际的基础上进一步发掘其价值和功用。

二、通过村规民约维护公共秩序

乡土社会是一个熟人社会，民众之间存在着众多的公共活动，这些公共活动也是乡土社会得以有序运行的重要条件，这就形成了习惯法意义上的公共领域习惯法。公共领域习惯法，是指村民参与乡村公共生活而形成的惯常规则，旨在维护乡村社会公共秩序，包括公共安全、公共卫生、公共交通、公共财产等内容。这些公共生活同样需要形成良好的秩序，村规民约即是一种维护这种公共生活秩序的社会规范，锦屏文书之中也留存着这方面的村规民约。总体来说，这些公共生活秩序包

---

① 锦屏文书是对黔东南苗侗族地区所留存文书的较早称呼，之后随着地区的扩大，现已经扩展至整个清水江流域，故对清水江流域留存的文书一般统称为清水江文书。但是为了研究方便和凸显地域特色，在研究中也存在锦屏文书、天柱文书、剑河文书等称呼，这主要是根据现今地理区划而分别命名的。因此，我们在这里所使用的锦屏文书概念是狭义的，是指留存于现今锦屏县的文书，在广义上是清水江文书的重要组成部分。

② 高其才：《中国习惯法论》（修订版），中国法制出版社2008年版，第3页。

括自然生态秩序、社会治安秩序、公共财产使用秩序、公益事业秩序，基本涵盖了乡土社会公共生活的大部分内容。

（一）通过村规民约维护自然生态秩序

锦屏县江河纵横，溪流密布，清水江干流及大小支流贯穿全境，水资源十分丰富。并且，锦屏县地处亚热带常绿阔叶林区域，自古以来境内森林资源丰富，以杉木、马尾松、竹林、油茶林、常绿落叶阔叶林、灌木林、草坡等8种植被为主，素有“杉木之乡”的美誉。锦屏村民自古以来就十分重视自然生态保护，他们除了个体自觉践行之外，也注意通过制定村规民约等规范形式建构良好的自然生态文明秩序。

锦屏县河口乡文斗村现有一刊刻于乾隆三十八年（1773）以保护村寨生态环境为目的的《六禁碑》，此碑刊刻时间较早，并一直保存至今，被誉为我国最早的环保古碑。其主要内容如下：

众等公议条禁开列于左：

> 一禁：不俱（拘）远近杉木，吾等所靠，不许大人小孩砍削，如违罚银十两。
>
> 一禁：各甲之阶分落，日后颓坏者自己补修，不遵禁者罚银五两，与众补修，留传后世子孙遵照。
>
> 一禁：四到油山，不许乱伐乱捡，如违罚银五两。
>
> 一禁：今后龙之阶，不许放六畜践踏，如违罚银三两修补。
>
> 一禁：不许赶瘟猪牛进寨，恐有不法之徒宰杀，不遵禁者，送官治罪。
>
> 一禁：逐年放鸭，不许众妇女挖阶前后左右锄膳，如违罚银三两。
>
> 乾隆叁拾捌年仲冬月 姜弘道书撰 立①

此“六禁碑”以保护杉木等森林资源为主，兼及“不许赶瘟猪牛进寨”等公共秩序的内容。破坏森林资源的行为主要是乱砍滥伐，不能使森林及时更新，长此以往很容易造成水土流失等问题，严重危及森林的再生长。我们看到这六条涉及大人、小孩、妇女等多个主体，处罚“砍削”“乱伐乱捡”“放六畜践踏”“赶瘟猪牛进寨”等行为，并且这里的处罚以罚银为主，也有“送官治罪”的规定，内容简单且具体，具有很强的可操作性。村规民约作为村民公议的行为规范，最重要的是符合当地实际情况，容易为他们所知悉，将内容刊刻于碑石之上即是一种符合乡土社会实际的做法。在《六禁碑》之后还有一晚立12年的关于林木管理的碑刻，其规定：“此本寨护寨木，蓄禁，不许后代砍伐，存以壮丽山川。”再如锦屏县敦寨镇九南村脚水口处现有一刊立于清嘉庆二十五年（1820）的“护林碑”也较有价值，护林目的在于保护水资源，其规定：

> 一禁大木，如有盗砍者，罚银三两，招谢在外；
>
> 一禁周围水口树木，一栽之后，不许砍伐枝桠。如有违者，罚银五钱。②

此碑内容简单明确，容易得到村民的遵守和执行。森林具有涵养水源、净化空气等生态功能，水口树木的存在与水资源的保护和利用具有十分紧密的关系，这一点为乡土社会的民众自觉遵守和践行。虽然他们没有现代意义上的生态学知识，但基于自身的基本生存经验和历史传统，他们一般都注重与自然生态之间建构一种和谐共生共存的秩序。

---

① 贵州省锦屏县志编纂委员会编：《锦屏县志》，贵州人民出版社1995年版，第898页；《锦屏县林业志》编纂委员会编：《锦屏县林业志》，贵州人民出版社2002年版，第460页。

② 贵州省锦屏县志编纂委员会编：《锦屏县志》，贵州人民出版社1995年版，第898页；《锦屏县林业志》编纂委员会编：《锦屏县林业志》，贵州人民出版社2002年版，第461页。

此外，锦屏大同乡章山有一光绪二十三年（1897）所立《万古碑记》碑，内容主要是立蓄禁古木、保护风景树的规定，也是有关自然生态秩序建构方面的村规民约。据其碑文：

盖闻黎山蓄禁古木，以配风水。情因我等其居兹境，是在冲口左边，龙脉稍差，人民家业难以盛息。前人相心相议，买此禁山蓄禁古木，自古及今，由来旧矣。至道光年间，立定章程，收存契约捐钱人名，昭彰可考。蓄禁古木成林，被人唆害，概将此木砍净。咸丰、同治年间以来，人民欠安，诸般不顺。至光绪七八年间，合村又于同心商议，又将此木栽植成林。不料有不法行之徒，反起歹心，早捕人未寝之时，暮捕人收工之后，私将此栽之秧木扯脱，成林高大之蔸砍伐枝丫，剥皮暗用，弄叶杀树。合村众人见之目睹心伤，殊属痛憾。自今勒石刊碑之后，断不扯坏。若再有等私起嫉妬歹心之人故意犯者，合团一起鸣锣公罚赔禁栽植章程，另外罚钱拾三千文，违者禀官究治，预为警戒。以是为序。

大清光绪二十三年二月谷旦公立①

蓄禁古木、保护风水在乡土中国对于村民来说是非常重要的事务，需要认真对待。在民国时期，也有为保护风水而专门保护古木的村规民约，现存于启蒙镇归固村高增寨。② 锦屏县铜鼓镇岔路蛇口现有一民国二十三年（1934）所立有关植树护林的碑刻，其主要内容为：

先人自洪武开辟同门，迄今数百年矣。所有各地关山古木，与地方关系甚大。先人栽树，后人应该修培。近年来人心日离，见利忘义，是以约父老刊碑禁止，不许妄砍。③

自然生态秩序直接关涉乡土社会的可持续发展，与村民子孙后代的生活具有直接利害关系，因此护林等涉及生态保护的村规民约也是锦屏地区乡土社会中重点规范的事项。同时，也需要将这些村规民约以一定的形式表现出来，将村规民约刻在石头或碑石上是传统乡土社会采取的普遍做法，与纸质村规民约相比，碑刻具有易保存、易传播、强约束力、强公信力等特征，更能影响村民的行为选择，进而促进村民爱护、保护自然环境。传统乡土社会中的村民受教育等条件限制，村民识字不多，但村民在碑刻等文字载体的耳濡目染之下，普遍能够知悉这些村规民约的大致内容。直到现在，锦屏地区森林等自然资源仍然十分丰富，其中也包含着这些村规民约积极作用的发挥，我们对此应当予以重视，并能结合当前实际情况，推进该地区的生态文明建设。

（二）通过村规民约维护社会治安秩序

偷盗现象是乡土社会治安中经常遇到突出问题，直接危及村民的生命财产安全，因此社会治安也是乡土社会村规民约重点规范的内容。传统中国的社会治安通常情况下需要全体村民共同参与，共同治理，齐心协力才能保证有一个良好的社会治安秩序。乡土社会中的村民共同生活在一个村落共同体之内，而在当时的政治社会体制之下，分散的个体难以保证自身生命和财产安全，为了保障村落安宁，一些村民就会通过制定村规民约来凝聚民众，共保一方平安。锦屏地区在政治地理上属于古代王朝统治薄弱的地区，社会治安状况较差，为此出现了很多关于社会治安的村规民约，以此建构稳定、安宁的社会治安秩序。

基于上述目的和功能，锦屏文书中同样存在许多有关社会治安的村规民约，一般涉及整治偷盗粮食、钱财等内容。在传统乡土社会，由于受自然条件和农业技术等因素的限制，作为最主要生活

---

① 《锦屏县林业志》编纂委员会编：《锦屏县林业志》，贵州人民出版社 2002 年版，第 461 – 462 页。

② 参见《锦屏县林业志》编纂委员会编《锦屏县林业志》，贵州人民出版社 2002 年版，第 462 – 463 页。

③ 姚炽昌点校：《锦屏县碑文选辑》，贵州省锦屏县印刷厂 1997 年版，第 56 页。转引自徐晓光等《锦屏乡土社会的法与民间纠纷解决》，民族出版社 2012 年版，第 57 – 58 页。

保障的粮食在很多情况下都不能完全满足自家的生活需要，由此也产生了许多偷盗粮食的行为，直接关涉村民的生命财产安全。为此，锦屏地区民众也特别重视依靠众人的力量，群防群治，维护社会治安。锦屏县河口乡文斗寨即存有四份有关社会治安的村规民约，是通过村规民约维护社会治安秩序的代表。

一是嘉庆二年（1797）文斗上下二寨立约共治盗贼的公约：

立同心合同人文斗上下二寨。上寨姜仕朝、姜士模、姜廷魁、姜大相，下寨姜周杰、姜柳晓、姜朝琦、姜宗德等。为因近日盗贼甚多，人心各异，若不同心，难以安靖。所以寨头相约，地方虽分黎、镇，莫若同心同意，实有益于地方。今自同盟以后，勿论上寨、下寨，拿获小人者，务宜报众。倘私和受贿，众人查出，纸上有名人等，同心不得推诿。恐其出事，寨头承当。口说无凭，立此同心约各执一帋为据。

合同乙样

姜廷望笔

嘉庆二年七月十七日立①

二是嘉庆十一年（1806）文斗四房人等公议的有关防盗治盗的治安民约：

立分合同字人姜奇、姜廷辉、姜士朝等。为因严治盗方以镇地方事。缘我等四房田塘屋宅，每被忍心害理之徒，只图利己，不顾害人，屡屡偷盗。我等触目伤心，因而齐集公议，四房定立，各自努心用力捕拿，倘捉获者，四房协心同力送官治罪，不得闪躲。如有此情，纸上有名人等各同攻此人与贼同情，其有捉贼之人，四房赏银四两。恐口无凭，立此合同为据。

内禁杉榜、禾谷、包谷、小米、油茶、油子，此数项俱皆禁勒。

四房合同为据（共书在合同二纸上，各纸有字一半）

姜士标笔

姜士朝存一纸

嘉庆十一年五月二十一日②

三是道光十三年（1833）文斗等四寨御盗公约：

立合同文斗、平鳌、岩湾、加池四寨人等。为安靖地方，以保身家事。近因地方人心不一，故外境匪徒结党，时或数十人，时或数百人，扰害地方，偷盗木植，明阻木排，牵耕牛、磕油火，凶□横行。地方受其欺压，无可奈何。窃思我等地方，山多田少，贫富全靠木植养活身家。遇客商来则砍木放排，虽无大利，而每日获钱亦可早晚资用，免受饥寒。且大则拨本钱行买卖，小则削木炊□卖柴薪，生意多路。今遇匪徒，如此将山木砍尽，何以为生？且本处并无外乡客贩，凡作木植生理，屡被匪党捏情强阻强放，东家闻知，不发资本，众岂不束手待毙？是以齐心聚议，书立合同：凡遇外来匪党阻排偷木等情，必须齐力追捕擒拿。倘至斗殴杀伤，不拘彼此，不得怨恨退缩。如有等情，众等将此怨恨退缩之人捆绑呈官究处。兹恐人口难凭，特书立合同四纸，各执一纸为据。当凭神灵罚究，口是心非者神灵鉴察，必受谴诛。

---

① 锦屏县地方志编纂委员会编：《锦屏县志（1991—2009）》，方志出版社2011年版，第1294页。

② 唐立、杨有赓、［日］武内房司主编：《贵州苗族林业契约文书汇编（1736—1950年）》（史料篇），东京外国语大学亚非语言文化研究所，2003年（平成15年）3月7日。

文斗姜春发存加池一纸
平鳌姜启书存岩湾一纸
意合同心同
岩湾范绍学存文斗一纸
加池姜之模存平鳌一纸
代笔 姜东智
道光拾叁年拾壹月拾柒 日立①

四是道光十八年（1838）文斗上下二房合同公议有关防盗、缉盗、保管粮谷的规定：

立分合同字人龙玉宏、姜绍齐、姜绍宏、钟英、相德、绍周、昌后、绍廷、钟灵等。情因年岁不一，秋收在近，是以上下二房合同公议，日夜偷盗不法犯禁之徒，一经拿获，伸鸣合同有名之人，齐集议罚送官，所有费用，失主出一半，上下二房出一半。奈地方山多田少，田出寨者甚众，将谷出放我寨者日广，公议收获俱存寨内，不许私盘出境。日后照市价增减买卖，庶交易有赖。至于客谷存在境内，随客所喜，伸众交存，以免失遗客谷数目。自分合同之后，我上下二房不得推闪。倘有一人推闪，我合同有名之人，以内勾外引等情，禀官查究，则内已正而外人服也。今欲有凭，立此上下二房同心公议均分合同二纸，各房执一张为据。

上房姜述圣存一张。
下房姜春发存一张。
道光十八年七月初四日 代笔保长姜昌后　　　立
立分同心合同二纸，各执一张存照（共书在二纸之上，各纸有字半边）②

分析这四份有关社会治安的村规民约，可以看出它们形式比较完整，内容具体可操作，这样才能保证村规民约的强制约束力和可执行力。“口说无凭”“今欲有凭”“恐人口难凭”“空口无凭”表明传统乡土社会民众一种“合同”观念，这种观念强调的是合意和同意，与现代法治中的“契约”“合同”存在一些相似之处，但实质精神和出发点是存在差异的，我们不能简单将锦屏文书中这种“合同”比拟为现代契约，而应当结合我国的历史文化和传统观念加以分析。从具体内容来说，防盗治盗是这两份村规民约的核心议题，同时有的又添加了其他与御盗有关的内容，如道光十三年（1833）那份村规民约就与当地御防偷盗木植有关。防盗治盗要求村民齐心聚力，这是首要前提，在传统乡土社会，民众的交往圈子不必延伸到很远的外界即可满足绝大部分生活需要，民众之间的这种紧密关系本来是维护社会治安的优势条件。但是有时村民会出于利己等原因不会积极参与到维护社会治安之中，这时就需要外在行为规范加以保障，村规民约即是一种有效的社会规范。

（三）通过村规民约规范公共财产使用秩序

乡土社会之中，村民共同享有、共同使用的财产很多，如公山、公林、水井等，这些公共财产不仅涉及村民的日常基本生活，还与村民极为看重的风水有关。风水在乡土社会直接影响村民建房、选坟等重要活动，风水与山、河流、森林等有关，因此村民非常重视对公山等的保护。水井关涉村民用水，也需要村民给予足够的重视。锦屏文书中的村规民约也包含与上述事项有关的内容，通过

---

① 锦屏县地方志编纂委员会编：《锦屏县志（1991—2009）》，方志出版社 2011 年版，第 1294 页。

② 唐立、杨有赓、［日］武内房司主编：《贵州苗族林业契约文书汇编（1736—1950 年）》（史料篇），东京外国语大学国立亚非语言文化研究所，2003 年（平成 15 年）3 月 7 日。

分析这些村规民约，我们可以认识传统乡土社会中村民的思想观念和行为方式，体味其中所蕴含的乡土逻辑。

公山管理在很多情形下都与风水、阴地有关，通常包含禁止砍伐公山林木、规范坟地使用等内容。乾隆六十年（1795）锦屏县钟灵乡冲寨的一通禁碑就记载了村民为保护后龙风水而立碑封禁一事，规定严格禁止砍伐“凹上至坟山后顶，所栽蓄松、杉、杂木等”。并且规定对于“违禁砍伐者，捉获公罚，按矩送官治罪，决不姑息宽恕”①。宣统三年（1911）锦屏县大同乡平阳村高阳寨头也立有一《永远封禁》碑，碑文也主要规定后龙山“所荫者阳宅不止数百家，阴宅不止千万家”，“从今而后，永远封禁，不准开穴进葬坟”，对“仗财倚势图葬者，为惟向自起迁外，重加罚资”②。到了民国时期，同样也有类似的村规民约。例如，《者蒙五房公山管理规约》规定：

> 立聚议公山规条合同字人启蒙寨孟德房杨国干礼、杨文富，高寨房杨和钧成滋、杨纯钞海，果境房杨世信、杨家明训，盘妹房杨秀彬干，高凸房杨家媚楹五房人等。诚恐寨内人心不古，私将公山并阴地、杉木等项私行发卖，是以公同聚议：自今以后，五房人等各照后议规条行事，如有何房人不遵规条者，四房共同与其抗衡。所有条规合同开列于后：
>
> ——议公山阴地永远不准发卖。
>
> ——议公山杉木不准那人私卖，势必五房主事人一齐临场，如行可也。
>
> ——议若有何人请地师于公山内看得地者，不许将地谢师。
>
> ——议公山内冲岭之田坎上只许修高乙丈五尺，乙丈五尺之外有杉木者系公山之木。
>
> ——议倘有外人盗葬我等公山之内，并偷公山之木，知者务要报明五房主事人。凡我聚议之人务宜同心协力，认真理楚。倘有何人因循躲闪，不集理者，天神共鉴。
>
> 第五张杨秀彬收执
>
> 民国十七年戊辰岁润二月初六日杨纯钞　笔立③

该公山管理公约涉及的主要对象也是阴地，是村民的公共财产，在当地村民看来，直接影响他们的生活，因此就必须禁止破坏公山的行为，这也是制定该村规民约的主要目的。

乡土社会非常重视用水问题，为此村民对于合理使用水资源一般会有成文或不成文的规定，以保障村民饮水安全和用水方便，由此也产生了许多村规民约。锦屏县敦寨镇亮司村营盘湾牛头井旁也有一清咸丰二年（1852）所立《永远封禁》碑。该碑主要规定了四项内容：一禁“井埂不许挖掘及入井车水”“犯者公罚猪羊祭奠，燃烛招谢”；二禁“井内不许洗衣及牛马污秽”“犯者公罚猪羊招谢”；三禁“过脉及本山松木不许砍伐”“犯者公罚猪羊招谢”；四禁“坟山不许故意放牛马践踏，犯者杀伊牛马祭奠”④。虽然该碑刻位于水井旁，我们看到也涉及禁止砍伐林木及禁止坟山放养牛马

① 贵州省锦屏县钟灵乡志编纂委员会：《钟灵乡志》，第382页。转引自李鹏飞《从风水林碑刻看清水江流域民间生态行为》，载《民间文献学的理论与实践：清水江文书（锦屏文书）与地方社会国际学术研讨会暨贵州省第二届“汲古黔谭”论文集》，2015年10月，第600页。

② 贵州省锦屏县钟灵乡志编纂委员会：《钟灵乡志》，第382页。转引自李鹏飞《从风水林碑刻看清水江流域民间生态行为》，载《民间文献学的理论与实践：清水江文书（锦屏文书）与地方社会国际学术研讨会暨贵州省第二届“汲古黔谭”论文集》，2015年10月，第601页。

③ 锦屏县地方志编纂委员会编：《锦屏县志（1991—2009）》，方志出版社2011年版，第1295页。

④ 《锦屏县敦寨镇志》，第415-416页。转引自李鹏飞《从风水林碑刻看清水江流域民间生态行为》，载《民间文献学的理论与实践：清水江文书（锦屏文书）与地方社会国际学术研讨会暨贵州省第二届“汲古黔谭”论文集》，2015年10月，第603页。

等事项，体现了村规民约所包含内容的广泛性。锦屏县敦寨镇培寨村于清光绪六年（1880）建有一井，名“大井”，分为四个区域，不同的区域规定不同的使用目的，以此使得吃水、洗菜、洗衣互不影响，并制定有严格规章刊于碑上，这即是有关用水的村规民约，但该碑现已被毁。①

（四）通过村规民约维护公益事业秩序

公益事业对于乡土社会来说具有重要意义，有利于提高乡村凝聚力、促进共同发展。例如，乡学等教育机构能够提高村民知识水平，宗族祠堂能够增强乡村社会凝聚力。同时，这些公益事业需要相应的社会规范加以规范，村规民约即是一种具有代表性的社会规范，锦屏文书中也存在着这样的村规民约。

教育是传统乡土社会极为重要的一项公益事业，“从来人才兴于学校，气质化于诗书。有人才而无学校，未免生齐而囿齐，变气质而外，诗书犹然”②。这是《高柳书房碑》上的几句话，体现了乡土社会对学校教育的重视。为此“高柳僻处山巅，衣食颇足，礼义当兴，爰集父老，共商厥事，咸相与称贺曰，此举美也”③。高柳寨人集资兴办教育，以教化乡民，并达成了共识。锦屏县娄江乡娄江村现有三块萃文书院碑，其中嘉庆十二年（1807）所立《功德碑》较为详细地记载了村民集资建萃文书院的过程和目的。其碑文内容为：

> 皇上稽古右文崇德重道薄海内外汪洋教化者久矣。即如吾黔自龙场读书堂而外，所生皆立书院，郡国者然，况乡村耶。余地僻处边隅，人敦古。爰乾隆丁未秋，杨子凌云来馆于此，始建□书室三楹。□是湫隘卑狭，规模未拓。嘉庆甲子，余门人汝登贤书，于是里中中者乃于旧馆之后复创内堂□楹、耳房二楹。门庑阶级一切鼎而新之。庶几户以内□塏光明，式廓弘厂。户外奇峰嵂□，山类鲁青，波浪萦回，水流殊碧，岿然踞一方之秀焉。功成嘱余为记，余曰：“此人文鹊起之机也。”大抵天地清淑之气昌，数十百年人才始出。今汝霖甫入□闱，辄为通籍而又藉文澜墨海以沐浴其后来，行见朴者秀、顽者灵，霞蔚云蒸，次第而入青云之路者，岂有涯哉！易曰：“观夫人文以化成天下”，信有然也。今诸公之为是举也，所谓国有学，党有庠，家亦有学也。鹿洞鹅湖，于是于在，余故乐为志之。如此至如经义之规条，制事之节□，则历代名儒之学记彰矣。兹不复云。
>
> 候选儒学教谕兰山罗士彦敬撰
>
> 候选知县举人雨亭杨学沛敬书
>
> 化首 杨文兴 刘超荣 杨起舒 杨正览 刘超学 杨再贤 杨登贵
>
> 杨在富 杨在魁 杨正明
>
> （以下为贡村、皂村捐资人姓名及捐钱数量，略）
>
> 嘉庆十二年岁次丙寅孟夏月④

道路、渡口建设也是乡土社会公益事业的一项重要内容，除了前文专门针对林木运输中保障水路畅通的村规民约之外，锦屏文书中还留存着有关修建道路、渡口的村规民约，通常以碑刻形式存在。例如，锦屏县铜鼓乡水冲村水冲溪口亮江河边路坎上即有一立于咸丰元年（1851）的修路碑。⑤河口乡河边村的渡碑共有3块。第一块立于乾隆五年（1740），碑头刻有“施渡碑”3个大字。第

① 参见王宗勋主编《乡土锦屏》，贵州大学出版社2008年版，第64页。

② 贵州省锦屏县志编纂委员会编：《锦屏县志》，贵州人民出版社1995年版，第898页。

③ 贵州省锦屏县志编纂委员会编：《锦屏县志》，贵州人民出版社1995年版，第898页。

④ 贵州省锦屏县志编纂委员会编：《锦屏县志》，贵州人民出版社1995年版，第899页。

⑤ 参见贵州省锦屏县志编纂委员会编《锦屏县志》，贵州人民出版社1995年版，第906页。

二、第三块立于道光十九年（1839），两碑石并列。其一刻碑记并化首、信士、乡约姓名及为了“供销人日食”以“长济往来，不费行客旅费”而购买的田丘、谷石、山场数量等。碑头刻“万载流芳”4 个大字。其二刻捐资人姓名、捐款数量，碑头刻“功垂不朽”4 个大字。[①]

三、结　语

一方面，村规民约是锦屏文书的重要组成部分，是我们了解锦屏乡土社会运行机制的重要资料来源。村规民约作为一种社会规范，具有维护社会秩序、促进乡村社会和谐等积极作用。秩序是法规范的基本价值之一，意味着各项活动在法规范的指引下有序进行，这些村规民约对于规范、建构锦屏地区的社会秩序具有积极的促进作用。根据社会秩序所包含的主要内容，我们可将其划分为民事生活秩序、公共生活秩序、纠纷处理秩序等，锦屏文书中的村规民约主要体现在对民事生活秩序、公共生活秩序的维护上。锦屏地区林业在长期发展过程中形成了许多以村规民约为表现形式的社会规范，对于当地林业的有序和持续发展具有积极作用。历史上，锦屏地区婚俗改革也经历了一个长期的过程，锦屏乡民通过制定村规民约推动当地形成符合儒家伦理道德的善良风俗，这体现了乡土社会重视教化的特征。费孝通先生在分析乡土中国时认为是一种礼治秩序，而“维持礼这种规范的是传统”，“传统是社会所累积的经验。行为规范的目的是在配合人们的行为以完成社会的任务，社会的任务是在满足社会中各分子的生活需要。人们要满足需要必须相互合作，并且采取有效技术，向环境获取资源”[②]。从这一意义上说，锦屏文书中的村规民约在促进村民相互合作方面切实发挥了作用，在公共生活秩序方面体现更为明显。乡土社会公共生活需要的是村民的团结协作，在自然生态秩序、社会治安秩序、公共财产使用秩序、公益事业秩序等方面要求村民能够最大限度地排除私利，否则难以形成良好、和谐的社会公共秩序。锦屏文书中的村规民约有利于促进村民团结，共建、共享公共生活秩序。

存在于乡土社会的社会规范根据制定主体的不同，可以分为国家法和非国家法，国家法是一种外在规制，以国家强制力为保障，而村规民约等非国家法是内在规范，以乡土社会自身所规定处罚规范为保障，当然其中也包含与国家法相衔接的内容。总体而言，锦屏文书中的村规民约主要是内生秩序的生成和维护，是乡土社会自身运行的保障。符合锦屏当地实际情况、迎合当地村民观念是这些村规民约得以有效施行的前提条件。村民在乡土社会各项活动中基于自己不同的利益需求而有不同的行为选择，而这些行为不可避免会产生冲突和矛盾，在不同程度上威胁着社会秩序，因此需要一种广泛适用的社会规范加以规制。实际上，村民由于需要长期甚至终身生活在乡土社会，一旦有违反村规民约的行为，其后果不仅持续时间长，而且直接影响村民自身的日常生活，从这种意义上说，村规民约的约束力要更加有效、持久，这也是乡土社会注意运用村规民约规范村民行为的原因。

一方面，村规民约除了是乡土社会内生秩序的产物之外，在很多方面还体现了与国家法的衔接。我们看到锦屏文书中的村规民约很多地方都有“送官治罪”“议罚送官”等类似的规定，通过这些规定，无疑会增强村规民约的约束力和执行力。另一方面，村规民约中还有一些内容是对国家法的重述，例如在婚俗改革方面，实质上既是国家法明文规定的直接要求，也是符合官方礼法的要求。传统中国，村规民约（乡约）最早是士绅为家族而制定的，之后逐渐扩展到某一个特定区域的村民，基本体现了儒家伦理道德和国家法律的精神和要旨，这也是村规民约能够在乡土社会持续存在的重要原因。

---

① 参见贵州省锦屏县志编纂委员会编《锦屏县志》，贵州人民出版社 1995 年版，第 906 页。

② 费孝通：《乡土中国》，人民出版社 2008 年版，第 61 页。

在当代锦屏地区，我国国家权力机关制定的法律法规在生态保护、社会治安、林业生产、交通运输、婚俗生活方面已经实际发挥着主导作用，但是在很多情况下，国家法律法规并不能够完全涵盖乡村社会生活的各个方面，这时就需要有其他的社会规范加以规制。2014 年 10 月 23 日，中国共产党第十八届中央委员会第四次全体会议通过了《中共中央关于全面推进依法治国若干重大问题的决定》，明确提出“增强全民法治观念，推进法治社会建设”的目标，强调“推进多层次多领域依法治理”，要求“发挥市民公约、乡规民约、行业规章、团体章程等社会规范在社会治理中的积极作用”。通过调动锦屏民众的积极性来制定符合当前锦屏实际的村规民约，我们可以发挥村规民约这一社会规范在基层社会治理中的积极作用。良好的社会秩序是各项事业、活动开展的必要条件，而社会秩序的维护不仅需要国家法律法规，还需要村规民约等社会规范。在这一过程中，我们既要认真对待传统乡土社会广泛存在的村规民约，又要结合当前国家法治建设、社会治理的新思路、新措施，二者的结合是完善基层社会治理、建构良好社会秩序的有效途径。

土流并治与地方社会权力变迁

——以民国时期南甸土司为例①

王春桥*

摘　要：民国创建，以流官政权为代表的国家体制渗透到滇西土司地区，土司地方社会权力发生改变，出现了土流并治的格局。这种格局不能简单地认为是土官和流官共同管理，而是存在着深刻的矛盾、博弈和冲突。受土司统治的汉族实力派人物为获得地方话语权，掌握地方政治权力，并使之合法化，开始靠拢流官政权，挑战土司的统治权力，逐步取得了"绅"的身份和地位。他们的介入及其"绅"身份和地位的获得，使原本复杂的土、流对角关系转变为土、流、绅多角关系，形成了纵横捭阖的权力困局，展现了边疆地方社会的变革动态和充满矛盾的现实场景。滇西沦陷前，在第一殖边督办的干涉下，土、流、绅表面达成和解，但这一困局未能最终解决，一直持续到20世纪50年代，对西南边疆地方社会权力结构和族群关系都产生了深远影响。

关键词：土司；流官；绅；土流并治；地方社会

DOI：10.13835/b.eayn.22.08

近年来，土司研究成为学界的热点，成果丰硕。迄今为止，土司研究在制度考辨方面用力较勤，已较系统地梳理了土司制度的脉络。在土司制度与边疆治理、边疆开发、土司政治、族群历史等方面的研究取得了突破。在土司个案研究方面也取得了长足进步。② 但目前而言，学界对土司地方社会

---

* 作者简介：王春桥，历史学博士，云南大学历史系讲师，主要研究方向：中国西南边疆史、土司制度史、历史人类学。

① 基金项目：国家社科基金青年项目"明清西南边疆移民在地化研究"（项目编号：16CMZ004）阶段性成果。

② 参见吴永章《中国土司制度渊源与发展史》，四川民族出版社1988年版；龚荫《中国土司制度》，云南民族出版社1992年版；李世愉《清代土司制度论考》，中国社会科学出版社1998年版；温春来《从"异域"到"旧疆"：宋至清贵州西北部地区的制度、开发与认同》，生活·读书·新知三联书店2008年版；陈贤波《土司政治与族群历史：明代以后贵州都柳江上游地区研究》，生活·读书·新知三联书店2011年版；成臻铭《土司制度与西南边疆治理研究》，社会科学文献出版社2016年版；马大正《深化中国土司制度研究的几个问题》，《云南师范大学学报》（哲学社会科学版）2011年第2期；龚荫《关于中国土司制度渊源发展研究的十个问题》，《青海民族研究》2013年第1期；李世愉《土司制度基本概念辨析》，《云南师范大学学报》（哲学社会科学版）2014年第1期；温春来《行政成本、汉夷风俗与改土归流——明代贵州贵阳府与新贵县设置始末》，《中山大学学报》（社会科学版），2004年第5期；温春来、黄国信《改土归流与地方社会权力结构的演变——以贵州西北部地区为例》，载《中央研究院历史语言研究所集刊》第76本第2分，2005年6月，第351－410页；谭志满、霍晓丽《土司时期少数民族社会治理过程中的文化策略——以鄂西南地区容美土司为例》，《中南民族大学学报》（人文社会科学版）2013年第3期；王春桥《博弈与认同：地方化国家在边疆地区的实践——基于南甸土司龚绶生命史的考察（1950—1969）》，载《西南边疆民族研究》第14辑，云南大学出版社2014年版，第91－101页；王春桥《土司存废与国家统一（1944—1948）》，《云南民族大学学报》（哲学社会科学版）2015年第1期；赵世瑜《亦土亦流：一个边陲小邑的晚清困局》，《近代史研究》2015年第5期；等等。

的变革动态和景况等研究有待深入，对土司与流官之外的第三势力对土司社会权力变革和地方基层社会的影响关注不够，代表性文章有温春来、黄国信的《改土归流与地方社会权力结构的演变——以贵州西北部地区为例》和赵世瑜的《亦土亦流：一个边陲小邑的晚清困局》。温春来和黄国信的文章讨论了改土归流与贵州西北部地区地方社会权力结构演变的关系。[①] 赵世瑜的文章以学额等问题为中心，探讨了改土归流后，流官地区的人大肆侵占九姓司土官的利益以及引起的一系列困局。[②] 但两篇文章对土司仍握有生杀大权的土流并治[③]地区的地方社会权力结构演变，当地汉族自身利益诉求的表达，以及由此引发矛盾和冲突而导致的后果等问题并未涉及。

本文即以云南西部边陲土司中汉族人口最多，受汉文化影响最深的南甸土司为个案，考察民国时期土司、流官、汉族乡绅复杂的互动过程，探讨土流并治格局下土司地方社会权力结构演变的现实场景以及当地民众诉求的表达方式，以揭示民国边疆地方社会的变革动态和充满矛盾的现实景况，对研究民国边疆地方社会发展、土司地方社会权力结构变革以及深化研究土司制度或有裨益。

一、历史的隐喻："两个爹"和"拔稗子"

南甸土司，一个云南西部的边陲土司，"地处极边，路通缅甸，控驭七司，扼制三宣"[④]。清乾隆三十四年（1769），朝廷在其地设南甸营守备，三十九年（1774）改设腾越镇左营。[⑤] 因"南甸地方，民夷杂处，每年支放钱粮、稽查奸匪，均需文员会同弹压经理"，朝廷移驻腾越州判于此，"责任分防"[⑥]。分驻州判只管理与腾越左营相关的事务，未管理土司境内全部民夷事务。除了南甸营（左营驻防地）内的汉族外，境内汉夷仍受南甸土司统治，境内除十二家该管和五家管爷管理外，汉族村寨每撮设约尊一人。[⑦] 清廷最初在南甸驻兵千余，节制南甸、干崖、陇川等土司，"移楚雄、姚州、大姚人千余户实之"。当时，腾冲"移民移粟"和汉族进入南甸等土司地"趁食"成了常态。[⑧] 到咸丰年间，仅南甸城的汉族就达一千八九百户。[⑨] 到光绪三十一年（1905），土司"所辖半皆汉民"，"易通礼教"[⑩]，汉族在南甸土司已成气候。

---

① 温春来、黄国信：《改土归流与地方社会权力结构的演变——以贵州西北部地区为例》，载《中央研究院历史语言研究所集刊》第76本第2分，2005年6月，第351－410页。

② 赵世瑜：《亦土亦流：一个边陲小邑的晚清困局》，《近代史研究》2015年第5期。

③ 土流并治问题，学界亦有涉及，主要讨论了土流并治的形成原因、实质和作用。由于这些讨论未能探讨土流并治格局下地方各阶层的生存状态，未能全面、具体地展现地方社会变革的动态图景和现实矛盾场景，未能阐述土流并治下地方社会权力结构的演变，因此他们对土流并治的理解有待深入，他们的一些提法值得商榷。有关土流并治的讨论可参见王文成《土流并治在近代云南边疆的全面确立》，《云南师范大学学报》（哲学社会科学版）1993年第4期；胡绍华《土流并治的典范——清末民初西双版纳土流并治研究》，《中南民族大学学报》（人文社会科学版）2005年第5期；贾霄锋《明清时期藏区土司地区政治体制模式研究——以土流参治为核心》，《青海民族研究》2011年第2期；杨庭硕、李银艳《"土流并治"：土司制度推行中的常态》，《贵州民族研究》2012年第3期。

④ （清）张应熊：《腾越南甸营修建城垣碑记》，李根源辑，载杨文虎、陆卫先主编《永昌府文征》（文录）卷13《清四》，云南美术出版社2002年版，第2471页。

⑤ （清）《腾越州志》卷1《建置沿革考》，民国二十年（1931）刻本，第16页。

⑥ 《高宗纯皇帝实录》卷999，乾隆四十年十二月下。

⑦ 李赕、王翼飞编著：《南甸土司简史》，梁河县文化体育局编印，第40页。

⑧ （清）《腾越州志》卷5《户赋》，民国二十年（1931）刻本，第5页。

⑨ （清）《九保沿革记》，李根源辑，载杨文虎、陆卫先主编《永昌府文征》（文录）卷20《民三》，云南美术出版社2002年版，第3068页。

⑩ （民国）寸开泰：《腾越乡土志》卷4《人类》，民国抄本，第9页。

（一）“两个爹”

腾越起义后，陆军第二师师长南甸人李根源在腾冲召集滇西土司商议改土归流一事，但各土司一致要求缓期改土归流。鉴于滇西土司的“软拖硬抗”和国内外复杂的局势，云南军都督府采取了土流并治的缓进之策。

1912 年 3 月，云南军都督府在南甸土司设八撮县丞，归腾冲县管辖。至此，南甸土司出现了首个流官政权，以流官政权为代表的国家体制开始逐步渗透到滇西土司地区。南甸未像其他六土司设弹压委员，乃因其“距腾冲较近，其人民颇为纯朴，现决附入腾冲，勿庸另设专员”。所谓纯朴，实乃当地汉文化水平较高，汉族人口较多，改流条件较其他六土司成熟。八撮县丞设立后，滇西总司令部发布《饬腾冲府知府黄谦永禁南甸土司管理司法令》，规定“凡该土司所属人民，种无夷汉”，“一切民刑诉讼案件”，“概行归腾冲府管理，该土司不得再行收受呈词”。法令明确南甸的教育和实业，必须由腾冲县督率土司和八撮县丞举办，要求土司举荐族目和人民充当议员，参预县政。① 这也就意味着土司和流官共同治理，但现实并非如此。

首任八撮县丞是戎良汉，“职员不过十来人，经费由腾冲知府拨付”②。他在职不到半年，由曹之骐接替。曹之骐拜访土司后，带领几个文员和随从上任。他到任后，扩大了“县丞权力，组织税务，派兵派款”③。民众对此“感到新奇。认为有了土司，又有县佐，看来没有多少好事”④，他们颇感困惑，“明清时期我们只供养一个‘爹’，民国时期又添给我们一个‘爹’”⑤。他们知道现在有“两个爹”，一个是“土司爹”，一个是“流官爹”。民众的这种隐喻颇为贴切，反映了土司地方社会变革的动态和景况。这种历史的隐喻，不仅表明民众对自身地位的困惑、对自身负担加重的忧虑以及对这种格局的嘲讽，而且展现了土司地方社会变革的动态和图景，也意味着土司政治权力格局的悄然改变。

八撮县丞设立后，民国政府又先后改设八撮分治员（1914—1916）、八撮县佐（1917—1930）、腾冲第六区公所（1930—1931）、梁河设治局（1932 年以后）。然而，国民政府无论如何调整行政机构，流官政权的权力无论如何增强，各方都想独掌大权，但土司和流官都不能控制对方，也未能共同治理地方，“两个爹”政局从未改变，直至土司制度的终结。

（二）“拔稗子”：土司之应对

“两个爹”的出现，使南甸土司政治权力格局发生改变，但对一般民众而言，“土司爹”似要更亲。大多数民众虽感困惑，但仍服从土司的统治，接受土司的命令。为恐吓、笼络民众，历代土司都曾将发生过的事联系起来，附会神灵，以此宣扬其正统性和合法性，强化其统治权威。

清雍正年间，汉人迁入南甸土司河西一带，其中以刘安仁、刘安定兄弟为代表的汉族移民反对土司统治，闹得土司惶恐不安，后因山洪暴发，刘氏兄弟全家被埋。刘氏兄弟遇难事成了土司恐吓民众的舆论工具，历代土司都说：

> 刘氏弟兄反我家，遭到天诛地灭，以后谁再敢如此，就会得到这样的下场。我家有神

---

① 《饬腾冲府知府黄谦永禁南甸土司管理司法令》，李根源辑，载杨文虎、陆卫先主编《永昌府文征》（文录）卷 20《民三》，云南美术出版社 2002 年版，第 3006 页。

② 云南省梁河县志编纂委员会编：《梁河县志》卷 16，云南人民出版社 1993 年版，第 517 页。

③ 云南省梁河县志编纂委员会编：《梁河县志》大事记，云南人民出版社 1993 年版，第 16 页。

④ 陈正德：《改土归流设县佐的情况》，《梁河县文史资料选》第 1 辑，第 37 页。

⑤ 云南省梁河县志编纂委员会编：《梁河县志》卷 16，云南人民出版社 1993 年版，第 520 页。

灵护佑。[①]

民国时期，土司亦曾多次公开讲述刘氏兄弟遇难事：

河西刘安仁、刘安定反抗我家，结果夜间大雨，洪水暴发，山崩屋倒，全家压死。[②]

河西刘安仁、刘安定反抗土司，后被山洪所埋一事，被记入了《南甸司刀龚世系宗谱》中。土司将这事件写入家谱，使之“神话化”，将自然灾害的不确定性、突发性和刘氏兄弟遇难的偶然性与土司权力神授的神圣性联系起来，通过文字和口头相传等方式，将这种思维和逻辑渗透、灌输给民众，久而久之，这种思维逻辑就会变成民众心中的一种社会化的意识或思维方式，形成一种“集体的表象”，民众以此来认识和理解土司的正统性和合法性。这也就能理解新中国成立后，当地许多民众产生纠纷，仍只找土司告状，而不找人民政府。[③] 到今天，这件事仍在梁河一带广为流传，已深入民间，成为独特的土司历史记忆。

这些故事或历史记忆，对土司统治境内大部分民众是十分有效的。南甸土司通过恐吓和宣传土司权力神授等手段，牢牢地管控着境内的民众，守护着几百年形成的地方政治权威。当外部势力介入时，对有些人来说，这种手段就未必有效。为此，土司采取了“拔稗子”等极端方式。南甸土司龚绶曾说：

稻秧中夹有稗子，有一棵，拔一棵。绅民中有败类，有一个，杀一个，绝不让其成长。[④]

土司清楚民国政府设立流官政权，“名为维持地方治安，实则为改土归流布下基础”[⑤]。土司已无力阻止流官政权渗透，但他们会利用各种资源，广泛进行民众动员，阻碍流官施政，对投靠流官的汉族实力人物“拔稗子”。

曹之骐到任后，组织税务、派款、派兵，土司用各种手段，对司地民众进行思想统治，以民众生命安危为威胁，致使县丞的政令无法推行。土司还趁机“策划声势浩大的丛会运动，威胁流官”[⑥]。

1914 年，云南省政府改八撮县丞为八撮分治员。10 月，闵维仁继任分治员。他在任期内与土司对抗，将治所迁至大厂土主庙，任用不满土司的汉族乡绅，独立推行政令，支持杨曰俊、陈大发等兴办学校，讲授三民主义等，主张将土司占有的屯田、勋田、练田收归国家。这些举措严重损害了土司的利益，结果杨曰俊在到萝卜坝调查途中的沙冲口被土司派人杀害。后来，陈大发也被土司派人杀害。

1932 年，云南省政府准备在南甸土司设立设治局，部分民众当即呈文省府，认为别立设治局“于实政毫无补也。然而自设县佐，既别立一机关，历年以来，民间之骚扰骤增，无名之辈累纸不胜书，而所谓整顿地方为人民求幸福者究不知何在，诚苦不堪言矣”。仔细揣摩八撮民众的呈文，这很可能是土司为维护自身权力，不愿权力更大的设治局进驻土司地，而借民意以胁迫政府让步的举措。

---

① 杨文贤整理：《南甸土司轶事》（未出版）。

② 李赕、王翼飞编著：《南甸土司简史》，梁河县文化体育局编印，第 34 页。

③ 2011 年 2 月 22 日傍晚，梁河蛮东中学语文老师董宝能老师在跟当地人闲聊时，讲到有一个他们认识的人的母亲，老喜欢找土司告状，新中国成立后仍经常跑到土司大院（即南甸土司署）告状。访谈对象：董宝能，访谈地点：梁河县遮岛镇某一村民家，访谈时间：2011 年 2 月 22 日，访谈人：王春桥。

④ 李赕、王翼飞编著：《南甸土司简史》，梁河县文化体育局编印，第 34 页。

⑤ 《南甸司刀龚氏世系宗谱》，1962 年 9 月，梁河档案局藏，全宗号 1，目录号 3，案卷号 10。

⑥ 云南省梁河县志编纂委员会编：《梁河县志》大事记，云南人民出版社 1993 年版，第 16 页。

云南省政府对于该呈文的拟办意见是：

> 呈尾并未有负责人盖章书名，似无核办之必要。呈阅后。拟请存查，以免纠纷。[①]

云南省政府似已看出土司的伎俩，没有认真对待这份呈文，只是存查，避免纠纷而已。

1932年梁河设治局成立后，土司的“拔稗子”行动仍在继续。为了对付亲流官的各区乡（镇）长，土司调集周边土司境内的夷人，扰乱地方，“逼收人民之苛款，捕拿各区乡镇长”，同时，派“瞿忠和到罗布坝一带调集摆夷土兵，授意瞿忠和就道往蛮东乡，竟将该乡乡长蚌自珠暗杀毙命”，“遍散毛肉，并于各撮派兵派夫派肉作进攻大厂之准备”[②]。使得大厂附近居民及九保居民纷纷迁移出南甸。土司杀了蚌自珠后，还戏谑“蚌自珠，真是自诛”[③]。1935年以后，亲土司流官上任后，土司又继续“拔稗子”，谋杀了党部楼成员五人。1936年土、流、绅和解会后，乡长杨绍显“被杀于许家寨下首”，“此事系属土司所为无疑”[④]。原党部楼成员霍万川在金猛被抓，土司派人将其拉到南甸土司署所在地遮岛后山桔子园用长刀杀死，然后把尸体扔到了大盈江桥下。后来，土司又派兵抓马仑尹村怀德，其逃脱后，土司洗劫了马仑村十八家村民。杨文宽因到土司署催办案件，龚绶邀请他吃饭，趁杨文宽酒醉，土司士兵用白毛巾将其勒住，用棉絮堵住嘴，拖到李家巷口杀死。杞木寨的杨查保，因为设治局截收“三大款”，全家被杀，仅一幼女得以幸免。杨毓榜也是龚绶“拔稗子”的对象，但因有人提前通知他，得以逃脱。[⑤]

“拔稗子”是土司应对地方社会变革的一种方式，成为其制衡反对势力的一种重要手段，是土司境内的政治权力结构和权力生态的变化的一种表现形式，是土流矛盾下土司必然采取的举措。

二、土流博弈下的地方社会景况

“拔稗子”是一种极端手段，土司并不会频繁使用。土流双方往往采取相对缓和的博弈形态。这种博弈更真实地折射出当时的土司地方社会图景。

（一）逸闻趣事中的土流博弈

故事一：“碟和鱼”

> 辛亥革命成功后，任云南省国民革命军第二师师长的李根源西巡到腾冲，顺便打道回南甸老家，听说李师长来了，土司便邀请李根源到衙门赴宴。筵席上美酿佳肴十分丰盛，一阵笑谈，吃得倒也痛快。酒至半酣，厨人用小盘极不协调地盛了一尾大鲤鱼。端到宴桌中央，席间倏然静了下来，龚绶望着李根源微妙地一笑，说声“请”。李根源一看心里明白了几分，暗暗称道：“这龚土司果然名不虚传，确实有些智谋，这分明在暗示我：头衔再大，但‘庙’毕竟是在土司的辖地；‘鱼’再大，也跳不出‘盘子’之意。”龚土司又是一声“请”，李根源微微一笑，筷不往大鱼上搛，而搛了几个土蜂蛹，又搛了几个螺蛳放在碗中，然后一口把它吃了。龚绶一愣，心想：“印泉好利害，以土蜂蛹取一个‘土’字；用螺蛳谐一个‘司’意，‘土司’不就在他口中？”四目相对，不觉哈哈大笑起来，互道“佩

① 《八撮民众要求仍归属腾冲的呈文》［民国二十一年（1932）八月十四日］，《德宏史志资料》第10集，第60页。

② 《李曰垓转呈杨毓榜等控告龚绶的报告》，《德宏史志资料》第5集，第90页。

③ 李赎、王翼飞编著：《南甸土司简史》，梁河县文化体育局编印，第55页。

④ 《梁河设治局》，民国二十五年（1936），德宏州档案馆藏，全宗号3，目录号1，案卷号5。

⑤ 李赎、王翼飞编著：《南甸土司简史》，梁河县文化体育局编印，第55页。

服、佩服”[①]。

故事一揭示了南甸土司“改土归流”的难度，最终导致了南甸土司“土流并治”的结果。[②] 其实，大约同一时间，龚绥上书李根源，请求将土司刀姓改为龚姓，“以复汉籍”，李根源批准了土司的请求，亲自将刀樾椿改名为龚绥。[③] 土司与流官的权力争斗已从改名和饭桌上开始，此后越演越烈。“就在这年李根源将家乡南甸营改为了‘九保’，划归为腾冲管辖，从此便脱离了土司统治。”[④]

故事二：“县佐钻床”

一次，一位姓吴的县佐到衙门拜会龚绥，一阵闲聊后，躺到铺上吸起鸦片来。烧了几口后，烟完了，龚绥便对吴县佐说：“烟放在床脚，你自己去拿吧。”吴县佐烟瘾正发，也顾不得身份，只好钻进床脚去拿。当他大半身钻进去后，龚绥突然大叫：“大家快来瞧呀，县佐钻我的床脚！”一时跑来许多围观者，弄得这位县佐狼狈不堪。但这毕竟是玩笑，他也不好发作，只好在心里痛骂龚绥。从此人们都认为县佐奈何土司不得，反倒受土司的摆弄，龚绥的玩笑达到了目的。[⑤]

故事二展现了以流官为代表的“外来者”在土司地的窘境，民众也从流官的尴尬中认识到“县佐奈何土司不得，反倒受土司的摆弄”，这无形之中稳固了土司的统治。外来的行政官员进入南甸土司，各方面受制于土司，他们为了推行政令，有时不得不向土司低头妥协，往往招致土司的刁难和嘲讽。一般而言，外来者到南甸，跟土司“打招呼”是必须完成的首要任务，否则工作就很难顺利进行。即使到了1949年，这种情况仍然存在。1949年1月29日，顺宁县县长朱兆就曾给龚绥写信，介绍到南甸省立小学任校长的顺宁人徐国瑞：

徐君在教育界多年，品学兼优，特代为介绍，希吾兄随时予以协助，俾校务得以顺利进行，而收培殖边疆子弟之效。[⑥]

“县佐钻床”是流官在土司地的一个真实写照，是土流博弈下土司地方社会图景的外现。流官在南甸任职，遇到的问题和困难，比钻床要艰难得多，随时有丢掉身家性命的危险。[⑦]

（二）亲家反目

1931年，云南省政府将八撮县佐改为八撮行政委员。[⑧] 1932年6月1日，又将八撮行政委员改为梁河设治局[⑨]，袁恩膏任梁河设治局局长。梁河设治局的设立，意味着县一级的行政机构在南甸出现，且直接统辖土司。

袁恩膏到任后，先到南甸土司署拜访龚绥。龚绥殷勤款待，竭力结交，让嫡长子龚统政拜袁恩膏为干爹，结为“亲家”。然而，袁恩膏与龚绥在权力分配上产生了分歧，袁恩膏要求龚绥取消养兵

---

① 云南省梁河县志编纂委员会编：《梁河县志》卷25，云南人民出版社1993年版，第820页。

② 访谈对象：杨文贤，访谈地点：梁河县遮岛镇杨文贤家，访谈时间：2011年2月25日，访谈人：王春桥。

③ 刀樾椿：《南甸土司呈请该复龚姓文》，李根源辑，载杨文虎、陆卫先主编《永昌府文征》（文录）卷20《民三》，云南美术出版社2002年版，第3011－3012页。

④ 云南省梁河县志编纂委员会编：《梁河县志》卷25，云南人民出版社1993年版，第820页。

⑤ 云南省梁河县志编纂委员会编：《梁河县志》卷25，云南人民出版社1993年版，第821页。

⑥ 《梁河设治局》，民国三十八年（1949）一月二十九日，德宏州档案馆藏，全宗号3，目录号1，案卷号5。

⑦ 可参见曾任梁河设治局局长王文烺的回忆。

⑧ 《殖边督办呈转省府》，《德宏史志资料》第10集，第58页。

⑨ 《省政府关于八撮县佐改设治局的指令》，《德宏史志资料》第10集，第58页。

权、司法权。协商后，龚绶接受取消司法权，但拒绝放弃养兵权。袁恩膏寸步不让，成立自卫大队，以扩大设治局的权力，增加民国政府在南甸的威信，在各处布告“设治局是合法政府，不许土司征收三大款，不许土司养兵用兵”，甚至在布告中将龚绶写成“龚兽”，以示羞辱。他还成立了民众办事处，后改为党部楼，以杨毓榜为主席，杨绍显为副主席。同时，选送南甸土司地中青年和学生到腾冲乡镇长训练所、党义班学习，培养改流骨干。此外，自 1932 年起，梁河设治局连续两年截收土司三大款。①

龚绶也不示弱，采取策略，对抗梁河设治局。一方面，他派人在昆明打通关系，向云南省政府控告梁河设治局和反土司的汉族乡绅，打算通过告状等方式将袁恩膏撤换。他这样向省府控诉袁恩膏：

> 无如官不得其人，莅临兹土者，往往与地方土劣互相勾结，视土司为利薮，任意搜刮，不遗余力。每遇公务，局长责成土司，利则归己，害则贻人，所求稍有不遂，即诬蔑陷害，势不置土司于死地不止，几至土司土民无以为生，边民东逃西散。②

另一方面，他遍散“毛肉”，调集各司夷人入境，拘捕拥护设治局的各乡镇长，暗杀蛮东乡蚌自珠，陈兵遮岛，摆出围攻设治局之势，企图扰乱地方秩序，以此向云南省政府施压，将袁恩膏调离南甸。亲家反目不是两人有深仇大恨，是“两个爹”政治格局所带来的必然结果。

三、土、流、绅之现实矛盾场景

流官进入，受土司统治的汉族公开挑战土司权威，这一过程中，他们获得了“绅”的身份和地位，成为民国政府眼中的地方实力人物，杨毓榜就是其中的典型代表。杨毓榜毕业于腾冲县立旧制中学，曾任八撮团总兼腾冲县参事员、党部楼主席、梁河第一区区长、河东乡乡长等职，1944 年任梁河设治局第二科科长，掌管梁河设治局的财政大权。③ 到 1947 年，他成为与李根源、腾冲县长刘楚湘、张问德、南京国民政府外交专员尹明德等一样的各县局实力人物。他“品行虽欠佳，但在地方上有号召力量”④。杨毓榜“号召力量”获得的过程，是在与土司、流官互动中获得的，即代表了当地汉族“绅”身份和地位获得的过程。

（一）汉绅与土司之纠纷形态

袁恩膏到任后，启用了杨毓榜等当地汉族实力人物，任命他们为各乡镇区长，依靠他们实施政策，执行命令，通过他们利用民意挑战土司的权威。杨毓榜等人也在挑战土司的传统权力时，逐步获得了“绅”的身份和地位。

1934 年，杨毓榜等人上书云南省政府，控告龚绶“擅调各司野夷，图谋捣乱，加害地方”，派人暗杀政府委任的乡镇长，准备派兵攻打设治局所在地大厂。他们还控告龚绶“假借民意捏控袁局长，意在蒙混推翻设治”，且凡事必与设治局抗衡，并调集干崖、陇川、遮放等土司境内夷人，扰乱地方，“逼收人民之苛款，捕拿各区乡镇长”，对民众“毫不加体恤，愈肆专横，任意苛派”，民众深“受土司之屠毒”⑤。

---

① 云南省梁河县志编委会编：《梁河县志》卷 16，云南人民出版社 1993 年版，第 518 页。
② 《龚绶控告该县设治局的呈文》，《德宏史志资料》第 5 集，第 88 页。
③ 《各设治局职员表》，《德宏史志资料》第 10 集，第 88 - 89 页。
④ 《呈报各县局实力人物》，《德宏史志资料》第 10 集，第 91 页。
⑤ 《李曰垓转呈杨毓榜等控告龚绶的报告》，《德宏史志资料》第 5 集，第 90 - 91 页。

12 月 16 日，因杨毓榜等人的控诉，龚绶给龙云上了辩白书。[①] 除了为自己辩护，他也采用民众、乡绅上书云南省政府的方式控告设治局和杨毓榜等人：

今忽有土劣杨育榜、尹世成、杨大鹏等冒党部名誉，与局长狼狈为奸，擅欲更张定案以填其欲壑，不顾职司官民生计，以应恳求从严禁止，不得妄自更张而符定案……窃初任设治局长袁恩膏急功近利，倡言改流，摇惑民心，勾结土劣杨育榜、尹世成、杨大鹏等反抗司署，截收职司二十二、二十三两年份之租款三万余元，即以截收所得之款，招集地痞组织非法队伍，专以职司为敌，必欲截尽职司一切收入，致职司于死命而后止。[②]

土司与杨毓榜等人互控，以及土司的反制举措，使南甸社会动乱不安，腾冲至缅甸八募的商道被阻隔，腾冲等地商人损失惨重。为此，腾冲商会联合署名请求省政府将袁恩膏调离南甸，声称"袁一日不离梁河，梁河一日不安"[③]。为了西南边疆的稳定、"腾八商路"的畅通以及土流矛盾的缓和，云南省政府让袁恩膏离职，同时电令龚绶"立将所集夷兵遣散，以后不得再有动辄聚众情事，如违，定即严惩不贷"[④]。

汉族和土司互控纠纷，本质是土流并治格局下，流官与土司之间的博弈，是土流矛盾的外现。双方都利用民意，流官借助当地汉族实力人物发声，利用民意挑战和打压土司，而这些反抗土司的汉族实力人物在这一过程中逐步获得了乡镇长或设治局的职务，与流官政权结成"命运共同体"，在土司地出现了有地方号召力的"绅"阶层。当流官改流不利时，这一阶层就会转而攻击流官，使土、流之对角关系变为土、流、绅之多角关系，出现"纵横捭阖"的权力困局。

（二）汉绅与流官相互攻讦

1935 年 1 月，云南省政府任命王文焌为梁河设治局局长。王文焌到梁河后，先拜访龚绶，受到盛情款待。在会面中，王文焌称赞龚绶"胸襟宽怀，支持国民政府"[⑤]。他吸取袁恩膏的教训，下令解散设治局自卫队，取消党部楼，允许南甸土司追收前两年被设治局截收的三大款，试图缓和设治局与土司之间的紧张关系，但这引起了反土司汉族乡绅的强烈愤慨和不满，他们拒绝执行命令，继续保留设治局自卫队和党部楼，还在大厂、九保等汉族聚居地发动米商罢市，南甸社会经济秩序陷入混乱。

8 月 8 日，王文焌率先上书李曰垓，控诉杨绍显、董传学、杨大标、许正彩等人：

（一）非法组织人民办公处，并未经呈报××政府许可。（二）一般人民皆称杨毓榜为主席，口碑载道。（三）非法成立自卫团，门前悬挂自卫团名目之旗帜鲜明。（四）积极购买枪弹。（五）私擅逮捕捆打各乡首人，如邵思常、罗维昌之被殴成伤是。（六）受理民刑诉讼。如杞木寨杨秦氏份子之命案，以非刑拷讯多人，现遍体鳞伤。又如职处断已遵案件，该等逼令反抗上控，如梁本安等案是。（七）纵容非法兵丁持枪横行磕索人民。如张自明父子之案是。[⑥]

同时，王文焌请求离职和撤销设治局。这一举动反映了身在"夷方"的他夹在土司、反土司汉

① 《龚绶被告后给龙云的辩白报告》[民国二十三年（1934）十二月十六日]，《德宏史志资料》第 5 集，第 91 页。
② 《龚绶控告该县设治局的呈文》，《德宏史志资料》第 5 集，第 88－89 页。
③ 李赕、王翼飞编著：《南甸土司简史》，梁河县文化体育局编印，第 53 页。
④ 《龚绶被告后给龙云的辩白报告》[民国二十三年（1934）十二月十六日]，《德宏史志资料》第 5 集，第 91 页。
⑤ 李赕、王翼飞编著：《南甸土司简史》，梁河县文化体育局编印，第 55 页。
⑥ 《梁河设治局与乡绅杨毓榜等互相攻讦及处理意见之部分材料》，《德宏史志资料》第 5 集，第 92 页。

族乡绅之间的窘境以及当时设治局在南甸土司的尴尬地位。他疾呼“无力维持国民政府威信，只得含涕忍受，倘再过问”，杨绍显等人“势必打局长、杀局长矣！现局内办事员役十余名，人人枵腹，怨职庸懦”①，且当时设治局内的“佐理、司书、勤务、差役亦相率逃奔一空”②。这种窘境，正如他回忆所说：

在这二虎相争的地方为官，随时都有丢了性命的危险，更别说发财了。③

汉族乡绅既拒绝执行命令，暗地对抗，又向省府控诉王文烺：

讵意王新任文烺到任后，大失人民之望，甘心为虎作伥，欲藉土司为利薮，以遂其予取于求之心。据闻王新任在省奉委之初，已受土司贿寄现金一千元，到腾又受三百元。接事后移驻司衙，盘桓多日，又受现金二千元，外有骑骡一匹及丝锦各织物等，约计又一千元，先后受贿为数已达五千元，贪婪可谓至极。由此已往，所谓梁河人民之倒悬涂炭，王新任见利忘义，均视如寻常，唯日与土司流连嬉戏，曲尽绸缪。举政府当日核定条件四项，竟敢全数违反，屡遣其太太以宴会为名，常到司署传达消息，欲尽纳梁河人民于陷阱之中……到任后，一切反其所为，嗜财若命，吸尽民膏，苛收浮派，细大不捐，其贪赃枉法实古今前后所罕见闻也。即此升斗捐一项，系律定为学校之基金，伊亦派其虎差霸为私有，使地方学校因之停顿，利令智昏一至于此，想考之全滇各县亦决无此办法也。且此项米捐由伊霸吞，加倍苛收，不惟地方学校骤受打击，即卖米之小贩、仰食之穷民无形中亦受莫大影响。即前日因打米与九保街酿起争端，致成罢市之举，即可见其一斑矣。④

双方互相攻讦，李曰垓的解决办法是：

权衡轻重，先将土司之纠纷，妥谋解决，然后再议局长之纠纷。⑤

他驳回王文烺撤销设治局和回腾待命的请求，命令王文烺尽力维持设治局的稳定。同时，他也警告杨绍显、杨毓榜等人：

务须各自检束，不得妄为，致多枝节而增纠纷，以致贻害地方，自干重究。⑥

至于王文烺贪污一事，李曰垓认为“所称受贿各节，事属暧昧，无从证实”。他对南甸的权力生态以及汉绅、流官、土司之纠纷形态是清楚的，但未能采取实质性举措。不久以后，他发现“今纠纷形态，又由对角而变为多角，愈构成纵横捭阖之局的可能，长此相持，以后恐愈棘手”⑦。他只好将王文烺撤职，但南甸多角的“纵横捭阖之局”已形成。

（三）破局行动

1936年，李曰垓为缓和、解决这种“纵横捭阖”的权力困局，成立以腾冲县参议会会长张问德

① 《梁河设治局与乡绅杨毓榜等互相攻讦及处理意见之部分材料》，《德宏史志资料》第5集，第92页。

② 《梁河设治局与乡绅杨毓榜等互相攻讦及处理意见之部分材料》，《德宏史志资料》第5集，第96页。

③ 王文烺回忆中所说“二虎”是指土司与汉绅。访谈者：王文烺长孙王德沛，访谈地点：昌宁县县城蚂蚁堆王德沛家，访谈时间：2011年2月7日，访谈人：王春桥。

④ 《梁河设治局与乡绅杨毓榜等互相攻讦及处理意见之部分材料》，《德宏史志资料》第5集，第95－96页。

⑤ 《梁河设治局与乡绅杨毓榜等互相攻讦及处理意见之部分材料》，《德宏史志资料》第5集，第94－95页。

⑥ 《梁河设治局与乡绅杨毓榜等互相攻讦及处理意见之部分材料》，《德宏史志资料》第5集，第94－95页。

⑦ 《梁河设治局与乡绅杨毓榜等互相攻讦及处理意见之部分材料》，《德宏史志资料》第5集，第95页。

为主任的和解委员会，亲自到南甸土司，召集土司和乡绅在九保开和解会，同时邀请九保乡绅张瑞楼、高有志等人参加，并派兵武装震慑。土司由龚绥率属官龚宝相、龚宝钦、龚安宁等人参加。乡绅有杨毓榜、瞿万川、尹怀德、杨文宽等人参加。

会议开始，土、绅双方激烈争吵。龚绥声称“他家披荆斩棘，拓疆保土的丰功伟绩，批评国民党人不应该反对他家”，指责尹怀德“你是孔明的羽毛扇，这边煽一下，那边煽一下，煽得梁河烟雾迷漫”，责备瞿万川：“你住在我的八寨土地上，免除门户粮草，待你不薄，为何忘恩负义反对我呢?”[①] 龚绥大骂党部楼成员，骂得他们抬不起头。瑞泉乡的红帮大爷杨文宽站起来驳斥他：“你怪不得这个，也怪不得那个，怪只怪孙中山闹革命讲三民主义。”“气得龚绥满面通红，简单地说了一句‘你是个亡命徒’。”[②] 瞿万川也反驳道：“一家仁，一国兴仁；一家让，一国兴让；一人贪戾，一国作乱。”[③]

会上，李曰垓提出四点和解意见：

> （一）承认土司收租权，酌予减轻；（二）常备队兵由设治局征调，土司保留少数；（三）土司不能派兵收租，由设治局委乡镇长直接征收转交司署；（四）党部楼取消，土司保证不准暗杀。[④]

最后，各方达成五点协议：

> （一）人民每年缴纳土司租款，着减十成之一，租谷不出腊月，官烟不出五月，规定不出三月；（二）土司不得擅自征收，由乡镇长收缴；（三）梁河常备队兵额六十名，设治局四十名，经费兵员全区负担；司署二十名，经费由遮岛负担；（四）党部楼取消，土司保证不谋杀；（五）截收土司租款，已由设治局购买枪支，不再争议。[⑤]

该决议是围绕土、流、绅三方之纠纷焦点提出的，明文规定了三方的权利和义务，试图为三方找到各自利益的契合点。三方协议的达成，看似意味着各方都认可，看似南甸土司矛盾的现实场景得以消解，各方的权力困局得以解决。事实上，对土司而言，该协议明显有利于设治局和汉族乡绅，土司的利益并未得到多少保障。对流官和汉族乡绅而言，土司仍掌控南甸土司经济大权，设治局和各汉族乡镇长的施政必受限制。因此，在没有民国政府武力威慑下，这一纸协议如同废纸。

新到任的代局长周懋材曾召开第一次政务会议，在会上，他“一面当同各区乡镇长剀切宣布，届期人民应交者由乡镇长直接收交土司；一面令饬土司遵照依限实行在案”。龚绥表示“谨遵政府核定之条件，职司绝对服从，贯彻始终”，却“仅以公文表示敷衍搪塞，一条尚未履行”。杨毓榜等汉族乡绅也“藉口以四条件为抵制之资料”[⑥]，没有认真遵守五项协议。此外，土司继续打压和暗杀汉族乡绅，杨毓榜得以逃脱，杨绍显、瞿万川、杨文宽等则相继被杀。

1942 年 5 月，腾龙沦陷，梁河设治局局长弃职离境，流官政权名存实亡，土司又重新独掌军政大权。抗战胜利后，民国政府重建梁河设治局，当地的权力生态和权力困局未发生改变，虽其纠纷已没有抗战前明显，但与民国政府相始终。

---

① 云南省梁河县志编委会编：《梁河县志》卷 26，云南人民出版社 1993 年版，第 835 页。
② 李赕、王翼飞编著：《南甸土司简史》，梁河县文化体育局编印，第 54 – 55 页。
③ 云南省梁河县志编委会编：《梁河县志》卷 26，云南人民出版社 1993 年版，第 857 页。
④ 云南省梁河县志编委会编：《梁河县志》大事记，云南人民出版社 1993 年版，第 18 页。
⑤ 云南省梁河县志编委会编：《梁河县志》大事记，云南人民出版社 1993 年版，第 18 页。
⑥ 《李曰垓关于南甸土司与乡绅杨毓榜纠纷之解决办法的报告》，《德宏史志资料》，第 5 集，第 97 页。

四、结 语

国家体制的渗透，彻底改变了边疆土司的传统政治权力结构和运作方式，也极大地鼓舞了世代受土司统治且已在地化的汉族，土司地的权力生态发生了改变，形成了土流并治格局。事实证明，这种格局并不简单的是“土流两个集团的联合统治”① 或土官、流官“共同完成朝廷委任的管理之责”②，更不是“土官、流官共同治理政权，事无大小土官、流官共同负责”③，而是土官、流官为了独自控制和管辖地方社会，双方有着深刻且不可调和的矛盾，进行着“你死我活”的博弈和斗争。随着土司地汉族的介入，土司地方社会的局势更加复杂，第一殖边督办李曰垓称为“纵横捭阖之局”。

流官政权进入后，这些汉族为拥有土司地方话语权和政治权力并使之合法化，开始靠拢流官政权，挑战土司权威，获得“绅”的身份和地位，有的还成为民国政府眼中的地方实力人物。汉族“绅”身份和地位的取得，扩大了在土司的地方社会上的影响力，使其成了土、流两大势力之外的第三大势力，左右着边疆土司地方社会的政治格局，影响着土司地方社会的变革。当土司权力生态改变和内外交困时，他们用尽了各种举措维护其统治权力，但效果不明显，反而刺激了反土司汉族乡绅进一步靠拢流官政权，使原本复杂的土、流之对角关系变为土、流、绅之多角关系，形成了“纵横捭阖”的权力困局。民国政府虽深知这种权力困局的根源，也试图找到三方利益的契合点，但在错综复杂的国内外局势下，已无力从根本上解决这一问题。

总之，在讨论边疆和土司问题时，若更多地关注边疆土司地方社会固有的制度和统治传统，及其潜在且对民众产生深刻而长远影响的社会化意识或思维逻辑，注意边疆地方社会当地人自己的民间故事和口碑传说，体会他们自己的历史表达和历史记忆，同时兼顾国家层面的历史档案文献，也能揭示出土司制度在中国由“王朝国家”转向“民族国家”后的具体实施和发展历程中，国家与土司地方社会间复杂的互动过程，以及当地汉族获得自己诉求的表达方式与历程，也能生动形象地展现出民国时期边疆地方社会的变革动态和充满矛盾的现实景况。这样的探讨，不仅有助于深化土司制度的研究，而且有助于加深对民族国家边疆地方社会生存动态和权力结构演变的认识，进而丰富国内外学界对边疆、民族、权力、记忆与国家等问题的研究。

---

① 王文成：《土流并治在近代云南边疆的全面确立》，《云南师范大学学报》（哲学社会科学版）1993年第4期。

② 杨庭硕、李银艳：《“土流并治”：土司制度推行中的常态》，《贵州民族研究》2012年第3期。

③ 胡绍华：《土流并治的典范——清末民初西双版纳土流并治研究》，《中南民族大学学报》（人文社会科学版）2005年第5期。

从族外婚到族内婚

——中国回族婚姻制度转变背后的人口因素①

路伟东*

摘　要： 本文把历史上回回人的民族认同、官民对回态度、涉回法律条文、回回婚姻制度及其人口空间分布状态等诸多单个孤立事件串联起来，探讨彼此之间的相互关系，回答中国回回人从族外婚制向族内婚制转变的时间，分析这一转变背后的人口因素，以及这种转变反过来对其人口空间分布状态造成的影响。研究表明：回族妇女外嫁禁忌历来有之，明代中后期以后，在民族认同逐渐完成的大背景下，回族人退守到族内婚是一种被动无奈的自我调适。而人为刻意营造的局部聚集生活环境状态，与散居回民维系族内婚姻的现实需求有直接关系。

关键词： 回族；族外婚；族内婚；妇女外嫁禁忌

DOI：10.13835/b. eayn. 22. 09

一、从族内婚到族外婚：历史时期的回族婚姻

今天以“回族”著称的人们，也就是清代被称为，也自称为“回”，或者“回回”的这样一个群体的主体人口，是7～14世纪定居中国的波斯、阿拉伯、蒙古和突厥等穆斯林商人、军人和官员们与汉地社会的非穆斯林妇女，实际上主要是汉族妇女，通婚之后产生的后裔。② 回族人的民谚之中

---

* 作者简介：路伟东，复旦大学中国历史地理研究所副教授。

① 基金项目：2015年度国家社科重大项目“中国行政区划基础信息平台建设”（项目编号：15ZDB053）和2013年度上海市教育发展基金会曙光项目“GIS支撑下的长时段区域人口变动研究”（项目编号：13SG10）阶段成果。

② 在2017年5月6日于上海召开的第五届边疆中国论坛暨“社会转型、知识话语与新边疆学”学术研讨会上，部分学者认为，应该使用“回回”而非“回族”来描述本文研究的对象。从某种角度讲，研究清代这样一个人们的群体，使用清代他称和自称的“回”或者“回回”，似乎更合适一些。但是，在当下语境中，不论日常生活，政治生活，还是学术研究，抑或正式发表，仍然坚持使用这样的称谓，就显得不太适合。比如《回族研究》这一刊物的研究对象，就不仅仅局限于当下的回族人口，也包括历史上所有被称为“回”或“回回”的人口，例如今天的东乡族人、保安族人以及撒拉族人等，甚至包括维吾尔族（也就是清代被称为“缠头回”者）在内的更广泛的穆斯林群体。按照这部分学者的观点，这一刊物的名称是否应该改为《回回研究》才更合适呢？姚大力教授在《中国学术》2004年第1期上发表了一篇名为《“回回祖国”与回族认同的历史变迁》（见刘东主编《中国学术》，商务印书馆2004年版，第1辑，第90～135页）的数万字长文，这篇文章对中外学界关于中国回回人民族认同问题的争论进行了系统的梳理，其结论归纳为一句话就是“至少在明代晚期，基本上围绕着回－汉差异而滋生发育起来内地回回民族的或种族认同，已基本形成。”如果这一结论是正确的，那么，在严肃的学术研究语境中，我们是可以用“回族”这一词，来称呼清代被称为并自称为“回”的这样一个人们的群体，尽管这样一个“回族”的概念，不论内涵与外延，都与20世纪50年代民族识别之后的“回族”有很大不同。

就有“回回巴巴，汉人娜娜”[①]的说法。“巴巴”即爷爷，“娜娜”，阳平声，系波斯语奶奶之谓。这句话的意思是说，中国回族人的父系祖先是西来的波斯、阿拉伯等穆斯林商人，而其母系祖先则是当地的汉人。回回先民与汉地社会的妇女进行通婚，使回回这样一个群体不断发展壮大，最终在明末清初完成民族的认同，成为一个民族的最重要基础。所以，很显然在历史上曾经相当长的一个时期内，回回人婚姻的主要方式是族外婚。

今天回族的婚姻方式则完全不同，他们遵守较为严格的族内婚制，并且这种婚姻的形式被他们自视为理所当然地应该遵守的古老传统。对进入婚育年龄的青年男女来说，彼此的民族成分是选择配偶时首要考虑的重要因素。在西北、西南等地的回族聚居区，族内婚的被动约束和主动约束效力极其严格，一般回民大都遵循非回族不娶、非回族不嫁的原则。而族外婚，尤其是与非穆斯林之间的通婚，被视为雷池禁区，一般人不敢僭越一步。在回族人口数量较少，分布比较离散的地区，青年男女择偶往往因选择对象较少而面临实际困难，虽然族外婚也被允许和接受，但是，缔结婚姻的非回族一方，一般必须自愿皈依伊斯兰教，成为穆斯林，其婚姻方被认可与接纳。很显然，即便在这些宗教氛围不怎么强烈的地区，族内婚的影响仍然存在，仍然是择偶中的决定性因素之一。而从皈依伊斯兰教的变通条件来看，所谓族内婚制，其实际的内涵是教内婚。

既然如此，那么，一个有意思的学术问题就是：究竟从什么时候，由于什么原因，回回人中曾经普遍存在的族外婚制才开始逐渐转变为族内婚制这样一个现代回族人自己认为的必须严格遵守的古老传统呢？

回族著名学者马平对这一问题有过专门的研究，他认为：“到了清代，随着统治阶级对于回族施行民族歧视政策，清代中后期对回族施行灭绝政策，回族在心理上表现出强烈的反抗情绪，保族保教的意识明显增强。大约就是从这个时候开始，回族穆斯林群众在很大程度上限制了‘民族外婚姻制度’，改为主要实行‘民族内婚姻制度’，以只许娶进、不许嫁出为典型特征的‘妇女外嫁禁忌’开始逐渐实行。……‘妇女外嫁禁忌’的形成过程中，有民族心理方面的因素，有宗教信仰方面的因素，也有民族文化习俗和绵延族系等方面的因素。”[②]简单汇总，马平的观点主要包含三层意思：其一，回族人的族外婚制转为族内婚制在清代，具体时间未知；其二，转变的原因包括多种，包括心理隔阂造成族外通婚困难、《古兰经》禁止非穆斯林通婚、回族人的饮食禁忌与文化习俗等；其三，这种转变是回族人主动选择的结果。随便翻检一下有关回族婚姻制度的研究论文和相关著作，就会发现，马平的观点具有极强的代表性，基本代表了回族研究学界对这一问题的普遍共识。

实际上，认真分析，这样的观点也存在较多问题。首先，《古兰经》的确有禁止与非穆斯林通婚的条文，但中国回族实际上就是与非穆斯林通婚的结果，何以清代才会严守这一禁忌；其次，民族间心理上的障碍隔阂，宗教文化及现实生活中的饮食禁忌等，的确会造成通婚困难，但通婚困难与通婚禁忌显然是两个不同的概念，实际上汉藏之间、汉蒙之间也都存在着类似的通婚困难问题，但却并没有通婚禁忌；其三，从绵延族系的角度来看，回族妇女不外嫁可以理解，因为妇女少，所以不外嫁。但回族娶外族妇女本来就是传统，也是历史时期回族人口大量增长的主要原因之一，何以从本来就普遍存在的族外婚转变成族内婚？这在逻辑上完全说不通。

虽然不同地区、不同族群之间的婚姻制度和婚姻习俗可能存在较大差异，但是婚姻生活中如何选择配偶首先是民间个体的自主行为，而不是族群或某种制度筛选之后的产物。这是因为人首先是社会的人，他不只是单纯的生物个体。婚姻的目的也不只是性这一基本的生理需求与繁衍后代这样

---

① 马光启：《陕西回族概况》，见马长寿主编《同治年间陕西回民起义历史调查记录》，陕西人民出版社 1993 年，第 214 页。

② 马平：《回族婚姻择偶中的“妇女外嫁禁忌”》，《西北民族研究》1998 年第 2 期；马平：《回族民族内婚姻制度探析》，《回族研究》1995 年第 3 期。

简单的物种延续。从这样一个基本的常识出发，对于明清以来，绝大部分生活在地理空间与社会空间都相互隔绝的共同体中，仅靠伊斯兰信仰那样一点点的共性的回回人来说，仅仅因为统治者的压迫与歧视，就主动从族外婚制退守到族内婚制，这样的叙事跨度和论证逻辑似乎有点太大了。

笔者认为，回族人婚姻制度的转变应该有更深层的原因和动机，转变的时间也应该重新考证和界定。明末清初，回回人民族的认同，围绕着回汉差异，逐渐形成。在这样一个结果出现之前，回回人的先民，就已经生活在这样的地理空间和社会空间里面，并且与他们周边的人群，主要是汉人这一汉地社会的主体人群，发生着千丝万缕的联系。认真梳理在这样一个较长的历史发展过程中，两者之间的相互关系，包括婚姻关系，是回答上述问题的关键。

二、历史时期回族族外婚与妇女外嫁禁忌的真实内涵

唐宋以来，自西方而来的回回先民，高鼻深目，外貌与汉人明显不同，言语服饰、宗教文化、饮食禁忌等，亦与汉人有显著差异。这些单身的男性，在汉地社会居留生活，需要做很多的改变和适应。比如，在恪守基本宗教禁忌的情况下学说汉地的语言，改穿汉人的服饰，改用汉姓汉名等。实际上，除了这些相对较为容易的改变，要想在汉地社会真正长久生存下去，繁衍自己的后代，他们需要解决自己的配偶问题。对于这样一批特殊的外来人口而言，他们是通过什么样的方法，合理合法地娶到汉地的妇女的呢？或者说，他们有什么样的资本或吸引力，可以让汉族女子主动嫁给他们呢？很显然，浓浓的异域风情与俊秀的外貌特征应该不是主要原因。

在传统中国社会中，家庭本位的伦理法是亲属法的显著特征，家族利益是社会婚姻的基础。《周礼·昏义》称“婚姻者，合二姓之好，上以事宗庙，下以断后世”。显然，这种以传宗接代为主要目的传统婚姻，几乎完全漠视婚姻当事人的个体利益。男女结合虽然也会顾及夫妻本人的意愿，但是，“父母之命”和“媒妁之言”才是法律上婚姻成立的要件。只要经过家长同意，并经过合乎“礼”的仪式，婚姻就宣告成立。在这种传统婚姻中，父母下命和媒妁传言的实际依据是门当户对和婚姻论财，聘娶婚是结婚的主要方式。最直白地讲，决定婚姻核心要素是金钱财产。而聘娶婚的实质，其实就是变相的买卖婚。直到新中国成立以后的很长一段时间内，换婚、力役、实物和货币等形式的买卖婚，在农村地区仍然广泛存在。①

回族先民的主体是商人，其中也有部分是因军功、内附等原因受到朝廷重用的社会上层精英。精英群体自不必谈，钱权加身，门当户对，娶汉妇为妻应该不是什么难事。杨志玖在《元代回汉通婚举例》一文所举例证，大都如此。② 比如有名哈只哈心者，“阿鲁浑氏，世西域人……太祖皇帝兵压境……遂降……公夙慕中土，因携家行……初，公至和林，元帅荀公奇之，妻以女，生二子：长阿合马，早卒，次阿散……麦砧哈檐，西域名族，念公之贤，赘阿散其家。生二子：长暗都剌，始三岁，次凯霖，始三月丧母。继张氏，二子：捏古伯，怯烈。”③ 但对于更多以经商为业的普通胡商来讲，在轻商的传统汉地社会中，要想合理合法地娶汉女为妻，大概不是一件容易的事。即使在蒙元时期，色目人社会地位远高于汉人的情况下，一般汉人对与异族通婚也相当排斥。这一点，元人的文笔中就表现得很明显。比如元人孔齐《至正直记》卷三有《不嫁异俗》一条，称：

> 先人居家，誓不以女嫁异俗之类。尝曰：娶他之女尚不可，岂可以己女往事，以辱百世之祖宗乎？盖异类非人性所能度之。彼贵盛则薄此，必别娶本类以凌辱吾辈之女；贫贱则来相依，有觅求无厌之患。金陵王起岩者，最无远识。以女事录事司达鲁花赤之子某者，

---

① 杨堃：《家族、婚姻发展史略说》，《北京师范大学学报》1982 年第 1 期。

② 杨志玖：《元代回汉通婚举例》，载杨志玖《元史三论》，人民出版社 1985 年版，第 160 页。

③ （元）许有壬：《至正集》卷五三《西域使者哈只哈心碑》。

政受此患，犹有不忍言者。世上若此类者颇多，不能尽载。则我赵子威先生如此显仕，有力量远识，一时为所误，尚使其女怀终身之恨。世俗所谓‘非我族类，其心必异’，果信然也。可不谨哉！①

从这段记载来看，蒙元时期汉人对嫁女给异族的做法普遍持排斥态度，认为这一行为是辱没祖宗的丢人之事。除此之外，从这一短文中至少还可以管窥如下信息：其一，元时异族普通人娶汉女为妻者较多。从嫁女汉人“贵盛则，贫贱则”的担忧来看，大部分迎娶汉女的异族家庭条件大概比较一般，既非权贵，亦非富贾。其二，经济因素是汉人反对这种异族通婚的主要原因。简单总结，汉人反对与异族通婚的理由无非两条，一是怕女儿受苦，二是怕自己受累。在视家族利益为婚姻基础的传统社会中，其实这种担忧的核心还是后面一条，也就是钱财问题。其三，蒙元时期，汉与非汉两个群体间的心理隔阂是相当深的。从汉地社会民间流行的“非我族类，其心必异”俗语之中，可看到普通民众心里这种歧视与不信任，影响是很深的。其四，从“娶他之女尚不可，岂可以己女往事”一句来看，“妇女外嫁禁忌”不是后世才有的，而是从一开始就如此。其五，从“彼贵盛则薄此，必别娶本类”一句来看，异族人娶汉女为妻似乎是退而求其次，不得已而为之，有条件者仍以回族人自己的女子为娶妻的第一选择。当然这一问题也有可能完全是另一种情况。元明两朝入迁的西域穆斯林很多是举族而来，不再是如唐宋时期那样，以经商单身男性为主。女性人口的增加，至少部分缓解了在群体内部选择配偶的问题。婚姻是拓展个人和家族社会关系的最有效途径，对于有能力迎娶汉地妇女的色目人中的权贵和富贾来讲，娶汉女为妻本身可能就是基于某种现实利益的考量的结果。如前文杨志玖举元代回汉通婚案例中，这些异族中的上层精英，既有本族的妻子，也有汉地的妻子。而迎娶汉地妻子，有些不是个体行为，而是政治的结果。这种行为对于普通色目人的示范作用是很大的。所以，有可能迎娶汉女是一件很值得炫耀的事情，这表明，婚姻关系，是与权贵、富贾们保持一致的。

从一则题为“不要听‘回回’讲话”的回族民间故事也可以看到历史上回汉通婚的一个鲜活侧面。这则故事大意是说，唐朝时候留住长安的回回使臣，娶了汉人的女儿为妻。结婚之后，两人相亲相爱。当妻子回娘家探访时，父母便问她对回族丈夫的感觉如何。女儿回答：“回族人都很好，他们的食物好吃，但他们的话听不懂。”父母于是告诉她：“只要你丈夫对你好，只要你们两人和合始终，至于他们的话，你就不要去听它。”这就是民间俗语“‘回回’的东西吃得，‘回回’的话不消去听”的回民解释。② 在言语不通的情况下，父母就把女儿嫁为回妇，在女儿以实情回复后，仍以只要饭吃好话听不懂没关系为由进行安抚和宽慰，其中缘由，大概与钱财有关。同治战时，陕甘回民逃难至河南开封一带，先后有三百余户，聚居在鼓楼南侧的鹁鸽市街一带。这些回民多发贩马为生，经济实力比较雄厚，本地人称之为“马客伙”，汉人民谣有“嫁给马贩子，吃喝一辈子”③，这句话极其形象地传达了汉人与回民通婚的动力。

总之，回族人“妇女外嫁禁忌”的现象，不是后世才出现的，历史上本就如此。但是，最初回妇不外嫁的原因，不是因为禁忌，而是因为妇女太少，本族内部的婚配需要都无法满足，根本不可能外嫁。对于曾经广泛存在的族外婚制，婚配的回汉双方，都有各自的原因和目的。一方面，回人娶汉女为妻，部分可能是在本族内找不到配偶的情况下，迫不得已的选择；部分也可能是以此来证明自己社会地位和财富的手段与方法。另一方面，大多数的汉女嫁为回妇，则更多是因为女方父母

---

① （元）孔齐：《至正直记》卷三《不嫁异俗》。

② Shujiang Li & Karl W. Luckert. *Mythology and Folklore of the Hui, a Muslim Chinese People*. New York: State University of New York Press. P. 249.

③ 苗润昌：《善义堂清真寺的变迁》，载《开封市文史资料》第10辑，第264-273页。

贪图回族人的聘礼和钱财。很显然，这种各取所需的婚姻和曾长期存在的换婚[①]有相似之处，其实都是正常婚姻的异化，并不为绝大多数人，尤其是汉人所接受和尊重。在这样的社会背景下，经商为业的普通回人，也就是回回人的主体，要想娶汉女为妻，可以打动女方父母的条件，几乎就只有金钱和财产了。求财是人之本性，清人讲："回汉教道久分，往往有汉民改为回民。究其所以，有回民乏嗣抱养汉民为子，有无赖汉奸，贪财归回者。"[②] 既然有汉人可以因为钱财原因而皈依伊斯兰教，那么，贪图钱财而嫁女给回人者，自然也不必说。

三、元明以来回族人口增长与国家婚姻政策

自明代晚期以来，基本上围绕回—汉差异而滋生发育起来的回回人民族的认同，逐渐形成。抛开其他所有因素不谈，自嘉靖以后，这样一群几乎被完全隔绝于汉地社会的回回人，在被汉文化所汉化的过程中，始终保持并不断增强对回—汉差异的意识自觉，最终完成民族的认同，是与一定规模的人口基数为基础的。只有拥有一定规模的人口，他们才有可能在汉地社会的主体人口和主体文化包围之中，表达自己的声音，争取自己的话语权。而回回人口真正成规模，是历经元明两朝，尤其是明代二百余年间的缓慢积累，才达到的。

明代回族人口规模可以持续增长，并不断壮大，主要有两个原因：其一，大量外来人口迁入导致的人口机械增长；其二，较长社会稳定时期中人口本身的自然增长。

明代是元朝之后，西域穆斯林人口大量迁居内地的另一个重要时期。从明初至嘉靖初的一百多年间，西域人口内迁从未间断。这其中，尤以洪武、永乐、洪熙、宣德四朝时的内迁次数最为频繁，内迁人口也最多。现有研究表明，自洪武至嘉靖初的一百多年间，仅史书中有明确记载的西域入附穆斯林人口，就有十五六万之多。[③] 而没有记录在册的，其数恐怕也不会太少。较长时期太平稳定的社会环境是历史时期中国人口增长的主要社会基础，整个明代二百余年间，就处于这样的一个人口增长时期，及至明朝末年，全国人口已经从明初的约 7000 万增长至约 2 亿，这是中国人口此前从未有过的最高峰值。[④] 在这样的大背景下，回回人口数量也有了较大的增长。

很多回族学者认为，自明初开始的国家强制性回汉通婚政策，也是明代回族人口快速增长的主要原因之一。[⑤] 这一强制通婚政策见于《大明会典》卷二〇《户口》婚姻条，记曰："（洪武）五年，令蒙古色目人氏，既居中国，许与中国人家结婚姻，不许与本类自相嫁娶。违者男女两家抄没入官为奴婢。其色目钦察自相婚姻，不在此限。"这样一条禁令的目的，显然是要推进汉人与非汉人的蒙古人和色目人之间的通婚。为达到这一目的，对蒙古人与色目人自相婚配的行为进行严格禁止和严厉惩罚。官方的这种禁令虽然可以禁止蒙古人与色目人自相婚嫁行为，但却无法强令他们与汉人之间通婚。因为，婚姻首先是小民个体的行为，需要彼此自愿才可以。入明之后，蒙古人与色目人的社会地位已经非比往昔。洪武九年（1376）淮安府海州儒学正曾秉正奏称："臣见近来蒙古、色目人多改为汉姓，与华人无异；有求仕入官者，有登显要者，有为富商大贾者。古人曰：'非我族类，其

---

① 换婚一般是家中儿子因智障或其他残疾，无法娶妻生子。为延续香火，父母会从自己女儿中挑选一位，找面临同样情况的另外一个家庭，嫁女给对方的儿子，以此换取对方嫁女儿给自己的儿子。笔者幼年时在山东农村老家，就目睹过不止一起这样的婚姻。换婚是传统包办婚姻中最悲惨的一种，为家族利益而做出牺牲的两个健康女儿是悲剧的主角，实际上，最终往往会成为两个家庭三代人的共同悲剧。

② （清）《循化志》，青海人民出版社 1981 年版，第 322 页。

③ 叶哈雅·林松、苏莱曼·和龚著：《回回历史与伊斯兰文化》，今日中国出版社 1992 年版，第 192 - 211 页。

④ 葛剑雄：《中国人口发展史》，福建人民出版社 1991 年版，第 241 页；葛剑雄主编，曹树基著：《中国人口史》卷四《明时期》，复旦大学出版社 2001 年版，第 451 - 452 页。

⑤ 邱树森：《中国回族史》，宁夏人民出版社 2012 年版，第 257 页。

心必异’。安得无隐伏之邪心，怀腹诽之怨咨。宜令复姓，绝其番语，庶得辨认，斟量处置。其典兵及居近列之人，许其退避。”① 由此可见，元朝时期这些处于高等社会阶层的人们②，在明朝初年就已经沦落为汉地社会中倍受歧视的对象。在这样的环境下，他们中的高官显贵、富商巨贾娶汉女为妻可能仍没太大问题，但对于绝大多数的普通人来说，想要与汉人通婚，恐怕已经不是一件容易的事。所以禁令之中又有变通之处，附注“色目钦察自相婚姻，不在此限”③，这样就为那些无法与汉人通婚的蒙古人与色目人开辟了一扇解决婚姻问题的小窗户。

《大明会典》卷一六三《律例四》这种在司法实践中需要实际运用的法律条文中，就有更加明确的行文措辞，称“凡蒙古、色目人听与中国人为婚姻，务要两相情愿，不许本类自相嫁娶。违者杖八十。男女入官为奴。其中国人不愿与回回、钦察为婚姻者，听从本类自相嫁娶，不在禁限”④。《大明律集解附例》中关于蒙古色目人婚姻，有完全相同的规定。⑤ 首先，在入明之后的社会大环境下，汉人不太可能自愿主动乐意地嫁女给普通蒙古人和色目人。其次，蒙古人和色目人在寻找婚配对象时，找哪些汉女来结婚，有没有真心诚意地努力去找，都没有约定。只要汉人不愿意，就可以本类自相嫁娶。很显然，这条禁令相当于白纸一张，对于各方都没有任何约束力。因此，洪武五年（1372）的蒙古人与色目人自相嫁娶禁令，在具体的司法实践中，根本就没有执行，对明代的回回人口也没有产生任何实质性的影响。

无论如何，因为西域人口大量内附和内部人口长期稳定增长，明代的回回人口数量有了较大增长，形成了一定的规模。与此同时，回回人口另一个重要的发展变化是，在空间上更趋于散离，分布更为广泛。明代内附的穆斯林人口，除了仍然大量聚居在作为首迁地的甘肃之外，也不断被动或主动地向更广阔的汉地社会的腹地进行迁移，淮安府海州儒学正曾秉正臣过江浦时，就看到“塞外之俘累累而有”⑥。总之，陕西、河南、云南、湖广、两北二京及京畿等地都在这一时期内，逐渐成为回回人聚居的重要区域，而山东、两广及闽浙等处的回民人口，也有了显著的增长。⑦ 这一时期回回人口的发展及迁移，基本上奠定了清代回族人口的规模和在全国的分布格局。

四、族群认同大背景下的婚姻制度退守与微观人口集聚

回回人口数量在明代的快速增长及向内地散布，使得这样一个人们的群体与汉地主体人口之间的联系与接触日益广泛和频繁。成化以后，随着东西方联系的逐渐衰退，身处汉地社会的回回人开始陷入与外部世界几乎完全隔绝的状态之中。由此，回回人生活的重心不可避免地向传统汉地社会

---

① 《明太祖实录》卷一九〇，“洪武九年闰九月丙午”条。

② 根据日本学者船田善之的研究，色目人一词及元代四民的划分只存在汉语世界之中，是汉人自己认知的产物，蒙古人并不清楚色目一词指的确切人群，元代色目人的地位不见得就比汉人和南人更高（船田善之：《色目人与元代制度、社会——重新探讨蒙古、色目、汉人、南人划分的位置》，《蒙古学信息》2003年第2期）。实际上，在这样的表述中，汉人其实更不清楚色目人的具体所指，他们只知道汉人与非汉人的两个群体，并且自视在元代时是受歧视人群。所以，重新掌有天下之后，才有“改胡服为中国之制”的举措（孙振玉：《明清回回理学与儒家思想关系研究》，中国文史出版社2005年版，第5页），至少明人自己认为，元代时期，蒙古人和色目人是比自己高一等的人群。

③ 钦察一名源于中世纪伊朗语，意思是“浅肤色的草原居民”。12世纪中期开始建花剌子模王国。被蒙古人征服后，钦察人成为元朝侍卫军的主力之一，也有部分为皇室掌管马匹（乌云毕力格：《喀喇沁万户研究》，内蒙古人民出版社2005年版，第14页）。该条禁令中，将钦察人与色目人并列，更让人琢磨不透明朝人所指的色目人具体是哪一种人们的群体。但这不影响本文对于此条禁令的解读。

④ 《大明会典》卷一六三《律例四·婚姻·蒙古色目人婚姻》。

⑤ 《大明律集解附例》卷六《户律·婚姻·蒙古色目人婚姻》。

⑥ 《明太祖实录》卷一九〇，“洪武九年闰九月丙午”条。

⑦ 叶哈雅·林松、苏莱曼·和龚著：《回回历史与伊斯兰文化》，今日中国出版社1992年版，第192－211页。

靠拢，更加广泛而深入地嵌入汉地社会主体人口的社会生活之中来。在这样一个过程中，因为对现实利益的被动分享，比如考试学额等各种社会资源，汉人对回回人的大众性的成见也在日益增强，两类人群之间的纠纷随之而来，而日常生活中的琐碎细故更是不可避免。

对“不要听‘回回’讲话”这一俗语解释，回汉有两个不同的版本。汉人认为是“‘回回’人的话无信用、不可靠”①，回人则称是“汉人听不懂‘回回’的话”。对同一句俗语的不同演绎，一方面，显示了回回人在汉地社会中对自身特殊性的意识自觉与对他者意识的日益增强；另一方面，也表明了汉人与儒家文化作为汉地社会的主体人口和主流文化，对回回人普遍存在成见。在15世纪末期的明人文献中，开始出现了有关回族回流民的记载和被称作“回贼”的集团。进而，利用添加反犬旁等方式来侮辱回回人的“污称”也陆续见诸汉语史书。② 只要看一下顾炎武等人文集中有关回人的记载，就能很直观地感受到，明朝末年时，汉地精英阶层对于回人的厌恶与嫌弃之情。

毫无疑问，文人士绅等精英阶层的这种态度会直接影响普通民众的价值判断与处世准则。入清以后，当士大夫阶层和各级地方官员中普遍存在的针对回民的文化歧视和宗教歧视上升为国家意志之后，对现实生活产生直接影响的司法歧视便产生了。在同一案件之中，或同一案由的不同案件中，犯罪情由相同的回民与汉人，适用不同的法律条文，遭受不同的法律惩罚。回民由此逐渐沦为法律上的贱民。而在现实的社会生活中，他们也成了被国家权力打上了耻辱性标记的特殊人群。

传统汉地主流文化中，家族、血缘和亲戚关系是社会关系的核心和基础，而婚姻是拓展和巩固这种社会关系的最主要手段和途径。在汉人对回民沟壑式的大众成见面前，回回人，尤其是普通的回回人想要顺利地娶汉女为妻，恐怕已经不是一件比较困难的事情，而是近乎不可能的事情。即使有极个别的案例，也不具有普遍意义。这种现实的社会处境，使得回回人在选择配偶时，不得不完全退守到族内婚或者教内婚的婚姻制度里面来。很显然，这样的退守和选择，不是如大多数学者所认为的那样，是回回人积极主动的自我选择，而是完全被动无奈的自我调适。

从另一方面来看，回回人在婚姻制度上的这种被动退守，同时又是明中期以后，增强回—汉区别意识自觉的重要推动力。而这种对两个人群区别的意识自觉，又恰恰是晚明以来，回回人民族的认同，不断滋生发育，最终得以形成的重要前提。从这一思路出发，很容易推断，回回人退守到族内婚制的时间应该在回回人民族认同形成之前，也就是明末清初。所以把这一转变的时间，大概界定在明朝中后期，应该没有什么问题。

清同治战后迁居中亚的陕甘回民被称为东干人，最初人口很少，仅有1.1万名左右，且被分割在营盘、哨葫芦等十多个极其狭小的乡庄中。这些百战之余的幸存者，几乎没有任何财产，贫病交加，困苦无依，面临极其严峻的生存压力，也时刻处于被周围庞大异族人口稀释掉的危险之中。以聚居于江尔肯特县的东干人为例，1884年统计共1768人，其中出生39人，死亡82人。③ 但就在这样极其艰难的状态中，从19世纪80年代初至20世纪90年代初的110年间，东干人口从1.1万增加至10万人，增长了近9倍，年均增长率高达21‰。④ 这一时期，东干人口的高速增长和严格的族内婚制有直接关系。自迁入中亚之初，东干人就一直“严守伊斯兰教规，双方都是穆斯林的才能结婚。由于中亚各族（如哈萨克、乌兹别克、吉尔吉斯等）信奉伊斯兰教，故刚过境的东干男人多娶中亚女人为妻室，但东干女子非东干男子不嫁。住在城市中的东干族（约占其总数的20%）与俄罗斯、乌克兰等民族结婚的不少，条件是对方要学东干话，学做东干人的饭菜。而住在东干乡庄的姑娘与

---

① Raphael Israeli. *Muslims in China: A Study in Cultural Confrontation.* Surrey: Curzon Press. P. 23.

② ［日］田坂兴道：《中國における回教の傳來とその弘通》（下册），东洋文库1964年版，第1187－1189页。

③ 《1886年七河省年度经济报告》，第49页，转引自王国杰著《东干族形成发展史》，陕西人民出版社1997年版，第47－48页。

④ 王国杰：《东干族形成发展史》，陕西人民出版社1997年版，第25页。

外族结婚的至今不足 1%”。[①] 这群西迁的陕甘回民，由于与祖辈故土曾经世代聚居的迁出地长期处于物理上的隔绝状态，又与迁入地周边的人口在人种、语言、文化及所有相关方面完全不同，在婚丧嫁娶等诸多方面，都保留了原来的生活方式，成为清代西北回族人口的活化石。从东干人的婚姻状况，可以部分窥视到同治以前西北回民严格的族内婚制度。

婚姻是建立在与血缘亲属之外成员结合的基础上的，从明清民间的婚姻实践来看，血缘亲属同姓、同宗与近亲之中，同族不婚的自律和约束效果最好，很多地方的宗族文献中都有同姓为婚禁条。[②] 因此，明清社会中，一般情况下，婚姻都是超越家族范围的，家族内部成员之间无法相互通婚。族内制的婚姻行为要求有与之适用的超越家族范围的群体性的生活方式。自明代中期开始，回回人的婚姻制度逐渐退守到族内婚，为了满足在民族内部维系最基本的婚配的现实需求，就需要在一个可以到达或者接触的合理空间范围之内，有一定数量的人口作为最基本的支撑。现实生活中，回回人总是尽力追求一种“小集中”的生活环境状态，这应该与族内婚制的现实需求有一定关系。

实际上，在很多回族人口散居的地区，即使刻意人为追求和营造这种“小集中”的生活环境状态，仍然不足以集聚足够数量维系族内婚的人口。在这样的区域内，就容易出现舅表亲、姨表亲等亲上亲的婚姻形式，甚至个别还有堂兄妹之间相互婚配的现象。如清代被同样视为“回”的撒拉人，其家庭组织和基层社会组织是“阿格乃”和“孔木散”。前者是由兄弟结婚之后分居形成的几个小家庭组成的，少者两户，多者十余户；后者则是两到五个阿格乃的组合，有时也包括不属于阿格乃的本族单独户。“‘阿格乃’内严禁通婚，‘孔木散’内原来也禁止通婚，但到后来由于婚配困难的增加，也不得不允许通婚了。”[③] 所以民间有“回回亲，扯不清”的俗语，其实质就是近亲结婚。由此可以想见，历史时期散居汉地社会的回回人在退守族内婚制后所面临的现实窘境，刻意人为追求和营造的“小集中”生活环境状态是迫不得已的选择。

对于伊斯兰信仰的维持，同样需要超越家族范围的群体性的生活方式，大分散的回族人口，在每一个小的区域内，都集聚在一个个礼拜寺周围，不但更能切身感受到宗教的力量，也可以在小集聚的群体之中，获得心理上的安全暗示和现实中的实际帮助。虽然这种群体性聚居方式，的确可以使个体更多地感受到来自于群体中的他者约束，从而加强自我约束的自觉性，更有利于信仰的维持和赓续。但是实际上，维系信仰的根本动力来自于内心的坚守，与群体性的聚居方式等外在因素没有直接关系。这也是为什么当年马明心在循化讲授简化烦琐宗教仪轨之后的哲合忍耶如此受到底层民众欢迎的重要因素。因此，回民追求小集聚的生活方式最本初的原动力，应该还是选择合适配偶、维持人口繁衍这一根本需求。围寺而居的生活方式和人口空间分布状态，只不过是这种原初需求的外在表象而已。

总之，在各种原因的综合作用下，回人在现实中尽力追求“小集中”的生活环境状态。凡是回族居住的地方，总是集中在一定的地带、街道和村庄。回族聚居的地方，往往自成街巷，自成村庄，比如兰州城西北黄河北岸的金城关，青海西宁城东区的东关街、北关街，临夏城南关八坊，门源的麻莲乡。又如肃州和凉州回民皆世居东关，河州与伏羌的回民则在南与北关。陕甘总督恩麟奏称：“查甘省本属边地，向来回民散居各属，多于汉民，城乡村镇所在皆是……各处城关均有回民，各营弁兵更多回教。”指的就是这种情况。[④] 这一点西北各省较为相似。但在甘肃部分市镇中，回民人口占有绝对的优势。比如兰州府狄道州，城内回民人口多至五百余户，四千余人，几乎尽为回民，秦安县的莲花城，清水县张家川、灵州同心城、固原硝河城等尽皆是回民，人口数万，这种情况在陕

---

① 王国杰：《东干族形成发展史》，陕西人民出版社 1997 年版，第 360 页。

② 王跃生：《从同姓不婚、同宗不婚到近亲不婚——一个制度分析视角》，《社会科学》2012 年第 7 期。

③ 张天路、宋传升、马正亮著：《中国穆斯林人口》，宁夏人民出版社 1991 年版，第 30 页。

④ 同治元年十一月二十八日（丙子）恩麟奏，《钦定平定陕甘新疆回匪》卷二九。

西并不多见。在所有类似这样的回族聚居区，清真寺及其附属建筑成为散发着浓重伊斯兰文化气氛的实体象征，时刻都在宣示着伊斯兰教在穆斯林文化景观中的首要地位和宗教与文化的一致性。同时，在更具象的方面，对围寺而居的回族人口，这种生活方式，也是满足族群内部嫁娶结亲的重要途径。

五、余 论

现实社会如同是活的生物有机体，往往牵一发而动全身，一个看似不经意的小事件，常常会引发一系列的连锁反应。而历史是过去的现实，当那些曾经鲜活的往事已经变成了纸面上枯燥的文字时，历史本来的复杂性与多面性却不会因此而改变丝毫，文字里记载的一个个看似孤立的历史事件之间，往往存在着内在的有机联系。笔者从明末清初回回人民族的认同开始，把官民对回态度、涉回法律条文、回回婚姻制度以及其人口的空间分布状态等不同的单个孤立事件状态串联起来，探讨了彼此之间的相互关系。

研究表明：从唐宋盛行的族外婚，到元明族外婚与族内婚的混杂，再到明中期以后的族内婚，回回人民族认同完成之前，婚姻制度经过了三个阶段。对于历史时期曾经广泛存在的族外婚制，回人娶汉女为妻，部分可能是在本族内找不到配偶的情况下迫不得已的选择，部分也可能是证明自己社会地位的方式。而大多数的汉女嫁为回妇，则更多是因为女方父母贪图回人的聘礼和钱财。而回回人“妇女外嫁禁忌”的现象，历史上早就有之。只不过，一方面，最初的原因不是因为宗教禁忌，而是因为妇女太少，本族内部的婚配需要都无法满足，根本不太可能外嫁。另一方面，在男方需要支付彩礼的婚俗中，汉人在迎娶回妇中得不到任何钱财的回报，也缺乏迎娶回妇的实际动力。

明代中期以后，汉人对回民普遍存在的大众成见已成为两族通婚的沟壑。在这种情况下，回回人，尤其是普通的回回人想要顺利地娶到汉人妇女为妻，已经变得相当困难。这是明代中后期以后，回回人不得不完全退守到族内婚或者教内婚的婚姻制度里的主要原因，这种完全被动的选择，是一种无奈的自我调适。而回人刻意人为追求和营造的“小集中”的生活环境状态，与散居回民为维系族内婚需求有相当关系。

民国云南通志馆与“各县交通资料”的征集

——兼论“征集云南各县交通资料”的史料价值①

张黎波*

摘　要：“征集云南各县交通资料”是民国时期云南通志馆为编修省志而向各县征集的文献，对于云南交通史的研究具有较高的史料价值。但由于只有一份原稿等原因，至今几乎未为学界相关研究者所利用。新史料的较少发现已对当前云南交通史研究的深化发展形成较大局限。对“征集云南各县交通资料”的充分利用，有利于云南交通史研究的进一步推进。本文细致梳理“征集云南各县交通资料”和编撰的背景和过程，全面介绍该项文献的内容和相关情况，在向学界完整呈现这份珍贵材料基本面貌的同时，揭示其史料价值、文献价值和不足之处，以期引起相关研究者对该项文献的重视和利用。

关键词：民国云南通志馆；“征集云南各县交通资料”；史料价值

DOI：10. 13835/b. eayn. 22. 10

“征集云南各县交通资料”是民国时期云南通志馆为编修省志而向各县、各行政委员（设治局）和对汛督办区（以下统称“县”）征集的文献，对于云南交通史的研究具有较高的史料价值。但由于只有一份原稿、了解的人不多等原因，至今几乎未被学界相关研究者所重视和利用。目前，新史料的较少发现，已对云南交通史研究的深化发展形成较大局限。对“征集云南各县交通资料”的重视和充分利用有利于云南交通史研究的进一步推进。

本文细致梳理“征集云南各县交通资料”征集和编撰的背景和过程，全面介绍该项文献的内容和相关情况，考证和标注各部分文献所属县名，在向学界完整呈现这份珍贵材料基本面貌的同时，揭示其史料价值、文献价值和不足之处，以期引起相关研究者对该项文献的重视和利用，并为学界了解和使用该项文献提供方便。

一、民国云南通志馆与各县资料的征集

1928 年 12 月，国民政府行政院发布训令，命各省县设局编修省县志书。② 1929 年 12 月，内政

---

* 作者简介：张黎波，历史学博士，云南师范大学助理研究员，主要从事中国近代民族史、西南边疆史的研究工作。

① 本文为云南省社科重大专项研究项目“‘云南通志馆征集各县资料’暨各县‘地志资料’整理与研究”（项目编号：ZDZX201401）的阶段性成果。

② 《行政院训令各省县一律修志》，1928 年 12 月 19 日，载中国地方志指导小组办公室编《中国方志文献汇编》（下），方志出版社 1999 年版，第 1441 页。

部颁发《修志事例概要》，要求各省“应于各省会所在地设立省通志馆”①。云南省政府鉴于云南自光绪中叶以来多年未修省志，“又值辛亥革命，国体更张，事机万变，述旧启新，亟待整理。若不及时从事纂修，将来征考尤为困难”②，决定成立云南省通志馆，编修省志。

1931年2月1日，云南省政府成立通志馆筹备处，负责办理通志馆筹备相关事宜。周钟岳任筹备处主任，民政厅长张维翰、财政厅长陆崇仁、教育厅长龚自知、建设厅长张邦翰、农矿厅长缪嘉铭任筹备员，聘请钱用中、秦光玉、袁嘉谷、由云龙、顾视高、熊廷权等十三人为顾问，另聘方树梅、何秉智为干事。筹备期为一年，主要开展的工作有：（1）酌定修志“凡例”及“分类纲目”；（2）拟定、采访修志资料；（3）搜求参考图籍；（4）拟定通志馆“组织大纲”“办事细则”等。③

至1931年9月2日，筹备工作基本完成，云南通志馆正式成立。聘请周钟岳为馆长，赵式铭为副馆长兼编纂，袁嘉谷、由云龙、宋嘉俊、顾视高、钱用中、秦光玉、李根源、熊廷权、张华澜、华封祝、丁兆冠等二十人为编纂，缪尔舒、谢永年、方树梅、何秉智、夏光南等十二人为分纂。之后，召集编纂和分纂人员会商，按照纲目分认编撰任务，志稿编撰工作正式开始。

本次修志的总体任务是：“仿安徽分两部：由开滇至宣统辛亥止，名《云南通志》，为一部；自民国始至二十年以后，名《云南通志长编》，又为一部。”④《云南通志》即后来所称《新纂云南通志》，《云南通志长编》即后来所称《续云南通志长编》。

《新纂云南通志》原计划三年成稿，但至1944年3月底才最终编撰和审订完成。校印工作也颇费周折，自1944年8月开始，至1949年8月才完成。共印通志800部，每部140册。⑤《新纂云南通志》全书分记、图、表、考、传五大纲目，共266卷，648万余字，被学界誉为“云南地方志书编纂史上超迈前人、集大成的学术巨著”和“20世纪云南学术发展的重要里程碑”⑥。

《续云南通志长编》的编纂，是在《新纂云南通志》“完稿后，省府又聘秦璞安师主持成立云南通志续编委员会，续做长编部分”。最晚至1949年已基本编完，“但尚有少数部门未做校订的工作”⑦。全书分为80卷，21大类，约400万字。⑧ 当时未能付梓，直至1985年云南省志编纂委员会办公室鉴于“其资料是可信的第一手原始资料，《长编》对于近现代史研究工作者具有重要的参考价值，对于目前编纂新的云南地方志也可以提供一些重要资料”⑨，才将之整理出版。

为编修上述两部志书，早在通志馆筹备期间，就开始进行志料征集工作。志料征集的对象，主要包括旧籍、档案册籍和“征集各县资料”。据张渤回忆，“属于旧籍部分，昆华图书馆庋藏丰富，与通志馆同在一道大门内，庭院相连，便于查阅。档案册籍部分，省政府及各厅都尽力予以便利，

---

① 《内政部催报通志馆成立情况的咨文》，1930年6月21日，载中国地方志指导小组办公室编《中国方志文献汇编》（下），方志出版社1999年版，第1452页。

② 《〈新纂云南通志〉编纂始末》，载龙云等修，周钟岳等纂，李斌等点校《新纂云南通志》（十），云南人民出版社2007年版，第599页。

③ 《〈新纂云南通志〉编纂始末》，载龙云等修，周钟岳等纂，李斌等点校《新纂云南通志》（十），云南人民出版社2007年版，第599页。

④ 方树梅：《臞仙年录》，载方树梅著《笔记二种》，云南人民出版社2010年，第221页。

⑤ 《〈新纂云南通志〉编纂始末》《〈新纂云南通志〉校印始末》，载龙云等修，周钟岳等纂，李斌等点校《新纂云南通志》（十），云南人民出版社2007年版，第600页。

⑥ 林超民：《新纂云南通志点校本弁言》，载龙云等修，周钟岳等纂，李春龙等点校《新纂云南通志》（一），云南人民出版社2007年版，第7页。

⑦ 于乃义：《云南文献》，载云南省立昆华民众教育馆编《云南史地辑要》（下），云南省立昆华民众教育馆1949年版，第44页。

⑧ 宁超：《〈续云南通志长编〉前言》，载民国云南通志续编委员会编《续云南通志长编》（上），云南省志编纂委员会办公室编校，1985年12月，第2页。

⑨ 《〈续云南通志长编〉出版说明》，载民国云南通志续编委员会编《续云南通志长编》（上），云南省志编纂委员会办公室编校，1985年12月，第4页。

凡有所需，常常指定专人协助。责成各县查报的，都用省政府名义发出命令，督促办理。”①

在志料征集工作中，“征集各县资料”最为基本，但由于涉及的单位和人员较多，也最不容易把握。其工作程序是：首先，编订《征集材料条例》。据《〈新纂云南通志〉编纂始末》记载，为保证资料征集工作的顺利开展，在“通志馆成立之先，即规定《征集材料条例》”②。其次，《征集材料条例》拟定之后，即“令各县各设治局，照采访（条例）呈报”③。在下达的文件中，详细规定了需要各县呈报的内容及要求。再次，各县按照云南省通志馆的要求调查和编写材料，材料编撰好后呈报给省政府，省政府再将材料转到通志馆。最后，通志馆命筹备处干事方树梅对各县上报的材料进行审查，“不能如法及重要遗漏者，仍批令补办”。等各县材料报齐后，“各门各目按旧志府厅州县汇送编纂、分纂各员，着手纂修”④。征集各县资料工作至此完成。

“征集各县资料”的时限，应为通志馆筹备期一年之内完成，即在 1931 年年内完成。方树梅在《臞仙年录》中说，“至 1931 年‘《通志》筹备期一年将满，各县材料屡催而未呈报者十之三四，一面严催，一面正式成立志馆。’”实际完成时间，方树梅说道：“1932 年‘各属《通志》材料催齐’。”⑤ 但此时应只是基本完成，之后陆续还有上报。云南省图书馆藏“征集云南各县交通资料”中，有材料还记述了民国二十二年（1933 年）的事迹。

“征集各县资料”的成果，就是今藏云南省图书馆的《云南通志馆征集各县资料》。该项文献共有近 200 册，内容包括各县大事、建设、贡举、疆域、山脉水系、冢墓、城池官署、古迹、桥梁、动植矿物、交通、驿传、航空铁路汽车、邮电、军队供应、募兵、团警、团保、户口、自治、禁烟罚金、议会选举、职官、赋役、烟酒牲屠税及各种杂税、公债、钱币价格、食盐价格、寺观、社会、赈灾、礼俗、方言、列女、人物、官师事迹、旧日书院、商务等 43 种。志稿编纂工作结束后，该项文献被移交保存在云南省政府秘书处。新中国成立后被文献委员会接收，之后又交由云南省图书馆收藏。目前，为便于文献保存和读者查阅，该项文献已被云南省图书馆扫描后汇编为电子文档。

二、“征集云南各县交通资料”的内容及相关情况

“征集云南各县交通资料”就是通志馆征集志料的成果之一。该项文献藏云南省图书馆，共有七册，不分卷，计约 16.2 万字。每册封面上都根据各自内容标注了题名，分别是：《航空铁路汽车一》《航空铁路汽车二》《交通》《桥梁一》《桥梁二》《桥梁三》《桥梁四》。其中，《交通》分册汇编的文献内容较杂，但主要是关于“驿传电话邮局”的。可见，当时通志馆汇编交通方面的材料，大体是分为“航空铁路汽车”“驿传电话邮局”“桥梁（津渡）”三类汇编的。七册文献的保存状况，除了《桥梁一》分册残缺较为严重，前 13 页下半页皆损毁；其他分册品相尚好，偶有数页散落，夹于分册之中。

“征集云南各县交通资料”的编撰者，为各县有关机构的工作人员。在《云南通志馆征集各县资料摘余》中，记载了少量编撰者的名字。大部分编撰者现在已难考证清楚。

该项文献的汇编人员，是方树梅、张鸿翼等通志馆相关工作人员。上文已述及，征集各县资料期间，方树梅任通志馆筹备处干事。《征集材料条例》和相关要求，就是由他草拟的；等各县上报到

---

① 张渤：《解放前云南最后一部省志》，载政协云南省委员会文史资料委员会编《云南文史资料选辑》第 35 辑，云南人民出版社 1989 年版，第 159 页。

② 《〈新纂云南通志〉编纂始末》，载龙云等修，周钟岳等纂，李斌等点校《新纂云南通志》（十），云南人民出版社 2007 年版，第 599 页。

③ 方树梅：《臞仙年录》，载方树梅著《笔记二种》，云南人民出版社 2010 年，第 221 页。

④ 方树梅：《臞仙年录》，载方树梅著《笔记二种》，云南人民出版社 2010 年，第 222 – 224 页。

⑤ 方树梅：《臞仙年录》，载方树梅著《笔记二种》，云南人民出版社 2010 年，第 223 – 224 页。

省政府的材料转到通志馆后，又由他负责审查，不合要求的材料则令所属县份补办；征集材料基本交齐后，再由他和相关工作人员将资料按纲目和旧府州县名汇编成册，交给编纂和分纂人员编写志稿参考。通志馆成立后，聘定了编纂和分纂人员，并按纲目划分了志稿编写任务。后来各县上报的资料，则由各编纂和分纂人员“注意所任材料”。按照任务分工，当时负责交通部分的是张鸿翼。张鸿翼，字君翔，早年就读于北京京师大学堂师范科，后曾担任云南交通司司长、教育厅长等职。1931 年被聘为通志馆编纂后，除了交通部分，还负责编写物产、矿务、地震、地质等内容。1935 年编成书稿“六巨册”①，次年即“因辛劳成疾病逝”②。在“征集云南各县交通资料”《交通》分册的封面上，还写着“张编纂君翔”几个字，可能就是他亲笔写在上面的。当然，也有可能是方树梅等人将材料汇编好后，为了识别方便而标注的。

当时通志馆要求各县上报的内容及要求是：（1）汽车路方面：“汽车经过地方长若干里，侵占田亩若干，境内出夫役若干，修理桥梁涵洞用款若干，政府助款若干，何年兴工，何年通车”；（2）铁路方面：“境内如铁路通过，尤须详考记录，于地方关系若何，并说之”；（3）机场方面：“境内有无航空场，有则述其设立年月及其场中设备、场地广袤”；（4）驿传方面：“境内驿传之沿革”；（5）电话、电报、邮局方面：“境内何年安置电线，何年设立邮局，于地方关系若何”；（6）桥梁津渡方面：“境内桥梁津渡变迁增损之经过，有碑记者务拓其碑。”

文献的内容，可从上述通志馆要求各县上报的内容中看出，就是有关各县汽车路、铁路、机场、驿传、电话、电报、邮局、桥梁、津渡等方面的情况。文献内容涉及的时段，有明确年份记载的最早的应该是唐武德七年（624），见于《桥梁二》分册“沾益”条：“黑桥……唐武德七年（624）捡校南宁都督韦仁寿建。”较晚的记录是民国二十二年（1933），如《交通》分册“个旧”条：“个蒙汽车路……民国二十二年四月内已测量完毕。”但事实上涉及唐朝至元朝时期的文献并不多，文献内容主要集中在清至民国前期。

除了《航空铁路汽车一》和《航空铁路汽车二》两册外，其他分册的封面上还按顺序注明了分册所含文献所属县区的名称。偶有漏标和标错的情况，如《桥梁四》中漏标了“江城”，误把“曲溪”标为“曲靖”。另外，在每一分册的正文中，多会在每县起始页页面顶端标注所属的县区名称，但也有漏标注的情况。所标县名的行文风格与《交通》分册封面上的“张编纂君翔”几个字相似，可能就是同一人所为。

笔者详细阅读文献，根据文中透露的信息，将漏标和错标的县区名称尽量考证清楚。现将各分册的内容、字数和所包含的县区详述于下，以便学界同仁了解和利用：

首先是《航空铁路汽车一》和《航空铁路汽车二》两个分册，主要汇编了各县上报的有关汽车路、铁路和机场的材料。但其中也夹杂着少量其他方面的内容，如“大姚”条下有津渡的内容；“中甸”“维西”条下都有桥梁、津渡的内容；“富州”“猛丁”“泸水”条下有邮电、津渡、桥梁的内容。造成这种情况的原因，可能是由于通志馆在分类汇编时没有注意到夹杂的内容，或者是各地上报材料时将“航空铁路汽车”内容与桥梁津渡等内容写在了同一张纸上，通志馆不便再将其分割开来进行汇编。

《航空铁路汽车一》分册有大约 2.2 万字，包括的县（局、区）依次分别是：昆明、宜良、罗次、晋宁、呈贡、安宁、禄丰、昆阳、易门、嵩明、祥云、邓川、洱源、凤仪、云龙、石屏、阿迷、通海、河西、蒙自、楚雄、镇南、牟定、广通、姚安、大姚、澂江、江川、玉溪、路南、霑益、陆

---

① 民国云南通志续编委员会编：《续云南通志长编》（下），云南省志编纂委员会办公室编校，1986 年 6 月，第 811－812 页。

② 《张鸿翼》，载云南省地方志编纂委员会办公室人物志编辑组编撰《云南省志》卷 80《人物志》，云南人民出版社 2002 年版，第 512 页。

良、罗平、寻甸、宣威、丽江。

《航空铁路汽车二》分册有大约1.7万字，包括的县（局、区）依次分别是：中甸、维西、鹤庆、思茅、墨江、保山、文山、马关、会泽、昭通、永善、大关、鲁甸、蒙化、泸西、师宗、武定、元谋、禄劝、盐兴、盐丰、永仁、漾濞、弥渡、洱源、盐津、富州、车里、佛海、靖边、猛丁、猛卯、泸水、阿墩、上帕、贡山、威信、镇康等。

其次是《交通》分册，有大约2.1万字。该册是七册文献中内容最为杂乱的一册，有关驿传、电话、邮局的材料稍多，也有一些有关其他内容的文献。如“双柏”条下还有汽车路、铁路和航空场内容；“平彝”条下还有汽车路内容；“绥江”条下还有省道、县道、乡道之内容；“贡山”条下还有省道、县道、乡道和航站之内容；“曲溪”条下夹杂汽车路、铁路情况；“宁洱”条下夹杂航空场、汽车路情况；“宾川”条下夹杂汽车路、铁路、航空场之情况；等等。可能正是由于所包含的内容较为杂乱，封面上才会笼统地题写为“交通”，而非“驿传电话邮局”①。

该分册包括的县（局、区）依次分别是：景东、永北、双柏、景谷、云县、镇雄、平彝、巧家、绥江、彝良、峨山、贡山、曲溪、个旧、宁洱、陇川、麻栗坡、梁河、江城、华坪、曲溪②、盏达、干崖、宾川、建水、腾冲、曲靖、路南、鲁甸、元江、新平。

再次是《桥梁一》《桥梁二》《桥梁三》《桥梁四》四个分册，主要汇编了各县（局、区）有关桥梁津渡的文献，部分县（局、区）还按要求摄录了碑记。各分册字数和包括县（局、区）如下：

《桥梁一》分册，约2.6万字，包括的县（局、区）依次分别是：昆明、富民③、宜良、罗次、晋宁、呈贡、禄丰、昆阳、易门、嵩明、大理、凤仪、祥云、邓川、洱源、云龙、石屏、阿迷、华宁、通海、河西。

《桥梁二》分册，约2.2万字，包括的县（局、区）依次分别是：宣威、寻甸、罗平、陆良、沾益、缅宁、广南、玉溪、江川、澂江、大姚、姚安、牟定、镇南、蒙自、楚雄、丽江、剑川、兰坪。

《桥梁三》分册，约2.7万字，包括的县（局、区）依次分别是：墨江、永平、文山、马关、昭通、永善、大关、鲁甸、蒙化、泸西、师宗、武定、元谋、禄劝、新平、盐兴、盐丰、永仁、漾濞、弥渡、洱源、盐津、西畴、车里、五福、镇越、靖边、猛卯、芒遮板、知子罗、贡山、威信。

《桥梁四》分册，约2.7万字，包括的县（局、区）依次分别是：景东、双柏、景谷、云县、镇雄、平彝、巧家、绥江、彝良、峨山、曲溪④、个旧、宁洱、镇沅、贡山、金河、麻栗坡、梁河、临江、江城、华坪、曲溪⑤、宾川、建水、腾冲、曲靖、鲁甸、新平、元江。

三、“征集云南各县交通资料”的史料价值和文献价值

“征集云南各县交通资料”的可贵之处主要体现在其史料价值和文献价值上。

首先，该项资料具有较高的史料价值，是当前云南交通史研究突破资料局限、深化发展所亟须的重要史料。

目前，新史料的较少发现，已对云南交通史的研究发展形成较大局限。“征集云南各县交通资料”虽然民国时期即编成，保存状况良好，但是因只有一份原稿等原因，长期以来很少被研究者所注意和利用。

---

① 在云南省图书馆藏原稿封面上，后人于“交通”二字旁用铅笔标注“邮电”二字，虽突出了该册文献的内容重点，但与包含的实际内容不相符合。

② 曲溪在原稿中出现两次，内容和字迹不同，可能是在汇编时将该县材料弄散。

③ 封面脱落半页，今按后文内容将残缺县名考补于后。

④ 曲溪，在其后又出现一次，内容仅涉及桥梁而无津渡，与本部分桥梁内容基本相同，但书写笔迹不一。

⑤ 条下内容与前文“曲溪”条下桥梁部分内容基本相同。

对于云南交通史的研究而言，“征集云南各县交通资料”具有下述特点：第一，材料为各地方政府调查上报，具有较高的可信度；第二，材料涵盖了云南几乎所有的县（局、区），能够比较系统和全面地反映民国，甚至是明、清时期云南的交通情况；第三，材料是第一手资料，只有部分内容被《新纂云南通志》和《续云南通志长编》采择，比《新纂云南通志》和《续云南通志长编》更具原始性，更为丰富详细。以上特点，决定了“征集云南各县交通资料”具有较高的史料价值。

以该文献为中心，可以对云南交通史多个专题展开深入研究。仅就笔者感兴趣的方面而言，如：可借助地理学的相关方法，依据该文献对各县机场、铁路、公路、电话、电报等现代交通的记述，在地图上分阶段和分类别进行标注和呈现，直观展示云南现代交通的发展演变情况和空间分布状态。交通现代化是云南现代化发展的主要现象和内容，从交通现代化的直观展示中，折射云南现代化发展的历时性的演变状况和共时性的空间分布状况。再如，由于该项文献涉及的时段，正是作为中国内陆边疆的云南，交通由传统向现代转型的关键时期，所以该材料可以作为讨论云南和以云南为代表的内陆边疆的交通转型和交通现代化起步的重要史料。从中可以较全面地了解到作为内陆边疆典型的云南，其公路、航空、铁路、电话、电报等现代交通，是如何开启现代化进程的，显现出内陆边疆交通现代化的哪些特点。次如，相关县（局、区）上报的滇越铁路对各县（局、区）影响的材料，是研究滇越铁路与地方社会互动的重要史料；关于各县（局、区）桥梁津渡修筑的记录和碑记，是反映云南基层公共事务处理中国家权力与地方社会互动的重要史料；等等。

其次，该项资料具有较高的文献价值，其文献价值主要体现在以下两个方面：

一是为《新纂云南通志》，特别是《续云南通志长编》交通部分的编写提供了资料。虽然《新纂云南通志》的编纂思路，主要是考订旧志而成。但旧志最晚只记述到光绪中叶，光绪中叶至宣统三年的内容主要就是依靠征集资料。而《续云南通志长编》“所要的是辛亥革命以后的近事，对各地方、各单位提供资料的依赖性比较大”①，“主要由前云南通志馆按拟定的项目向省级各行政业务主管部门和各县公署征索而来”②。事实上，《新纂云南通志》和《续云南通志长编》之所以能广受赞誉，与各县提供的较为丰富的资料是分不开的。

二是保存了有关各地交通状况的珍贵地方文献。“征集云南各县交通资料”共约16.2万字，内容涵盖了云南大多数县份的铁路、机场、公路、桥梁、电报、电话等交通状况。对于很多地区（如部分新成立的设治局）而言，这可能是首次全面调查、总结和编撰有关地方交通的资料，为后人了解和研究当时各地的交通留下了比较珍贵的文献。特别是桥梁津渡部分，通志馆除要求上报桥梁津渡的相关情况外，还强调“有碑记者务拓其碑”。于是，在“征集云南各县交通资料”桥梁分册中，留下了时人平日大都不会注意而后来很快难以寻觅的碑记。另外，“征集云南各县交通资料”除部分为《新纂云南通志》和《续云南通志长编》所采择使用外，文献中的一些内容在其他书籍中也有收录，如《航空铁路汽车一》分册“罗平”条之“汽车路”部分，民国《罗平县志》收录③；《航空铁路汽车二》“泸水”条，为民国《泸水志》收录，后又被《怒江傈僳族自治州文物志》附录④和《怒江州交通志》附录收录⑤；《桥梁一》“云龙”条下之多项碑记在他书中有所收录，如《洱源李玉

---

① 张渤：《解放前云南最后一部省志》，载政协云南省委员会文史资料委员会编《云南文史资料选辑》第35辑，云南人民出版社1989年版，第168页。

② 《〈续云南通志长编〉出版说明》，载民国云南通志续编委员会编《续云南通志长编》（上），云南省志编纂委员会办公室编校，1985年12月，第4页。

③ 《中国地方志集成·云南府县志辑》20，《民国罗平县志（二）》，凤凰出版社2009年版，第709页。

④ 《附录二：重要古籍、文献、资料》，载《怒江傈僳族自治州文物志》编纂委员会编：《怒江傈僳族自治州文物志》，云南大学出版社2007年版，第393－394页。

⑤ 王玉球主编，怒江傈僳族自治州交通局编：《怒江州交通志》，云南人民出版社2000年版，第440－441页。

树建桥碑记》《宜良李芳园续修桥碑记》，《云南回族社会历史调查（二）》[①]《云龙县志》[②]《大理回族史》[③] 也均有收录；《知事李攀桂重修碑记》《杨名扬飚新建青云桥记》等为《云龙县志》[④] 收录；《邓川进士张相侯咏砥柱桥》《陈希芳重修砥柱桥碑记》《郡守陈侯重建砥柱桥落成恭纪》《知事丁润身碑记》为《古镇宝丰》[⑤] 一书收录；《邑人黄美中咏青云桥落成》，为《滇诗丛录简编》[⑥] 收录；《桥梁一》"石屏"条下之《新建洄澜桥序》，为民国《石屏县志》和今人编著《石屏县志》[⑦] 收录；等等。

同时，该项文献也存在一些不足，主要是：其一，部分县份报送的材料过于简单，如盐兴、盐丰、永仁、洱源、五福等，有少量县份没有上报。对此，方树梅曾记述说："各属因人才关系，采访详备者不逮十之三四。""不能如法及重要遗漏者，仍批令补办。（但）不能办理尽善者，约十之四五，大抵因人才缺乏之故。故此次征集材料，殊多缺憾。"[⑧]

其二，云南省通志馆明确规定了需要上报的内容，这固然可以规范材料的征集上报工作，但同时也造成了某些关键内容的上报缺失。如有关"航空场"，通志馆只要求上报设立年月、场中设备和场地广袤，而对于我们更为关心的设立的缘起、影响等则没有报送。

其三，云南通志馆的分类汇编工作稍显杂乱，为检索使用带来不便。这主要表现在：一是如前文所述，《交通》、"航空铁路汽车"和"桥梁（津渡）"各分册内容互有掺杂；封面上县名标注有错标、漏标的情况。二是少数县（局、区）的内容重复收录，如《交通》分册贡山部分，与《航空铁路汽车二》贡山部分内容基本相同，但笔迹不一样。两者相比，前者较之后者略有简省，疑为在后者基础上简省抄录的结果。再如，路南县汽车路和铁路的材料，在《交通》和《航空铁路汽车一》两个分册中都出现，并且内容相同，笔迹相似，文字页面分布略有差异，可能是重复抄录造成的。次如，《桥梁四》分册"曲溪"县的材料，在该册中前后出现两次，内容基本相同，但书写笔迹不一。

总之，史学研究的深化发展有待于新史料的发掘利用。希望通过本文介绍，能引起更多学者开始重视和利用"征集云南各县交通资料"这份重要文献，共同促进云南交通史研究的发展进步。

---

① 国家民委《民族问题五种丛书》编委会编：《当代中国民族问题资料·档案汇编〈民族问题五种丛书〉及其档案集成》第5辑《中国少数民族社会历史调查资料丛刊》第70卷，中央民族大学出版社2005年版，第605－606页。

② 云南省云龙县志编纂委员会编纂：《云龙县志》，农业出版社1992年版，第579－580页。

③ 马国盛主编：《大理回族史》，云南民族出版社2009年版，第269－270页。

④ 云南省云龙县志编纂委员会编纂：《云龙县志》，农业出版社1992年版，第577、583页。

⑤ 黄正良、张浚等编著：《古镇宝丰》，云南人民出版社2008年版，第149、183、186、189页。

⑥ 王运生编选注释：《滇诗丛录简编》，云南民族出版社2001年版，第175页。

⑦ 《石屏县志》编纂委员会编：《石屏县志》，云南人民出版社1990年版，第845－846页。

⑧ 方树梅：《臞仙年录》，载方树梅著《笔记二种》，云南人民出版社2010年版，第221－222页。

提高工作水平视域下的云南藏区[①]民族宗教工作队伍建设研究[②]

李志农　和　淇*

摘　要：本文以田野调查和统计数据分析为基本研究方法，对迪庆州的民族宗教工作队伍现状、存在问题进行了详细的调查和分析，认为处理好民族宗教事务是迪庆州维护社会稳定的关键，要通过加强民宗事务管理队伍建设，切实提高迪庆州民族宗教事务的管理能力和管理水平。

关键词：云南藏区；民族宗教工作；队伍建设

DOI：10. 13835/b. eayn. 22. 11

在2016年4月召开的中共中央宗教工作会议上，习近平同志指出："宗教问题始终是我们党治国理政必须处理好的重大问题。""新形势下，我们要坚持和发展中国特色社会主义宗教理论，全面贯彻党的宗教工作方针，分析我国宗教工作形势，研究我国宗教工作面临的新情况新问题，全面提高宗教工作水平"，"做好宗教工作，关键是要在'导'字上想得深、看得透、把得准，做到'导'之有方、'导'之有力、'导'之有效，不审时度势即宽严皆误。"习近平总书记这一论述，对新形势下的宗教事务管理水平提出了更高的要求，加强宗教事务部门自身建设，培养一批法治观念强、政策水平高，既能充分掌握党和国家的方针政策、法律法规，又具备相应的宗教知识、地方性知识的，实践经验丰富的"导"之有方、"导"之有力、"导"之有效的民族宗教事务管理人才是全面贯彻落实中央宗教工作会议精神，合法管理、有效管理民族宗教工作的根本保障。

迪庆是云南省唯一的以藏族为主，多民族聚居，多宗教共存，多文化交融的藏族自治州，下辖香格里拉、德钦、维西三县（市）。全州有580个藏传佛教活动点，除24座重点藏传佛教寺院外，还有天主教、基督教、伊斯兰教和各民族原始宗教等若干个场所和堂点。[③]由于民族众多，宗教情况复杂，民族宗教事务一直以来都是迪庆州维护社会稳定的关键工作，而充分了解、认识和分析迪庆州民族宗教事务管理队伍现状和存在的问题，对建设一支能管、会管、敢管的民族宗教工作干部队伍具有重要的意义。2015年3—10月，笔者通过文献梳理与多次实地调研，对迪庆州民族宗教事务

---

* 作者简介：李志农，女，云南大学西南边疆少数民族研究中心研究员，博士研究生导师；和淇，女，迪庆州政府研究室助理研究员。

① 按照相关规定，不宜使用藏区一词，但为行文方便，本文仍作保留。

② 基金项目：云南省民族研究院重点委托项目"云南藏区和谐民族关系构建的内生性动力研究"、云南省省院省校合作项目"云南藏区多民族共同体构建的历史与现实研究"阶段性研究成果。

③ 参考2014年迪庆州民委报云南省民委《藏区民族工作部门建设情况的调研报告》。

管理人员状况进行了全面的调查。①

一、迪庆州民族宗教事务管理人员基本情况

广义的民族宗教事务管理，其管理主体不仅包括政府民族宗教事务部门和有关部门，还包括民族宗教团体、民族宗教内部管理组织，以及参与管理的各种社会力量；管理的客体不仅包括民族宗教方面涉及国家利益和社会公共利益的民族宗教事务，以及社会方面涉及民族宗教界的事务，还包括除此之外的其他各种民族宗教事务。据此，迪庆州的民族宗教事务管理人员大致可分为以下四类：党委政府民族宗教事务管理人员、寺院教堂民主管理委员会管理人员、佛学教育管理人员和宗教界人士管理人员。下面就四类管理干部队伍情况按州、县级分述如下：

（一）党委政府民族宗教事务管理干部

1. 迪庆州州级管理队伍

迪庆州州级管理队伍共34人，从性别上看，男性22人，女性12人，以男性居多；从民族成分上看，藏族干部26人，占总数的76.5%；傈僳族干部3人，占总数的8.8%，汉族和其他少数民族干部分别占总数的6%和9%，藏族干部比例最高。从年龄结构上看，46岁以上、35～46岁、35岁以下占比分别为36.36%、30.30%、33.3%，比例基本持平，年龄结构相对均衡。从学历层次上看，研究生2人，本科生16人，专科生7人，中专及以下2人，本科以上学历人员占82.4%，学历层次总体上普遍较高。从专业背景上看，藏语言文学、佛学、工商行政管理、行政管理、经济管理、哲学、汉语言文学、历史、汉语言文学、经济学、法学、民族学等均有分布，一些干部的专业背景与民宗事务管理相关度较高。

2. 县级管理队伍

香格里拉市：共有民族宗教事务管理人员27人，其中男性20人，女性7人；在民族分布上，藏族16人，傈僳族0人，汉族3人，其他民族17人；在学历层次上，研究生2人，本科生16人，专科生7人，中专及以下2人；在年龄构成上，35岁以下8人，36～45岁12人，46～55岁以上7人。从专业背景看，35岁以上的专业背景为行政管理、马克思主义基础学、汉语言文学、公共管理、经济管理、行政管理，35岁以下的除以上专业背景之外，还增加了广告学、农业资源与环境、教育技术、思想政治教育、社会工作。

由此可知，香格里拉市民宗事务管理人才的民族配置藏族干部占74.1%，汉族干部占11.1%，其他少数民族干部占29.6%，基本上体现了香格里拉市以藏族为主体（据2013年年末统计数据，香格里拉市藏族人口67927人，占户籍人口的46.05%）②，多民族聚居的特点；在学历层次上，大专以上毕业生占92.6%（其中有两名取得硕士学位）普遍学历层次较高。年富力强的中年干部（36～45岁之间）比例较大，占44.4%；专业背景多元化，但是与州级部门相比，与民宗事务管理的相关性不高，除了行政管理、公共管理、汉语言文学、社会工作专业外，缺乏藏语言文学、法律、民族学、其他少数民族语言文学等相关学科背景的工作人员。

德钦县：共有民族宗教事务管理人员18人，其中男性11人，女性7人；在民族分布上，藏族16人，占88.9%，傈僳族2人，占11.1%，汉族、其他民族0人；在学历层次上，本科生12人，

---

① 本报告基础数据的采集截止日期为2015年3月，调研涉及州县民族事务委员会、州县宗教局、州县佛教协会、州委县委统战部、州县政协民族宗教委员会、州佛学院等单位的公务员与在职在编的事业单位工作人员，此外，选取香格里拉市建塘镇为基层民族宗教事务人才的调研个案。

② 迪庆藏族自治州州志编纂委员会办公室编：《2014年迪庆年鉴》，云南民族出版社2014年版，第52页。

专科生2人，中专及以下4人；在年龄构成上，35岁以下11人，36~45岁2人，46~55岁以上5人；从专业背景看，35岁以上的专业背景主要为经济管理、政法学、行政管理、社会工作与管理，35岁以下的，专业背景除此以外，还增加了汉语言文学、藏语言文学、政法学、财务管理、藏汉双语行政管理，中国少数民族语言文学（藏汉双语文秘）。

由此可知，德钦县民宗事务管理干部藏族占88.9%，傈僳族占11.1%，民宗事务管理干部民族结构配比与地区民族结构相对匹配；人才结构年轻化趋势相对明显，年龄在35岁以下的占总数的61.1%。本科学历占总数的66.7%，普遍学历层次较高；专业背景趋向多元化趋势，35岁以下工作人员所学专业与民宗事务管理工作的相关度较高，由此说明，近年来民宗事务管理部门招录工作人员越来越注重专业与工作的相关性。

维西县：共有民族宗教事务管理人员22人，其中男性12人，女性10人；在民族分布上，藏族3人，傈僳族10人，汉族、其他民族9人；在学历层次上，本科生16人，专科生6人，中专及以下0人；在年龄构成上，35岁以下6人，36~45岁15人，46~55以上1人。在专业背景上，35岁以上的主要为公共管理、园艺、法律、经济管理、汉语言文学、会计学、行政管理、小学教育、计算机科学与技术，35岁以下除以上专业外，还增加了农学、野生动物与自然保护区管理、幼儿教育。

由此可知，维西县民宗事务管理人才男女比例相差不大；民族成分以傈僳族干部最多，占总数的45.5%，与维西傈僳族自治县的民族分布数量基本匹配；学历层次以本科以上为主。年龄结构以青壮年工作人员居多，专业背景呈多元化的特点，除了公共管理、行政管理、汉语言文学、会计学等与日常工作有关的专业外，缺乏具有少数民族语言文学、民族学、宗教学等相关专业背景的人才。

3. 乡镇民族宗教事务管理队伍

2014年，迪庆州委统战部与州宗教局、州佛协等部门组成工作组对迪庆州各乡镇基层统战民宗干部配备情况进行了督查，形成《迪庆州基层统战民宗干部配备情况调研报告》，报告显示："2013年，迪庆州编制办下达58个专项行政编制用于全州29个乡镇配备统战委员、民宗干事。绝大部分乡镇都配备了统战民宗干事（香格里拉市三坝乡人员超编，未下达统战民宗编制），但是大部分乡镇都存在兼职配备情况，配备专职统战委员的只有香格里拉市建塘镇、金江镇、三坝乡、上江乡，德钦县佛山乡、霞若乡、拖顶乡，维西县保和镇、塔城镇，配备专职民宗干事的只有维西县保和镇、塔城镇、德钦县升平镇、佛山乡。其余都是兼职配备，在担任统战委员或民宗干事的同时还兼任其他职务，并以其他工作为主，德钦县奔子栏镇未配备民宗干事。"报告分析大部分乡镇未能专职配备统战委员和民宗干事有以下几方面原因：（1）基层党委政府对统战民宗工作维护社会稳定、促进经济社会发展的积极作用和重要性认识不足，工作中偏重于经济建设方面。（2）大部分乡镇未明确统战委员和民宗干事的工作职责，造成统战民宗工作无事可做的假象，在担任统战委员或民宗干事的同时兼任其他职务，在开展工作时以兼任的职务为主，对统战民宗工作相对放松。（3）配备的统战民宗干部工作不规范、干部业务水平不高。部分乡镇将配备统战民宗干部作为解决原有超编人员编制或解决干部待遇的机会，在统战委员、民宗干事岗位上安排工勤人员。同时，统战委员、民宗干事的统战民宗工作业务水平普遍较低，对一些统战民宗工作的基本概念认识模糊，不具备开展基层统战民宗工作的能力。①

4. 迪庆州藏传佛教寺庙管理局

寺庙管理局是迪庆州根据州内藏传佛教发展情况及管理工作实际设立的宗教管理机构。遵循党委领导、分级负责、属地管理的原则。据州宗教局介绍，2007年5月，松赞林寺管理局成立，直至2012年的5年中，各寺庙管理局相继成立。2014年12月以前，全州共有10个寺庙管理局，由于各寺庙管理局的人员编制正在陆续补充中，所以只获得核定编制数据，未获得实际在编数据，但队伍

---

① 摘录自迪庆州委统战部《迪庆州基层统战民宗干部配备情况调研报告》。

建设还具有较大补充和充实空间。

根据迪编办〔2015〕1号、2号、3号《中共迪庆州委机构编制办公室关于设立藏传佛教寺庙管理机构的通知》，各县（市）：

香格里拉市 香格里拉市松赞林寺管理局核定行政编制10名、建塘镇寺庙管理局负责承恩寺管理，核定行政编制2名；东旺乡寺庙管理局负责归色寺和云登寺管理，核定行政编制5名。

德钦县 设立德钦县东竹林寺管理局、负责东竹林寺、塔巴林寺（尼姑寺）管理，核定行政编制6名；设立升平镇寺庙管理局，负责德钦林寺管理，核定行政编制2名；设立奔子栏镇寺庙管理局，负责羊八井林寺的管理，核定行政编制3名；设立云岭乡寺庙管理局，负责茂顶寺、鲁布顶寺、觉顶寺、则木寺、扎义寺、扎史却林寺、扎甲寺的管理，核定行政编制5名；设立燕门乡寺庙管理局，正科级机构，负责禹功寺、英主顶寺、崩功寺、拖拉寺的管理，核定行政编制5名。

维西县 设立维西县塔城镇寺庙管理局，负责来远寺、达摩寺的管理，核定行政编制5名；设立康普乡寺庙管理局，副科级机构，负责寿国寺的管理，核定行政编制2名。①

（二）寺院教堂民主管理委员会

寺院教堂民主管理委员会是宗教管理系统的基层管理组织，对各自寺院教堂进行民主管理，各寺院教堂根据宗教人员的数量按比例选举组建民主管理委员会（以下简称“民管会”），对寺院教堂进行日常事务管理。

迪庆州有藏传佛教寺院24座、基督教堂42座、天主教堂5座、伊斯兰教清真寺2座，除维西县的藏传佛教寺院兰经寺未恢复宗教活动，其他寺院教堂都设立有民管会。一般来说，寺院（教堂）较大，民管会组成人数就较多，人员配备也较齐全，会计、出纳、后勤、佛事活动、对外联系等机构也比较健全，反之，人数较少的寺院（教堂），民管会成员也就少，有的甚至只有一人（如羊拉乡扎依寺）。总之，民管会管理人员数量上主要由各寺院（教堂）具体情况而定，由教内人员民主选举而产生，具有相对明确的分工，组织建设取决于寺院教堂的内部管理水平。

民主管理委员会对宗教事务管理的作用不可忽视，宗教政策的上传下达和寺院教堂的日常管理要靠民管会完成，民管会成员的管理能力和个人威望在日常寺院教堂管理中起决定性作用，培养和选拔爱国爱教、品德上能服众、政治上靠得住的教职人员成为民管会成员有利于宗教事务管理工作的有序开展。该类型管理队伍建设在于正确引导民主选举德才兼备的教内人员进入民管会，促使民管会发挥积极作用，目前寺院教堂自主选举的民管会成员个人威望和宗教修为没有太大问题，还需要从政治的坚定性和管理知识水平的提升方面去加强培训，如爱国爱教、文化、法规、财务等专业知识的教育培训，以促进宗教事务更有序的管理。

（三）云南佛学院迪庆藏传佛教分院

云南佛学院迪庆藏传佛教分院简称“迪庆佛学院”，是由州委统战部直接领导的教学型事业单位，主要负责云南省境内藏传佛教僧侣的佛学教育和爱国主义教育工作，共有编制20多个，但目前在职在编的事业人员只有10名，其中男性7人，女性3人，全部为藏族；其中本科4人，专科6人，35岁以下2人，35岁以上的8人，专业背景为汉语言文学、教育学、行政管理、农学、中国藏语系高级佛学

① 摘录自中共迪庆州委机构编制办公室文件迪编办〔2015〕1、2、3号文件《中共迪庆州委机构编制办公室关于设立藏传佛教寺庙管理机构的通知》，迪庆州宗教局提供。

院佛学，（35岁以下的两人专业背景为教育学和英语）。迪庆佛学院在职在编10名工作人员中，能参与教学的只有3人。除此之外，迪庆佛学院还有7名外聘老师，其中6名为经师，1名是藏语文老师。

数据分析及访谈调查显示，迪庆佛学院教育队伍结构主要存在以下几方面问题：一是教学人才严重缺乏。从政治教育方面看，只有少数自有师资力量承担，教学任务繁重；从佛学教育方面看，大部分经师需要向其他藏区聘请，教学成本较高；从“双语”教学方面看，教学师资严重缺乏，既懂双语又懂佛学的人才更是短缺。二是师资配比不合理。参与教学的师资力量较少，参与管理的师资则相对较多，教师编制空缺多，招聘能够胜任教学的教师困难大。三是教师职称评价遇瓶颈。目前国内没有形成佛学教育机构教师评价体系，教师职称晋升受到限制，这个因素直接影响到师资人才的引进。

（四）宗教人士管理队伍

迪庆州宗教界人士在宗教事务管理部门任职（在职在编）5人：迪庆州政协副主席布主活佛和设孜活佛；维西县政协副主席、基督教三自爱国会会长余耀海；香格里拉市政协副主席克斯活佛；德钦县政协副主席扎巴活佛。

宗教界人士管理人才比例很少，一般都由在本地区影响力较大的宗教上层人士担任，他们在各自宗教领域有一定的领导力和号召力，这类型的人才建设目标是培养宗教上有造诣、品德上能服众，并使之能够成为当地民族团结、宗教和顺的模范代表。

总之，纵观全州民族宗教事务各相关部门的人才基本情况，不同层级的部门有不同层级的特点：从党政部门来看，州级和县级人才学历水平普遍较高，但是在实际工作中还是较为缺乏少数民族语言能力、民族宗教专业知识、法律学等相关专业人才。而乡镇民族宗教事务管理人才的学历相对偏低，配备不合理等问题普遍存在；各级寺庙管理局由于机构改革的因素已下定编制，但是很多岗位没有充实人员，故需在今后的人才建设中做好科学规划；佛学院作为州委统战部直管的佛学教育机构，师资力量欠缺，教师人才队伍建设方面存在较大空间；寺院民主管理委员会人才和宗教人士管理人才则需从进一步加强爱国主义教育，提高政治理论和科学文化素质方面进行建设。

二、迪庆州民族宗教事务管理队伍存在的问题

（一）少数民族“双语”人才不足

民宗事务管理部门需要直接与群众和宗教人士交流，如果能够熟练运用民族语言，突破语言障碍，在工作中能够取得事半功倍的效果。特别是处理宗教事务时，懂得民族语言，更能够取得工作对象的信任。目前的工作队伍中大部分人员虽然是当地少数民族，但是普遍存在会听不会讲，甚至根本不会听的现象，特别是35岁以下较为年轻的工作人员中这样的情况尤为突出。此外，民宗事务管理部门最为稀缺的是懂得少数民族文字的人才，藏传佛教僧侣使用藏文，基督教、天主教牧师和信教群众使用傈僳文和藏文，东巴先生使用东巴文，这些客观因素对民宗事务管理人才的要求更高，不仅需要具有汉语文能力，还要具有少数民族语文能力，但是目前的民宗事务管理部门最为缺乏这方面的人才。在迪庆佛学院这样的教学单位中，藏汉“双语”人才更是奇缺。除了藏汉“双语”人才外，州级和维西县民宗事务管理部门傈僳语文人才就是空白，懂得东巴文的工作人员也是空白，在与基督教、天主教宗教人士和东巴教人士的沟通交流中存在客观障碍，所以加强少数民族“双语”人才的引进和培养尤为迫切。

（二）从业人员的专业背景与实际工作相关度低

从事民宗事务管理工作，应该了解辖区各民族风俗习惯和宗教礼制教义，并熟练掌握民族宗教

政策和相关法律法规，他们要在党和各族群众（包括信教信众和宗教人士）之间起到桥梁纽带的作用。佛教协会副会长指出“我们需要既了解传统，又了解现代的人才”。建塘镇维稳副书记和民宗干事也提出需要加强基层民宗管理人才的民族文化知识和宗教知识的培训力度，才能与当地少数民族、信教群众和宗教人士进行深层次交流。据宗教管理部门领导反映，在基层民族工作与宗教工作过程中，工作方式简单粗暴的现象时有发生，反而给境外宗教渗透创造了可乘之机。目前全州民宗事务管理系统有民族学、宗教学、法律专业背景的工作人员占比很少，一部分干部业务背景为行政管理和社会工作，虽然对民宗事务管理工作有所助益，但是不了解民族宗教文化，不了解法律法规的情况普遍存在，只能通过有经验的老干部“传帮带”，具有一定的局限性，民宗事务管理部门专业知识人才需求较为迫切。

（三）傈僳族管理干部比例过低

迪庆州的傈僳族，宗教信仰情况相对复杂，人口数量较多。在宗教信仰的种类上，除部分仍信仰本民族原始宗教外，澜沧江沿线及维西县城一带有很多群众信仰基督教，维西县塔城镇、德钦县拖顶乡和霞若乡的部分傈僳族信仰藏传佛教。在人口数量上，傈僳族是迪庆州第二大民族，占人口比例的 26.7%。因此，无论从人口数量上看，还是宗教信仰复杂性上看，傈僳族都是民族宗教事务管理工作的重要对象。而目前在迪庆州，特别是在州级层面，傈僳族民宗管理干部只占 8.8%，远远不能满足迪庆州对傈僳族民族事务管理的需求。

（四）乡镇统战委员和民宗干事普遍多岗多职，且业务水平不高

2013 年，迪庆州编制办下达 58 个专项行政编制用于全州 29 个乡镇配备统战委员、民宗干事。至此，绝大部分乡镇都配备了统战民宗干事（香格里拉县三坝乡人员超编，未下达统战民宗编制）。但在人员使用中，兼职配备现象普遍，统战委员和民宗干事往往身兼多职，并常以其他工作为主，部分乡镇将配备统战民宗干部作为解决原有超编人员编制或解决干部待遇的机会，甚至在统战委员、民宗干事岗位上安排完全不具备开展基本基层统战、民宗工作能力的工勤人员，致使基层民宗事务管理力量薄弱。根据《迪庆州基层统战民宗干部配备情况调研报告》分析，存在问题的原因是基层党委政府工作中偏重于经济建设方面，对民宗工作的重要性认识不够；大部分乡镇统战委员和民宗干事的工作职责不明确；配备统战民宗干部不规范，不能胜任民宗工作。

（五）佛学教育生源匮乏、师资匮乏

迪庆州佛学院在生源上面临着艰难复杂的局面：第一是境外达赖集团也在开办佛学院，出境学经的僧侣很多，一些信众认为他们才是正统，所以僧源比国内党和政府开办的佛学院僧源要多，而且现在网络发达，宣传很多，有一些甚至污蔑和贬低国家办的佛学院，这是佛学院办学难的一个方面；第二是关于护法神的分歧把一些僧人分成两派①，加大了招生难度；第三是迪庆州僧源少的客观因素，全州僧侣也就 2400 多人，除去 50 岁以上和青壮年僧侣，剩下的适龄学僧本就不多，再加上义务教育和计划生育的政策影响，新入寺的僧人逐年减少，与青海、西藏和四川这些僧侣基数大的地区无法相提并论。

在佛学教育师资方面问题如下：一是教学人才严重缺乏。在政治教育上，只有少数自有师资能承担教学工作，教学任务繁重；在佛学教育上，大部分经师需要向其他藏区聘请，教学成本较高；在“双语”教学方面，教学师资严重缺乏，既懂“双语”又懂佛学的师资更是匮乏。二是师资配比

① 藏传佛教格鲁派内部对“杰钦修丹”又称作“多杰雄天”护法神供废问题的争端，在寺院与寺院之间、寺院内部形成了供废两派分化，两派僧人不在一起生活学法，从思想上到行动上形成隔离。

不合理。能够参与教学的师资较少，管理人员较多，教师编制空缺多，招聘能够胜任教学的教师难度大。三是教师职称评价遇瓶颈。目前国内没有形成佛学教育机构教师评价体系，教师职称晋升受到限制，这一原因直接影响迪庆州佛学教育人才的引进。

三、迪庆州民族宗教事务管理队伍建设的建议

加强迪庆州民宗事务管理队伍的建设需要党政部门（主要是统战部门）、民宗事务管理部门自身及教育部门三方力量共同筹划，在体制机制上改进提升，不断创新管理思维，进一步提高民宗事务管理的科学化水平，现建议如下。

1. 增强新招录人员专业背景与工作岗位的相关度

针对刚性需求，即离退休产生的需求和机构设置和建设（寺庙管理局成立和佛学院建设）过程中产生的需求，在公开招考和选调中，增加少数民族语文专业人才和具有法学、民族学、宗教学、社会学等相关专业背景人才的岗位比例，以增强民宗事务管理人才队伍的专业化水平。

2. 改进基层民宗事务管理人员使用机制

针对基层民宗事务管理力量薄弱，乡镇统战委员和民宗干事作用得不到充分发挥的问题，一是要加大统战民宗政策宣传教育力度，充分提高各级党委、政府对加强基层统战民宗工作重要性的认识。将统战民宗政策和理论纳入各级行政学院的教学内容并对县乡党政领导进行培训，充分提高基层党委、政府对加强基层统战民宗工作的重要性的认识。二是各乡镇要进一步完善统战民宗工作机制，明确乡镇统战委员和民宗干事的工作职责。三是健全干部配备体制，加大基层统战民宗干部教育培养工作。鉴于各乡镇配备统战民宗干部方式不同，具体工作中的效果也有差异，建议可由各县统战宗教部门统一招录，经业务培训后下派各乡镇担任统战委员或民宗干事。[①]

3. 大力培养和选拔傈僳族干部

针对迪庆州特别是在州级民宗事务管理部门傈僳族管理人员比例过低的状况，应进一步加大傈僳族民宗管理人员的招录比例。在干部使用中，加大对傈僳族民宗干部的培养力度，同时，对傈僳族干部由基层向上级民宗部门流动给予一定的倾向。

4. 理顺佛学教育机构职称评定办法，增强佛学教育师资力量

迪庆佛学院作为迪庆州党委、政府主办的佛学教育机构，师资力量不足是一大问题，出现编制空缺，招录不到合适人才的情况，其主要原因是佛学教育系统从国家层面就没有统一的职称评定办法，进入佛学院的教师职称评定无门，极大地影响教师的待遇和发展前途，建议州委、州政府相关部门积极研究佛学院教师职称评定办法，理顺职称晋升途径，以吸引各方面的佛学教育人才入职。

5. 加大培训力度，进一步提高基层民宗事务管理人员、民管会成员的业务素质

（1）针对民宗事务管理部门具有少数民族“双语”能力的工作人员少的现状，可甄选出具有一定少数民族语言能力的工作人员，指派到高校和语言学校进修，还可以通过定期集中培训等方式增强民宗事务管理部门工作人员的少数民族语文能力。

（2）针对民宗事务管理部门工作人员专业知识能力有限的实际情况，可充分利用各级党校、行政学院、内地高校和迪庆佛学院的优势，开展党的民族宗教政策和反对分裂、维护祖国统一的爱国主义教育，加强民族传统文化知识、宗教文化知识等培训，以提高他们的政治理论素养和专业文化素质。

（3）针对民管会自主管理能力不足的现状，建议加强对宗教上层人士和寺院教堂民管会成员的培训力度。通过按期对他们进行业务知识和宗教政策的培训，提高他们的科学文化素质，增强其自主管理能力。同时，通过加强爱国主义教育，引导他们带领全体宗教人士遵纪守法、爱国爱教。

---

① 摘录自2014年5月迪庆州委统战部《迪庆州基层统战民宗干部配备情况调研报告》。

论列宁对于“民族文化自治”的三重批判[①]

王幸平[*]

摘　要：第二国际时期民族问题成为欧洲各国社会民主党所争论的焦点问题，其中影响较大的是由奥地利马克思主义者奥托·鲍威尔所阐述的民族文化自治理论。列宁在革命立场上主要从资产阶级民族主义、唯心主义以及政治上的机会主义等方面对其进行了三重批判。列宁的批判不但具有无产阶级革命的政治意义，而且极大地推动了广大殖民地国家的民族解放和无产阶级革命运动。而随着社会时代条件的变化，我们也应当认识到民族文化自治理论对于认识民族以及解决民族问题所具有的价值和意义。

关键词：民族文化自治；民族主义；唯心主义；机会主义

DOI：10. 13835/b. eayn. 22. 12

20世纪初期，欧洲各国无产阶级革命政党分别对于民族问题提出了自己的纲领和策略，在这一时期“几乎每一个重要的马克思主义理论家——从考茨基和罗莎卢森堡，经过奥地利的马克思主义理论家，到列宁和年轻的斯大林——在这一时期都曾参与有关这个主题的热烈辩论，由此可见这个问题的紧迫和重要”[②]，其中影响最大的是奥地利马克思主义者奥托·鲍威尔提出的民族文化自治理论和列宁所提出的民族自决理论。由于他们在政治立场以及所要解决民族问题的差异导致了其民族理论上的区别。民族文化自治理论是在不改变国家传统社会制度下进行民主改良以维护国家的统一，而列宁则是通过无产阶级革命推翻资本主义社会制度前提下来解决民族问题，由此列宁在无产阶级革命立场上坚持民族自决，批判民族文化自治。

在中欧与东欧国家面临着复杂的民族矛盾以及解决民族问题上，列宁的民族自决理论在于如何把欧洲发达国家中的民族运动也引向社会主义革命运动。正是看到了民族运动在新时期性质上的转变，列宁批判了奥地利马克思主义者奥托·鲍威尔所提出的民族文化自治理论。他认为鲍威尔没有看到民族运动在性质上的变化，所以他仍然在资产阶级范围内来看待民族现象和问题，而没有前进到无产阶级的立场分析民族问题产生的实质和原因。具体来说，列宁从资产阶级民族主义、哲学上的唯心主义以及政治上的机会主义三个方面批判了鲍威尔的民族理论。

一、资产阶级民族理论

正如列宁所指出的那样：“社会主义者要同资产阶级民族主义的各种各样的表现作斗争，不管它

---

* 作者简介：王幸平，法学博士，潍坊学院马克思主义学院讲师，主要从事马克思主义发展史研究。

① 基金项目：国家民委民族问题研究后期资助项目“奥托·鲍威尔民族理论研究”（项目编号：2016－GMH－003）阶段性成果。

② ［英］艾瑞克·霍布斯鲍姆：《帝国的年代》，贾士蘅译，江苏人民出版社1999年版，第178页。

是赤裸裸的还是精心打扮过的。要把同一民族的无产阶级和资产阶级联合起来而把不同民族的无产阶级分裂开来的‘民族文化自治’口号，正是这种资产阶级民族主义的表现。”① 之所以说民族文化自治是资产阶级的民族主义是因为鲍威尔还是停留在资产阶级范围内看待民族和民族问题。一方面，鲍威尔认为民族问题是在于民族文化与民主权利问题，因此只要国家改善民主制度以及满足民族文化发展的要求就会解决民族问题从而维持奥匈帝国的领土完整和国家统一，这是在资产阶级社会政治制度中来解决民族问题，而没有意识到在无产阶级革命时代，民族问题实质不再是文化民主权利而是国家独立和阶级统治。另一方面，鲍威尔民族理论具有折中主义性质，这体现在他既坚持社会主义的目标，批判资本主义，但是又否认无产阶级革命的手段；既反对资产阶级的社会制度，但是又迷恋资产阶级的民主制度，期望在民主选举中获得对于资产阶级的胜利，和平实现社会主义。“如果社会主义在国家中及国家间能够消除阶级差别，那么人们在社会中能够自由地享受本民族的文化，鲍威尔认为这正是社会主义的民族原则。”② 但是列宁认为这不但是资产阶级民族主义的表现，而且是“最精致、最彻底的民族主义”。“精致的民族主义就是这样一种思想，它在最漂亮和最动听的借口下，例如在保护‘民族文化’利益、保护‘民族自治或独立’等等利益的借口下鼓吹分化瓦解无产阶级。”③

列宁对于民族文化自治理论及其纲领的反动性与资产阶级性质也进行了批判。他指出：“工人决不允许用民族文化或‘民族文化自治’这样的甜言蜜语来分化工人队伍。各民族的工人必须在共同的组织内，同心协力地去维护完全的自由和完全的平等——这才是真正的文化的保证。”④ 马克思主义认为，在一定的区域内，先进的民族文化融合落后的民族文化，是落后的民族文化前进到发达的民族文化，最终实现民族的融合与统一。但“和马克思认为民族会逐渐消亡不同，鲍威尔认为在打碎资产阶级在文化上的地位以后民族问题不会消失反而会进一步增强，他的主张是民族社会化而不是消除它”⑤。从此可以看出，马克思主义认为在生产基础上实现民族共性，达到民族融合。而在鲍威尔那里生产和经济的发展不会使民族个性消失，反而会使民族个性得到充分发展，所以统一是民族个性与共性的有机统一，而不是消灭个性的同一。“社会主义的目的不只是要消灭人类分为许多小国的现象，不只是要使各民族接近，而且要使各民族融合。”因为“正如人类只有经过被压迫阶级专政的过渡时期才能导致阶级的消灭一样，人类只有经过所有被压迫民族完全解放的过渡时期，即他们有分离自由的过渡时期，才能导致各民族的必然融合”⑥。

“‘民族文化自治’就是最精致的、因而也是最有害的民族主义，就是用民族文化这一口号来腐蚀工人，并且宣传极其有害的甚至是反民主的按民族分校的主张。总之，这个纲领同无产阶级国际主义是绝对矛盾的，它只符合民族主义市侩的理想。”⑦ 列宁对于民族文化自治的批判揭示了这一民族理论的本质，指出了无产阶级革命与资产阶级革命之间的根本差异，为资产阶级民族主义和无产阶级的民族运动划清了界限，同时也为无产阶级政党领导工人运动以及被压迫民族的反对帝国主义的民族运动指明了方向。“无产阶级政党坚决摒弃所谓‘民族文化自治’，就是说，反对把原来由国家管理的学校教育事宜等等交给某种民族议会管理。”“‘民族文化自治’这个口号则鼓吹各民族在

---

① 《列宁全集》第23卷，人民出版社1990年版，第215页。

② Walter Kemp, Book Reviews on *The Question of Nationalities and Social Democracy*, Nations and Nationalism 8 (2), 2002, pp. 255－274.

③ 《列宁全集》第25卷，人民出版社1988年版，第152页。

④ 《列宁全集》第23卷，人民出版社1990年版，第140页。

⑤ Walter Kemp, Book Reviews on *The Question of Nationalities and Social Democracy*, Nations and Nationalism 8 (2), 2002, pp. 255－274.

⑥ 《列宁全集》第27卷，北京人民出版社1990年版，第258页。

⑦ 《列宁全集》第24卷，北京人民出版社1990年版，第236页。

教育事业（以致整个‘文化’事业）上互相隔绝，而隔绝是完全符合保持一切特权（其中包括民族特权）的基础的需要的。”而“彻底民主主义的口号会把所有民族的无产阶级和先进的民主派（即那些不是要求隔绝，而是要求在一切事业上，其中包括在教育事业上把各民族的民主分子联合起来的人）融为一体，而民族文化自治的口号则分裂各民族的无产阶级，使他们同各民族的反动分子和资产阶级分子联在一起”①。列宁还认为：“民族文化自治人为地把那些在同一地方居住，甚至在同一企业做工的工人按其所属的‘民族文化’分开，也就是加强工人同本民族的资产阶级文化的联系，而社会民主党的任务则是要加强全世界无产阶级的各民族共同的文化。”“工人阶级的利益要求俄国各族工人在统一的无产阶级组织，如政治组织、工会组织、合作－教育组织等等中打成一片。只有各族工人在这种统一的组织中打成一片，无产阶级才有可能进行反对国际资本、反对资产阶级民族主义的胜利斗争。”② 列宁对于民族文化自治的批判，正是看到了世界无产阶级革命时代的到来以及社会主义革命运动和民族解放运动兴起，从而批判了民族文化自治的民族主义以及资产阶级性质。但是从另一方面来看，民族文化自治从不同的视角探讨了民族与社会主义的关系问题。从历史和现实、理论与实践来看，世界范围内的民族主义运动以及社会主义革命在不同时期以及不同历史条件下是一种非常复杂的关系。

民族理论成为列宁革命理论中的一个重要内容，这一方面说明了时代发展使得无产阶级政党必须解决工人阶级革命过程中所遇到的阶级与民族关系问题；另一方面则表明了民族运动已经成为社会主义革命运动中的一部分。

列宁认为，鲍威尔所阐述的民族文化自治是对于社会主义革命的背叛以及无产阶级革命队伍的瓦解，只有批判民族文化自治才能从根本上清楚修正主义、改良主义以及折中主义等非马克思主义对于社会主义革命的不利影响，从而坚定工人阶级革命性和国际团结性。“资产阶级的民族主义和无产阶级的国际主义——这是两个不可调和的敌对口号，这两个同整个资本主义世界的两大阶级营垒相适应的口号，代表着民族问题上的两种政策（也是两种世界观）。崩得分子维护民族文化这一口号，并且根据这个口号制定出所谓‘民族文化自治’的一揽子计划和实践纲领，因此，他们实际上充当了向工人传播资产阶级民族主义的人。”③ 对此亚瑟·G. 高根认为：“毫无疑问，奥地利社会主义者是在回避民族革命的方针和口号，这反映了他们1914年战前谨慎的改良主义特征以及德国工人阶级在多民族帝国中保护下保留大的经济区域对于他们的利益。”④

列宁已经看到社会主义与民族问题已经成为无产阶级革命中的一个重要内容，尤其是广大殖民地国家的民族运动与无产阶级革命统一性，但是这并不意味着社会主义民族问题的解决。由于民族是古代就已经存在的现象，因此资产阶级社会与社会主义中的民族并不是对立和截然分开的。但是“‘民族文化自治’这个口号以各个民族在文化上统一的幻觉来欺骗工人，而实际上在每个民族中现在占主要地位的是地主、资产阶级或小资产阶级的‘文化’”。列宁接着说：“我们反对民族文化，因为它是资产阶级民族主义的口号之一。我们拥护彻底民主主义的社会主义的无产阶级的国际文化。”⑤ 列宁把民族划分为资产阶级民族与无产阶级民族实际上是在政治上对于民族的划分，这是一种简单但并不有效的划分。民族划分是一种复杂现象，在政治上是无法对民族进行划分的，而“民族自决权也成为一些极端的民族主义分子和种族主义分子，以及偏执的宗教原教旨主义者的理论武

---

① 《列宁全集》第23卷，人民出版社1990年版，第334页。

② 《列宁全集》第29卷，人民出版社1985年版，第432页。

③ 《列宁全集》第24卷，人民出版社1990年版，第128页。

④ Arthur G. Kogan, *The Social Democrats and the Conflict of Nationalities in the Habsburg Monarchy* , The Journal of Modern History, Vol. 21, No. 3 (sep., 1949), pp. 204－217.

⑤ 《列宁全集》第23卷，人民出版社1990年版，第215页。

器”①，民族自决有利于反对帝国主义以及统治民族，但是民族自决同时又是对于国家统一的威胁，当民族在文化上无法发展以及民主权利得不到实现时，国家权力同样得不到巩固。苏联经过多年的建设，民族问题依然严峻，由于民族自决成为国家法律规定的权利，在一定意义上为苏联的解体提供了法律依据。苏联解体以后，民族文化自治改变了它在苏联时期受批判的命运，反而成为国家解决民族问题的基础，这不能不说除了时代的变化以外，还需要反思对于民族文化自治批判，其中包括民族与国家的关系。

二、唯心主义的民族理论

对于鲍威尔民族理论的唯心主义性质，鲍威尔把民族定义为在命运共同体基础之上的性格共同体，它否定了一定的经济条件以及社会结构对于民族形成的重要作用。列宁反对以民族的情感、心理以及性格等主观因素来定义民族，而主张从客观的社会生产条件和历史发展中来定义民族。列宁认为在一定的地域形成的，具有共同语言的人们共同体形成一个民族。对此斯大林就把共同的语言、经济生活、地域以及心理看成一个民族，应该说斯大林定义揭示了民族与客观社会条件之间的必然联系，但是民族的形成除了必要的客观条件之外还需要一定的主观因素，所以说纯粹的主观因素或客观因素都不足以成为民族。与其说列宁斯大林是以唯物主义民族概念反对鲍威尔唯心主义民族概念，不如说列宁的民族概念在客观的条件中更容易找到民族自决和独立的客观依据，亦即为了民族的革命要求而形成对民族的认识。以此来看鲍威尔民族定义，他的性格共同体实际上是为它的民族统一性寻找情感基础，而不是外在的客观依据。因为主观情感超越于一定的疆界、语言和经济生活，所以人们尽管语言生活条件不同，但是却可以拥有相同的民族意识和价值观念，从而构成一个民族。另外从民族形成的过程来看，任何一个民族都具有相对性以及阶段性，而并不具有普遍性。不过从社会发展与民族之间的关系来看，列宁斯大林民族定义实际上更接近于古典时期的民族理论，而鲍威尔的民族理论更接近于现代民族形成的过程。从民族实际产生过程来看，民族与经济、语言以及地域的关系不是一个单一、固定的关系，特别是在现代社会中呈现为多重、复杂的关系。

列宁认为民族文化自治理论唯心主义还表现在民族本质上。“民族的本质并不在于语言、地域这些外在的客观性因素，而是在文化中形成的对于外在事物意志倾向性以及由此产生的表象群。”② 鲍威尔否认人们把地域、语言等客观外在因素作为民族的本质，他认为形成人们价值观念和行为意识即性格共同体的文化才是民族的本质。鲍威尔认为语言、地域以及血缘等客观性因素在古代作为民族形成起着重要的作用，但是近代以来，特别是资产阶级商品经济以及交通手段的提高，自然的因素已经不再是民族本质因素，它形成的只是种族而不是民族，因为民族有着相同的历史与命运即是命运共同体。命运共同体形成了共同的价值观念和意识情感即性格共同体。而列宁反对把文化作为民族的本质，特别是批判他主张在教育中按民族分校的观点，因为这将隔断民族之间的文化交流，从而使民族走向封闭，阻碍民族的发展。从鲍威尔对于民族分析来看，列宁的这一批判其实是误解了鲍威尔关于民族与文化的关系。因为鲍威尔认为文化作为民族的本质不是封闭和停滞的，它是随着历史和经济大发展而变化的，因而民族文化具有开放性和发展性。具体来说：其一，直接的劳动并不形成文化，它是在社会生产达到一定阶段以后，在社会的休闲阶层中产生出来的。“上层文化的历史是一个休闲的历史，农民不会产生这种文化。”③ 休闲阶层是随着生产的发展和社会的分工而形

---

① 陈云生：《民族文化自治历史命运的转折与引进设想（二）》，《广西政法管理干部学院学报》2007 年第 4 期。

② 王幸平：《民族与自治：奥托·鲍威尔民族思想研究》，南京大学博士学位论文 2013 年，第 180 页。

③ Otto Bauer, *The Question of Nationalities and Social Democracy*, Minneapolis, MN: University of Minnesota Press, 2000, p. 49.

成的，所以最初僧侣和城市是首先形成文化的地方。“财富与自由是所有文化的前提条件。”① 鲍威尔的休闲阶层实际上说明了劳动分工的历史性，而文化之间并不是孤立存在的，它们之间是一种相互作用和影响的关系。一方面休闲阶层的文化为直接的劳动者提供精神上的愉悦和满足；另一方面，直接的劳动是休闲阶层进行创作的基础，历史表明凡是生产劳动越发达的地方，劳动分工越完善，而文化发展就越繁荣。其二，资本主义经济的发展推动了社会的进步，形成了现代文化。传统文化是以宗教性和等级性为主要特点，而资本主义的形成和发展打破了传统社会等级制度，形成了以自由平等为主要特征的现代文化。在传统社会中血统、出身、地位有着重要的价值和作用，但是到了资本主义社会，血统、身份和地位失去了它在社会中的价值和作用，人们取得社会地位以及获得价值不再是出身而是知识和技能，它成为人们生存的基本条件，它包括读写能力、计算能力等。而这些能力的培养主要是通过教育，所以资本主义社会中教育成为社会组成部分。列宁把文化区分为无产阶级文化和资产阶级文化，他认为资产阶级文化是反映资产阶级的利益和剥削思想，而无产阶级文化反映的是广大劳动群众的利益和立场。鲍威尔认为在资本主义社会中成长起来的工人阶级必然要受资产阶级文化的影响，因而他们的认识必然受到资产阶级的影响，因此资产阶级统治地位的确立除了政治上的统治以外，文化上的领导权是资产阶级进行统治的重要保证。对此，列宁认为工人阶级的文化与意识不会自动形成，而是依靠无产阶级先进组织进行灌输教育。由此可以看出列宁和西方马克思主义者都看到了无产阶级文化与资产阶级文化之间的关系，而列宁则是在革命胜利以及获得政权的基础上来发展无产阶级文化的前提性，而西方马克思主义者以及奥地利马克思主义则是在客观社会现实中看到了无产阶级和资产阶级文化之间的联系，从而使得强调文化与意识之间的关系，他们因而放弃政治上的阶级斗争走向了改良主义路线。其三，民族之间的融合与交流推动了文化的发展、开放性与多元性。资本主义经济的发展不但改变了传统社会的结构与观念意识的转变，而且还改变了人口的分布与民族构成。资本主义经济的发展需要大量的劳动力、生产原料和销售市场，因此在资本主义工厂设立地区吸收和集中了来自其他地区具有一定知识和技能的工人。随着工厂的扩大，积聚的人口越来越多，原来的人口分布和民族构成发生了变化，形成了主体民族和少数民族，这些不同的民族带来了不同的文化，各个民族文化由于相互之间的影响不断增多，形成了新的文化。一方面，工人的移入使他们改变了原来的文化影响，从而接受新的文化；另一方面，他们通过阅读自己国家的报纸、杂志来维系自己和祖国语言、文化之间的联系。由此可以看出鲍威尔的民族文化传播主要是通过教育和生活，它随着社会与经济的发展而发生变化，它不是一种孤立和封闭的文化。但是列宁认为鲍威尔民族文化自治特别是民族分校教育会使民族文化走向孤立，使落后的民族文化拒绝同先进的民族文化融合，是一种反动的表现。从另一方面看，鲍威尔的民族分校教育制度是在统治民族对于被统治民族压迫下文化得不到尊重所采取的一种反对措施，因为鲍威尔的民族文化是在经济和社会影响下的文化发展，而不是脱离社会发展。在这一点上列宁所看到的是民族文化分校教育导致的独立性结果，而鲍威尔则是面对统治民族的压迫被统治民族采取的反对措施，但是这种分校并不排斥先进民族文化的影响，而是积极吸取先进的民族文化从而得非历史民族逐渐发展为历史民族，这与恩格斯在对待非历史民族是不同的。恩格斯认为那些非历史民族应当融入先进历史民族文化中，或者统一到大的国家才能获得本民族的发展。鲍威尔则认为非历史民族并不是没有自己的历史，而是没有意识到自己的历史，资本主义经济的发展促使他们民族意识的觉醒和历史的发展，从而使他们成为历史民族。非历史民族的觉醒加剧了民族之间的矛盾和斗争，从而导致国家的分裂。通过改善国家政治结构满足各个民族文化发展的要求，各个民族在政治上保持统一，这就是民族文化自治。恩格斯从历史的发展趋势中看到社会的发展必然是文明的民族统治落后的民

① Otto Bauer, *The Question of Nationalities and Social Democracy*, Minneapolis: University of Minnesota Press, 2000, p. 254.

族，社会发展总的趋势是由落后到文明，由低级到高级，落后民族要走向发达民族，最终实现社会的统一。鲍威尔看到了资本主义发展使落后的民族文化得以发展，民族意识开始觉醒，这是民族矛盾产生的根本原因，所以改革国家的政治制度，实行自由民主化以满足民族文化发展从而解决民族问题。而列宁认为文化的发展以及民主权利完善并不能解决民族矛盾，只有民族自决摆脱统治民族统治和压迫，即从政治上才能解决民族矛盾，这也是鲍威尔改良主义和列宁革命基本立场差异所引起民族理论上的区别。

三、民族与国家分裂的反动性

民族与国家的关系是鲍威尔民族文化自治的一个主要内容，也是鲍威尔所要解决的问题，列宁正是在这一点上集中批判了鲍威尔。列宁认为在民族与国家的关系上体现了民族文化自治在政治上机会主义的反动性。“被压迫民族的社会党人则应当无条件地为被压迫民族和压迫民族的工人的完全的（包括组织上的）统一而斗争。主张一个民族同另一个民族在法律上分离的思想（鲍威尔和伦纳的所谓‘民族文化自治’是一种反动的思想）。”① 列宁认为鲍威尔民族文化自治是在国家与民族关系中把民族与国家分开，只承认民族的文化权利而否认民族在国家中的权力，这实际上排除了民族中的政治因素。列宁根据世界革命发展的进程认为民族运动实质就是反对统治民族，争取本民族在国家中的政治权力，而不只是文化发展的权力。因为“文明人类的经验告诉我们，在真正平等和彻底的民主条件下，‘民族文化自治’是多余的”②，即使是民族文化发展的权力也是在国家权力的保证下才能获得发展，没有国家权力，民族文化也无法获得发展。民族在政治上的权力实际上是为了民族自决，进而成立自己的国家，从而摆脱帝国主义或统治民族的压迫，因此民族文化和国家权力是不可分割的。和列宁相反，鲍威尔则认为民族文化发展的目的不是为了国家的权力而是为了本民族管理文化事务的权利，这种权利是为了维护国家的统一。鲍威尔认为恰恰是民族的政治权力导致各个民族之间的矛盾以及国家的解体，这是鲍威尔不愿意看到的，因为他极力想维护衰败的奥匈帝国统一，试图满足各个民族的文化权利来解决民族问题。从历史上来讲，鲍威尔民族理论注重民族的文化发展与民主权利，它根本无法解决帝国主义时代的民族发展与国家统一问题，但是对于全球化时代的国家来说，它符合统一国家内的民族问题解决的方式，这也是20世纪以来民族文化自治理论获得青睐的重要原因，但是民族文化自治实行的前提除了国家的统一以外，各个民族保持统一的国家认同才能发挥作用。一旦失去国家认同，民族文化的发展必然伴随着民族意识的增强，这不但增强民族政治权力的要求，而且还会加速国家解体。奥匈帝国最终在历史上的解体就是属于这一情况，在政治实践上来讲，正如列宁所批判的那样：“民主的和平必须去寻求和争取，——但不是向后看，到非帝国主义的资本主义或资本主义制度之下的各平等民族的联合这种反动的空想里去寻求和争取，而是要向前看，到无产阶级社会主义革命中去寻求和争取。”③ 鲍威尔民族文化自治之所以被列宁批判为倒退到资产阶级民主权利而没有前进到无产阶级革命立场上，是因为奥地利社会民主党理论上的哲学化和政治上的软弱性，他们只是把马克思主义作为口头革命的幌子，或者只是在马克思主义那里汲取批判资本主义社会的方法和内容，由于欧洲普遍的社会民主党已经不再代表广大工人阶级群众立场和利益，他们所关心的只是自己的党派在国家中的议会席位和社会中的地位。“它试图在传统制度和资产阶级民主的范围内通过文化的自治维护国家的统一，在这种条件下所维护的只

---

① 《列宁全集》第26卷，人民出版社1990年版，第340页。

② 《列宁全集》第24卷，人民出版社1990年版，第369－370页。

③ 《列宁全集》第27卷，人民出版社1990年版，第288－289页。

能是占统治地位的资产阶级民族文化。”① 因此世界民族主义运动的转变以及工人阶级的命运、社会民主政党的历史任务被他们视为新的形而上学以及乌托邦，包括马克思主义无产阶级革命理论也被他们急于用各种西方思潮进行修正和补充。正如麦克莱伦指出的那样：“第二国际之所以在政治上出现了分离，乃源于对领导和群众之间的必然的有机联系的否定。”② 维护奥匈帝国统一理想目标的失败，维也纳工人起义的失败以及奥地利马克思主义的解体都是这种理论与实践脱离、社会民主党性质蜕化所导致的必然结果。

四、结　语

列宁对于鲍威尔民族文化自治理论的批判，一方面，他深刻地认识到世界已经进入无产阶级革命时代，因此反对帝国主义的殖民压迫和斗争已成为民族主义运动的主要形式，这时的民族主义不再是资产阶级的民族运动，而是在无产阶级领导下的无产阶级的民族运动，也是社会主义革命的一部分。列宁的民族自决理论坚持马克思主义的革命立场坚定地把新时期的民族主义运动引向社会主义方向，极大地推动了广大殖民地国家的民族解放和无产阶级革命运动，开辟了 20 世纪民族主义运动和无产阶级革命的新的局面，从而改变了世界的根本格局和发展进程。另一方面，鲍威尔民族文化自治理论是在维护衰败的奥匈帝国社会制度不变的前提下，试图通过改良国家自由与民主制度，满足民族文化发展的权利从而维护奥匈帝国的统一。这一理论在当时既不符合奥地利社会民主党的宗旨，也不能满足各个民族发展的要求，因而无法解决国内尖锐的民族问题，这也注定它必然遭到失败的命运。但是随着社会时代条件的变化，我们应当客观地认识到鲍威尔的民族文化自治理论是在马克思主义发展史上第一次对民族问题进行了开创性的尝试，它与列宁的民族自决理论以及我国民族区域自治制度并不是一种非此即彼的对立与排斥关系，它应该作为我们全面认识民族并解决民族问题的出发点。

---

① 王幸平：《民族与自治：奥托·鲍威尔民族思想研究》，南京大学博士学位论文 2013 年，第 184 页。

② ［英］戴维·麦克莱伦：《马克思以后的马克思主义》，李智译，中国人民大学出版社 2004 年版，第 204 页。

民族自治地区生态效率更高吗？

——来自云南省的证据

王 伟 孙芳城*

摘 要：建立包含能源消费投入和环境污染非期望产出的投入产出指标体系，采用非径向 SBM 模型测算了云南省 2008—2015 年 16 个州市的生态效率，研究发现民族自治地区整体上拥有更高的生态效率。进一步的 Tobit 回归模型显示，民族自治促进了生态效率提升。

关键词：民族自治；生态效率；SBM 模型；Tobit 模型

DOI：10. 13835/b. eayn. 22. 13

受资源环境约束，民族自治地区生态环境问题也日益凸显。2016 年年底，国务院印发的《“十三五”促进民族自治地区和人口较少民族发展规划》明确指出，“十三五”时期民族地区要坚持绿色发展、保护生态的基本原则，显著提升生态环境保护能力。从投入产出的角度进行生态效率评价，是掌握“经济—环境—社会”协调发展规律、推进生态文明建设的重要手段，但目前专门针对民族地区的研究还很少。而且，相比一般民族地区，拥有较高自治权的民族自治区，生态效率会不会有所不同？对这些问题很有必要进行进一步探讨。

一、文献回顾

国内外研究没有给予民族自治与生态效率之间关系特别的讨论，但对政府在生态环境中的作用进行了有益探索，主要聚焦于四个方面：

（一）政府竞争与环境规制

政府竞争与环境规制相关，并弱化了环境规制。由于环境污染具有外部性，能够在地区之间传

* 作者简介：王伟，重庆工商大学长江上游经济研究中心博士研究生、重庆财经职业学院副教授，主要从事国民经济学研究；孙芳城，重庆工商大学长江上游经济研究中心主任、博士研究生导师、教授，主要从事环境审计研究。

① 基金项目：国家社会科学基金一般项目“长江经济带生态公共产品合作供给机制重构与政策创新研究”（项目编号：16BZZ075）、教育部人文社科一般项目“西部地区推进公共资源城乡均衡配置的机制创新研究”（项目编号：14YJA790076）研究成果。

递，即使本地区实行严格的环境规制也不一定会减少环境污染带来的损失。[①②] 无论是高收入国家还是低收入国家，政府竞争使得各国环境规制普遍降低，导致了生态环境的普遍恶化。[③] 中国分权治理结构使得地方政府竞争行为频繁，政府竞争会引起跨行政区的资本竞争和跨境污染问题，从而使得各地环境规制也呈现竞争特征。[④] 各地在制定环境政策和实施环境规制时，更倾向于向规制相对宽松的地方看齐。[⑤] 拥有一定经济和财政自主权的政府，在政绩考核的指挥棒下，地方政府可能会弱化环境规制强度，在环境治理中出现短期行为。[⑥⑦]

（二）环境规制与生态效率

环境规制对生态效率的影响有三种观点。持“促进论”者认为，环境政策和制度可以减少 SO_2 给环境带来的负面影响，进而降低经济增长的环境代价[⑧]；严格的环境规制和非正式环境规制（如环境新闻报道），均能显著抑制企业污染物排放。[⑨] 市场型环境规制和西部地区自愿型环境规制对生态效率具有正向促进作用[⑩]，但“抑制论”者持相反的观点，并认为正式的环境规制并不能促使企业进行“绿色”技术创新[⑪]，中国各省环境规制对生态效率的提高存在短期的负效应。[⑫] 也有学者证实，严格的环境规制与生态效率之间呈倒“U”型关系。[⑬] 此外，与环境规制密切相关的产业结构优化升级、污染治理投资等，有利于生态效率改进。[⑭⑮]

（三）政府动员与生态保护

中国生态保护与政府动员密切相关。从发展历程来看，“危机—应对”构成了我国环境政策的一

---

① 李胜兰、初善冰、申晨：《地方政府竞争、环境规制与区域生态效率》，《世界经济》2014 年第 4 期。

② Fredriksson P G, Millimet D L. Strategic Interaction and the Determination of Environmental Policy across U. S. States. *Journal of Urban Economics*, 2002, 51 (1): 101 – 122.

③ Woods N D. Interstate Competition and Environmental Regulation: A Test of the Race – to – the – Bottom Thesis. *Social Science Quarterly*, 2006, 87 (1): 174 – 189.

④ Konisky D M. Assessing U. S. State Susceptibility to Environmental Regulatory Competition. *State Politics & Policy Quarterly*, 2009, 9 (4): 404 – 428.

⑤ 杨海生、陈少凌、周永章：《地方政府竞争与环境政策——来自中国省份数据的证据》，《南方经济》2008 年第 6 期。

⑥ 王文普：《环境规制竞争对经济增长效率的影响：基于省级面板数据分析》，《当代财经》2011 年第 9 期。

⑦ 温莲香：《生态政绩观：生态文明建设中政绩观的新向度》，《行政论坛》2013 年第 1 期。

⑧ Panayotou T. Demystifying the Environmental Kuznets Curve: Turning a Black Box into a Policy Tool. *Environment and Development Economics*, 1997, 2 (4): 465 – 484.

⑨ Cole M A, Elliott R J R, Shimamoto K. Industrial characteristics, environmental regulations and air pollution: an analysis of the UK manufacturing sector. *Journal of Environmental Economics and Management*, 2005, 50 (1): 121 – 143.

⑩ Kathuria V. Informal regulation of pollution in a developing country: Evidence from India. *Ecological Economics*, 2007, 63 (2): 403 – 417.

⑪ Blackman A, Kildegaard A. Clean technological change in developing – country industrial clusters: Mexican leather tanning. *Environmental Economics and Policy Studies*, 2010, 12 (3): 115 – 132.

⑫ 张子龙、王开泳、陈兴鹏：《中国生态效率演变与环境规制的关系——基于 SBM 模型和省际面板数据估计》，《经济经纬》2015 年第 3 期。

⑬ 任胜钢、蒋婷婷、李晓磊等：《中国环境规制类型对区域生态效率影响的差异化机制研究》，《经济管理》2016 年第 1 期。

⑭ 潘兴侠、何宜庆：《工业生态效率评价及其影响因素研究——基于中国中东部省域面板数据》，《华东经济管理》2014 年第 3 期。

⑮ 韩永辉、黄亮雄、王贤彬：《产业结构优化升级改进生态效率了吗?》，《数量经济技术经济研究》2016 年第 4 期。

个内在特点。如2000年来实施的生态移民政策，就延续了中国长期形成的政府动员型环境政策“危机应对”和“政府直控”的特点①，对我国西部生态脆弱地区生态治理发挥了重要作用。这种政策带有鲜明的自上而下的“政府主导型”色彩，在生态建设的实践中，地方政府在生态治理中扮演双重角色，即“代理型政权经营者”和“谋利型政权经营者”②。此外，自1996年以来，政府还推动了封山育林、退耕还林、退耕还草、退田还湖等10余项生态保护与建设工程，通过国家下达指标到各省、各省再分配到各市县，上级政府与下辖政府签订任务书、有关部门与责任人签订责任书的形式，开展生态保护的政治动员、社会动员和经济动员。③④

（四）民族地区政府与生态环境治理

少数民族地区生态环境较为脆弱，经济贫困和生态退化又高度相关⑤，要强化政府在生态环境保护中的职能，充分认识政府生态责任构建的重要性。⑥ 具体来说：一是出台专门的民族地区生态保护法律法规，推行生态文明建设公众参与机制，把民族地区生态安全上升到国家层面⑦；二是做好生态红线划定的顶层设计，实行统一规划，把生态功能区划、经济规划与生态布局有机协调起来⑧；三是从纵向和横向的角度建立垂直政府和平行政府间的财政转移支付制度，实施民族地区生态补偿政策⑨；四是在生态脆弱的民族地区政绩考核中加入生态环境治理指标，并逐步提高其权重。⑩

此外，学界有关生态效率的研究富有成效：研究方法上，普遍使用DEA及其改进模型（如超效率DEA、Bootstrap - DEA等）；变量选择上，除了将劳动力、资本和经济产出纳入外，还考虑了能源变量和环境变量；研究结论上，大多得出生态效率偏低，区域和省际间不平衡的结论。本文可能的边际贡献在于：第一，专门对民族自治地区的生态效率进行研究，并选择民族自治州和非自治州数量相当的云南省为样本，以便进行横向比较；第二，将能源消耗、工业“三废”分别作为投入变量、非期望产出变量，基于非径向SBM模型进行生态效率测算；第三，建立计量模型，加入自治州虚拟变量，考察其对生态效率的影响。

二、生态效率测算

（一）测算方法和指标

径向DEA模型假定所有投入产出要素同比例缩减，这会忽视无效DMU松弛改进的部分，测算结果不免产生偏差。Tone（2001）放宽了假定条件，提出了非径向SBM模型，使其广泛应用于银行

---

① 荀丽丽、包智明：《政府动员型环境政策及其地方实践——关于内蒙古S旗生态移民的社会学分析》，《中国社会科学》2007年第5期。

② 马娟、付少平：《政府主导型生态建设的地方实践——以陕西X县退耕还林政策实施过程为例》，《理论导刊》2011年第12期。

③ 余敏江：《生态治理中的中央与地方府际间协调：一个分析框架》，《经济社会体制比较》2011年第2期。

④ 谷树忠、胡咏君、周洪：《生态文明建设的科学内涵与基本路径》，《资源科学》2013年第1期。

⑤ 汪中华、黄清：《少数民族地区经济发展的缺失点及治理对策》，《黑龙江社会科学》2005年第3期。

⑥ 杨明艳、刘耀书：《和谐社会建设中边疆民族地区政府生态责任浅析》，《牡丹江大学学报》2010年第11期。

⑦ 史锦华：《民族地区能源、经济与环境系统协调评价研究》，《广西民族研究》2009年第3期。

⑧ 王延中、管彦波：《云南建设民族团结示范区与和谐民族关系的基本经验及启示》，《民族研究》2014年第3期。

⑨ 张冬梅：《财政转移支付民族地区生态补偿的问题与对策》，《云南民族大学学报》（哲学社会科学版）2012年第5期。

⑩ 王海娟、甘月文：《对民族自治地方政府绩效评估与对策思考》，《内蒙古师范大学学报》（哲社汉文版）2011年第2期。

效率、环境效率和能源效率的测算。包含非期望产出的非导向 SBM 模型的规划式表示为：

$$\min\rho = \frac{1 - \frac{1}{m}\sum_{i=1}^{m} s_i^- / x_{ik}}{1 + \frac{1}{s_1 + s_2}\left(\sum_{r=1}^{s_1} s_r^g / y_{rk}^g + \sum_{r=1}^{s_2} s_r^b / z_{rk}^b\right)}$$

$$s.t.\begin{cases} X\lambda + s_i^- = x_k \\ Y^g\lambda - s_r^g = y_k^g \\ Z^b\lambda + s_r^b = z_k^b \\ \lambda, s_i^-, s_r^g, s_r^b \geq 0 \end{cases}$$

其中 ρ 为要计算的生态效率，m、s_1 和 s_2 表示投入、期望产出和非期望产出因素的个数，$s = (s^-, s^g, s^b)$ 代表投入、期望产出和非期望产出的松弛变量，x、y^g 和 z^b 为投入、期望产出和非期望产出值，X、Y^g 和 Z^b 则是对应的矩阵，λ 为权重向量。

本文选取的投入变量有劳动力、资本和能源消费，产出变量则包含经济产出——期望产出，以及生态污染——非期望产出，构建的投入产出指标体系如表 1：

表 1　投入产出指标体系

变量	指标选择	数据获取
投入	单位从业人员数量	直接获取
	物质资本存量	运用张军等（2004）“永续盘存法”计算得出
	能源消费总量	直接获取
期望产出	实际 GDP	运用 GDP 指数进行平减
非期望产出	工业废水排放总量	直接获取
	工业废气排放总量	直接获取
	工业固体废物产生量	直接获取

数据来源：各年《云南统计年鉴》、各州（市）统计年鉴和《国民经济和社会发展统计公报》，物质资本存量和实际 GDP 的计算基期取 2008 年。

我们以云南省作为考察样本，主要基于两方面原因：一是典型性，云南面临工业强省和生态屏障两难，提升生态效率形势紧迫（如滇池治理已耗费 170 亿元）；同时，云南有 8 个地级市和 8 个自治州，数量上各占一半，地理上毗邻而又错落，经济发展和生态建设等方面共性也很多。二是数据可得性，目前公开资料如《中国环境统计年鉴》《中国民族统计年鉴》《中国区域统计年鉴》以及有关省份统计年鉴等，较难获取连续的民族自治州工业“能源消费总量”和工业“三废”数据，而云南省有关统计资料能提供 2008—2015 年的面板数据。

（二）测算结果

图 1 表示的是采用不同 DEA 方法得出的云南省各州（市）平均生态效率。对比易知，在不考虑非期望产出的情况下，传统径向 BCC 模型得出的效率值曲线在非径向 SBM 模型得出的效率值曲线之上（或重叠），这就说明运用 BCC 模型测算生态效率可能会产生高估的问题，而使用 SBM 模型结果将更可靠。但是不考虑环境因素，即使都采用 SBM 模型进行测算，结果上也会有所不同。图 1 显示，考虑非期望产出的生态效率曲线在不考虑非期望产出效率曲线之下（或重叠），证实了环境变量对生

态效率的影响较大，如果不考虑非期望产出，仍然可能导致生态效率的高估。

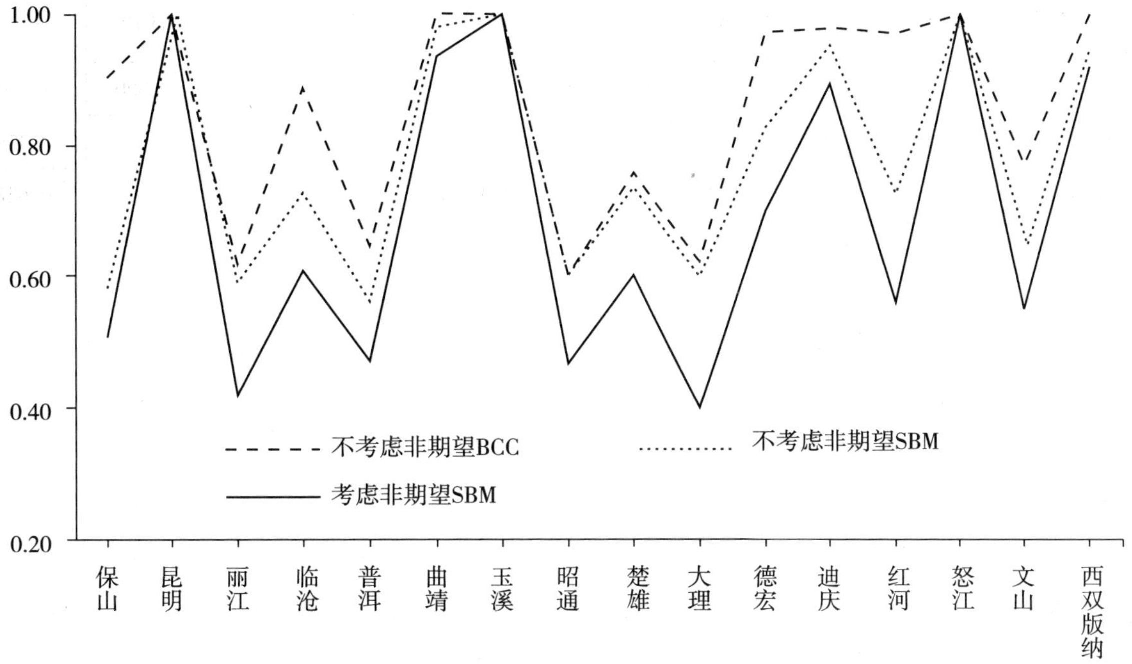

图 1　不同方法计算出的生态效率

表 2 报告了具体地区各年份生态效率值。从表中可以看出，2008—2015 年云南省生态效率平均值为 0.655，没有达到生产前沿面，未来还有较大的改进空间。但这一结果比胡彪和付业腾计算出的全国平均水平 0.546、西部平均水平 0.31 均要高。[①] 然而，民族地区普遍存在“资源诅咒”现象，云南省更是高资源诅咒区[②]，但其生态文明建设和生态效率并没有显著落后于其他地区。可能的解释是，独特的制度体系可以变“资源诅咒”为“资源福祉”[③]，走跨越式绿色发展之路。事实上，云南省 8 个非自治州的平均生态效率为 0.638，8 个自治州的效率值为 0.673，前者低于后者，也侧面证实了民族自治州这种独特的体制，有利于发挥环境规制等政府行为对生态效率的积极影响。

表 2　云南省各地区 2008—2015 年生态效率

地区＼年份	2008	2009	2010	2011	2012	2013	2014	2015	平均
保山	0.388	0.400	0.428	0.441	0.511	1.000	0.569	0.557	0.512
昆明	1.000	1.000	1.000	1.000	1.000	1.000	1.000	1.000	1.000
丽江	0.394	0.384	0.379	0.374	0.416	0.489	0.460	0.466	0.418
临沧	0.780	0.739	0.614	0.530	0.607	0.564	0.544	0.549	0.610
普洱	0.453	0.471	0.462	0.407	0.473	0.465	0.513	0.529	0.470
曲靖	1.000	1.000	1.000	1.000	0.886	0.914	0.842	0.833	0.932

① 胡彪、付业腾：《中国生态效率测度与空间差异实证——基于 SBM 模型与空间自相关性的分析》，《干旱区资源与环境》2016 年第 6 期。

② 刘宗飞、姚顺波、刘越：《基于空间面板模型的森林“资源诅咒”研究》，《资源科学》2015 年第 2 期。

③ Gelb，Alan and Grasmann，Sina，How Should Oil Exporters Spend Their Rents? *Center for Global Development Working Paper*，2010.

续　表

年份 地区	2008	2009	2010	2011	2012	2013	2014	2015	平均
玉溪	1.000	1.000	1.000	1.000	1.000	1.000	1.000	1.000	1.000
昭通	0.373	0.413	0.433	0.407	0.474	0.733	0.543	0.542	0.479
非自治州平均	0.614	0.621	0.613	0.589	0.633	0.736	0.654	0.655	0.638
楚雄	0.502	0.513	0.564	0.575	0.681	0.619	0.711	0.714	0.605
大理	0.285	0.308	0.335	0.353	0.452	0.452	0.512	0.553	0.396
德宏	1.000	1.000	0.794	0.644	0.577	0.568	0.596	0.601	0.703
迪庆	1.000	1.000	1.000	1.000	1.000	0.398	1.000	1.000	0.891
红河	0.493	0.522	0.546	0.544	0.587	0.609	0.583	0.587	0.558
怒江	1.000	1.000	1.000	1.000	1.000	1.000	1.000	1.000	1.000
文山	0.460	0.507	0.502	0.521	0.632	0.551	0.608	0.650	0.550
西双版纳	1.000	1.000	1.000	0.894	0.867	0.792	0.810	1.000	0.916
自治州平均	0.651	0.673	0.671	0.653	0.699	0.600	0.707	0.741	0.673
全省平均	0.632	0.646	0.641	0.620	0.665	0.664	0.680	0.697	0.655

从各年的变化来看，云南省生态效率在2015年达到峰顶（0.697），2011年处于谷底（0.620），总体呈平缓的“U”型变化，生态效率先下降后上升的波动特征，既与环境库兹涅茨“先恶化后改善”的规律一致，也体现了云南省生态环境改善与经济发展之间存在较强的协调性，生态文明建设取得了明显成效。进一步比较全省、非自治州和自治州的趋势可知，2008—2011年生态效率均处于下降阶段，2011年触底后开始上升，非自治州和自治州分别在2013年、2015年达到最高点（0.736、0.741），不同的是，2011年后非自治州呈倒“U”型下降，自治州则呈“U”型上升。这种几乎相反的变化趋势表明，当前非自治州地区不仅存在生态效率偏低问题，还要尽快扭转趋势向下的不利局面；自治州地区虽然形势相对乐观，但个别年份波幅较大，稳定性不强，仍有待进一步完善。

具体到各州（市），是否为自治州与生态效率高低不完全对应。观察期内生态效率达到前沿面的有3个，既有经济发达的昆明和玉溪（人均GDP排名前两名），它们在环保投入、生态观念、产业结构等方面较为领先；也有经济实力相对落后的怒江，其特殊的经济结构使得资源消耗和生态污染较少，从而产生较高的生态效率。对于无效率的13个州（市），我们进一步做区间划分：效率值在［0.8，1）为效率良好，在［0.6，0.8）为效率中等，在（0.6，0）则为效率无效。可见，达到效率良好的有曲靖、迪庆和西双版纳，效率中等的有临沧、楚雄和德宏，效率无效的高达7个，分别是保山、丽江、普洱、昭通、大理、红河和文山。尽管如此，无效率的州（市）中，效率趋于增长的有大理、楚雄、文山和普洱，处于持续下降的是德宏、曲靖和临沧，先降后升的有西双版纳和迪庆，先升后降的有保山和昭通，波动平缓、无明显升降的是丽江和红河。

三、民族自治对生态效率的影响

从前述结果来看，民族自治地区与非自治地区生态效率存在差异，但民族自治是否促进生态效率的提升，还缺乏直接证据，下文将通过回归检验的方法作进一步分析。

（一）模型和变量

由于 SBM 模型测算的生态效率值在 0 ~ 1 之间波动，传统的普通最小二乘法已不适用，应选择受限因变量 Tobit 模型，具体如下：

$$EC_{it}^{*} = \alpha_0 + \beta NA_{it} + X_{it}'\gamma + \varepsilon_i$$

$$\begin{cases} EC_{it} = EC_{it}^{*}, \text{如果 } EC_{it}^{*} \in (0,1) \\ EC_{it} = 1, \text{如果 } EC_{it}^{*} \in [1, +\infty) \end{cases}$$

其中，被解释变量 *EC* 为生态效率，核心解释变量 *NA* 为民族自治，用“是否为民族自治州”表示，如果“是”，$N=1$，“否”$N=0$，X 为其他影响被解释变量的控制变量。根据已有的文献，本文重点考察四方面因素：①政府动员（GM），主要通过政府职能、经济手段等影响生态环境，用“公共财政预算支出占 GDP 比重”衡量；②环境规制（ER），被大多数学者所关注，是影响生态效率的重要因素，用“工业废水排放总量和工业固体废物产生量之和占 GDP 比重”表示（由于量纲不一致，没有将废弃排放量纳入计算）；③收入水平（LG），是环境库兹涅茨倒“U”型曲线的核心变量，用“人均 GDP 的对数”和“人均 GDP 对数的平方”表示；④产业结构（IS），现有经济理论认为产业结构是影响生态环境的直接因素，用“第二产业产值占 GDP 比重”表示。

（二）实证结果

表 3 描述了云南省 16 个州（市）2008—2015 年面板数据 Tobit 回归结果。从变量显著性来看，除政府动员（GM）没有通过检验，其他解释变量均在 1% 或 5% 置信水平上通过检验。

表 3　Tobit 估计结果

变量	系数	Std. Err.	t 值	P > | t |
民族自治（NA）	0.1099**	0.0549	2.00	0.048
政府动员（GM）	0.1649	0.2062	0.80	0.425
环境规制（ER）	0.7789***	0.2550	3.05	0.003
收入水平（LG）	-7.3029***	2.1389	-3.41	0.001
收入水平平方（LG^2）	0.3924***	0.1109	3.54	0.001
产业结构（IS）	0.8921**	0.4088	2.18	0.031
常数项	33.9987***	10.2698	3.31	0.001
Pseudo R2	0.4018	Log likelihood	-41.8468	
LR chi2（6）	56.21	Prob > chi2	0.0000	

注：*、**和***分别表示 10%、5%和 1%水平下显著。

核心解释变量民族自治对生态效率改进有促进作用。民族区域自治制度最早在 1949 年中国人民政治协商会议通过的《共同纲领》中提出，并写入 1954 年宪法及历次宪法修正中，其对民族自治权作出明确规定。民族自治权的激励作用，会体现到政府行为上，首要的就是财政收支自主权、资金管理自治权和接受援助权，它对地方经济发展与公共产品供给（包括生态环境治理）具有很强的积极作用，对少数民族差异性偏好显著且经济相对不发达的民族自治地方的积极作用更强。① 其次，民

① 张冬梅、黄少侠：《民族自治地方县域财政自主性研究》，《民族研究》2015 年第 5 期。

族自治权还包括“立法权”和“变通执行权”，如黔西南自治州出台了我国民族自治地方第一项有关生态环境方面的变通规定——《黔西南布依族苗族自治州执行〈中华人民共和国森林法〉变通规定》，这无疑有利于形成更有效的环境规制，从而提升生态效率。20世纪60年代美国各州通过制定地方法律，成立州环保局、环境质量委员会和可持续发展委员会，掀起的“生态保护”运动，也得益于其立法上的自主权和行政执法权。①

控制变量政府动员对生态效率有正向影响，但不显著。当前我国各地正处于新型工业化和新型城镇化加速演进的阶段，同时也是生态环境问题集中爆发、政府和民众高度敏感的阶段。政府动员在特定历史时期发挥了极其重要的作用，但这种“自上而下”的动员模式正面临挑战，动员效果也出现衰退，应创新思路，改变方式方法，多管齐下，推动居民环保意识和行动的转变。环境规制的贡献作用显著，这与民族自治地区既有古老的生态习惯法约束，又有现代自治权行使的便利条件有关，其环境规制具有自律性和灵活性特质，更容易矫正市场失灵，提高生态资源配置效率以增进整个社会生态福利。收入因素对生态效率的影响呈“U”型变化，即人们收入水平较低时，资源消耗较少，环境污染程度较轻，但是随着收入水平的上升，生态恶化程度加剧，生态效率不断下降；当收入达到较高水平，达到某个拐点的时候，生态环境污染程度由高趋低，环境质量和生态污染得到改善，生态效率又逐渐上升。这与环境库兹涅茨曲线描述的环境压力与经济发展水平“先恶化后改善”的倒“U”型变化一致。最后，产业结构对生态效率有正向影响，与大多数学者观点一致。

（三）稳健性检验

为验证回归结果的稳健性，本文采用两种方法：一是在数据不变的情况下，使用动态面板Sys-GMM模型控制内生性问题，观察估计前后有无明显异动；二是用径向BCC模型测算的生态效率作为将被解释变量，分别进行Tobit估计和SysGMM估计，比较前后系数方向和显著性。从表4可知，变换估计方法和改变被解释变量之后，回归结果却大体上一致，可以认为估计结果具有较好的稳健性。表中被解释变量滞后项为正，说明生态效率的改善具有持续性和累积性，这无疑为坚定不移推进民族地区生态文明建设提供了佐证。

表4　稳健性检验

变量	SBM 模型		BCC 模型
	SysGMM 估计	Tobit 估计	SysGMM 估计
滞后期（L.EC）	0.3801* （1.71）		0.1678** （1.98）
民族自治（NA）	0.0843** （2.27）	0.1077*** （2.64）	0.0871*** （2.96）
政府动员（GM）	0.0627（0.73）	0.1865（1.20）	0.0895（1.45）
环境规制（ER）	0.5082*** （3.37）	0.5371*** （2.84）	0.3268*** （2.58）
收入水平（LG）	-2.4868*** （-2.59）	-5.2806*** （-3.20）	-1.3711* （-1.87）
收入水平平方（LG^2）	0.1382*** （2.83）	0.2858*** （3.33）	0.0793** （2.14）
产业结构（IS）	0.4819* （1.90）	0.8469*** （2.76）	0.4948*** （2.65）
常数项	5.5025*** （2.46）	24.5620*** （3.10）	4.8137*（1.75）
Pseudo R2		0.6923	
Log likelihood		-14.2852	
LR chi2（6）		64.30	

① 宋海鸥：《美国生态环境保护机制及其启示》，《科技管理研究》2014年第14期。

续　表

变量	SBM 模型		BCC 模型
	SysGMM 估计	Tobit 估计	SysGMM 估计
AR（2）	0.2987		0.8541
Sargan	0.9960		0.9993

注：*、**和***分别表示10%、5%和1%水平下显著，括号内为t值。

四、结论与政策建议

基于云南省的经验研究表明，整体而言，民族自治地区生态效率要高于非自治地区，但具体到各州（市），是否为自治州与生态效率高低不完全对应。进一步的Tobit回归模型显示，民族自治对生态效率有正向影响。本文特提出如下政策建议：

1. 保障和落实民族自治地区生态环境自治权

通过发挥自治权激励作用，提高民族自治对生态环境保护的积极影响。在国家生态环境立法及其修订过程中，应结合《民族区域自治法》的相关规定，真正赋予少数民族自治地区参与生态环境决策的权利，保障自治政府享有实际的生态环境立法权、执法权和监督权，形成自治权不受干扰和侵犯的有效机制。同时，自治政府充分利用自治权，探索地方环境保护立法，将少数民族生态习惯法改造和成文化转换，以变通和补充的方式纳入法律体系，以环境规制“倒逼机制”推动民族自治地区和整个民族地区生态文明建设。

2. 发挥自治地区生态文明建设示范效应和扩散效应

民族自治地区拥有更高的生态效率，并且带动整个云南省生态效率领先于全国和西部平均水平，说明了自治地区在生态环境建设上发挥了政府竞争良性效应，形成“逐顶竞争”局面，从而产生空间上的外溢效应。因此，一方面要加强民族自治地区对非自治地区对口帮扶和合作，分享生态治理成功经验，借鉴绿色发展模式，实现省域生态共赢；另一方面，加强省级层面的统筹协调，建立生态环境事务跨区域调解机制，以非均衡的发展思路来推进民族自治地区和非自治地区的生态文明建设，做到投入上扶持、污染产出上减压、运作上创新。

3. 加快民族地区环境保护制度体系建设

依靠制度的保障性、决定性作用，增强政府对生态环境的影响力。一是健全源头严防制度，实行资源开发项目生态环境影响评价制度、矿山建设与资源开发生态环境保证金制度和监督检查制度等，从生态源头加强保护，摒弃先污染后治理、先破坏再恢复的老路。二是完善过程严管制度，建立民族地区资源有偿使用制度和重点生态功能区的生态补偿制度，合理配置生态保护的纵向、横向权利义务关系。三是强化后果严惩制度，健全责任追究制度和损害赔偿制度，推行差异化生态文明建设考核评价体系，形成民族地区特殊的绿色政绩考核制度。

4. 发挥民族地区生态文化的推动作用

民族地区独特的生产方式、伦理观念和价值体系等历经长期的发展，逐渐形成了一套平衡人与自然关系的朴素生态文化。这种独特的生态文化不仅蕴含了人与自然共生观、适度开发发展观等生态思想资源，还融入了以习惯法保护生态环境、有效的组织制度保障等生态制度文化。因此，应继续弘扬和发展云南少数民族地区“神林”“神物”“水土”“环保”和“节制消费”等传统生态文化，结合生态旅游文化和绿色消费文化等现代生态文化，不断创新和融合生态物质文化、生态制度文化和生态精神文化，发挥民族地区生态文化对生态文明建设的积极作用。

权力运作与关系建构

——藏边天主教[①]传播实践的历史人类学研究

王 晓*

摘 要：藏边天主教在经历了两次大溃败后仍能重新崛起，顽强地生存于藏文化圈的包围之中，主要得益于其在传播实践中的权力运作及其关系建构。从权力产生的组织基础而言，藏边天主教具有混合型组织的特征，且经历了一个逐步发展完善的过程。在具体的实践当中，提供政治庇护、调解民间纠纷、给予经济帮扶和实施医疗救助成为传教会最经常使用且效果最好的手段。此外，传教会还利用了一系列正式的和非正式的说教方式将自身的价值观潜移默化地影响及人，重塑人们的行为。正是在此基础上，天主教社区才得以生成、发展乃至壮大，并逐渐成长为一支能够影响地方社会的重要力量。

关键词：藏边社会；天主教；混合型组织；说事；慈善救助；伦理说教

DOI：10. 13835/b. eayn. 22. 14

一、问题的提出与文献回顾

在滇藏交界处的芒康县上盐井、贡山县白汉洛与青那桶、德钦县茨中和巴东，以及维西县白济汛乡的小维西等偏僻村寨，聚居着数量可观的天主教教徒，他们由不同的民族所组成，形成一个个半封闭式的天主教社区，倔强地生长于藏文化圈的包围之中，犹如汪洋大海中的一个个孤岛。天主教是如何进驻藏区的？在传播及适应过程中其与地方文化尤其是藏传佛教又发生了怎么样的往来互动？现状又当如何？

围绕如上三个问题，学术界已进行了多方有益的探索。如在收集、整理国外文献和中文、藏文资料的基础上，伍昆明、房建昌、王永红和李蓉等对早期天主教教士（1624—1745 年）在西藏古格（阿里）、日喀则和拉萨等三个地区的传教活动予以复原，并有针对性地分析了其最终归于失败的根

---

* 作者简介：王晓，男，中山大学人类学博士，福建农林大学经济学院（乡村建设学院）讲师，硕士研究生导师，主要从事西南边疆民族宗教相关研究。

① 天主教在藏区的活动按历史线索可划分为三个阶段：1624—1745 年为第一阶段，天主教选取南部路线，从印度出发，翻越喜马拉雅山先后到西藏阿里、日喀则和拉萨传教，但最终失败。第二阶段开始于鸦片战争，此时的天主教吸取了先前的经验教训，决定走东部路线，蛰伏于川滇之藏边，步步蚕食，伺机而动。然而，新中国成立后，天主教作为殖民主义的帮凶再次被悉数驱逐出境。第三阶段肇始于 20 世纪 80 年代宗教信仰自由政策的重新确立，滇藏交界区的天主教徒又重新燃起了西方传教士遗留下来的星星火种，并进行了一系列的本土化努力，成为多元宗教和谐共处的典型地域。本文对藏边天主教的论述，便是以第二、三阶段的历史与现状为基础，重点关注传播实践中的权力运作与关系建构。

源所在。[①] 鸦片战争后，天主教卷土重来，蛰伏在川滇藏交界地带，伺机而动。这一阶段，天主教会因有了条约保护更显激进和强势，但也因此与僧俗百姓产生了更为尖锐的矛盾冲突，爆发了一系列大小教案，故而也引起了更多学者的积极关注。典型如秦和平、刘鼎寅与韩军学、徐君、施帝恩、郭净以及保罗、泽勇等从宏观和微观两个视角对天主教在该区基本发展脉络的梳理[②]，冉光荣、刘君对天主教组织、产业与传教效果不彰和文化交流功能的评论与解释[③]，以及张学君、何云华、任新建、王晓对相关教案的考察等。[④] 1953 年，因其与西方殖民国家之间存在的千丝万缕联系，天主教教士悉数被驱逐出境，而天主教信仰也在随之而来的“文革”运动中受到抑制，转入地下。及至 20 世纪 80 年代宗教信仰自由政策重新落实，天主教才得以重建和恢复。恢复后的天主教，在汲取历史经验的基础上，拉开了在地化进程，更加注重与地方社会、文化的适应和融合。现如今，多元宗教共存、共融已经成为藏边社会的典型特征之一。基于对当今世界宗教问题频发的反思与批判，寻找多元宗教和谐共存的机制又成为现阶段相关学者探讨的焦点。如基于对贡山县丙中洛镇所展示的“和而不同、美美与共”的多元宗教文化生态的考察，邵媛媛、石益龙归纳出了边疆民族地区多元宗教和谐共存机制及其运行逻辑的一般模式。他们认为政府、宗教组织和信众是宗教生态系统中的三个核心行动主体，在地域文化背景之下，三主体产生纵向及横向的作用与反作用力，最终形成一个各要素及其效应相互耦合、彼此作用、环环相扣的严密网络，而其中的任何一个环节都会影响到地方宗教生态的生产与再生产。[⑤]

综上，相关学者围绕藏边天主教产生了较为丰富的研究成果，但同时也不难发现，其绝大部分研究皆出自传统历史学家之手，探讨的焦点放在天主教在藏边社会传播的宏观历史梳理及其与其他教派的冲突、融合过程，而明显对天主教在具体传播实践中的权力关系和权力运作的策略性、变通性缺乏关注。要知道，自传入藏区以降，天主教曾经历过两次大溃败，但它如何能在败退之后重新崛起并在藏传佛教的重围下逐渐成长为影响地方秩序的一支重要力量？无疑，如果不能对传播实践中的权力运作及相互关系进行系统考察，很难正面回应这一问题。基于此，本文采取历史人类学的研究方法，试图对这一缺失作出补充，希冀从中挖掘出天主教之所以能倔强生存的关键所在。

---

① 相关成果可参见伍昆明《早期传教士进藏活动史》，中国藏学出版社 1992 年版；房建昌《基督教在西藏传播小史》，《青海社会科学》1988 年第 2 期；王永红《略论天主教在西藏的早期传播活动》，《西藏研究》1989 年第 3 期；李蓉《17—18 世纪天主教在西藏传播概述》，《西藏大学学报》2006 年第 1 期；等等。

② 相关成果可参见秦和平《近代藏区天主教传播概述》，《中国藏学》1992 年第 1 期；秦和平、张晓红《近代天主教在川滇藏交界地区的传播——以“藏彝走廊”为视角》，《西南民族大学学报》2009 年第 2 期；刘鼎寅、韩军学《云南天主教史》，云南大学出版社 2005 年版；徐君《近代天主教在康区的传播探析》，《史林》2004 年第 3 期；[法] 施帝恩《“商人型传教士”的新型宗教：法国天主教传教士在滇西北的早期活动（1846—1865）》，尼玛扎西、刘源译《西南民族大学学报》2011 年第 1 期；郭净《十九世纪中叶法国传教士罗勒拿滇藏传教史略》，《云南民族大学学报》2016 年第 1 期；保罗、泽勇《盐井天主教史略》，《西藏研究》2000 年第 3 期；等等。

③ 相关成果可参见冉光荣《天主教“西康教区”述论》，《康定民族师专学报》1987 年第 3 期；刘君《康区外国教会览析》，《西藏研究》1991 年第 2 期。

④ 相关成果可参见张学君《巴塘教案与清政府对西藏政策的变化》，《中国藏学》1992 年第 3 期；何云华《“凤全事件”之我见》，《西藏研究》1988 年第 4 期；任新建《凤全与巴塘事变》，《中国藏学》2009 年第 2 期；王晓《晚清巴塘梅玉林案考述》，《青海民族大学学报》2014 年第 2 期；等等。

⑤ 邵媛媛、石益龙：《边疆多民族地区多元宗教和谐共存机制研究——基于云南贡山县丙中洛镇的探讨》，《云南民族大学学报》2016 年第 4 期。其他相关研究成果可参见何林、张云辉《不同宗教信仰间的调试与共存——一个贡山怒族实例的文化解读》，《学术探索》2010 年第 1 期；高志英、王东蕾《多视角下丙中洛多元宗教的并存与交融》，《西北民族研究》2013 年第 3 期；王玉琴、巴桑卓嘎《迪庆藏区多元信仰与社会和谐关系研究——以德钦县为例》，《西藏大学学报》（社会科学版）2014 年第 2 期；等等。

二、权力运作的组织基础

天主教进驻藏边社会始于鸦片战争。1846 年，罗马教皇格列高利十六世宣布成立“西藏教区”，地辖西藏、锡金和川滇藏交界带，并委托巴黎外方传教会全权负责，为入藏传教做足了组织上的调配。当时，天主教主要沿澜沧江谋求发展，相继在德钦自菇、西藏盐井、德钦县城、维西县城及小维西等地建立了教堂；稍后，传教士又翻越碧罗雪山进入白汉洛、迪麻洛、秋那桶、丙中洛、棒当和茨开等地，将传教范围拓至怒江流域。1910 年，“西藏教区”更名为“西康教区”，除主教堂负责康定、泸定外，还设有云南和道孚两个总铎区。其中，云南总铎区以茨中天主教堂为总堂，负责维西、德钦、贡山及盐井各地教务。

初创阶段的天主教并没有发展出分工明确的组织形态。据茨中村的老教友肖杰一[①]回忆，当年所有的教会事务主要由三个传教士打理：一个负责讲经传道，一个负责治病救人，一个负责办理学校。同时为了能更好地与地方百姓打交道，每个传教士都配备有从教友中挑选出来的文秘和翻译人员。肖杰一的父亲肖国恩就担任过茨中天主教堂神父伍许仲的秘书兼翻译，而肖家也正是在那个时候离川来滇，落居茨中。

1939 年西康建省，教区也再次更名为“康定教区”。当时，康定教区所辖范围之广居八大教区之首，下辖 27 个堂口，每个堂口设司铎 1 人管理本堂全部事务，另在教友中选一位有威望之人协助工作。全区设主教 1 人，副主教 2 人，1 人住康定，1 人住维西。下设当家处，负责人称“当家神父”，管理全区财政，下有管事 1 人，办理杂务；秘书 1 人，办理全区文件。1944 年增设参议会，由华朗庭委任余廉霭、古纯仁、何光辉、尤加理、杨华明为参议员，共同商议教区兴革事宜。然而还未来得及牛刀小试，新中国便宣布成立，传教士也随之被当作帝国主义的殖民帮凶悉数被驱逐出境。可以说，自天主教始传该区到被驱逐出境，传教团一直处于夹缝中求生存的状态，基本无暇顾及制度层面的建设。这时候的教堂堂点更像是一个家族，神父即是这个家族的族长，有权过问一切事务。

传教士被赶出国门之后，全国上下掀起了一场声势浩大的以“三自爱国”为宗旨的教会革新运动，但还未真正付诸实践，各堂点又在轰轰烈烈的“文化大革命”中被关闭甚至捣毁。十一届三中全会后，宗教信仰自由政策得以重新落实，天主教活动以及尚未完成的爱国爱教运动也逐渐恢复起来。由于维西、德钦和贡山三县距大理较近，所以三县各堂点便划归大理教区管辖；但缘于行政区划的限制，原来同属云南总铎区的盐井教堂却孤零零地矗立在西藏边境，没有归到任何一个教区体系中。组织体系的不完整，对教会的发展和各项事务的展开产生了相当不利的影响。田野访谈中，盐井教堂的会长鲁仁弟将盐井教堂比作没人要的孩子，甚至把自己违背戒律娶妻生子的过失也归咎于此：

> 我们这个教堂在西藏境内，完全被藏传佛教所包围，像极了没娘的孩子。我做了十年的神父，十年当中，教堂是被孤立的教堂，我这个神父自然也是被孤立的人。好多次，我跟北京主教堂打电话反映，主动要求去进修学习，看能不能再派一个神父过来。但都没同意，说派过来的神父不懂藏语，没法跟教友交流。就这样，我心灰意冷，便发生了娶妻生子的事情。这不能说是天主的安排，但至少是天主在我最不适合当神父的时候给我找到了

---

① 肖杰一的经历颇富传奇色彩，他 1929 年出生于教堂，长于教堂，从小便在教会学校学习，还是西方神父的得意门生。但正是因为这层关系，新中国成立后他被抓去劳改 33 年。重回茨中后，又是他第一个作出表率，冲进教堂，恢复信仰。甚至教友现在所用的藏文圣经也出自肖杰一之手，由他从传教士遗留下来的拉丁文原版翻译过来。可以说，肖杰一的经历，就是藏边天主教历史的一种折射。田野调查时肖杰一给予笔者无微不至的关照，在此表示感谢！

得以安慰的地方。有人说我耐不住寂寞，我想说神父也是人，也需要爱，也需要不断成长，而这恰恰正是我们这个堂点最缺乏的。[①]

可能事情过去的时间久了，鲁仁弟在给笔者讲述他的这段往事的时候并没有显得特别拘束。但从他的字里行间中却能深刻地感受到组织断层对这个教堂、这里的神父和教友带来的重重考验和困难。

但据笔者实地观察，大理教区与其所辖各堂点之间的关系也并非似鲁仁弟渴望的那么紧密、有用，甚或可以说还存在一定的矛盾和对抗。有教友告诉笔者，大理教区曾规定所辖各堂点要按教友人数每人每月上缴一元份子钱，但教友却一致认为大理主教区并没有给地方教堂的发展带来多大帮助，反而还要搞摊派，遂采取装糊涂的方式，不闻不问，此事也就不了了之。

缘于堂点与主教区之间的弱连带关系，在省“两会”（天主教爱国会和天主教教会委员会）的积极协调与配合下，若干县市设立了相应的“两会”组织，作为自我管理的一种民主组织形式。比如，2000 年贡山县天主教“两会”就正式挂牌成立。目前，贡山县“两会”有常委 5 名，其中主席 1 人、副主席 1 人、秘书长 1 人，他们都是从下辖各教堂的代表中选举产生的，每届任期 5 年。目前，贡山县天主教“两会”主要通过手机实现与基层堂点的日常沟通，但每遇重要事情，“两会”则召集全体委员开会，集体作出决议。天主教“两会”虽然对贯彻落实党的宗教政策、引导各堂点宗教生活正常化起到了一定的作用，但其与基层堂点的关系也并非想象中的那么紧密，各基层堂点的自主性非常大，可以说每个堂点就是一个自治性很强的宗教共同体。

在这个共同体内部，神父是当仁不让的主要负责人，尤其是在维持教友的信仰方面，他更有着不可推卸的责任和义务。然而由于“文革”造成的信仰断层，使恢复发展中的各堂点长期处于缺乏神职人员的窘境。组织架构的半瘫痪状态，与激增的信仰需求之间形成了尖锐的对立。这一窘况直到现在也未得到根本扭转。以盐井教堂为例，自鲁仁弟违背戒律降为会长后，就再也没有长期驻守的神父。有时候，为满足当地教友的信仰需求，茨中教堂的姚飞神父还要颠簸好几个小时到那里为教友们办告解，做弥撒。由于神父角色的长期缺席，鲁仁弟时常又无奈地被推到类似于神父的角色，行洗礼，办告解，做临终圣事。此种神父—会长角色模糊的情况并不为盐井教堂所独有，而这也无疑突出了会长的角色，让其地位变得更加重要。会长身份的提升对神父的地位构成了冲击，两者之间具有一定的内部紧张。

除会长外，会计和财务长也是教堂事务管理中两个比较重要的职位。会计主要负责教友的奉献并登记造册，且在固定时间内要把教堂收入如数上交到财务长手中保管，平时支出则由会计与财务长统一协调分配。茨中教堂的财务收支每半年公开一次，用红纸誊写、张贴于大门口，由全体教友随时监督。教务工作的顺利展开还有赖下设各小组如圣歌组、祭坛组、卫生组及礼仪组的密切配合。茨中教堂的圣歌组组长由肖杰一担任，主要负责每天的选歌和领唱；祭坛组固定两位男性成员，核心工作是协助神父完成弥撒仪式；教堂卫生原由教友轮流值日、义务劳动，但因打扫多有应付，很不彻底，便每月支出 50 元交给固定教友承包下来；礼仪组的工作多由神父兼任，主要负责安排每日读经、信友祷词等工作。此外，为响应和落实党的宗教信仰自由政策和民主管理理念，各堂点都进行了必要的民主探索，成立了由以上核心人员组成的寺庙民主管理委员会。寺管会成员实行任期制，每届 3 至 5 年，可以连选连任。作为教友自我管理、自我教育、自我服务的群众性自治组织，寺管会实行民主选举、民主管理和民主监督，实现了新形势下与社会主义的同轨道发展。

① 访谈对象：鲁仁弟，地点：家中客厅，时间：2014 年 8 月 10 日。

三、权力运作与关系建构

（一）说事：私力救济与纠纷调解

“私力救济”是与“公力救济”相对的一个学术概念。所谓公力救济，指权利人的权益受到侵害时，请求国家机关用国家公权力来实施救济的一种手段；与之相对，私力救济则是“通过私人之间、共同体内部和其他民间力量实现个人权利、解决权益纷争的非正式机制”①。2011年四川民族学院政法系进行了“藏区习惯法田野调查”，数据显示：藏区民间80%以上的纠纷并未进入基层司法程序，早在发生时就由民间以传统的方式解决了。进入基层司法程序的案件，90%又在基层法院的默许下由双方当事人以民间传统规则协商解决掉，剩下只有10%的案件才会依据法律进行判决。②之所以如此，是因为藏区有着深厚的私力救济的土壤。而在其中，宗教权威的“说事”又占去了绝大比例。

“说事”即调解，是在第三方的协助下，以当事人自主协商为主的纠纷解决办法。新中国成立前，缘于天主教会背后强大的殖民势力，教民多将其看作大家长，矛盾和纠纷皆上诉至此进行判断。“康藏第一史笔”的刘赞廷在川西九龙县考察时曾有记载：“奉其教者数百家，遇有地方事宜，皆弗听其汉官，就教堂评判了之。”③ 杨仲华在游历西康时亦观察到：“凡教民之婚丧词讼，均多诉于神甫或主教为之处理，体恤庇护，无微不至，故教民有事，均多诉于主教或神甫。”④ 此时，政治权势而非神性成为天主教会施展其世俗权力的关键。肖杰一回忆说：“那时候教会很厉害，有钱有权，连政府都不敢得罪他们。小到夫妻拌嘴、打架斗殴，大到村落械斗、草场纠纷，都由传教士从中调停。”也正是在此基础上，传教会成了当时流浪人群的最佳庇护所，一旦入教，官吏都不敢来向他们取税。⑤

目前的天主教会虽然失去了强有力的政治支撑，但神职人员作为道德的化身和公正的代表，在协调处理村民的矛盾中作用依然明显。2013年初笔者到茨中村做田野调查时，第一次见到姚飞，他就给笔者讲述了一起由他参与调解的村民纠纷：

> 发生矛盾的两家还是亲家关系，平时经常因婆媳不和相互置气。2012年婆婆去世时，婆家一方说要把婆婆生前佩戴的一串玉石念珠陪葬，而媳妇反对。就因为这个，等把婆婆下葬后，婆家人开始怀疑媳妇是不是把这串念珠从棺材里偷拿了出来。双方因此闹得不可开交。每次到教堂做礼拜，两个家庭的成员也是横眉冷对，有一次甚至在教堂门口大声吵吵起来。我上去劝阻，竟被他们推到一边。为感化他们，我不厌其烦地到家中座谈，问他们愿不愿意到教堂里面当着上帝的面化干戈为玉帛。尤其是对媳妇的丈夫，我做的思想工作最大。他原来是一个特别能干的人，自出了这件事后他意志消沉，整宿打麻将。最终，在我的耐心劝说下，双方来到教堂，跪在上帝的面前做了自我检讨，丈夫更是痛哭流涕，双方遂和好如初。⑥

① 范愉：《私力救济考》，《江苏社会科学》2007年第6期。

② 安静：《论我国藏区民间纠纷私力救济》，《法学杂志》2012年第12期。

③ （清）刘赞廷：《九龙县图志》，民族文化宫图书馆1960年油印本，风俗。

④ 杨仲华：《西康纪要》，商务印书馆1937年版，第280页。

⑤ 刘鼎寅、韩军学：《云南天主教史》，云南大学出版社2005年版，第242页。

⑥ 访谈对象：鲁仁弟，地点：家中客厅，时间：2013年10月28日。

2014 年再次见到姚飞，他又给笔者讲述了另外一起案件：

> 春节大年初一晚上，两个青年教友因喝酒打了架，一个人向另外一个人捅了刀子。虽然不是很严重，但也流了很多血。第二天，捅刀子的那家人主动让我去调解。我到被捅刀子的那一家去做工作，他们根本不同意，尤其是挨刀子的青年，说什么都不行，一心想要报复。之后，经过两个多小时的劝说才有了转机。当时，捅刀子的青年已被派出所拘禁，我又赶过去给他做思想工作，让他先低头认错。其实，这两个青年平时是很要好的哥们，只不过喝酒后说了过头的话。道歉后被捅刀子的人家也原谅了他，并作了相互保证，甚至连赔偿金都没有要。感谢天主，教友看得起我，是给天主面子。①

除调解村内的生活琐事外，宗教权威还会带领村民与外界的不法行为进行抗争。2009 年 7 月，由于承担 214 国道盐井段整修工程的中交二局六公司拖欠上盐井村农民工资，鲁仁弟即带头用拖拉机、农用车包围了工程部，以此才换取事情的解决。在这次以暴制暴的私力救济行动中，鲁仁弟宗教权威的身份起到了很大的号召作用，但事情的解决又反过来再次强化了他的权威。

当然，宗教权威的斡旋也并非总是一剂百试不爽的灵丹妙药。若多次调解未果又影响极坏，“逐出教门”便成为当下天主教会能开出的最严重罚单。奥地利学者欧根·埃利希曾指出，任何社会里的个人从来就不是也不可能是一个孤立无依的单独个体，每个人都生活在无数多少有些紧密、偶尔又完全松散的团体之中，正是一直保持着的共同体纽带，使个人获得了其在生活中所珍视的一切，包括帮助、安慰、道德上的支持、社会交际、名望以及荣耀。② 所以，对社会中的芸芸众生而言，最大的威慑并不是被体罚，而是被所在的共同体抛弃。尤其对藏边社会的诸村落而言，都基本仍处于熟人社会模式中，村民对共同体的依附性更强，也更为重视。也正是缘于此，教会成员在做某些特定事情的时候，都试图采取与教会价值观相契合的方式，而这无疑又大大增加了宗教权威从中调解的可能性。

（二）作为隐性权力的慈善

查尔斯·特各洛克认为，人们皈依宗教主要是基于五种“短缺”：一为经济短缺，指生活贫困程度；二为社会短缺，指社会地位和可获得社会权利的程度；三为机体短缺，指生物机能的健康程度；四为伦理短缺，指社会价值与规范不再向人们提供生活标准，需要某种替代性的机制帮助走出困境；五为心理短缺，指人们感受到社会的抛弃。③ 本文研究的藏边社会是典型的物质稀缺型社会④，所以相比其他形式，经济援助注定成为笼络人心的最有效方式。关于这一点，肖杰一曾用一个非常形象的比喻予以说明：“当时的教友多是穷人，大都衣不蔽体、食不果腹，就像在山上放羊一样，如果羊吃得饱饱的，你喊破喉咙它也不会过来，但要是饿了，你随便弄一把青草它便咩咩地跑过来。”对处于藏传佛教强势包围下的天主教会来说，慈善不仅是义举，又是扩大影响、吸引人们受洗入教的最佳手段。

主要表现在如下几方面：

其一，偿还债务，贷以资本。封建土地所有制和债务依附关系是民主改革前整个藏族地区的社会基础。天主教传入后，为尽速扩大队伍，便试图通过清偿债务的手段吸引人们受洗入教。1852 年，

---

① 访谈对象：鲁仁弟，地点：家中客厅，时间：2014 年 8 月 10 日。

② ［奥］欧根·埃利希：《法社会学原理》，舒国滢译，中国大百科全书出版社 2009 年版，第 66 页。

③ 转引自张坦《“窄门”前的石门坎——基督教文化与川滇黔苗族社会》，云南教育出版社 1992 年版，第 61 页。

④ 坚赞才旦、王晓：《应对稀缺：作为手段的宗教信仰——以西南藏区为中心的阐释》，《云南民族大学学报》2014 年第 6 期。

入藏传教第一人罗勒拿就曾用此手段在崩卡谷地（今贡山丙中洛和西藏察瓦龙一带）建立起首个天主教社区。对皈依天主教的民众而言，“传教士的庇护，成为他们摆脱债务纠纷的一种方法”，“在成为基督徒后，他们获得食物，并且能够依靠传教士来纳税”[①]。对于那些想做小生意的民众，教会更是免息贷给资本，或者只是收取远低于市场的微弱利息，故地方百姓趋之若鹜，而传教士则因之成为社区的新债权人。即使是寺中喇嘛，也会因受天主教会的恩惠而皈依。据肖杰一回忆，他小时候的藏文老师林争本是寺庙喇嘛，后其母生病到教堂医治，神父不但没有收取一分钱，又送他三百元作为生活补助。林争被此举感动，主动提出皈依天主教，并帮助传教士编写了当时唯一的藏文经书。当下，随着生活水平的提高，人们已不再迫切需要教会的物质帮助。但作为宗教的一种价值实践，物质慈善仍被广泛应用。姚飞告诉笔者，每年春节茨中教堂都要对村中的五保户进行慰问，非天主教家庭也一视同仁。盐井教堂也是一样，据鲁仁弟讲述，村中的特困户，不管是生病住院还是翻新房屋，教会都会伸出援手；此外，鲁仁弟还动用自己的人脉关系筹得资金，资助了几个特困学生，每年 500 元，从小学一直供到高中毕业。

其二，分给田产，以资耕种。在藏边社会，因地广人稀，土地不仅价廉，而且还没有明确的面积计算，传教会即乘机大肆兼并土地，购置田产。以盐井为例，在天主教初传没几年，或卖或当给教堂的土地就多达 114 块[②]，数年之后上几乎所有的土地都集中到了教堂手中。有了土地之后，传教会即分予前来投靠的教民耕种，从身份上说，他们既是教徒也是所在教堂的佃户。这种租佃关系确实帮助步履艰难的传教会打开了局面。相传，贡山一带传教点的设立就与自菇教堂的传教士收留一对从贡山逃难至此的夫妇有直接关系。夫妇二人租种教堂的土地，感恩之下引领传教士翻越碧罗雪山，将传教范围扩展至怒江流域。[③] 现茨中教友阿洛的祖辈原生活在中甸一带，由于当时社会动荡，盗匪横行，为增强护卫力量，松赞林寺广拉民众做僧兵，阿洛的父亲和两位叔叔不愿入寺为僧，便翻山越岭来到茨中，租种了教堂的土地并受洗皈依了天主教。当时，为了能最大力度地招徕教民，出租土地的租金多较之为低，有时甚至免费，所以在很短时间内便形成了一个个以教堂为中心的教会社区。法国探险家亨利·奥尔良将这种教会社区比作欧洲中世纪庄园，“教友充当农夫，而神父则是庄园主，他们一块生活，同甘共苦，患难与共，心照不宣”[④]。

其三，行动保民，救助鳏寡孤独。为扩大影响，救济和收留无依无靠的落难人群也成为其最简单有效的手段。新中国成立后云南省迪庆州第一位中国籍神父施光荣就是由传教士收养并在小维西教堂长大成人。小时候，肖杰一与施光荣同在小维西教堂读书，彼此甚为熟悉，所以施家三兄妹被传教士收留的事情仍清晰地印刻在他的记忆深处。肖杰一还回忆说，当时的小维西教堂附设有养老所，收养无儿无女、无依无靠的老年人，男的每年不下七八人，女的不下八九人，男女老年人各居一所，衣食住行全由教会供给，一律免费，病者就医，生养死葬；并设有孤儿所，每年收容有男女孤儿十人以上，衣食住行，教会全部免费，直至供书成人。孤儿成人后，如愿结婚的，教会也给以办婚事。施光荣的弟弟施光华就是在传教士的见证下婚配生子的。谈到自己的天主情结，施光华说：“在孤儿所，神父及服务人员给我无微不至的关心，待如亲子。成人后，还给我找李崇英为妻，给我们办婚事。婚后，为报答厚爱，我们夫妇二人自愿当堂服务。”

其四，免费医疗，救死扶伤。在谈到边疆百姓的实际需要时，刘龄九有言：“边胞生活苦，需要改善是事实，但边胞自己并没感到有这种需要；边胞文化低，需要提高是事实，但边胞本身也没有

---

① ［法］施帝恩：《“商人型传教士”的新型宗教：法国天主教传教士在滇西北的早期活动（1846—1865）》，尼玛扎西、刘源译，《西南民族大学学报》2011 年第 1 期。

② 冉光荣：《天主教西康教区论述》，《康定民族师专学报》1987 年第 2 期。

③ 咱干里讲述，彭义良整理：《天主教传入贡山的经过》，《怒江文史资料》（第十八辑），政协云南省贡山独龙族怒族自治县委员会、政协云南省怒江傈僳族自治州委员会文史资料委员会编印 1991 年版，第 183 页。

④ ［法］亨利·奥尔良：《云南游记——从东京湾到印度》，龙支译，云南人民出版社 2001 年版，第 204 页。

感到这种需要；边胞迷信深，需要有正确的信仰去纠正，也是事实，但边胞更感觉不到这种需要；惟有疾病的痛苦，死亡的威胁，使得边胞无法不感到医药救济的迫切需要了。”① 由于来华传教士多受过医学训练，所以帮助地方百姓诊医拿药，让他们免受疾病之苦，也成为传教会获得认可与名声的重要途径。

当时，每个教堂都附设有医疗所，不论贫穷与富贵、信教或不信教都一视同仁，一律免费施药就诊。在康定天主教医院，“每月就诊者数百人，康定无良好中医，恃此而活者，年亦数百人”②。据肖杰一回忆，民国年间，社会动荡，人们为讨生活，时常集在一起，手拿木棒拦路抢劫，称为“棒棒客”。一次，从盐井到丽江做茶叶生意的马帮刚到小维西就遭到了“棒棒客”的袭击，财物被抢劫一空，多人遭受重伤。小维西教堂的国神父知道后立即赶到，招呼教友把伤员搀扶到教堂进行救治。伤员完全康复后，为表感谢，在国神父的主持下，全部受洗皈依了天主教。鲁仁弟告诉笔者，其祖上皈依天主教也根源于此。鲁仁第祖上原是四川甘孜一带的富裕人家，后因遭遇强盗抢劫而家道中落，不得不流落他乡。途中，其曾祖父被狗咬伤，伤势很重，四处寻医却一直不见效。后打听到盐井教堂的传教士对治病救人很有一套，便带来见神父，并许诺病治好后一辈子留在教会，侍奉天主。果然，几日功夫病情便明显好转，半个月过去竟完全康复。其家人也遵守诺言，不但全部皈依了天主教，而且还把其曾祖父送给神父做了养子。

相比零星的医疗救治，传教会在防治瘟疫等传染性疾病上更是不遗余力。由于当地人多信神鬼，不信医药，一旦患上这类疾病，只能坐以待毙。据肖杰一回忆，1939 年茨中周边暴发瘟疫，死了很多人，但当时政府却充耳不闻，不管不问。在这种情况下，茨中教堂的伍许仲神父便带领修女挨家挨户进行救治。之后，瘟疫虽得到控制，而伍神父却在救治过程中受感染病倒，最终医治无效长眠于茨中。接着，1949 年维西县百济讯乡吉岔村在遭遇劫匪后爆发了瘟疫，全村 100 多户，因患病都断了炊烟，傅光业神父起早摸黑跑遍全村给病人送药，还帮助他们烧水照料家务，除三位 73 岁的老奶奶和一位 40 岁的男子没有来得及抢救外，其余 300 多名患者都得到救治获得了康复，天主教的慈善功德在当地有口皆碑。

（三）无处不在的伦理说教

新中国成立前，为提高教徒子女识文断字的能力，同时也为了延续和培养潜在的下一代教友，几乎在每个堂点之下都设有教会小学，如小维西教堂自建立起就办有男、女教会学校两所。男生每年约四十人，女生约有五十人，学生的衣食住行和笔墨纸张全部由教会免费供给。③ 青年时的肖杰一曾在小维西教堂做过一段教学工作。他回忆说，当时的教会小学吸引了不少家庭的孩子前来就读，后学生越聚越多，一度造成容不下的局面。

当下，天主教的教育传统得以保留，只不过变成了举办培训班的模式。具体形式有两种：一是组织教友外出观摩学习。以盐井教堂为例，自 2012 年开始，教会便动员教友报名，前往康定参与神学培训。虽然学习费用都要由自己承担，但教友还是相当踊跃，报名人数逐年增加。二是教堂自己组织培训，主要针对那些平日经常不在家的年轻教友。2014 年春节，盐井教堂曾自发组织了一期针对青年教友的培训班。作为此次培训班的发起人和实际管理者，鲁仁弟花了很大精力，但他认为一切都是值得的：

> 这次培训为期 10 天，共 65 人参加。开始筹备时，我还有很多顾虑，担心教友不支持、效果不好。但万万没想到，教友相当积极，捐钱 2 万多块，有些家庭还背来柴火和粮食。

---

① 刘龄九：《本部卫生工作简单介绍》，《边疆服务》1944 年第 7 期。

② 张蓬舟：《西康》，转引自秦和平《近代藏区天主教传播概述》，《中国藏学》1991 年第 1 期。

③ 施光华：《小维西天主教堂简介》，2002 年，小维西天主教堂搜集。

> 培训过程中，不能抽烟，不能带手机，不能闲聊。如果有人违反规定，就要在众人面前做俯卧撑以示惩戒。培训班的举办不仅是为了坚定他们的信仰，更是教会他们如何思考、如何做人。培训结束后，家长反映效果非常好，孩子们前后变化很大。那些原来在家里面什么都不会干也不愿意干的孩子，经过培训，知道了父母的不容易，开始抢着替父母干一些力所能及的家务事。我们虽然是孤岛式教会，但我们不能把灵魂丢弃在一旁，我们每个人都有传教的使命。①

2012年茨中教堂也曾办过一期针对青少年的暑期班，影响很大，反响也很好，但因种种原因被解散。此后，作为折中之举，每逢六一儿童节的时候，姚飞便组织教友到紧挨着教堂的茨中小学进行慰问，给小朋友买一些零食或纪念品，一起做游戏。由于仅一墙之隔，教堂也是小朋友平时最爱去的地方。每逢主日礼拜，小学生都放了假，随父母来到教堂，在院子甚至教堂里嬉戏打闹。姚神父告诉笔者，他很乐意看到这种场景，这是教会生命力的体现，所以一般不会对小朋友的"胡闹"之举横加干涉。姚飞说，只要身在教堂，就多少能感受到天主的爱，就会受到天主的影响，这也是一种潜移默化的培训，让他们从小就沐浴在宗教观念中，知道什么是善，什么是恶，什么该做，什么不该做。

除上述较为正式的教义熏陶外，神父亦会在日常生活中借一切机会宣讲教理。以禁酒一例说明之。藏边社会的百姓素有嗜酒的习惯，遇"有客或婚丧大事，更彻夜狂饮"②。据肖杰一讲述，过去村民爱酒如命，一旦粮食收割下来，家家户户都要酿酒。所以，收获粮食的季节在当地又被称为"醉月"。虽然高寒的气候和多肉的饮食习惯使喝酒成为必需，但因喝酒闹事、打架斗殴甚至伤人致死的事件接连不断。茨中调研期间，笔者就曾亲历过一起因醉酒而出手伤人的事故。所幸的是两个家庭的关系还比较亲密，才避免了事态的恶性发展。正是考虑到喝酒的危害，姚飞总是隔三岔五地劝诫教友：

> 阿拉（藏语，酒）我们一定要控制得住。这么说不是让大家滴酒不沾，而是要有节制。必要的时候，比如累了、困了，喝两口是可以的。可是有些人，不管什么时候，闲下来就喝酒，而且要喝很多才能尽兴。还有些人更厉害，外出开车也不忘整两口。你们想想，这是多么可怕的事情。我不说对你们的身体造成的伤害，对家庭、对朋友、对邻居都会产生不好的影响。你们看我，虽然屋子里放了很多酒，有青稞酒还有葡萄酒，但我从来不喝，只用来招待客人。我一般只喝茶，茶多好，是世界上最好的健康饮品。咱们每个教友家里放的都有茶叶，当你们想喝酒的时候，就想一下我说的这些话，学着去品茶，慢慢你就能体会出戒酒的好处了。③

在这种谈心式的说教方式中，教育者与受教育者自始至终都是活动的参与者，都能直接感受到教学效果的影响，而且由于教学双方都被置于宗教的氛围之中，感情的唤起与交流都是自然进行的，最能引起人们内心的共鸣，也往往能收到事半功倍的效果。访谈期间，村民纷纷表示酗酒的人越来越少，虽然仍有人嗜酒，但一定会把控住自己不喝醉。吴公底是茨中村公认的"酒缸"，据村民称，如果是喝自酿青稞酒，两三斤也不会倒。有一天在他家闲聊，谈及此事，他笑称很对不起天主，因为喝酒违背了天主的训诫，但又承认自己确实戒不掉，只能向天主保证少喝，在量上进行控制。

---

① 访谈对象：鲁仁弟，地点：家中客厅，时间：2014年8月10日。

② 陶云逵：《陶云逵民族研究文集》，民族出版社2012年版，第214页。

③ 姚飞神父在周日弥撒中的宣道，地点：茨中天主教堂，时间：2014年5月11日。

四、结论与探讨

“神圣”与“世俗”是宗教研究中最经常使用的一组对偶概念。宗教是神圣的，它可以用一系列的仪式和禁忌潜移默化地影响人，同时宗教又是世俗的，它与政治、经济和文化教育又有着密不可分的关系。对藏边社会的天主教来说，它初传该区时所直接面对的是早已深入人心并与民众生活相混融的强势的藏传佛教。根据上文提到的查尔斯·特各洛克的“短缺”理论，藏边社会的百姓最不缺乏的无疑便是心中的想象和寄托，人们的精神生活几乎全部置于藏传佛教之上，完全容不下也不需要任何一种替代性机制。新中国成立前的西方传教士也曾极力在神性上宣称天主教的合法性，把藏传佛教贬斥为“落后”“愚昧”和“无用”的，但获得的结果往往是人们的漠视、不解甚至是冲突。也正是这个原因，藏边天主教的传播、发展、扎根和壮大主要需依赖于世俗权力的建构与施展。

宗教影响社会的首要基础在于它的组织性。[①] 无论发育程度如何，宗教都具有一定的组织特征，差别仅在于组织化程度的高低而已。经由上文的梳理与描述不难看出，本区的天主教组织体系经历了一个从无到有、从简单到复杂、严密的发展过程。有“组织理论之父”之称的马克斯·韦伯根据人的行动取向及与之对应的支配性权威，推演出了三种不同类型的组织形式，即传统组织、魅力型组织和科层组织。传统组织以家长制和长老制为代表，在这类组织形式中，习俗与惯例被视作不可抗拒的行为规范；魅力型组织以宗教为其典型，权威基础在于被统治者坚信特定人物具备非凡品质；科层制则是依职能和职位进行分工和分层，以规则为管理主体的组织体系和管理方式。对照来看，藏边天主教属混合型组织——不仅具有传统组织和魅力型组织的重要特点，而且还是一个集决策、管理、技术于一体的合理合法化科层组织，而这无疑成为它能够发挥世俗影响力的基础。

而在具体的实践当中，提供政治庇护、调解民间纠纷、给予经济帮扶和实施医疗救助成为传教会经常使用且效果最好的手段。一方面，从社会影响来说，政治、经济手段的应用使教徒人数陡增，对既得利益者藏传佛教寺庙构成了巨大的冲击，佛耶冲突因之在历史上此起彼伏，爆发频率和激烈程度都属罕见；但另一方面，天主教的行为也部分取代了政府部分的社会管理职能，最大程度地避免了混乱年代中人们流离失所、无依无靠窘境的扩展和蔓延，对稳定地方社会起到了一定的积极作用。此外，传教会还利用了一系列正式的和非正式的说教方式将自身的价值观施加于人。正是经由长期的宗教伦理的濡化，教民养成了克己修身、注重和善的思想意识。而这也无疑成为当下佛耶和睦共处的观念基础。

---

① ［日］池田大作、［英］B. 威尔逊：《社会与宗教》，梁鸿飞、王健译，四川人民出版社 2003 年版，第 139 页。

傣族泼水节时空结构中的双重宗教信仰

—— 以云南普洱景迈村为例①

徐　菡*

摘　要：泼水节与宗教信仰一直是傣族研究的重要内容。本文以景迈山傣族为研究个案，试图分析泼水节中民间宗教信仰和南传上座部佛教在节日时空中的共存关系，表现为：从节日时间上的节日名称、日期、起源，以及从节日空间上的组织者身份、仪式空间的建立、仪式过程的凸显等方面，均显示出傣族本土的民间宗教信仰与南传上座部佛教并存与有机结合，以此表明傣族泼水节具有双重宗教信仰的核心实质。

关键词：泼水节；傣族文化；民间信仰；南传上座部佛教

DOI：10. 13835/b. eayn. 22. 15

民族节日由“确定的日期、特定的祭祀（纪念）对象以及固定的仪式性、娱乐性、社交性活动”组成②，往往在固定的时间与空间内举行，所以节日也被称之为“时空以外的时空”③。就节日与宗教仪式的关系而言，涂尔干指出，节日的概念是从宗教仪式观念中自然产生出来，因为节日“使人们相互接近，参与进入群体之中，并激起一种兴奋状态，而宗教仪式属于严肃的生活，通过仪式获得一种安慰感重返世俗生活”④，所以宗教仪式具有重要的目的性，而娱乐活动却不一定有目的性。在法国社会学派的影响下，众多学者将节日与宗教仪式视为社会团结的主要力量，由此形成特定的时间与空间关系。葛兰言认为，节日是社会公约的传统象征，而社会秩序的基本法则在庆典期间展现出来。正如中国上古的节庆一样，节日在社会和自然界确立了良好的秩序，促成了物质世界与人类世界的万物和谐统一。⑤ 从时间与空间的视角，节日的社会功能继续被揭示，在杨庆堃的研究中，他指出节日不仅是以群体性的活动传递社会功能，也是决定社会价值的标志，而宗教仪式便提供了可供民众共同信仰的集体象征，更表达了公众的意义，从而形成社会的凝聚力。他强调了节日

---

* 作者简介：徐菡，云南大学西南边疆少数民族研究中心、民族学与社会学学院副教授，主要研究傣族传统文化与仪式研究及影视人类学。

① 基金项目：云南大学民族学学科高地建设与规划项目“景迈傣族传统宗教仪式的调查、记录与整理”及“仪式与舞台的身体表演”。

② 高丙中：《圣诞节与中国的节日框架》，《民俗研究》1997 年第 2 期。

③ 王娟：《民俗学概论》（第二版），北京大学出版社 2011 年版，第 178 页。

④ ［法］E. 涂尔干：《宗教生活的初级形式》，林宗锦、彭守义译，中央民族大学出版社 1999 年版，第 426 页。

⑤ ［法］葛兰言：《古代中国的节庆与歌谣》，赵丙祥等译，广西师范大学出版社 2005 年版，第 156 页。

空间的功能，认为节日庆典是宗教的一个部分或是举行的场合之一[①]，所以节日的空间与仪式的空间相互联系。在他看来，大多数的节日庆典是在共同的宗教传统之下举行的，这些鲜活的社区生活，实际上是脱胎于由宗教仪式所规范的共同传统的作用。可见，节日与宗教仪式有密切关系，它们虽由共同的时间与空间确定，但却并不完全一致。宗教仪式偏重神圣性和目的性，而节日为宗教仪式提供了产生社会凝聚力所需的固定时空中的集体性和娱乐性，因此，节日有更多世俗与娱乐的内容。此外，以时间与空间的象征分析为路径，学者们也揭示出节日与宗教仪式的神圣与世俗关系。节日中的时间与空间不仅仅是物理上的时空定位，还具有了社会文化意义。就节日与时间的关系而言，葛兰言指出，中国上古的节庆是季节性的，与初春的复苏相联系，而逐渐成为固定的日期。[②] 杨庆堃也认为，节日对传统的社会功能在于从时间的层面规定了社会生活日程计划的角色。伊利亚德进一步指出，节日的时间是通过各种类型的仪式，人们将自己置于“神话的时间”里保持着不变的记忆或永恒。所以，节日总是在“神话时间”里举行，并与“世俗时间”的相互交替而达到一种时间的彻底更新。[③] 可见，节日时间总是与季节性时间和神话时间有关。而埃德蒙·利奇将时间的本质看作是一种“对立反复的不连续”[④]，从时间的层面看，节日象征着社会日常生活中时间的转折点，并且通过象征性地创造社会性间隔来安排时间。就节日的空间象征而言，伊德利亚认为，由于宗教仪式“无论何种形式的力显和神显都会改变周围的空间”[⑤]，结果将原先的世俗领域变为一个神圣空间，所以宗教仪式成为空间转化的重要媒介，通过祭祀礼仪将世俗的空间转变成神圣的空间，又从神圣的空间回到世俗的空间。[⑥] 此外，节日举行的场合具有公共性、神圣性的象征意义，也体现为世俗空间和神圣空间的相互关系，例如，中国上古的节庆往往在圣地举行，因为岩石、水、树木均是神圣力量的象征，是人民的生存之源与延续之源。[⑦] 而伊利亚德则认为，宗教仪式确保了神圣性在神圣空间的继续存在，使得人们能够在这里与神灵沟通交流，而像“祭坛”“圣所”此类空间正是由于揭示了“从前神显的地方”而成为神圣，才将不起眼的世俗空间转变为神圣空间。由此可见，时间与空间搭建起了宗教仪式与节日的基本框架，节日与宗教仪式相互交织，甚至重合，相应地，节日时空及其象征意义的确立成为民族节日的核心要素。

一、文献与问题

目前，在关于傣族泼水节的众多研究中，较多地集中于节日起源探讨以及现代旅游业的影响[⑧]，泼水节相关宗教信仰及文化内涵的研究却是鲜见，这使得泼水节在傣族社会文化中的强大底蕴无从彰显，近年来泼水节规模的不断壮大往往被人们简单地误认为是旅游经济发展带来的结果。从宗教研究的角度，近年来，有学者们指出，大部分傣族社会的宗教信仰不仅有南传上座部佛教，还兼有

---

① ［美］杨庆堃：《中国社会中的宗教：宗教的现代社会功能与其历史因素之研究》，范丽珠等译，上海人民出版社 2006 年版，第 98 页。

② ［法］葛兰言：《古代中国的节庆与歌谣》，赵丙祥等译，广西师范大学出版社 2005 年版，第 136 页。

③ ［美］米尔恰·伊利亚德著：《神圣的存在》，晏可佳等译，广西师范大学出版社 2008 年版，第 373 页。

④ ［英］埃德蒙·利奇著：《关于时间的象征表征》，载史宗主编《20 世纪西方宗教人类学文选》，上海三联书店 1995 年版，第 499 页。

⑤ ［美］米尔恰·伊利亚德著：《神圣的存在》，晏可佳等译，广西师范大学出版社 2008 年版，第 347 页。

⑥ ［英］埃德蒙·利奇著：《关于时间的象征表征》，载史宗主编《20 世纪西方宗教人类学文选》，上海三联书店 1995 年版，第 500 页。

⑦ ［美］杨庆堃：《中国社会中的宗教：宗教的现代社会功能与其历史因素之研究》，范丽珠等译，上海人民出版社 2006 年版，第 169 页。

⑧ 关于泼水节与现代旅游业的研究主要有张春燕（2009），光映炯、张晓萍（2008），杨筑慧（2009），马凌（2010、2012）。

以神灵崇拜为主的本土民间宗教信仰系统，也被称为“原始宗教”“巫教”“民间信仰”等。龚锐也认为，南传上座部佛教与原始宗教在宗教仪式过程中并存、互通且呈现世俗化的特点[①]；杨清媚也指出，南传上座部佛教与勐神为核心的“巫教”是根本对立无法融合的关系，而形成的双重宗教是不同分工的制衡关系；[②] 张振伟认为，民间信仰与南传佛教的二元宗教信仰系统在西双版纳傣族地区初步形成并相互博弈，而政治发挥了重要作用。[③] 诚然，这些研究成果一般以西双版纳傣泐为研究对象，侧重政治与宗教层面的分析，但就傣族佛教与原始宗教之间的关系而言，如朱德普早已指出，二者相互让步和渗透，又是相互排斥中的长期共存关系。[④] 目前来看，学者们倾向认为傣族社会中佛教与原始多神教的相互并存，并形成了“二教共信”的“二合化”，从而提出傣族社会“双重宗教”“双重社会”“二元宗教”“二教共信的二合化”等[⑤]，然而，这些研究尚未涉及民族节日与宗教仪式的分析与讨论，也缺乏针对泼水节这一典型傣族文化事实为具体个案的解释。本文尝试以景迈村傣族泼水节为研究个案，以节日时间与空间的建立与形成为分析框架，探讨其中的宗教仪式是如何被具体组织和安排在特定的时空之中并发挥着作用的，从而揭示傣族传统社会宗教信仰体系中的一些特点。[⑥]

本文的田野调查地是云南省普洱市澜沧县景迈山景迈村景迈大寨（傣语为“景迈旺龙”）。景迈山身处云南省普洱、西双版纳与缅甸交界的群山之中，是著名的普洱茶江外六大茶山之一，自古至今茶叶一直是景迈傣族的主要经济收入。由于其独特的地理位置，景迈傣族兼有多方特点。从族属分支上看，自称“傣莱”，意为“山坡头上的傣族”[⑦]。从族源上，据当地口传及佛寺经书记载，其祖先来自“孟卯毫发”[⑧]，属“傣讷”；从行政划分上看，景迈大寨在新中国成立前归属西双版纳景洪车里土司，新中国成立后由普洱市澜沧县管辖。众所周知，傣族大部分地区信奉南传上座部佛教（Theravàda），景迈傣族也不例外。南传上座部佛教持戒严谨，坚持传承和保守佛陀的原本教法，传诵并尊奉巴利语律、经、论三藏。只信奉并崇敬佛、法、僧三宝，只供奉佛祖释迦牟尼（帕召），并不皈依，敬事诸天、神、鬼。[⑨] 一方面，由于地处中缅边界，在新中国成立前景迈大寨佛寺归属缅甸景栋总佛寺管理，佛教信仰与相邻的西双版纳勐海、勐遮、缅甸景栋的佛教有极深的渊源，属润派佛教；另一方面，以万物有灵为核心的民间宗教信仰在景迈傣族的日常生产生活中普遍存在。景迈傣族认为世间均有神灵，把对人好的神灵视为“神”，傣语称“丢瓦拉”。“丢瓦拉”无处不在，天、山、水、石、地、树、谷子等自然物均有。把供奉在正房男柱“烧叭”上的家神称为“丢瓦拉很”，寨心处的寨神称为“丢瓦拉曼”，茶山的茶神称为“丢瓦拉腊”。同时，景迈傣族信仰祖先崇拜，认为人体内有“魂”存在（傣语称“康”）。每个人的身体内大大小小的魂共有 93 个，重要的魂有 36 个。如果魂离开身体，即“魂掉了”，人便会得病或死亡。在人死之后，死者的各种魂便会离开身体，在村外附近的山野四处游荡。在景迈傣族的民间宗教信仰体系中，还有各种神灵，如管水的水

---

① 龚锐：《南传旨教与原始宗教的并存及互通——西双版纳三村调查》，载《民族研究》2005 年第 4 期。

② 杨清媚：《从“双重宗教”看西双版纳傣族社会的双重性——一项基于神话与仪式的宗教人类学考察》，载《云南民族大学学报》2012 年第 7 期。

③ 张振伟：《信仰与政治：西双版纳傣族二元宗教系统的形成与发展》，载《思想战线》2014 年第 1 期。

④ 朱德谱：《傣族佛教与原始宗教的关系试析——兼析两者长期共存的原因》，载《思想战线》1992 年第 3 期。

⑤ 西双版纳傣学研究会主编：《西双版纳的佛教》，云南民族出版社 2012 年版，第 115 页。

⑥ 借用李亦园关于传统中国宗教信仰有“普化宗教”特点的观点，如祖宗崇拜、神明崇拜、岁时祭仪、生命礼俗、符咒法术均归属其中，参见李亦园著《宗教与神话》，广西师范大学出版社 2004 年版，第 153 页。而制度化宗教指的是南传上座部佛教。

⑦ 李勇、杨振洪：《景迈茶山》，云南民族出版社 2010 年版，第 17 页。

⑧ 傣语意为“远在西边的孟卯”，“孟卯”为今德宏瑞丽。

⑨ 参见玛欣德尊者译《上座部佛教修学入门 · 巴利语汇解》，http：//dhamma. sutta. org/books/mxd －szbfjxxrm. html。

神“乌巴鲲”、土地神“南诺妥娜里”、建寨祖先“召糯腊”，还有管福气的天神“召巴卡”、帕雅英、帕雅捧、帕雅勇，以及诸山神、勐神等，这些神灵混合了傣族民间信仰与南传上座部佛教，甚至是印度教中的诸神原型。

笔者于2014年、2015年两次到景迈村对泼水节进行实地田野调查。就景迈大寨的泼水节而言，节日的基本构成要素、形式、内容、过程与西双版纳傣泐基本大致相同，但也有差别。这两次泼水节均为三天时间（有的年份为四天，由傣历具体推算）。第一天称“送比告”，即“送旧年”之意，包括送丢、放高升、祭水神；第二天或第三天称“梅脑”，即空日子，或臭日子，这天是休息日，人们探亲访友，请客吃饭，准备祭品；最后一天称“哈毕迈”，即“迎新年”之意，这天也称为“比迈帕雅宛”，包括接新水、拜家神、拜寨、拜佛祖、拉线、堆沙、滴水、洗佛、拜建寨祖先和茶王树、赕佛、告火花等一系列宗教仪式内容。在整个节日过程中，各种宗教仪式与娱乐活动连续不断相互交替，既有傣族民间宗教信仰，也有南传上座部佛教信仰；既有集体祭祀，也有个体祭祀；既有宗教祭祀的神圣化，也有娱乐活动的世俗化。

二、节日时间的确立：节日名称、日期及起源

节日时间的确定往往涉及季节性时间和神话时间。节日的季节性让人类社会的生活秩序与自然万物的生长规律相对应，其中，年是人类社会生态时间的最大单位。一年的周而复始正是通过一系列的时间节点为象征的间隔标记，所以，年节一般以季节转换为标志为循环的基础，年节不仅使人们的社会生活井然有序，也有祈神保佑、人畜平安、除旧布新之意。神话时间是“神话传统里保持着变动不居的记忆”而作为节日的时间被象征性地标记出来，傣族泼水节的时间安排具有上述特点，从节日的时间要素上看，上述两种不同的节日时间在泼水节中呈现为本土的民间宗教信仰与佛教的相互结合。

1. 年节（季节性时间）。首先，“泼水节”是他称，并不是自称。傣族自己称呼此节日为“比迈桑康”，傣语还有其他叫法，如“桑康”“桑康比迈”“楞喝桑康”“桑康楞喝”“赕新年”。其中，“比”为“新”，“迈”为“年”，“比迈”即“新年”，而“桑康”是来自巴利语Sangkhanta的音译，意为“年节”，“比迈桑康”有“新年大转移”之意。① 这里，“楞喝桑康”为“六月新年”，“楞”为“月”，“喝”为“六”，即傣历新年以傣历六月为始。从中得知，“比迈”“楞喝”是傣语，“桑康”是随佛教传入的巴利语。所以，“比迈桑康”首先是一个以本民族岁时生产有关的年节，也称“傣历新年”。由于“节”即为“两个节气相交接之日”，这是傣族农耕文化农业生产对节令的需求，为祈求丰收、风调雨顺、五谷丰登、人丁兴旺而产生了相应的农业祭祀及相应的农事历法②，如祭祀水神、山神，这些祭祀仪式往往源于以神灵崇拜为核心的原生宗教或民间宗教信仰，因此傣历新年是具有鲜明的农事节令特色的民间宗教信仰。由上述可知，从节日名称上看，“桑康”与“比迈”分别来自两种不同的语言，意味着在时间上的新旧交替的年节，这两种不同的节日词汇反映出傣族本土民间文化与外来佛教文化的交会与并存。其次，泼水节的具体日期由傣历推算而来，共三天，每年具体日期相对不固定。傣历旧年与新年的交替以泼水节为标志，泼水节的最后一天实际为新年元旦日，即“毕迈叭雅宛”，为“日子之王到来之日”之意，这一天的具体日期由傣历推算而来。

---

① “桑康”的汉语翻译写法不同，有“桑衎”“山康”“山龛”“桑刊”“尚罕”等，泰国称为“宋干节”，其词根是sam－kram，有聚会、会面；穿越、到达，转移，进入，在场、出席，超越等七个意思，人们将泼水节视为新年，就是将这个节日视为“转移，进入”的日子。参见屈永仙《傣—泰民族的泼水节起源神话及其祈雨本源》，载《民间文化论坛》2014年第4期。

② 黄泽：《西南民族节日文化》，云南教育出版社1995年版，第47页。

目前，景迈村傣族使用的历法与西双版纳傣族相同，称“珠腊萨哈历”①。“珠腊历”为阴阳合历，又为太阳年。这是以太阳在黄道上进入白羊宫宫首到下一次再到达白羊宫宫首为一年，所以，傣历的岁首由太阳年的长度确定。现行傣历的纪年日为公历638年3月22日，大约为春分日。由于傣历对太阳一年运行周期的计算为365.25875天，比现行公历的计算多出0.01655天，经过日积月累，这个误差使得现在的岁首日已后推了22.2101日②，照此规律运行，傣历新年日还会往后推移。同时，傣历也是阴阳合历，阳历年和阴历月之间相差10～11天时间，可由置闰法基本解决此误差。③ 所以，傣历新年的岁首不固定，并不是傣历的1月1日，而一般在傣历6月26日至7月6日之间（公历4月中旬左右）。高立士认为，傣历以六月为岁首的解释是根据气候规律，傣族地区只有干湿两季，从泼水节开始至开门节为湿季④，相对应的另外半年为干季。从泼水节开始，降雨也开始，人们进入了农事生产的繁忙季节，可见，这个傣历是傣族农耕文化农业生产对节令的需求。

2. 节日起源：民间传说与佛经故事。关于泼水节的民间传说与佛经故事有很多，这些“神话时间”被固定在节日之中，成为社会记忆的重要内容。首先，学界对泼水节起源的研究成果较丰，涉及傣族民间宗教信仰与南传上座部佛教。⑤ 在民间宗教信仰体系中，景迈村傣族把泼水节的最后一天，即“傣历新年”当天称为“哈比迈”，也称“比迈帕雅宛”，而“帕雅宛”是“日子之王”或“太阳王”之意。“帕雅宛”是傣族民间传说中英雄人物，与傣历新年的来历有密切关系。在傣族民间传说中的远古时代，人间四季混淆，灾难不断，有位民间英雄叫帕雅宛，他用四块木板做成木翅膀飞到天上，向天王英达提拉告状。天王发现这是掌管风、雷、电、雨、晴、阴的天神“捧玛点达拉”（捧玛远冉）有意作乱，破坏季节交替规律，便派帕英宛收服捧玛点达拉，还得到天神的七位女儿的帮助，她们用天神的头发做成弓箭射下他的头颅。但头颅起火，火势冲天，她们只得轮流抱头灭火，并且不断轮流用水清洗身上的污迹，消除遗臭。同时，帕雅宛意欲飞到天庭的最高层第十六层去参拜天塔“塔金萨”，不幸的是，天门尚未打开，他飞到天门前便被撞死，永远不能回到人间。待天王将新历法修订好之后，帕雅宛托梦给父亲告诉新历法的消息，并且说以后人间过节要通知他，他要带上风神、雨神一起返回过节。由于他托梦的时间是在傣历六月，人们便把傣历六月定为新年，帕雅宛被称为“日子之王”，在新年相互泼水以示纪念。所以，傣族泼水节的第一天必须放出高升，

---

① 西双版纳地区曾使用过四个历法，第一个历法叫“波腊纳萨哈”，共使用了420年；第二个历法是“菩塔萨哈”，即佛历，共使用了622年；第三个历法称为“当补腊萨哈”，共使用了560年；第四个历法是现在使用的“祖腊萨哈”，是从1376年起纪年。这四个历法现都称为傣历。参见西双版纳傣学会编《西双版纳的佛教》，云南民族出版社2012年版，第141－142页。值得注意的是，在佛教界一直使用“佛历”至今未改变，佛历源于印度，傣语称“菩塔萨哈”，以佛祖去世的第二年公元前545年为元年。佛历随佛教进入傣族社会，在西双版纳佛教界沿用至今从未间断过，2017年为佛历2560年。

② 张公瑾：《傣族文化研究》，云南民族出版社1988年版，第104－106页。

③ 征鹏编：《新编西双版纳风物志》，云南人民出版社1999年版，第269页。

④ 高立士：《傣历与泼水节的推算》，载《云南民族学院学报》1985年第4期。

⑤ 关于泼水节的起源有以下四种主要解释：第一种与民间神话传说有关，并演化为三种版本：一是，七个妻子为民除害，［参见江应梁（1983），岩香（2009），张公瑾（1998、2002），以及陈茜（1990），杨康民（2003），金少萍（2014），安琪（2013），屈永仙（2012）］；二是，关于泼水节的民间故事与傣历年的形成有关［岩香（2009），征鹏（1986、1999）］；三是，制定新历法演化为太上老君向玉皇大帝斗法失败［江应梁（1983），张公瑾（2002）］。第二种观点，与南传上座部佛教传入傣族地区有关［西傣学会（2012），张公瑾（2002），陈茜（1990），杨民康（2003），王懿之（1990），王松、王思宁（1998）］；第四种观点，唐代“泼胡寒戏”与词牌“苏幕遮”的遗留。这个观点最早出自荷兆生先生1938年《水摆夷风土记》中《泼寒与苏幕遮》，20世纪80年代韩儒林在《泼寒胡戏与泼水节的起源》中进一步讨论，这个观点在最近得到很多学者的关注与拥护［尚衍斌（2005），光映炯（2006），张春燕（2009），吴凡等（2012）］。

意思是通知帕雅宛新年到了，请他在新年这天回家过节，新年当天因此被称作“日子之王”来临之日[①]。上述民间故事与傣族创世史诗《巴塔麻嘎捧尚罗》中有关新年的描述大致相同，这不但反映了新历法的制定与傣族农业生产与祭仪的关系，也反映了傣历新年实际上与农事生产有密切关系。

而在景迈村的田野调查中，笔者还发现当地流传着有关泼水节起源的其他版本，这与佛祖释迦牟尼到人间传经的佛教故事有关，这则故事记载于傣文贝叶经《满坦都拉》以及诸多佛经之中。[②]据此经书记载，佛祖来到人间传授佛经，到达的第一个地方便是“勐桑戛洒”。天上有一个作恶多端、祸害人间的神，名叫“叭艾满”，他专门与佛祖作对，想方设法破坏佛祖传经。一次，佛祖向人们传授经书时，他放火把经书烧了，佛祖的随从“乌巴鲲”（专门管风雨的神）就降雨扑灭了大火。叭艾满又做法术下了一场大雨，佛祖便盖起大棚让众人避雨。叭艾满还是不甘心，就变成一条蛇下凡危害人间，佛祖的随从就变成老鹰，把蛇治服了。叭艾满最后放火花，让众人来看，以示法术高明，佛祖便放出高升，高升飞得又高又远，便把人们吸引过去。最后，叭艾满不得不向佛祖求饶，承认自己的错误。佛祖在传经成功后，即将回到天上，他的弟子们和老百姓很高兴，并举行盛大的仪式，用洁净的水给佛祖沐浴，大家一起泼水庆祝，这样一年一年传承下来一直到今天。泼水节便是来源于此，人们于是把浴佛这天作为“新年桑康”。而景迈傣族浴佛时间为一年两次，一次是泼水节前两周的傣历五月，一次是开门节之时，传统上并不在泼水节期间举行。值得注意的是，在汉传和藏传佛教，甚至是日本佛教均有浴佛节，而时间分别为农历4月8日和4月15日。

由上述民间传说与佛经故事可见，作为神话的时间被固定为泼水节的时间。在民间神话中，这个时间涉及傣族对旧历法的废除和新历法的建立，而新的历法是更加适合于人们农业生产的季节性时间，所以，作为神话的时间与季节性时间一致。而在佛经故事中出现的时间被固定为佛祖传授佛法成功的时间，而成为佛教传入傣族地区的社会记忆。由上可见，这两个不同的时间分别代表了不同的宗教信仰体系，从节日起源上看，由田野资料和相关文献反映出泼水节的起源既是与傣族民间宗教信仰密切相关，也与南传上座部佛教有关。

三、节日空间的建立：仪式组织者、场所与过程

在空间关系上，节日空间被划分为世俗空间和神圣空间这两个不同的象征范畴。伊德利亚指出，由于神显的存在使得宗教仪式“无论何种形式的力显和神显都会改变周围的空间”[③]，结果导致原先的世俗领域变为神圣空间，而宗教仪式成为空间转化的重要媒介。由于祭祀礼仪将世俗的空间转变成神圣的空间，又从神圣的空间回到世俗的空间[④]，这使得宗教仪式确保了神圣性在神圣空间的继续存在，人们能够在这个神圣空间中与神灵沟通交流。所以，在节日期间的神圣与世俗的空间内，人与神、人与人之间发生着各种相互联系。景迈傣族泼水节中的各种宗教仪式在仪式组织者安章的组织下，建立起以佛寺、大水箐、茶山为核心的仪式空间，人们在这里进行堆沙、拴线、滴水等宗教仪式，成为人神交流的神圣空间。而在神圣宗教仪式的前后，在相同的空间内人们还举行庆祝娱乐等世俗活动，神圣的空间被延续为世俗空间。这里，神圣与世俗空间的建立主要由仪式组织者、场所以及仪式等要素组成，这些要素鲜明地反映了泼水节的宗教性实质是傣族民间宗教与南传上座部佛教的有机结合。

---

① 参见江应梁《傣族史》，四川民族出版社1983年版；征鹏《新编西双版纳风物志》，云南人民出版社1999年版；西双版纳傣学会《西双版纳的佛教》，云南民族出版社2012年版。

② 《满坦都拉》是傣族地区赕佛时最常用的经文，讲述者为景迈村波艾团老人、波安章波艾勇以及安章康朗空。

③ ［美］米尔恰·伊利亚德：《神圣的存在》，晏可佳等译，广西师范大学出版社2008年版，第347页。

④ ［英］埃德蒙·利奇：《关于时间的象征表征》，载史宗主编《20世纪西方宗教人类学文选》，上海三联书店1995年版，第500页。

1. 安章和爬考的双重身份

傣族村落的宗教节日活动一般由宗教权威负责，村行政干部配合。景迈大寨的宗教权威由安章、爬考、僧侣、召曼等宗教专职人员及村中寨老组成。在这些人员中，一方面，僧侣“都比”① 的主要职责是在仪式祭祀时念诵经文，代替佛、神和祖先接受人间凡俗的供品。因此，僧侣是联结佛祖、诸神、祖先与普通信众的中介者，但是，僧侣并不参与泼水节的组织安排和筹备管理等具体工作；另一方面，傣族村寨民间传统中的最高领导为“召曼”，为“寨子王”或“寨主”之意，主要职责是管理和祭祀与民间宗教相关的仪式活动，如祭寨心，在赕佛、上新房时迎送诸位神灵。在泼水节期间，召曼的主要职责是祭寨心，并没有其他重要的事情。由此可见，泼水节的主要负责人并非二者，而是介于二者之间的特殊人物安章和爬考。还俗的“都比”称为“康朗”，一般情况下，安章由村民从康朗中选举产生，他既通晓民间宗教知识，又通晓佛教经文仪规并被佛教体系认可，却不是村落中的政治经济权威。作为南传上座部佛教管理体系的宗教权威，每逢重大的佛教仪式场合，必须由安章带领全村敬拜佛祖、神灵和祖先，但是，安章不能代替“都比”的位置，他在滴水仪式上所念诵的经文不起作用，也没有效力。同时，安章又是一个世俗之人，在日常生活中并不具备宗教仪式赋予的神圣性，所以，他是神圣空间与世俗空间的组织者。爬考由安章和寨老们从村民中选出，一般任期为4年，负责佛寺和僧侣的日常管理，包括佛寺的全部经济收支，虽然他是俗人，但具有了宗教的一定权威性，也称作“白和尚”，爬考也是具有神圣和世俗的双重身份。在泼水节期间，安章负责召集村中干部和老人开会，筹备安排并决定泼水节中各项活动的具体时间、祭品、支付“砍坦”费用、人员分工、组织仪式活动，再由他们分配到具体的个人实施，如做火花、做祭台、清理账目、管理收支、清理供品、摆百家饭等；在仪式过程中，由安章带领村民向诸神灵祷告，送走旧年，迎来新年，而爬考负责具体安排管理和财务管理。可见，安章是泼水节与宗教仪式的真正组织者和管理者，在安章和爬考的身上体现了神圣与世俗的重合。在南传上座部佛教与民间宗教信仰的关系上，由于安章和爬考的双重身份在于“妥善地处理了南传上座部佛教与原生性宗教的关系”②，从而体现为佛教与民间宗教信仰合为一体。

2. 佛寺的复合性

景迈大寨的泼水节被划分在不同的节日空间内举行。如，以家中神柱“烧叭”处呈现为个体的祭拜仪式，而以佛寺、大水箐、茶山等地点则主要的集体祭祀，代表了民间信仰和南传上座部佛教的不同祭祀空间。另外，寨心是傣族民间宗教信仰中的重要仪式空间，泼水节新年当天，每家人须到寨心处献饭，召曼独自在寨心祭拜神灵，拉火花时，众人也必须从寨心出发，将大火花抬至佛寺门口举行庆祝仪式。体现自然崇拜的神圣空间还有祭水神的大水箐和祭建寨祖先的茶山。然而，僧侣在泼水节期间不参与相关民间宗教的祭祀，如祭寨心、告火花。当祭水神和茶王树时，必须由安章请僧侣们到场为诸神灵和村民诵经滴水。

傣族村落里泼水节的最重要场所是佛寺，这里既是神圣的仪式空间，也是凡俗的娱乐空间。景迈大寨的佛寺严格遵守南传上座部佛教规定建立，由佛殿、佛塔、菩提树构成，佛塔旁还有一个正方形的堆沙台。同时，在佛殿外的屋檐下树立着五根石柱，供奉着傣族民间宗教信仰的神灵“丢瓦拉”，即佛寺的“丢瓦拉”。就空间关系上看，佛像与丢瓦拉共处同一佛寺内，只不过有内外之分。在泼水节的第一天，安章和寨老们在佛塔旁的堆沙台里搭建祭台，以沙台为中心，并在东、南、西、北四个角落分别栽下五棵新砍来的大竹柱，柱根上分别捆上一对芭蕉叶和甘蔗苗（傣语称“贺糯贺桂”），同时在中心竹柱上立起约五米高的佛幡（傣语称“董”），目的是通知村子里每家去世的亡灵

---

① 南传上座部佛教僧侣比丘的称呼，“都龙”即俗称的“大佛爷”。

② 郑筱筠：《人类学视域下南传上座部佛教的中国阈限理论分析——以南传上座部佛教管理体系中的安章现象为例》，《思想战线》2010年第2期。

以及诸位保护村子的神灵，新年即将来临了，请诸神灵回到村中和大家一起过节。新年当天凌晨4时起，村民纷纷带上自家的祭品进入佛寺内祭拜，并搭建各自的仪式祭拜空间。村民首先进入佛殿内，向佛祖献饭、点蜡条，在佛像座台的四个方向分别放下四捆木棍（傣语称“迈干天”①），然后再到佛殿外五个石柱前的“丢瓦拉”处献饭，又到旁边的佛塔前献饭磕头，留下四捆“迈干天”。接着，村民开始在堆沙台的中心和四方各堆起一个锥形小沙堆，每个小沙堆上插一个棉纸做的小旗（傣语称“董宰”），并向五个沙堆泼水。接着，村民开始从堆沙台处拉线，白色的棉线必须从中心的大“董”绕起，沿顺时针方向绕过四根竹柱，从佛殿大门进入殿内的佛祖像下，白线最终在佛祖像下拉断，线头垂入地面上一个专门为滴水设置的小地洞内。拉线的目的是让家中过世亲人的亡魂能够来到寺内，在佛祖前找到自己听经书的位置，并接受家人献祭上的供品。由此可见，这根白色的棉线搭建起了一个神圣的仪式空间，它象征着每家亡灵回来的路线，也象征着亡灵到达佛祖前相应的位置。随后，村民来到寺前的菩提树下献饭磕头，又在树下靠留四捆“迈干天”。最后，村民进入听经堂，等待都比举行滴水仪式。经过上述准备，在滴水仪式上，过世亲人的亡魂便可以接到亲人送上的供品。但如果是非正常死亡的亲人，他们的亡魂便不能进入佛殿大堂，家人只能在大堂门外举行滴水仪式。可见，通过拉线，家人搭建起神圣的空间祭拜亲人的亡灵。在佛祖的祈福之下，亡灵可以顺利地来到佛寺享受供品，与家人共度新年。所以，新年当天的仪式空间是由村民活动的世俗空间与亡灵和神灵空间组成的。这不但表明了村民对佛教“佛法僧”三宝的崇拜，也表明了在傣族民间宗教信仰中明显的祖先崇拜特征。可见，在泼水节中，佛寺成为佛教与民间宗教的交会地，作为重要祭祀场所的佛寺反映出傣族社会佛教信仰与民间祖先崇拜的融合。还有，佛寺也是公共娱乐的集会场所。在泼水节期间，全村村民在这里集中，大家相互泼水、跳舞、摆百家饭、放火花迎接新年，佛寺自然也成为神圣与世俗交会的场所。

3. 宗教仪式的双重性

首先，景迈泼水节中由众多宗教仪式与世俗活动构成，可分为三类：第一类为民间信仰仪式，有拜家神、祭水神、拜寨心、祭茶王树（建寨祖先）、祭家祖、拜老人、送丢、放高升、取新水；第二类为佛教仪式，有拜佛祖、堆沙、滴水、浴佛、赕佛、赕火花、告火花；第三类为娱乐活动，有跳舞（刀舞、象脚鼓舞、集体舞、嘎光舞、现代舞）、拉火花、放火花、百家宴、泼水娱乐。就宗教仪式的对象而言，包括民间宗教信仰中的祖先崇拜（家祖和建寨祖先）、自然崇拜，以及对南传上座部佛教“佛法僧”三宝的敬拜。南传上座部佛教与民间信仰在宗教仪式上大多会同时出现，如祭水神、祭茶王树是傣族民间信仰的自然崇拜，却也在佛寺之外请僧侣念诵经，行滴水仪式，并按佛教仪规祭拜茶王树和建寨祖先召糯腊；赕火花仪式由安章在佛殿祈福；放高升是典型的民间宗教内容，一般由僧侣点燃。可见，这两种宗教仪式在泼水节中共存共融，有机结合，且越是重要的宗教仪式，其融合度也越高。

其次，这些仪式过程中主要体现为“献饭”和“滴水”这两个并行不悖的仪式行为，分别来自民间宗教信仰和佛教。献饭，傣语称“赛瓦”，向诸神灵和佛祖献食物祭品，以煮熟的米饭为主，同时献一对蜡条，或茶叶、糖果、糕点之类。在景迈傣族宗教仪式的祭品之中，米和饭不可缺少，无论是祭水神、拜佛祖、拜菩提树、拜佛塔、拜寺内的“丢瓦拉”，拜家神“丢瓦拉很”，拜寨心“腊嘎”等均要献饭，只有在祭茶王树时使用米、谷子、茶叶和蜡条。稻米、谷子和米饭反映出景迈傣族以稻作农耕为生计之本，而以茶叶为祭品，这是景迈傣族的特有习俗，反映出茶叶在景迈傣族经济与社会生活中的重要位置。滴水，傣语称“亚南”，是南传上座部佛教的基本仪规，据说产生于佛陀时代。滴水是每个佛教仪式结束时必须做的仪式，分为集体滴水和个体滴水，有拜佛、拜和尚、

① 是一端带分叉的长木棍，削净树皮后用白布将另一端包好，共12根，目的是保佑人们在新的一年内身体健康，不生病。

拜父母、祖先、亲戚、动物、自然、精灵和鬼等多重含义。凡重要的祭祀仪式必定要举行滴水仪式，泼水节也不例外，在祭祖、祭水神、祭茶王树、堆沙等仪式上均须滴水。但不同仪式上的滴水含义却各有不同：祭祖滴水是为自己家去世的亲人，祭祀水神“召回弄”滴水是为求水神保佑，让泉水充足，拜茶王树滴水是祭祀建寨祖先“召糯腊”，而堆沙滴水是为自己所犯错事向佛赎罪。在这些不同的滴水仪式上，既有民间宗教信仰的内容，也有佛教的内容。特别值得注意的是，在滴水仪式上，只有由僧侣都比念诵的《滴水经》才能把诸神灵请来，包括各家过世亲人的亡灵，只有经过都比“尖”① 过的水和供品，才能让祖先接到，否则的话，没有任何的效力。

最后，在泼水节的重要宗教祭祀仪式中，又以滴水祭祖为整个节日的核心。根据当地村民的解释，滴水祭祖的实质类似于汉族上坟祭拜祖先。② 所不同的是，傣族不是在坟头前祭拜祖先，也不是使用鸡、猪、牛等动物牺牲，而是在佛寺内举行滴水仪式，并由僧侣念诵《滴水经》祭拜过世的亲人，并献上祭品。他们相信这样可以将祖先的亡灵（一代二代之内能够认识的亲人）请回来，享用自己供奉的饭菜。每当泼水节来临之际，凡有亲人亡故的家人均必须来到佛寺举行滴水仪式，祭拜过世的亲人。所以，出门在外的人也必须在新年这天赶回家参加滴水仪式，否则的话，人们相信会被鬼魂缠身得病。经调查得知，村民一致认为，滴水祭祖是整个泼水节中最重要的一项内容。由此看来，祭祖这一典型的民间宗教行为却是在佛寺内的神圣空间内举行，由僧侣诵经《滴水经》并接受祭品把亡灵请回来。然而，佛教认为滴水是给众生与神灵，因此，滴水祭祖的目的也是多重的，一是让今天在场的所有人健康长寿，二是请诸神灵来接供品，三是请亡灵接供品。可见，景迈傣族在佛寺祭祖、在茶山祭建寨祖先的宗教仪式只是在祭祀形式和手段上的更替，而祭祀对象为祖先神灵的实质并没有随佛教的进入而改变或被彻底禁止。

四、结论与讨论

上述可知，作为景迈傣族最隆重最盛大的民族节日，泼水节中大量的宗教仪式具有丰富的文化内涵。从节日时间以及空间关系的分析中可知，傣族泼水节的双重宗教性既体现了傣族民间信仰的根本，也折射出南传上座部佛教的要旨。

第一，傣族泼水节既是年节也是宗教节日。作为傣族当地最为隆重的年节，泼水节是傣历新年，但也有明确的宗教内涵，而宗教性是泼水节的核心部分。傣族民间传说及创世史诗表明，泼水节产生于新历法的创建和旧历法的取替，其目的与农事生产、农事节令密切相关。所以，泼水节在最初应该是岁时节日与农事节日相结合，其意义便是“把过去一年的痛苦和灾难送走，在新的一年里，祈求身体健康，风调雨顺，五谷丰登，六畜兴旺”③，可见，其中的农业祭祀是傣族原生民间宗教信

① 信众将手中的滴水瓶和祭品碰触佛祖像前或“都比”手中的法杖，傣语称“尖”。

② 相关的传说故事记载于佛教经文《尼板那苏》中，相传很久以前有一个女孩，她的爹妈不在世了，她很可怜自己父母，担心他们没有饭吃，便每天把饭菜送到父母的坟上，但是他们都没有吃到，父母托梦对她说：“你天天送来的饭，我们都吃不着。”有一天下雨刮大风，有个大佛爷走来，他对女孩说，你不用把饭菜送到坟上，就在这里滴水，说我要送给我爹妈，我念念经，他们就吃着了。女孩照办了，父母托梦给她说，你以前到坟上送饭菜都吃不着，这次请和尚念了《滴水经》我们就收着了。从此以后，傣族便在佛寺滴水而不去坟上献饭了。讲述者为景迈大寨安章康朗空，版纳傣族还有另一个相似版本叫作《富翁送饭》。

③ 参见荀兆生《水摆夷风土记》，云南人民出版社 2003 年版；岩香主编《傣族民间故事》，云南人民出版社 2009 年版。

仰的直接反映。[①] 所以，这个年节实质上包含着大量民间宗教信仰的内容。除此之外，傣历新年中还纳入了外来的佛教，佛诞日所举行的浴佛、游演等佛教法会以及个体的堆沙仪式均为泼水节的重要内容，特别是在新年这天的赕佛是节日的高潮。[②] 在佛教体系的层面，泼水节也被称为浴佛节。不难发现，泼水节既是体现了民间宗教信仰的年节，又具有敬佛拜佛的佛教职能，由于反映出祈福保佑、人畜平安、除旧布新、人神同娱、生命轮回的多重意义，也从中表明了泼水节的兼容性和包容性特点。

第二，泼水节中的宗教性体现为傣族民间宗教与佛教长期共存且相互影响。景迈傣族泼水节中的宗教仪式同时容纳了民间宗教与佛教这两种异质的宗教信仰体系。一方面，二者表现为相互并存和融合的关系，特别是滴水仪式反映了二者的高度结合。因此，二者的并存并融现象可以理解为，民间宗教需要运用更有效力的形式与手段达到最现实的基本目的，与此同时，南传上座部佛教在维持佛教纯洁性的前提下弘扬佛法，也需要与本土民间宗教进行协商与渗透。另一方面，二者保持相对独立和排斥。僧侣不参加节日期间相关组织安排和世俗娱乐活动，非主动邀请不参加取新水、祭水神和祭茶王建寨祖先的民间宗教仪式。他们只执行与佛教相关的仪式，如滴水诵经、堆沙、接受赕佛、浴佛。除浴佛外，堆沙滴水也来自佛教，意为洗净身上的罪过，向佛祖赎罪，这在泼水节中一直被佛教体系所强调。这些重要的宗教祭祀内容均施以滴水仪式。就景迈泼水节呈现的事实来看，二者的共处状态是经历了漫长的渗透与接纳过程而逐步形成的。因此，作为宗教节日的泼水节是民间宗教信仰与南传上座部佛教共存共融的社会事实在傣族社会中长期存在的直接反映，这种“不同而和”且“和而不同”的有机结合应该是双方之间相互妥协、让步和宽容的结果。可见在泼水节中，傣族民间宗教信仰凭借自己强大的文化根基得以保存和延续，只不过加上了佛教的形式外衣，而南传上座部佛教借自己更加高明的教义与仪规宣扬了佛法的威力，也征服了傣族信众。这表明，在同一节日、同一仪式中，二者既相互融合又渗透，相互让步又排斥。因此，这种互为一体、不可分割的自律机制，形成了景迈傣族泼水节双重宗教信仰相辅相依、不分彼此、你中有我、我中有你的现实格局。

第三，祖先崇拜为泼水节诸宗教仪式的核心。在泼水节的所有宗教仪式中，对于傣族村民而言，最重要的祭祀仪式莫过于滴水祭祖，这是个体家庭对一代或二代先人（仅是能够记得的亲人亡灵）的祭祀。此外，在新年当天全寨人必须在茶山茶王树下祭祀建寨祖先召糯腊。滴水祭祖以祖先崇拜为核心，这些宗教仪式以其固定不变、重复相同的仪式过程和内容年复一年地表达着傣族先民的宇宙观要旨和意义，更通过宗教仪式的神圣性折射出傣族族群文化社会记忆的根本与延续，正如朱德谱指出：“神灵崇拜是傣族原始宗教在历史衍变中的主流，而祖先崇拜是神灵崇拜的核心。”[③] 由此可见，傣族先民在接受佛教后并没有放弃自己原先已有的祖先崇拜和自然崇拜，只不过，外来的佛教用更高明的佛法仪规取代了原民间宗教的法术。虽然这只是在祭祀方式手段上的变化更替，然而傣族传统民间信仰中固有的祖先崇拜、自然崇拜却借佛教的滴水仪式延存于泼水节之中，也渗透到关门节、开门节这两个典型的佛教节日之中。由此，以祖先崇拜、自然崇拜为主的民间宗教信仰在

---

① 认为泼水节与本土民间信仰文化、农事节令相关的研究，参见陈茜《泼水节的起源、传播及其意义》，载王懿之、杨世光编《贝叶文化论》，云南人民出版社 1990 年版；岩峰《傣族新年与农耕神话》，载云南省社会科学院民族文学研究所编《民族文学研究集刊・第三辑》，云南人民出版社 1988 年版；胡绍华主编《傣族风俗志》，中央民族大学出版社 1995 年版；郭家骥《西双版纳傣族的稻作文化研究》，云南大学出版社 1998 年版；金少萍《西双版纳城子傣族村寨变迁的民族志研究》，知识产权出版社 2014 年版。另外，认为泼水节是祭水礼与浴佛节的结合，参见杨鸣歧《傣族泼水节考辨》，载《贵图学刊》2008 年第 2 期；认为泼水节是民间行为与佛寺法会结合，参见杨民康《云南景洪与缅甸景栋泼水节仪式音乐比较研究》，载《民族艺术》2014 年第 6 期。

② 王松、王思宁：《傣族佛教与傣族文化》，云南民族出版社 1998 年版。

③ 朱德谱：《傣族神录崇拜浅说》，《中南民族学院学报》1996 年第 3 期。

景迈傣族泼水节中得以保存，并以滴水仪式固化于文化承载者的行为和内心。

综上所述，景迈傣族泼水节的形成经历了漫长的历史和发展过程，且有新的内容与形式不断融入，不断形成新的节日时空框架。其中，傣族民间宗教信仰与南传上座部佛教在泼水节中表现为长期共存又相对独立，并非简单的二元对立或是融合的关系。从时间与空间的分析视角，傣族社会双重宗教的信仰体系使得泼水节的节日框架及内容扩展和延伸，而像辞旧迎新和祖先崇拜的节日核心实质基本上没有发生多少改变。如果说对傣族泼水节的建构是“传统的发明”的话①，那么，泼水节中的这些宗教仪式活动恰恰折射出在民间宗教信仰和佛教影响之下，傣族传统宇宙观和社会记忆的根本与延续。本文仅仅是对傣族泼水节的初步探讨与个案研究，面对傣族悠久历史长河中积累起来的深厚文化积淀，只能窥豹一斑。若要真正认识傣族泼水节在当前商业化、市场化，特别是在旅游经济促发下的新变化与新发展，离不开傣族社会长期以来深厚且牢固的民间文化土壤，而这层土壤依赖于傣族社会民间宗教信仰与南传上座部佛教的共同培植和影响。

---

① 关于泼水节与“传统的发明”的相关讨论：参见光映炯《泼水节的人类学解析——以西双版纳泼水节为例》，载《全国贝叶文化研讨会论文集》2006年；胡琰《边界与逾越：傣族泼水节仪式的文本性》，中央民族大学硕士学位论文，2007年；杨筑慧《旅游业发展中的节日符号操弄——以西双版纳傣族泼水节为例》，载《中央民族大学学报》2009年第3期；褚建芳《制造传统——关于傣族泼水节及其相关新年话语的研究》，载《开放时代》2010年第2期。

贵州歪梳苗的石棺葬文化探析①

严奇岩*

摘 要：我国西南地区的少数民族历史上广泛存在石棺葬习俗，但大多在明代以前已经消失，至今留下很多谜团。明清以来贵州各地仍有石棺葬的发现，显示贵州民族墓葬文化清晰的文化线路。特别是今天贵州晴隆县金竹凼的李姓歪梳苗和大方县普底乡红丰村的杨姓歪梳苗仍孑遗石棺葬习俗，成为我们研究这类古老墓葬文化的“活化石”。从两地石棺葬的实地调查看，歪梳苗的整个丧葬礼仪，包括一次葬与二次葬，葬礼简单，仪式简朴。其特点是以竹席敛尸，入殓与安葬同时进行，不用棺木而用无底的石板棺安葬死者，体现出苗族丧葬中棺尸分开、二次葬、风葬等文化特征。石棺葬是一定地区的民族信仰、地理环境以及相应的经济生活相互作用的产物。石棺葬以竹崇拜与芭茅草崇拜等自然崇拜表现祖先崇拜，也是歪梳苗文化认同的主要标识，这些支配着歪梳苗的丧葬观念和行为取向，也使歪梳苗的石棺葬习俗亘古不变。

关键词：歪梳苗；石棺葬；孑遗；田野调查

DOI：10. 13835/b. eayn. 22. 16

石棺葬，又称石棺墓、石板墓，是指在埋葬尸体时，先在地表挖一长方形竖穴土坑，坑壁沿边挖凹槽，再以薄石板竖立在凹槽内，墓底不铺石板，尸体不用棺木入殓，直接放入墓内，上再以薄石板为盖，地表有封土的墓葬。② 其特点是以石为棺，尸体直陈石板棺中。

童恩正曾应用人类学的研究方法，提出我国古代从东北经内蒙古、青海、甘肃至西南存在着一条“边地半月形文化传播带”的著名论断，即我国的西北、东北、华北东部和西南地区广泛分布着石棺墓。③ 西南地区是我国石棺葬的主要分布区。四川、云南地区的石棺葬主要在汉代，少数在明代以前。④ 贵州也是我国石棺葬的分布区，年代主要在宋代至清时期，迄今仍有孑遗。与周边省（区）相比，贵州石棺葬延续时间长。不过，贵州地区的石棺葬往往为学者们在研究西南石棺葬时所忽略。

在各地石棺葬早已绝迹的情况下，贵州仍孑遗石棺葬习俗，无疑有重要的研究价值。

---

* 作者简介：严奇岩，博士，贵州师范大学历史与政治学院教授，博士研究生导师，主要从事民族史和西南历史地理的研究。

① 基金项目：2013 年度国家自然科学基金项目“喀斯特环境与贵州民族墓葬文化研究” （项目编号：41361039）。

② 席克定：《灵魂安息的地方——贵州民族墓葬文化》，贵州人民出版社 1990 年版，第 118 页。

③ 童恩正：《试谈我国从东北至西南的边地半月形文化传播带》，载文物出版社编辑部《文物与考古论集》，文物出版社 1986 年版，第 17 页。

④ 罗开玉：《川滇西部及藏东石棺墓研究》，《考古学报》1992 年第 4 期；郭继艳：《云南地区石棺葬的分区研究》，《四川文物》2002 年第 2 期。

1984 年，席克定调查发现，在惠水县城关镇新光村城番关、斗底乡翁歹村岩下寨、断杉乡和九龙乡的部分白苗仍使用石棺葬。[①] 前不久，笔者去惠水县调查，遗憾的是当地白苗的石棺葬习俗已经消失。

目前，贵州只有晴隆县光照镇新益村金竹凼的李姓歪梳苗和大方县普底乡红丰村的杨姓歪梳苗仍孑遗石棺葬习俗，成为我们研究这类古老墓葬文化的“活化石”。其中，大方县普底乡红丰村的石棺葬，翁家烈在 1985 年有过调查及简略记载[②]，晴隆县金竹凼的石棺葬，在 20 世纪 80 年代当地文物部门已登录，并指出当地李姓苗族仍在使用石棺葬。[③] 也就是说，两地孑遗的歪梳苗石棺葬习俗的记载都是在 30 余年前，或做了简单调查，或仅有登录而没有民族调查。这说明对两地石棺葬习俗的进一步调查很有必要。而且，学界对歪梳苗的丧葬习俗虽有所论及[④]，但歪梳苗的石棺葬文化尚无专文讨论。

一、历史上歪梳苗的石棺葬

（一）歪梳苗的分布

“歪梳苗”主要分布于贵州的黔西、织金、平坝、清镇、纳雍、关岭、普定、西秀区、紫云、水城、六枝、晴隆、普安、镇宁、大方、兴仁、册亨等地。分布区大致属于明清时期彝族土司的领地范围。

该支系自称“monsha”（蒙撒），他称有“偏梳苗”“歪梳苗”“汉苗”“水西苗”等[⑤]，属于苗族川黔滇支系，通用的苗语是川黔滇次方言。因已婚妇女右耳后的发髻上斜插一把月亮形梳子，故名歪梳苗；因其文化汉化程度较深，故又称为汉苗；之所以又称为水西苗，原因有二：一是主要分布于三岔河两岸和鸭池河西岸，属于历史上的水西地区；二是最早聚居于黔西县，明代始由黔西迁往各处。歪梳苗（水西苗）文化习俗类似于花苗或白苗。故有人认为水西苗为花苗的一种。[⑥]

（二）歪梳苗的石棺葬

“歪梳苗”作为西部苗族支系，不为官方所注意，在清代以前的文献中很难查找到。

民国时期对歪梳苗（水西苗）行石棺葬习俗开始关注。如民国《续修安顺府志》载水西苗“出丧用长丈余之小树劈而为二，稍削平去皮，以墨或桴炭画文于两端，捆以肩板，用以抬尸。抬至山麓，掘土为井，以石板镶边，以竹席裹尸置于井内，盖以石板”[⑦]。这是有关歪梳苗石棺葬习俗的详细记载。从中可看出，歪梳苗石棺葬的特点：一是以竹席敛尸；二是不以木棺为葬具，而是以石板为棺；三是软抬尸体，入殓与安葬同时进行。历史上歪梳苗的石棺葬习俗十分普遍，但受汉文化的影响，在民国以来歪梳苗石棺葬习俗开始发生变化，其变化大致经历三个阶段。

---

① 席克定：《灵魂安息的地方——贵州民族墓葬文化》，贵州人民出版社 1990 年版，第 122 页。

② 翁家烈：《大方县普底乡红丰村调查》，贵州民族研究所《贵州民族调查之三》，1985 年版，第 121 页。

③ 贵州省黔西南布依族苗族自治州史志征集编纂委员会编：《黔西南布依族苗族自治州志 · 文物志》，贵州民族出版社 1987 年版，第 29 页。

④ 关于歪梳苗的丧葬仪式的研究，主要成果有：黄秀蓉《贵州化屋歪梳苗“打牛”祭丧仪式探析》，《民族研究》2011 年第 6 期；刘锋、张敏波《“蒙萨”苗族“烧灵”：二次葬的仪式化传承与变迁》，《民族研究》2011 年第 1 期；等等。

⑤ 姬安龙：《贵州苗族支系调查报告》，载李平凡、颜勇主编《贵州“六山六水”民族调查资料选编 · 苗族卷》，贵州民族出版社 2008 年版，第 165 页。

⑥ 吴定良：《黔省水西苗调查记要》，《学术汇刊》1942 年第 1 期。

⑦ （民国）《续修安顺府志 · 土民志》。

第一阶段是敛尸用具由竹席变为棺木。民国时期，黄元操在安顺调查注意到："近年苗死，不尽以席敛，多有用棺敛者，盖居近汉族渐染汉风耳。"[①] 杨汉先也提到"水西苗葬，昔时以草席裹尸弃之野外，今则皆用棺木"[②]。

第二阶段是石棺内出现棺木的现象。竹席敛尸变成棺木敛尸后，石棺葬仍保留，但出现石棺内套木棺的现象。如民国时期罗荣宗调查普定和水城的水西苗行石棺葬："葬之前，先遣人至墓地开石掘土，以石合成一井，用石灰将石缝紧扣，然后舁棺往，先用鸡跳井，称跳井鸡，后乃抬棺入井，以石盖口之，是或石椁之遗意也，再垒其上成坟。"[③] 吴泽霖等也载"至葬处，掘土为井，以石板镶于井中。孝子跃入少许即出，鬼师杀鸡说赞后，始将棺材或簟席横放井内，开路时所捏死之鸡亦一并放入井上盖以石板上，垒土为坟"[④]。两则调查材料都注意到水西苗将石棺镶好后再"抬棺入井"。

第三阶段是新中国成立以来不用石棺，直接用棺木土葬。如 20 世纪 80 年代调查安顺歪梳苗，"据说前人多数是用石棺套木棺，现已改变，只用木棺埋葬"[⑤]。石棺套木棺已成传说，说明民国以后，各地歪梳苗的石棺葬习俗逐渐消失，歪梳苗的木棺土葬十分普遍。

二、贵州歪梳苗的石棺葬仪式

在各地石棺葬习俗都已消失情况下，大方县和晴隆县仍孑遗的两处歪梳苗石棺葬无疑有独到的文化价值。2016 年 10 月底，大方县普底乡红丰村 46 岁的杨开文去世，是用石棺葬。[⑥] 金竹凼最近实行石棺葬的老人是2012 年去世的李德学和2015 年去世的李忠辅。两人都曾长期在外工作，去世后回归故里按照歪梳苗石棺习俗安葬。由于两地石棺葬习俗基本一致，笔者以晴隆县光照镇新益村金竹凼的李姓歪梳苗为例，解读歪梳苗石棺葬文化。[⑦]

晴隆县光照镇金竹凼组是歪梳苗聚居的村寨，主要姓氏有何、彭、王、杨及李等五姓，人口最多的是李姓。全组共 200 多户，其中李姓歪梳苗有 70 多户。全寨中，杨家、彭家、何家和王姓等歪梳苗用木棺土葬，唯独李姓歪梳苗行石棺葬。而且从金竹凼分迁到附近的小寨（约 9 户）、鸡场镇的豹子山（约 4 户）和三宝乡大坪村乌嘎组（约 7 户）等地的李姓歪梳苗都保留石棺葬习俗。三宝乡的黄井原有一户李姓歪梳苗也行石棺，因后继无人，现不再用石棺。

歪梳苗的整个丧葬礼仪，可以分为两大部分，前一部分为"热葬"，后一部分为"冷葬"，即"烧灵"[⑧]。入土安葬是为一次葬，烧灵即招魂，为二次葬。金竹凼李姓歪梳苗实行石棺葬，其习俗一般是三天之内将死者软抬上山用石板安葬。因尸体软抬上山，待葬时间不会太长，特别是夏天，若尸体腐烂发臭后无法软抬。

---

① （民国）黄元操：《贵州苗夷丛考》，载中国西南文献丛书（第四辑，《西南民俗文献》第 15 卷），兰州大学出版社 2003 年版，第 118 页、第 119 页。

② 杨万选、杨汉先、凌纯声等：《贵州苗族考》，贵州大学出版社 2009 年版，第 92 页。

③ 罗荣宗：《苗族之丧葬》，载贵州省民族研究所《民族研究参考资料·民国年间苗族论文集》，1983 年印，第 334 页。

④ 吴泽霖、陈国钧：《贵州安顺县苗民调查报告》，载《中国西南文献丛书》（第 55 册，第四辑，《西南民俗文献》第 19 卷），兰州大学出版社 2003 年版，第 375 页。

⑤ 安顺地区行署民委编：《安顺地区民族志资料汇编》（第二集），1990 年 12 月印，第 133 页。

⑥ 2016 年 11 月 26 日，我的研究生杨鸿等采访大方县普底乡红丰村花秋组杨廷贵（男，63 岁）、红丰村高原组（杨学军，男，38 岁），两人都为当地歪梳苗的掌堂师，即巫师，下文中涉及大方歪梳苗资料未注明处，皆出自调查采访所记。

⑦ 2015 年 11 月 18 日和 2016 年 11 月 4 日，笔者及研究生杨鸿、陈彤等两次采访金竹凼李姓歪梳苗后裔、晴隆县民宗局原副局长李光廷及其弟李勇。下文中涉及金竹凼歪梳苗资料未注明处，皆出自调查采访所记。

⑧ 刘锋、张敏波：《"蒙萨"苗族"烧灵"：二次葬的仪式化传承与变迁》，《民族研究》2011 年第 1 期。

丧葬仪式中的每一个环节都围绕如何才能送好亡灵的问题而展开。

（一）石棺葬仪式过程

1. 一次葬（“热葬”）

一次葬包括停尸、开路、敲牛、择地、挖井、出殡与安葬等程序。

（1）停尸

人过世后，家人为死者净身、剃头后，给死者穿上寿衣，并在衣服的衣兜里面放置一点碎银子，用红布包裹住，主要是为了死者能在阴间有钱买地。衣服穿完后，将尸体抬到堂屋，堂屋中先摆好两条凳子，上放木板，木板上不垫任何东西。尸体横放在木板上，并用青布遮住死者眼睛和头部。死者头部位置放只公鸡。停放过尸体的木板则在火烟上燎过之后，可留作他用。这种用木板来停尸的“鬼床”，在民国时期多用竹篱。停尸方向为头东脚西状，若因房屋朝向差异，横放时不能保证头东脚西时，则死者的头部应摆在进门时左手边。

死者不论男女，把尸体停好后，拿事先准备好的一节刺竹从中间划破做成竹卦，这对竹卦即代表死者，整个丧葬仪式都要用这对竹卦来做。

停丧期间，要给死者供饭，即给死者供食品，包括用九把米煮熟的饭、用捏死的公鸡做成的鸡肉及肝脏等，目的是劝死者灵魂吃饱喝足，好有精力返回祖先的东方老家。供饭后是否送死者出门，依竹卦而定。

（2）开路

歪梳苗亲人亡故后，要请本家族的“开路先生”为亡者开路，与亡者灵魂对话。叙述祖先迁徙的路线，给亡者指明通往阴曹地府的路，并给亡者灵魂介绍去阴曹地府见亡者先辈已故老人。如歪梳苗开路词，汉语译其意为：“西天路长、西天路远，手持竹杖泪涟涟。西天路远，你永远不回程往西天，天晴鹅儿叫，天雨鹅儿歇，天晴不见你的影子，天雨不见你的脚印。”正是讲述去西天的艰辛历程。苗族开路，一般是从始祖念到死者这一代，十多代至几十代不等，而歪梳苗开路经仅念已故父母、祖父母、曾祖父母等三代祖先名字，也只迎请三服以内列位祖先。迎请时逐一呼喊每位祖先的名字，且要反复请到。请到祖先与否，依卜竹卦而定。

（3）敲牛

敲牛是歪梳苗李家最为重要的一个环节。在人死后，必须通知亲姑爷、娘舅、女方的娘家等三方亲戚，敲牛必须要有这三方协助才能完成。值得注意的是，要求被选中要敲的牛：一是黄牛，不能为水牛；二是纯毛色的黄牛，不能是带花纹的牛，若找不到纯色的牛，必须要把带花纹的牛染黑；三是必须是阉割过的公牛。据说，百年前李姓歪梳苗中某户人家，在丧葬中因用了母牛，后来家业就逐渐衰败，现在已后继无人。

（4）择地

金竹凼的歪梳苗葬于家族墓地。当地人传言，李家坟山是一块风水宝地，像一把坐椅，后靠山，前是洼地，远眺山，坟山刚好在座椅上。与一般苗族横葬不同，清代以来金竹凼所有墓的朝向，都对准对面山顶成一条直线。若挖墓坑时遇到大雾天气或者其他情况以致看不见对面的山顶，则必须提前打桩把墓向和墓址确定好。金竹凼李姓歪梳苗至今还没有请阴阳风水先生看过墓地。

（5）挖井

歪梳苗在埋葬当天早上临时动工挖井（墓坑），井为一长方形坑，深度不一，以挖开松土为准。近年为了省事，也借助挖掘机挖。挖井时，在四周挖凹槽，利于嵌入石板。井的大小视石棺大小而定，而石棺大小根据死者的身材与性别而定。有多大的石棺，就挖多大的井。

（6）选取石板

早年，金竹凼经济条件差，一般不会提前准备石板，丧葬时临时到山坡上采石板运到墓地备用。

当地若没有整块的石板，则由若干块单数的石板砌成石棺，石板数量不能出现双数。近年来，随着经济条件的改善，晴隆金竹凼多到五公里外的野麦冲去买石板。

石板为料石构成，即长侧板各一块，挡板各一块，大盖板一块，共五块整块的石板合成。石棺有女棺、男棺之分，女棺小于男棺。如笔者在新益村小寨组李光明家门口见到准备好的石板，盖板头部宽脚部窄，长 2.3 米，厚 0.11 米，大头宽 0.82 米、小头宽 0.72 米；侧板长 2 米，不加耳长约为 1.87 米；挡板大头宽 0.5 米、小头宽 0.4 米。女棺的长、宽、高约分别比男棺尺寸相应少 0.05 米。石板厚度为 15 ~ 30 厘米之间，均有卡口。

（7）出殡

晴隆歪梳苗出殡前，鬼师以卜卦方式征求死者意见，必须是阴卦才能送死者出门，否则，意味着死者还有未完成的心愿。出门时选取一丈多长的刺楸树，一分为二成两根木棒，去皮削平，用竹片在两根木棒上织个竹笆组成长方形抬架，并用炭灰在抬架两端四面画符，尸体直接放在抬架上，用布遮住死者，旁边系一只大红公鸡，由四人抬尸前行。这是歪梳苗出殡的“骑马”习俗，象征死者骑马去阴间。目前，这种抬架已看不出马的形状了，但在民国时期的抬架形似于马。吴泽霖等注意到，“用长约丈余之构皮树劈之为二，去皮削平后，以桴炭画纹上于两端，缚以短木为肩板，长木之前端用刀刻成马头之形，后端刻成马尾形……将棺材或簟席抬置于上，以示死者骑马至阴间之意”①。

（8）安葬

埋葬时，入殓和安葬同时进行。即将准备好的石板一块一块抬到井坑。在井坑四周用四块带有卡扣的石板围成石棺，因石棺无底，底部铺垫方形刺竹编的竹凉席。歪梳苗以竹席敛尸体，所用的竹席，一般在生前准备，少数在死后临时赶做。制作竹席的竹片，只取中间近黄层编织篾席，忌用竹片的表面层。竹席铺好后，上面放六层或九层草纸，再把死者软抬到竹席的草纸上，身体摆正成仰身直肢状。同时，将遮住尸体上的布揭开，露出脸部，并将雨伞打开，避免死者看到天。无底石棺使尸体直接接触土地，意思是死者生前靠土养，死后靠土埋，死者的尸体一定要落在土上。石棺中不放任何陪葬物，特别是忌放铁之类的金属。最后用较完整的且宽于棺口的板石覆盖，并以石灰和煤灰混合来填补石板缝隙，忌用水泥密封，认为水泥中含有化学成分，不利于死者。石棺四周用石垒砌，一般由奇数层石块垒成（五层或七层），封土呈圆锥形坟堆。墓底为椭圆形，直径为 3 米，封土高 1.4 ~ 1.8 米。坟堆好后要在坟上种植芭茅草，芭茅草长得越好，意味着这家风水越好，人丁兴旺。由于要准备日后烧灵，丧葬仪式中一直使用的竹卦作为死者遗骸的代替品和象征物，要藏在石棺墓的缝隙中。晴隆歪梳苗发丧时奏的芦笙调译意：“请众人帮，请众人抬，挖山开石连累大家，先要落土，后要石头加。”这是对石棺葬的真实写照。

总之，歪梳苗石棺葬，葬礼简单，仪式简朴，将死者软抬上山用无底的石板安葬，不用棺木。安葬完毕，一般也不立墓碑，以后也不用扫墓祭祖。

2. “冷葬”，即“烧灵”

川黔滇支系苗族的丧仪中，都有重要的二次葬仪式即“烧灵”或“解簸箕”②。其目的是让死者的魂魄转回。烧灵的日期和规模主要视丧家的经济状况而定。烧灵在一次葬至少 120 天之后。家庭条件宽裕的，烧灵时间较早；家庭条件困难的，烧灵时间较晚。丧家或杀猪，或杀牛，宴请亲戚。

烧灵即烧死者生前所穿的衣服、裤子、鞋子等生活用品，若死者的衣服是新的，舍不得烧，留给家人或其他人穿，烧灵时必须向死者说清楚。烧灵时，来到墓地后，先奠酒鸣炮，然后杀公鸡进

① 吴泽霖、陈国钧：《贵州安顺县苗民调查报告》，载《中国西南文献丛书》（第 55 册，第四辑，《西南民俗文献》第 19 卷），兰州大学出版社 2003 年版，第 374 页。

② 刘锋：《百苗图疏证》，民族出版社 2004 年版，第 129 页。

行血祭，再从石棺墓缝隙中找出预先藏好的竹卦，鬼师接过竹卦后，开始致辞迎请死者的亡灵。最后，将卦在半路上烧掉。烧灵仪式结束。

（二）歪梳苗石棺葬体现苗族丧葬的特点

歪梳苗石棺葬习俗是古代苗族丧葬习俗的孑遗，给我们提供了苗族葬俗的发展脉络，是研究苗族丧葬习俗的活化石。

1. 棺尸分开

今天，歪梳苗的石棺葬是入殓与安葬同时进行。歪梳苗将尸体软抬到墓地后，先镶嵌好石板棺，再把篾席放入石棺中铺开，而后尸体直接放在篾席上，最后垒石填土成坟墓。说明历史上苗族在安葬中尸体一般不先装殓，往往是临入土前才装棺。

民族调查表明，麻山地区苗族丧葬中有棺尸分开的习俗。老人死后，以家族为单位，先把棺材抬到高山的洞穴中，棺材安置好后，再把尸体背去装在棺内，按家族辈分搁置，或成十成百地排好，或重叠放着。[①] 长顺县广顺镇四寨一带的苗族，人正常死亡后，上山安埋，原先是人和棺要分别抬上山，尸体是亲儿子或至亲背。入土时，先置好棺木，再把死者放入其中，并用土覆好。不过，现在这一带苗族丧葬已改为人棺合一的葬仪。[②] 紫云苗族丧葬历史上是人和棺分别抬上山，尸由亲子背至坟山上，随后是棺材。[③] 正如民国《续修安顺府志》载“古代虽用棺，并不装殓，至穴乃以尸入棺”[④]。

2. 二次葬

歪梳苗的丧葬仪式包括一次葬与二次葬。歪梳苗的烧灵仪式，是两次葬的演化形式，是远古苗族二次葬遗风的虚化、礼仪化的衍生形态。[⑤] 清代，川黔滇支系的“六额子”：“人死葬亦用棺，至年余即延亲族至墓前，以牲酒致祭，发冢开棺，取枯骨刷洗至白为度。以布包骨覆埋一、二年余，仍取洗刷，至七次乃止。”[⑥] 由于两次葬的存在，石棺葬也包括一次葬和二次葬。一次葬的石棺较大，而二次葬的石棺较小。在今天这种二次葬的石棺很难见到。在乌江与北盘江的分水岭一带，因水土流失，往往出土不少小型石棺，此类石棺长0.5米，宽0.2米，棺内装的却是成人骨骸，这类二次葬的小型石棺，显然只能属于苗族。[⑦] 紫云县猫营镇牛角井村现存32座石棺古墓，基本暴露在耕地和地坎边等处，这些石棺只有1米左右，形制很小，当是二次葬。考古报告中也发现有些石棺葬为二次葬。如贞丰县北盘江南侧的浪更燃山上发现65座石板墓，其中18座瓮棺葬石板墓为二次敛骨葬。[⑧]

3. 体现古代苗族的风葬现象

歪梳苗以竹席敛尸的石棺葬属于风葬的残存。

晴隆县光照镇新益村金竹凼组的歪梳苗，对12岁以上去世的人实行石棺葬，而对不满12岁的死者既不用石棺土葬，也不用火葬，而是依然实行崖葬，即未满12岁的人死后，不用任何葬具，用背带包好尸体后，直接放到人畜罕至的悬崖下或岩穴间，任其腐烂，这种“炕骨”现象是历史上风

---

① 贵州省民族事务委员会、贵州省民族研究所：《贵州“六山六水”民族调查资料选编·苗族卷》，贵州民族出版社2008年版，第289页。

② 贵州省长顺县地方志编纂委员会：《长顺县志》，贵州人民出版社1998年版，第619页。

③ 紫云苗族布依族自治县编纂委员会：《紫云苗族布依族自治县志》，贵州人民出版社1991年版，第147页。

④ （民国）《续修安顺府志·土民志》。

⑤ 刘锋：《百苗图疏证》，民族出版社2004年版，第129页。

⑥ （清）《贵州通志》卷七。

⑦ 刘锋：《百苗图疏证》，民族出版社2004年版，第129页。

⑧ 杨洪：《试论贵州贞丰浪更燃山石板墓》，《中国国家博物馆馆刊》2011年第7期。

葬的残留。

历史时期，歪梳苗的石棺葬与崖葬并行不悖。如平坝县齐伯乡桃花村的刘姓“歪梳苗”至今仍在行洞葬。惠水县白苗在当代仍行石棺葬，历史上也存在洞葬。正如杨庭硕指出，土葬在苗族中是后起的习俗，苗族早期的葬习必以风葬为主，即“炕骨”之习本是苗族普遍的固有习俗。改为土葬后，仍保留有风葬残习之因素。表面上看苗族的葬习堪称千变万化了，而实质上却万变不离其宗，这个宗就是“炕骨”风葬①。

三、歪梳苗石棺葬的文化内涵及其功能

从环境与文化的关系看，石棺葬是一定地区的民族信仰、地理环境以及相应的经济生活相互作用的产物。

（一）歪梳苗石棺葬的文化内涵

1. 石棺葬产生的环境机理

从环境层面考量，石棺葬是喀斯特环境的必然选择。

石棺葬最大特点是就地取材，以石为棺。石棺葬出现于新石器时代以来石材广泛分布的山区，多山多石的特点决定了石棺葬就地取材。学界讨论石棺时就石板的就地取材进行质疑，认为有些地区的是石棺葬当地并没有石板资源，石棺葬所用的石板多从其他地方运进来。其实早期石棺葬不一定用整块石板，可用多块石板拼叠或垒石成坟，换言之，石板的选择，早期很随意，毛料或石块即可。从目前发现的石棺葬遗存看，垒石成棺的石棺也较多。当经济条件改善后，人们才开始刻意追求整块石板或打磨精细的石板。如金竹凼的歪梳苗过去使用青石做石棺，没有整块的石板，用多块石头拼接也可，但青石易碎，现在普遍到5千米外的野麦冲购买整块的豆瓣石板做棺。

由于就地取材，一般不需要提前准备石棺。如大方县红丰村杨姓歪梳苗一般不会生前准备石棺，仅有重病后才会准备石棺。不过，晴隆县金竹凼的歪梳苗，40岁以上或者身体不好的，就提前准备石棺材；若突发性死亡，则临时准备石板或随便砌石为棺。惠水白苗石板的准备，地区差异大。新光村因本地没有石板，老人多在生前准备好石板，而在斗底乡由于当地出产此类石板，所以没有生前准备石板的情况，都是临时在山坡上采石板。②

2. 石棺葬产生的经济基础

从经济层面考量，石棺葬既是族群生计方式的体现，也是家庭经济状况的反映。

学者指出石棺葬是农耕兼畜牧的文化类型。③ 今天晴隆县金竹凼的歪梳苗仍行石棺葬，对应是古代苗族的狩猎经济。金竹凼虽现在明显石漠化，但1958年前，这里古树参天，四处有豺狼出没。当地苗族曾以狩猎为生。20世纪70年代曾任晴隆县县长的金竹凼人李德学，因善于打猎而被称为“打猎县长”。歪梳苗丧葬仪式中，要在丧家门口插棵树，树前挂有装火药的牛角、弓箭等狩猎用具，以纪念祖先的狩猎生活。说明石棺葬与苗族祖先的狩猎生活密切相关。

石棺葬体现家庭经济差异性。石棺葬中石板的质地、大小等体现出死者的家庭经济状况。

金竹凼李家流行石棺葬的传说，在兵荒马乱的年代，晴隆李家祖先三弟兄迁到金竹凼时，没有土地，只好到3千米外租种者布村吴家土地而生，家境贫寒。后来三兄弟中有一位媳妇病死，因无钱买不起木棺，而当地盛产页岩和片麻岩，适合于制作石棺，李家祖先只好选择用石棺安葬亲人。

---

① 杨庭硕：《人群代码的历时过程——以苗族族名为例》，贵州人民出版社1998年版，第202页。

② 席克定：《灵魂安息的地方——贵州民族墓葬文化》，贵州人民出版社1990年版，第124页。

③ 童恩正：《四川西北地区石棺葬族属试探——附谈有关古代氐族的几个问题》，《思想战线》1978年第1期。

为使后代牢记家族艰苦创业的历史，三兄弟盟誓，后代不论贫富都必须用石棺而不能用木棺，否则家庭就会衰败甚至灭绝。这种诅咒使石棺葬成为李姓家族的族规家训，石板做棺的习俗得以代代相传。这个传说倒解释了金竹凼的歪梳苗在相同环境中为何只有李姓使用石棺葬，而何、彭、王、杨等姓用木棺土葬。

相对于木棺土葬，石棺葬是节俭的丧葬方式。即使现在，石棺的价格也略低于木棺。如晴隆县十年前一副石棺（即五块石板）的价格约为 2000～3000 元，而木棺约为 8000 元。现在市场上石棺的价格为 3000～4000 元，加工精细的约为 5000 元，而木棺的价格在 10000 元以上。由于石棺价格远低于木棺，加上石棺耐腐，所以当地人乐于购买石棺。

石板加工有粗细之分，因而石棺有价格的差异。做工粗糙的石棺价格在 3000 元上下，多数石棺在 5000 元左右；而做工精细、打磨平整或雕龙刻凤的石棺，价格在 8000 元左右。若是从其他地方运过来的，运费在 500 元左右。家庭经济条件不好的家庭，难以购置整块石板做棺的，可以就地取材，垒石成棺。经济条件较好的家庭，可购置整块的石板做棺。如大方县红丰村歪梳苗，因本地的石材不好，不宜做棺，只有经济条件差的才会就地取材；经济条件富裕的家庭，多去黔西买青石板为棺，加工成精致的石棺。

3. 石棺葬与祖先崇拜

“祖先崇拜”的宗教观念支配着歪梳苗的丧葬观念和行为取向，也使歪梳苗的石棺葬习俗亘古不变，这也正是今日为什么歪梳苗仍原汁原味地保存着石棺葬习俗的重要原因之一。石棺葬成为研究苗族墓葬文化的“活化石”。歪梳苗以竹崇拜与芭茅草崇拜等自然崇拜表现出祖先崇拜的内涵。

（1）石棺葬与竹崇拜

贵州彝族、苗族、仡佬族、布依族和水族等有竹崇拜习俗。竹崇拜的痕迹在以竹为图腾的各民族祭祀活动中表现突出。如仡佬族祭祖时，将竹筒放置于神龛上代表祖宗灵位，彝族象征其牌位的灵筒均以刺竹制成。

苗族祖先为夜郎，相传夜郎王出生在漂于河上的竹筒里。如常璩《华阳国志·南中志》记载：“有竹王者，兴于遁水。先是，有一女子浣于水滨。有三节大竹流入女子足间，推之不去，闻有儿声。取持归，破之，得一男儿。养之，长有才武，遂雄夷濮。氏以竹为姓。”苗族以竹为图腾，崇拜竹王。

竹被视为有灵之物，具有图腾的符号意义，因而，竹在苗族的丧葬活动中充当主要角色。晴隆县和大方县两地歪梳苗丧葬仪式中竹图腾贯穿整个丧葬仪式。歪梳苗在丧葬中，刺竹制成的竹卦贯穿丧礼的全过程。认为刺竹有灵性，刺竹制成的竹卦能够沟通阴阳两界，是阴间和人世沟通的中介物，凭借竹卦，巫师与死者可以进行交流对话。

两地歪梳苗出殡时以竹笆做抬架，而最后以竹席敛尸入葬石棺的行为，也体现了苗族的竹崇拜。历史上，苗族安葬多用竹席裹殓入土。吴泽霖在解释花苗丧葬中尸体不放在门板上而是放在篾席的原因时，认为花苗房屋大都编竹为墙，大门亦系竹制，根本无门板可用；同时，因花苗房屋多矮小，不敷放置尸体之用。[①] 其实，以竹席停尸而不以门板停尸，是苗族竹崇拜的体现。

事实上，歪梳苗以竹为图腾，把竹子视为本氏族的象征和保护神，并对其虔诚祭拜。歪梳苗把本民族视为一根竹子，每个有血缘关系的家族是竹上的一块竹片，称同宗共祖为“同一块竹片”。同姓虽可通婚，但“同一块竹片”的则严禁通婚。[②]

---

① 吴泽霖、陈国钧：《贵州安顺县苗民调查报告》，载《中国西南文献丛书》（第 55 册，第四辑，《西南民俗文献》第 19 卷），兰州大学出版社 2003 年版，第 361 页。

② 安顺地区行署民委编：《安顺地区民族志资料汇编》（第二集），1990 年 12 月印，第 229 页。

（2）石棺葬与芭茅草崇拜

晴隆和大方两地歪梳苗都有在石棺墓上种植芭茅草的习俗。俗话说："坟头种上一窝草，子孙富贵用不了。"苗族对芭茅草特别崇拜，在招魂、送魂、求雨、祭祀等宗教活动常用芭茅草。因为他们认识到芭茅草有顽强的生命力，且能驱灾除祸，预言吉凶。苗族崇拜芭茅草，也是借芭茅草来趋吉避凶。[①]

总之，歪梳苗丧葬习俗中体现的芭茅草崇拜和竹崇拜属于原始的植物崇拜或图腾崇拜，是源于"万物有灵"和"灵魂不灭"观念为主的原始信仰，其本质是祖先崇拜。

（二）石棺葬的文化功能

丧葬是区分民族支系的重要标准。从考古学看，石棺葬的族属十分复杂。如贵州清镇干河坝"石棺葬"，或认为可能与苗族和仡佬族有关[②]，或认为属"东苗"，平坝坟坝脚则属"西苗"所遗。[③]

认识歪梳苗的石棺葬习俗，对于今天发现遗存的石棺葬族属的确定有一定的价值。历史上歪梳苗聚居区的无底石棺葬基本可推断是歪梳苗所有。

六盘水市钟山区月照乡马坝村石棺墓，原有墓葬近300座，分布在两个相邻的小山上。从清理的10座长方形石棺墓看，均坐北朝南，墓室四壁和墓室顶部均为石板，墓底为生土。墓室均为长方形，四壁略向内倾斜。用未经打凿的灰岩质石板拼接，墓顶亦用同样石板覆盖，各墓所用石板的规格和数量不一，其顺序是先挖出墓室，在墓室四壁拼接石板，抬入尸体后，墓顶再覆盖石板，接缝处不用黏合物。墓室最长的有2.2米、最宽的0.9米，墓室深在0.25～0.35米之间。随葬品在封土中，墓室中未见随葬物。[④] 这些无底的石棺墓或认为是仡佬族所有，但符合歪梳苗的石棺特点。

丧葬习俗是宗族和民族文化认同的主要标志。正如民国《续修安顺府志》载"故欲知苗人之是否同宗，只需视其丧葬仪节同否即可知悉"；"苗人不以同姓为亲而以丧祭同为亲，丧祭不同，虽同姓实非同族；丧祭若同，即姓异实为同族"[⑤]。

晴隆县金竹凼全寨中，杨、彭、何和王等姓歪梳苗用木棺土葬，唯独李姓歪梳苗行石棺葬。大方县红丰村聚居着仡佬族和苗族，其中苗族（歪梳苗）约占一半，其姓氏主要有杨、李、熊等，使用石棺的仅是高原组和花秋组的杨姓。两寨杨姓同姓不同宗，可以互相通婚开亲，体现了石棺葬的族群性特点。

各地石棺葬习俗大同小异。个别的差异也成为各地歪梳苗各宗族认同的标志。如丧葬仪式中用来抬尸体的抬架，安顺的水西苗是用构皮树做成的，大方的水西苗是用漆树做成的，晴隆的水西苗是用楸树做成的。

丧葬习俗既是民族文化认同的主要标志，也是认定婚姻圈的依据。席克定在惠水调查过程中发现，具有石棺葬习俗的"白苗"，人数并不多，但他们的婚姻关系，亦局限在此范围之内，只有实行此种丧葬习俗的苗族，才能互相通婚；对不行石棺葬的苗族，则不能通婚。[⑥] 歪梳苗以石棺葬为内部通婚的标志，这也导致出现近亲结婚，给族群的繁衍造成一定负面影响。

---

① 杨德：《黔东南地区苗族习俗中对芭茅草的崇拜》，《贵州民族研究》1988年第2期。

② 何风桐、李衍垣：《贵州清镇干河坝石棺葬》，《考古与文物》1982年第3期。

③ 席克定：《贵州清镇、平坝宋墓族属试探》，《贵州民族研究》1984年第4期。

④ 刘军：《六盘水马坝仡佬族古墓的发掘》，载全国政协文史和学习委员会暨贵州省、云南省、四川省、重庆市、广西壮族自治区政协文史委员会编《仡佬族百年实录》（上册），中国文史出版社2008年版，第757页。

⑤ （民国）《续修安顺府志》（中国地方志集成·贵州府县志辑 第42册），巴蜀书社2006年版，第536页。

⑥ 席克定：《惠水县苗族石棺葬调查》，载贵州省民族事务委员会、贵州省民族研究所编《贵州"六山六水"民族调查资料选编苗族卷》，贵州民族出版社2008年版，第314－316页。

总之，歪梳苗通过石棺葬来体现族群文化认同，强化族群的集体记忆，从而使歪梳苗的石棺葬习俗亘古不变。

结　语

我国西南地区的少数民族历史上广泛存在石棺葬习俗，但大多在明代以前已经消失，至今留下很多历史谜团。明清以来贵州各地仍有石棺葬的发现，显示贵州民族墓葬文化清晰的文化线路。特别是贵州晴隆县金竹凼的李姓歪梳苗和大方县普底乡红丰村的杨姓歪梳苗至今仍孑遗石棺葬习俗，成为我们研究这类古老墓葬文化的“活化石”。

经过对两地歪梳苗石棺葬习俗的调查，发现歪梳苗围绕如何才能送好亡灵的问题而展开的整个丧葬礼仪，包括一次葬与二次葬，一次葬即入土安葬，二次葬即烧灵招魂。歪梳苗石棺葬体现出苗族丧葬中棺尸分开、二次葬、风葬等特征。石棺葬是一定地区的民族信仰、地理环境以及相应的经济生活相互作用的产物。歪梳苗基于环境和经济状况选择石棺葬，并以竹崇拜与芭茅草崇拜等自然崇拜表现出祖先崇拜，且通过石棺葬体现族群文化认同，强化族群的集体记忆。

歪梳苗石棺葬，葬礼简单，仪式简朴。将死者软抬上山，以竹席敛尸，入殓与安葬同时进行，不用棺木而用无底的石板棺安葬死者。安葬完毕，一般也不立墓碑，以后也不用扫墓祭祖。这种节俭且环保的丧葬方式，对今天部分民族地区的殡葬改革有一定的借鉴意义。

杂交水稻推广与传统生计变迁

——一个苗族村寨的考察①

梅其君 夏 志*

摘 要： 杂交水稻及种植技术的推广使民族村寨的传统农业生产系统的结构与功能发生了变化，传统农业生产模式及知识体系逐渐丧失其持续传承的条件和能力。由于传统生计方式发生了变化，建立在传统生计方式基础之上的行为方式、生活习俗、思想观念等也不断发生改变：年轻人学习农业生产技能的方式和途径发生了变化；村寨与外界的联系越来越多，对外界的依赖也越来越强，自给自足的小农经济加速瓦解；人们的科技意识不断增强。

关键词： 杂交水稻；传统生计；苗族村寨

DOI：10. 13835/b. eayn. 22. 17

杂交水稻推广是农业技术推广的一个组成部分。农业技术在少数民族地区的推广对当地人的生产生活产生了深远的影响，但目前关于这方面的研究不多，具体到杂交水稻是如何在民族地区推广成功，如何影响当地人的生产生活，这样的研究就更少了。笔者拟以一个少数民族村寨的田野调查为基础，运用人类学的参与观察、深度访谈等方法，对上述问题进行探讨。

笔者的田野调查点是贵州省黔东南苗族侗族自治州黎平县水口镇的平善村。平善村坐落于云贵高原东部七倍山脉的菩萨山山腰上，海拔 730 米，属亚热带季风气候，多云雾天气。这是一个苗族村寨，全村共有 98 户，498 人，以陆姓为主。全村以从事农业和外出务工为主，外出务工的劳务收入和农产品收入是全村的主要经济来源。水稻是平善的主要粮食作物，水稻种植以籼稻为主、糯稻为辅。出售籼稻也是一些家庭的经济来源之一，糯稻很少出售。除水稻外，粮食作物还有种植得很少的玉米和高粱。

一、传统水稻品种

在很长的历史时期，黎平一带仅种植糯稻。明清以后，籼稻品种及其种植技术从汉族地区传入，而后逐步形成以糯稻为主、籼稻为辅的格局。“苗族社会经济是自给自足的自然经济。新中国成立以前，主要从事农业，兼营林业，沿河两岸有少数人从事捕鱼为生。农业以种植糯稻为主，籼稻次之，

* 作者简介：梅其君，博士，贵州大学旅游与文化产业学院副院长、教授；夏志，贵州大学历史与民族文化学院研究生。

① 基金项目：贵州大学文科重大科研项目“科技传播与文化变迁”（项目编号：GDZT2011009）。

兼种小麦、高粱、红薯和少量棉花等作物。”① 经过清代、民国时期、中华人民共和国成立后的多次糯改籼活动，再加上后来杂交水稻的大力推广和种植，如今，在很多地方水稻种植已经不再是糯稻为主、籼稻为辅了，而是籼稻为主、糯稻为辅了。

平善的水稻种植，传统上是以糯禾为主，平善村民称为“摘禾”。摘禾是一种生命力很强的糯稻。平善种植的摘禾主要有“红禾”“黄冈禾”“白禾”等。据平善村民说，摘禾黏性强，米质好，味道香，不管是煮饭，还是年终用来做糍粑，摘禾做出的味道都是最好的。因此，摘禾的价格比一般糯谷的价格要高。

20世纪60年代，为了提高粮食的产量，当地进行了大面积的改种，摘禾的种植面积大大降低。20世纪90年代后，一些新的糯稻品种传入当地，这些糯稻品种有来自贵州本省的，也有来自湖南、广西的，在当地都称为糯谷。与种植其他糯稻相比，种植摘禾有一些劣势，主要表现在以下三点：一是单位产量低。一般情况下，摘禾亩产三四百斤，其他糯稻亩产七八百斤。二是种植比较麻烦。插秧时，由于摘禾的稻梗比较高，成熟期遇到风吹雨打容易倒，因此需要一根一根地插，这样稻梗能够长得比较粗，增强抗风的能力。其他糯稻的稻梗比较矮，没有摘禾那么容易倒，一般是三至五根一起插。显然，摘禾插秧更为麻烦，也需要更多的人手。收割时，摘禾需要用专门的摘禾刀一根一根地割②，耗时费力，而且不能用谷桶或打谷机脱粒，要先将其捆成禾把带回家，放在禾晾上晒一段时间后再脱粒。其他糯稻是用镰刀一兜一兜地割，可以用谷桶或打谷机将其脱粒，比较快捷方便。由于摘禾的生长期比较长，收割摘禾要比其他糯稻晚二十多天，即要农历九月下旬才能收割。而那一段时间，当地多阴雨天气，加上种植摘禾的田里一般留有水，收割不易。三是加工过程比较麻烦。摘禾晒干后，要用木棒捶打使其脱粒，然后用石碓去掉其谷穗上的长毛，再用簸箕扬灰，而其他糯谷晒干以后就可以直接用打米机打米了。随着新的糯稻品种的传播，摘禾的种植面积进一步缩小，以至于近几年来，只有个别人家种植少量的摘禾。

平善的糯稻种植除了摘禾外，还有其他品种，但人们把摘禾与其他糯稻区分开来。摘禾是平善自己的传统稻种，而其他糯稻是平善村民在后来与外界交流中引进的品种。根据摘禾与引进的糯稻品种在收割方式上的不同，平善村民称摘禾为“ou^{214} tɕɔ^{55} t' an^{35}”，意思是“摘的糯稻”，强调收割时只用摘禾刀割回去，不是立即用谷桶使其脱粒；而称引进的其他糯稻品种为“ou^{214} tɕɔ^{55} t' uei^{35}”，意思是“打的糯稻”③，强调收割时用谷桶打，使其脱粒。引进的其他糯稻品种有好几个品种，平善村民把它们统称为“糯谷”，因为不知道这些糯稻品种的本来名称，村民们常常用糯谷植株的高低或者获得该品种的地名来命名，如“ou^{214} tɕɔ^{55} p' ɑŋ^{35}”（意为“高的糯谷”），“ou^{214} tɕɔ^{55} pan^{51}”（意为“不高不矮的糯谷”），“ou^{214} tɕɔ^{55} t' uŋ^{51}”（意为“矮的糯谷”）。每当人们说起这些品种时，他们常常会提起和赞扬引进这些品种的人，这对引进者是一种精神上的奖励，对其他村民也是一种激励，鼓励大家平时到亲戚朋友家做客时，多发现和引进一些新品种，然后传播给大家。

平善的传统籼稻有“大红谷”“细红谷”“七月谷”等品种，这些品种产量低，但味道好。推广杂交水稻后，这些籼稻品种逐渐消失，糯稻的种植面积也从民国时期占水稻种植面积的2/3退到只占1/3左右，个别人家还不足1/5。

二、杂交水稻的推广及其带来的变化

20世纪70年代末，杂交水稻及其相关种植技术推广到平善。早期的品种主要“三矮”“科六”

---

① 贵州省黎平县志编纂委员会编：《黎平县志》，巴蜀书社1989年版，第134－135页。

② 摘禾刀是苗族、侗族用来收割摘禾的一种农具，半圆形铜片里或半月形薄木片的凹面上镶嵌锋利的刀片，以竹子为手柄，或近弓面处穿一小孔，孔里系着绳圈，收割稻穗时套在手上。

③ 与外界交流时，平善村民称“打的糯稻”为“糯谷”。

“双桂”“桂朝”等，与以往种植的水稻相比，这些新品种具有杆矮、杆硬、抗倒伏、产量高等优点，这是政府推广和村民接受的主要原因。

杂交水稻的推广，得益于政府的大力推广和强制手段。在推广初期，政府派工作人员住村指导和监督，并免费发放种子给村民。很多村民最初是持一种观望的态度，被动地接受。也有一些村民不相信政府，不相信新品种的好处，拒绝接受或消极怠工。有的村民白天在工作人员的监督下种了杂交水稻，夜晚又悄悄将其拔掉，换上以往种的老品种。当然，这种行为被制止了。后来，当村民们真正体会到杂交水稻带来的好处时，他们就从被动接受转变为主动寻求和购买更好的杂交水稻品种。到 20 世纪 90 年代，种植杂交水稻已经成为平善村民的首选。

贝尔纳指出，技术变革不自觉地为经济和社会变革开辟道路。[①] 杂交水稻及种植技术的广泛传播给平善带来了许多变化，这首先表现在杂交水稻种植过程中的选种、育秧、插秧、施肥等方面。这些变化使平善村民面临新的问题和新的选择。

（一）稻种获得方式的变化

杂交水稻种植之前，人们种植水稻的稻种，不论是籼稻，还是糯稻，一般是自家留种，有时也会从亲戚或者附近村寨的村民那里获得。从别人那里获得稻种依靠的是亲缘关系和地缘关系，是以平善村民对其亲戚或者熟人的信任作为保证的，因为是亲朋好友的推荐。但是，种植杂交水稻则不同，村民自己不能留种。杂交水稻种子需要到市场上购买，因此，村民在粮食问题上越来越依赖于市场，特别是在一些老的稻种消失之后。这是相对封闭的民族村寨纳入整个社会市场体系的一个重要方面，自给自足的小农经济进一步瓦解。

在市场上购买稻种，意味着村民要与陌生人进行交易，当然，经过一段时间的交易，陌生人也可能变成熟人。与陌生人进行稻种交易，事关一年生计，村民一般都很谨慎，也必须学会应对市场环境。市场有时并不规范，如果不谨慎，则可能买到不好的种子，甚至可能买到假种子。面对这种风险，村民不得不采取一套应对方法。村民普遍喜欢到种子公司买稻种，或者通过熟人介绍，到他们认为值得信赖的店里去买。在购买稻种时，村民一般会索要发票。如果买到的稻种不好，即出秧苗不好，可以凭借发票获得赔偿。但是，如果出现买到的稻种出秧不好的情况，实际上也很难得到赔偿，因为销售稻种的人会以种种理由拒绝赔偿，或者说种植者掌握的方法不对，或者说其他买同样稻种的人并没有反映稻种不好。在反复的市场交易过程中，村民也掌握了应对市场风险的知识和技巧。村民会在购买稻种时尽量向种子店说明自己种植水稻的自然环境，如海拔、天气等，还会根据以往的种植经验买自己想要的品种。销售者会根据购买者描述的情况向其推荐品种。对于不熟悉的品种，村民会少量购买，试验性地种植，比较不同品种的产量和味道。对于产量高、味道好的品种，次年就会多购买。

获得稻种方式的变化也导致了平善年长的村民和年轻的村民的地位发生了一些变化。在杂交水稻传播之前，平善村民种植水稻主要是靠自己留种，年老的村民更擅长于凭借多年的种植经验到田间选种，摘回家将其晾晒后保存起来，这些也正是年轻的村民需要从长辈那里学习的经验和技能。杂交水稻推广后，稻种的选择更多地依赖市场，一些识字更多、经常外出、善于与外界打交道的年轻人更善于在市场上选购稻种，他们成了很多年长的村民的信息提供者，年长的村民常常会询问年轻的村民选购稻种的信息，也会在选购稻种时，请年轻的村民一同前往帮忙选购。

（二）育秧方式的变化

引进杂交水稻之前，撒水秧是人们种植水稻老品种的育秧方式，即先备好秧田，然后把用水浸

① J. D. 贝尔纳：《科学的社会功能》，陈体芳译，商务印书馆 1982 年版，第 511 页。

泡过的谷种撒到秧田里。在引进杂交水稻后，政府农业技术推广站在当地推广两段育秧。当时政府推广两段育秧的方式是，农业技术推广站先是示范搭建育秧棚，为村民讲解两段育秧的程序和步骤，然后派技术人员下村指导村民进行两段育秧。这一技术引进时，当地还处于生产队时期，一般以小组为单位合作搭建一个育秧棚。20世纪80年代初，实行家庭联产承包责任制后，家庭成为从事农业生产的基本单位，两段育秧就需要多个家庭合作。这种合作有几种方式。常见的一种合作方式是，属于同一个房族的家庭之间合作搭建一个育秧棚，轮流值班，照顾育秧棚内秧苗的生长，共同分担育秧期间所需的柴火。另一种常见的合作方式是由关系比较好的几个家庭合作搞一个育秧棚。这里的关系好一般指有亲戚关系，比如某两个家庭的女主人是姐妹、姑侄等关系；关系好还指同乡、同村关系，这主要是指某几个家庭的女主人是同一个乡或同一个村嫁过来的，这样的几个家庭也常常一起合作搭建和使用一个育秧棚。两段育秧的合作，也不自觉地构建或强化了人们之间的某种关系。

采用育秧棚育秧，可以有效避免撒水秧存在的一些问题。用平善村民的话说，育秧棚育秧，把握性高，风险小，需要的谷种比撒水秧用的谷种少一半，采秧也方便。正是因为这些优越性，两段育秧技术才能够在当地得以传播。

使用育秧棚育秧主要是针对杂交水稻的种植，种植糯稻村民仍旧用传统的撒水秧方式。尽管撒水秧比较浪费谷种，但糯稻一般是自己留种，不用花钱买，就算多用点种子也无所谓，不像杂交水稻的种子，价钱贵，人们不敢浪费。

尽管两段育秧技术已经在当地推广二十多年了，村民已经熟练地掌握这项技术。然而，近几年来，差不多有一半家庭放弃了两段育秧，转而采用传统的撒水秧方式。究其原因，主要是外出务工的人太多，留在村里的主要是老人和小孩。

（三）田间管理的变化

杂交水稻要获得高产，不仅需要好品种，还需要科学的田间管理。杂交水稻的田间管理包括移栽、灌溉、施肥、病虫害综合防治等技术，这些技术不仅和村民种植传统水稻的经验技能不同，而且有些是村民从来没有接触的现代农业技术与产品，如化肥、农药。与杂交水稻推广差不多同时，化肥、农药及其使用技术也推广到平善。

化肥传入平善之前，村民使用的是传统农家肥，主要包括各种粪便、油枯、秧青①、草木灰等。20世纪70年代，距平善较近的肇兴镇建了磷肥厂，村民们才开始使用磷肥。到20世纪80年代后，复合肥、尿素等化肥已投入使用。化肥的大量使用，主要是因为交通、经济条件的改善和杂交水稻的推广。传统农家肥不能满足杂交水稻生长的需要，仅仅使用农家肥的杂交水稻的产量并不高，化肥的使用在提高水稻粮食产量方面起了重要的作用。

农药传入平善之前，撒油枯是防治病虫害的一种主要方法。村民把茶油树种植在菜园和田埂边上，茶油果用来榨茶油，榨油后剩下的油渣可以用来给田里的水稻杀虫。另一种常见的防治病虫害的方法是撒草木灰。村民把草木灰撒到稻田里，或者把草木灰与粪水搅拌后撒到稻田里，既可以提供稻谷生长所需要的肥料，也可以起到杀虫的作用。稻田放鸭也是防治病虫害的一种方法。稻田里放鸭有几个好处。一是鸭子在稻田可以找到食物，就少吃粮食；二是鸭子放在田里，排放的粪便可以留在田里，既可以养鱼，也可以肥田；三是鸭子在稻田里吃虫，稻谷就少受虫害。20世纪70年代，六六粉传入平善，这是平善最早使用的化学农药。继六六粉之后，敌敌畏、甲胺磷等农药陆续传入平善，农药的品种越来越多。村民看到农药能够很快杀虫，防治病虫害的效果明显，而又没有认识到使用农药的害处，以致农药的使用变得广泛起来。

杂交水稻的灌溉、施肥、施农药与平善的稻田养鱼等传统生计是有矛盾的。稻田养鱼是平善村

① 把树叶、野草等割来泡到田里，经过一段时间后腐烂在田土中，为农作物的生长提供养分。

民长久以来形成的传统生计和生活习俗。每年农历四月，村民把鱼仔放到稻田里，八月稻谷成熟后把田里的水放掉，把鱼抓回家做腌鱼，或者先抓到不放水的田里，等冬天再做腌鱼。每个家庭每年总要保持一两丘田全年有水，把鱼养在里面。

稻田养鱼在当地有着悠久的历史，也有着丰富的文化。关于稻田养鱼的来源，村民说他们也不清楚，只知道祖祖辈辈都是这样的。村民将从稻田里捕来的鱼做成佳肴，吃之前要先敬祖先，在地上洒几滴酒，告知和感谢祖先。逢年过节、红白喜事，腌鱼也是桌上必备的菜肴。鱼也是人们做客的礼物，以鱼待客或者以鱼送客，也是当地的传统和习俗。

杂交水稻的田间管理，如浅灌、晒田、施肥、施农药，村民都要考虑稻田里养的鱼。以使用农药为例，村民在市场上买农药时，他们要把稻田养鱼的情况先告诉农药经销商，要买不会杀死鱼的农药；打农药也要采取一些措施，如减少农药的使用量以避免把鱼毒死，遇到哪丘田的虫害很严重，需要加大农药量时，先把鱼抓到别的田里，再打药，或者放水进田，增加田里的储水量以免毒死田里的鱼。

（四）水稻产量提高与剩余稻谷的出售

杂交水稻及其相关种植技术的传播，使当地稻谷大为增产，温饱问题逐渐解决。这一方面使人们更加相信科技的力量，观念不断改变；另一方面也产生了多余稻谷的处理问题。稻谷产量增加了，而稻谷消耗的量却在减少，因为很多人都在外打工，家庭收获的稻谷总产量大于需要消耗的量，每年都会有稻谷的剩余，人们需要处理剩余的稻谷。

在平善，一般每隔两三个月就会有镇上的商人开车到村子收购稻谷。村里人一般只卖籼谷，极少出售糯谷，因为平善村民生活中有很多地方需要用到糯稻，而且糯稻的价格也没有村民期望的那样高。村民出售籼谷，少则一两千斤，多的可以达到六七千斤，一年出售两至三次，这逐渐成为村民的主要的经济来源之一。在少数没有人外出务工的人家，这种收入更是不可或缺的。很多时候，收购稻谷的老板还顺便带点水果过来卖，村民可以用稻谷来交换水果，这在当地是非常普遍的。只要卖水果的人允许用稻谷换水果，很多人家，包括经济很富足的人家，都会用稻谷去换水果。

尽管如今平善村民与外界的交流变得频繁了，但从他们对稻谷等农产品的处理情况看，他们融入市场的程度并不高。这与他们长期生活在边远且相对封闭的山区是分不开的。直到2003年，平善才修通进村的公路。随着面包车、摩托车等交通工具的引进，村民外出融入市场才变得频繁和方便，但很多人已经习惯了长期以来自给自足的生活方式，特别是在很多老年人那里更为明显。可以说，平善还处于由自给自足的小农经济到市场经济的过渡阶段，商品和市场经济的观念还比较淡薄。正如有的学者所说，“少数民族长期居住在边远地区，生产力不发达，与外界联系少，大多过着自给自足的生活。这种自给自足的生活方式使他们的商品观念十分淡薄。在民族地区，人们为了买东西才去卖东西，以其所有易其所无”①。但是，杂交水稻的引进使人们的生产生活方式不断地发生变化，无论是杂交稻种的购买，还是多余稻谷的出售，都在一定程度上加速了自给自足的小农经济的瓦解，不断地推动村民融入整个市场经济社会。

三、糯米的文化功能与糯稻的保留

杂交水稻以其单位产量高、收割方便等优势已经在当地得到了推广，然而，杂交水稻并没有完全取代其他水稻在平善的种植。很多家庭都还种植着一定数量的糯稻，因为糯米在平善村民生活中扮演着重要角色，有着特定文化功能。

---

① 徐万邦、祁庆富：《中国少数民族文化通论》，中央民族大学出版社1996年版，第410页。

（一）糯米用来做油茶

糯米在平善最常见的用途就是做油茶，因为村民几乎每天都吃油茶（当地话称为“tɕi⁵¹ ɕiɛ³⁵”）。村民用水将糯米泡一晚，然后用木甑蒸熟，再把糯米饭摊晒在簸箕里，等糯米饭的水分晒干后，用袋子装起来，每隔三四天把晒干的糯米饭用当地出产的茶油炸成糯米花。油茶食用方便，用开水泡当地的茶叶或烧水煮茶叶，泡上糯米花即可食用。有客来访时，一般还会在油茶里加上一些油炸的花生米、糯米丸子或炒熟的猪肉、内脏等。据老人们说，吃油茶在当地的由来是这样的：以前当地交通闭塞，与外界交流不便，很少买卖东西，人们只能食用自己出产的东西，而糯米和茶叶都是当地的出产，人们用自己种的糯米炸成糯米花，储藏时间长，方便食用，做油茶和吃油茶就这样在当地流传下来。

在日常生活中，吃油茶也维系着人们之间的某种关系，如妇女小群体的关系。村里如果有某个妇女的娘家亲人去世，村里与之关系要好的妇女会在家专门备上一餐丰盛的油茶，邀请办完父母丧事回来的妇女去吃油茶，再邀请几个同村妇女作陪，妇女们围坐在一起，安慰这个亲人刚刚去世的妇女。其间，大家也谈论谷物、蔬菜、孩子等很多话题。这群妇女通常有亲属关系，或者娘家是同一个村或同一个乡的。一起吃油茶有助于维系妇女之间原有的关系，增加彼此的交流和感情。

（二）糯米饭用来招待客人

在平善，不管是有客来访、逢年过节，还是遇到结婚、生子（新生婴儿“打三朝”和满月酒）、建房、老人去世等红白喜事，主人家便以糯米饭，配上血红、牛瘪等招待客人。[①] 糯谷产量低，价格高，收获不易。做糯米饭比较麻烦，要先用水泡，然后生柴火，用木甑蒸，但吃糯米饭耐饥饿，不用担心客人挨饿。因此，村民把糯米看得非常珍贵，用糯米饭招待客人，以示对客人的尊重。如果哪家平时有客人来或者有红白喜事，不用糯米招待客人，就显得主人家小气或经济有困难。

（三）糯米用作礼物

在平善，糯米以及用糯米做的粽粑、糍粑等，在平日的来访、过节、红白喜事中被广泛地作为礼物馈赠。人们平日去亲朋好友家做客，都会带上两三斤糯米或者糯米饭去作为礼物。过节的时候，人们也送糯米。有姻亲关系或者是长期友好交流的邻近村寨会在节日里互相邀请做客，糯米和用糯米做的粽子、糍粑，既用于送礼，也用于回礼。遇到红白喜事，客人来时也会送上十几斤或几十斤糯米。这种送礼除了具有上述的平日走客和节日互访送礼的意义外，还因为有红白喜事的主人家需要用很多糯米，可能会遇到困难，作为主人的亲朋好友，送来糯米，以表示帮助主人家，为主人家分忧解难。这种分担还体现在，同村人不仅送来糯米，还会用碗装着两条腌鱼或者一碗腌肉来。在淳朴的乡土熟人社会中，人们互帮互助的传统在这里充分体现。

送糯米的多少也显示人们之间关系的远近亲疏。丧礼中，女婿家要用二三百斤糯米和上百斤米酒、猪肉、蔬菜等，用于招待全村人以及前来参加葬礼的客人，以示对父母养育之恩的报答。结婚的时候，新郎家需要用糯米做几百个糍粑和带几百斤糯米去新娘家，用来招待女方家前来吃喜酒的客人，以表示新娘嫁了一个富裕、大方的家庭，让女方家的亲朋好友不用担心出嫁的女儿的今后生活。生了小孩，外婆家要送来一两百斤糯米和十来只鸡，用于招待客人和给坐月子的女儿补身体。外婆家送来的糯米不仅具有给女儿补身体的实际效用，还具有体现外婆家富裕、大方的面子功能，有助于提高自己的女儿在婆家及村里的地位。在这些红白喜事中，其他亲戚送来的糯米就比较少，没有亲戚关系的一般村民送来的糯米又少一些，从几斤到几十斤不等。

---

① 血红、牛瘪在当地被认为是最好吃的菜，用来招待贵客。

以糯米作为礼物并不在于主客双方交换有无，而在于加强双方的联系和维系彼此的感情，正如费孝通所说，“接受礼物的人，也做同样的粽子，买同样的东西回送亲戚。这种类型的物品转让意义不在弥补相互间的欠缺而是加强社会联系”①。但是，在平善村民逐步融入市场经济的今天，糯米的礼物功能被不断削弱，随着人们经济收入的增加和购买力的增强，很多人已经开始在市场上购买蛋黄派、八宝粥、糖果等食品作为礼物。

（四）摘禾的特殊功用

摘禾在平善村民的生活中不仅是食物中的上品，而且还被用于一些仪式中。在立屋、丧事等仪式中，摘禾是不可或缺、不可替代的，即使今天村民已经很少种植摘禾了。在平善村民看来②，他们生活中的平安顺利、繁荣富贵等都是靠龙神龙脉保佑的，因此，在很多重要的仪式中，一定要用他们祖先种植的摘禾拜龙神龙脉。尽管摘禾的产量低，种植方式比较麻烦，但由于它在村民生活中的特殊功用，平善仍然有几户人家种植摘禾，具体情况见表1。

表1　平善村部分村民籼稻和糯稻种植情况③

户主	水田总面积（亩）	籼稻种植面积（亩）	糯稻种植面积（亩）	户主	水田总面积（亩）	籼稻种植面积（亩）	糯稻种植面积（亩）
陆伟刚	2.5	2.0	0.5	陆邦银	1.7	1.2	0.5
陆邦运	4.6	3.0	1.6	陆邦吉	4.2	3.0	1.2
陆邦成	7.0	5.0	2.0	陆　二	1.2	0.9	0.3
陆庆祥	4.5	4.0	0.5	陆庆周	2.6	2.2	0.4
陆　一	1.8	1.5	0.3	陆　辉	2.5	1.5	1.0
陆庆雍	3.1	2.5	0.6	陆　彪	2.8	1.8	1.0
陆庆文	1.8	1.5	0.3	陆　贤	1.5	1.0	0.5
陆邦维	2.0	1.5	0.5	陆正黎	2.0	1.0	1.0
姜　玉	2.0	1.6	0.4	陆庆模	1.7	1.0	0.7
陆庆凡	3.0	1.5	1.5	陆邦国	4.0	3.0	1.0
陆庆权	1.5	1.0	0.5	陆邦远	4.0	2.6	1.4
陆邦文	3.0	1.5	1.5	陆邦宗	2.3	1.5	0.8
陆邦雍	2.5	1.3	1.2	陆邦和	5.0	4.0	1.0
陆邦汉	3.5	2.5	1.0	陆邦智	4.0	3.0	1.0
公朋茶	6.5	4.5	2.0	陆邦全	4.4	3.8	0.6
徐胜和	2.8	2.0	0.8	陆邦玉	4.0	3.0	1.0

① 费孝通：《江村经济——中国农民的生活》，商务印书馆2001年版，第206页。

② 老辈人这样看，年轻人可能不这样认为，但这样做已经成为一种习俗。

③ 由于平善全家人外出务工的比较多，只能调查部分家庭的种植情况，表中数据是2013年由被调查村民自己提供的。

随着杂交水稻的推广和到外面打工的人增多，平善村民对糯谷的需求量已经大为减少，但糯米不仅仅是一种食物，而且与村民的生活习惯、节日、仪式和社会交往等文化方面密不可分，在村民的生活和文化结构中具有重要的功能。因此，尽管面对杂交水稻的强大冲击，当地仍然种植一定面积的糯稻。

四、结　语

杂交水稻及种植技术的推广，对民族村寨的传统生计、行为方式、生活习俗、思想观念等产生了深远的影响。杂交水稻及种植技术的推广，改变了过去人们选种、育秧、插秧、施肥、管理等种植水稻的一整套方式，也使得一些传统水稻品种逐渐被淘汰。由于传统的生计方式发生了变化，建立在传统生计方式基础之上的行为方式也不断改变。杂交水稻及种植技术的推广使民族村寨年轻人学习农业生产技能的方式和途径发生了明显的变化，向年长者学习不再是年轻人学习生产技能的唯一途径，相反，年长者的许多生产技能和经验成为过时的东西。年轻人可以通过书本、媒体、外出等多种方式和途径学习生产技能，并反过来把新的知识和技能教给年长者。这也一定程度上导致了年长者和年轻人之间地位的变化。杂交水稻及种植技术的推广使民族村寨与外界的联系越来越多，对外界的依赖也越来越强。种子的购买、农产品的出售等，不断突破原先建立在血缘或姻缘关系基础上的“差序格局”，加速自给自足的小农经济的瓦解，推动传统村落融入市场、融入现代社会。杂交水稻及种植技术的推广增强了人们的科技意识。劳动生产效率的提高、温饱问题的解决、生活质量的改善，让人们看到了科技的强大力量，使人们越来越相信科学、尊重科学、崇尚科学，进而在生产实践中自觉地运用科学，而改变过去那种靠天吃饭的观念。杂交水稻及种植技术的推广成功，固然有政府的大力推动的功劳，但也是村民理性选择的结果，与传统文化相容的适宜技术迟早会被村民接纳。

少数民族特色村寨旅游的开发与反哺

——基于大槟榔园花腰傣旅游村寨调查的思考①

周晓红*

摘　要：近年来，国家开展少数民族特色村寨保护与发展的工作，在云南省“富民兴边”发展政策指导下，新平政府部门为了推动当地的经济发展，也制定和实施了一系列发展花腰傣民族特色旅游村寨开发建设的政策，这对当地少数民族的经济发展起到了积极促进作用，但在此期间也出现了一些忽视少数民族特色村寨长期发展及村民利益的现象和问题。本文在对以大槟榔园为代表的花腰傣特色村寨进行个案调查的基础上，就少数民族特色旅游村寨在开发利用民族文化资源、促进少数民族村寨经济的持续发展以及民族文化保护等方面的问题进行了一些思考与探讨。

关键词：少数民族特色村寨；旅游开发；经济与文化反哺

DOI：10. 13835/b. eayn. 22. 18

2009 年 9 月 8 日国家民委办公厅、财政部办公厅联合下发了《关于做好少数民族特色村寨保护与发展试点工作的指导意见》，全国开始试点少数民族特色村寨建设。② 在 2009 年的试点工作中涉及 28 个省（自治区、直辖市），按照《保护与发展纲要》，在“十二五”期间，国家计划在全国范围内重点保护和改造 1000 个少数民族特色村寨。新平县戛洒镇南蚌社区的大槟榔园村民小组作为云南省首批旅游特色村，也成为全省重点建设的全国少数民族特色村寨之一。

大槟榔园村民小组位于戛洒镇南的城郊结合部，东临戛洒江，西靠哀牢山，是红河上游戛洒江畔一个古老的具有热带田园风光的自然村，至今还保留着较多的花腰傣传统民族文化和生活习俗。全村民小组有农户 68 户，321 人，村民的收入以养殖业为主。寨子周围热带古树名木众多、田园风光秀丽，交通便利。由于大槟榔园具有较为突出的花腰傣风情人文环境和优美的自然生态环境，有着开发花腰傣民族特色旅游的良好条件，因此 2009 年被云南省列为“花腰傣民族特色旅游村寨”重点项目加以建设。2013 年 9 月，大槟榔园“花腰傣民族特色旅游村寨”项目经国家复查后挂牌命名为“中国少数民族特色村寨”③。随着政府对村子的大力投资和民族村寨旅游开发项目的开展，村子

---

* 作者简介：周晓红，云南大学西南边疆少数民族研究中心、民族学与社会学学院副教授。

① 基金项目：教育部人文社会科学重点研究基地重大项目“西南边疆民族政策实施结果的人类学研究”（项目编号：14JJD850008）前期研究成果之一；云南大学民族学学科高地建设项目“新平花腰傣民间仪式记录”的阶段性成果。

② 2012 年 12 月 5 日，国家民委正式印发了《少数民族特色村寨保护与发展规划纲要（2011—2015 年）》，将少数民族特色村寨保护与发展纳入统一规划。

③ 新平县彝族傣族自治县地方志编纂委员会办公室编：《新平年鉴》（2014），德宏民族出版社 2014 年版，第 95 页。

整体面貌得到很大改观，2013 年大槟榔园又被评为云南 30 个最具魅力村寨之一，云南省提名推荐的 5 个“全国特色景观旅游示范村”之一和云南省 10 个旅游与城乡统筹发展专项改革试点之一。①

在外界看来，大槟榔园是一个充满各种荣誉的明星式花腰傣旅游村寨，为了深入了解近年来大槟榔园民族特色旅游村寨建设和旅游业开发对该村社区生活所产生的影响以及当地村民自身的想法，自 2014 年至 2016 年间，我们调查走访了该村民小组的许多村民和干部，发现该村在民族特色旅游开发建设中有很多积极成果，也出现了一些问题，现将其作为了解、分析少数民族特色村寨旅游的一个突出案例，做如下研究与思考。

一、对大槟榔园村民的调查

云南省新平县戛洒镇地处哀牢山脉中段东麓、红河上游戛洒江畔，是三州（市）（玉溪市、楚雄州、普洱市）五县（新平县、元江县、墨江县、镇沅县、双柏县）的交通交会处和商贸集散地。全镇土地面积 415. 6 平方千米，气候适中，土质肥沃，雨量充沛，物产丰富，风景优美。② 镇内居住着汉族、彝族、傣族、哈尼族等 11 个民族，少数民族占户籍人口数的 80. 15%，其中傣族（花腰傣）又占 32. 04%，是花腰傣主要聚居乡镇之一，素有“花腰傣之乡”的美誉。近年来，戛洒镇先后获得了“国家经济综合示范镇”“全国全省重点小城镇”“云南省省级建设示范镇”“云南省旅游小镇”“云南省省级文明风景旅游区”等殊荣，2011 年还被国家地理评为“全国最浪漫栖居地”之首。③ 可以说现在以花腰傣民族风情为重点的民族旅游已经成为当地的一个重要支柱产业，而大槟榔园花腰傣特色村寨则经常作为戛洒镇对外宣传的一张名片。关于近年来大槟榔园发展旅游的情况和社会效益，我们在调查中了解到有各种不同的反映。

在我们 2015 年 7 月的访谈中，该村的村民小组长刀某华介绍说，以前在大槟榔园是原生态旅游，村民表演的舞台都是自己用木板搭建起来的，逢年过节村民都会来跳舞，游客也很多，村民就会自己做一些本民族的特色食品，比如汤锅、小吃之类的来卖，通过这个获得收入，或者是卖一些有民族特色的手工做的东西，村民都会从中获得一些收益。但是现在自从镇政府和中恒公司合作以后，就把旅游业的重心转移到了戛洒镇上，大槟榔园也只剩下“花腰宴舞”一个旅游景点。“花腰宴舞”本村村民很少去，因为它的四周都被围起来了，只有去吃饭的客人才有资格看表演。现在村民已经不能从本村旅游业上获得收益了，只有在逢年过节时才有游客自驾过来“花腰宴舞”吃饭、游玩时村里收一点儿清洁费作为集体费用。不过他对大槟榔园旅游发展的前景还是很有设想，“由于我们是花腰傣之乡，总会有游客来，未来几年我们计划在村子里打造一个美食城，专卖花腰傣特色的食品，应该会吸引大量的游客吧，到时候村民的日子也会变得越来越好吧。建议就是政府还是要重视一下我们村，现在我们村也会时不时有旅游团过来，但是好多旅游设施已经陈旧，希望政府能给出资改造一下”。

关于大槟榔园的民族特色旅游村寨开发，大槟榔园有些村民认为进行的民族旅游开发是好事，如白某某说：“没有什么坏的影响，旅游业的发展使村子的日子好过了，现在路修通了，各家的土地也大部分被外面的商家租去种香蕉，使得我们有更多的时间去干别的事情，这样也可以增加家庭的收入。”刀某光认为：“旅游业的发展让我们大槟榔园的道路越来越好，交通越来越方便，生活也有很大改善了。现在家里盖起来新房子，我们从原来的土掌房搬进了新建的房子，现在的房子环境得

---

① 新平县彝族傣族自治县地方志编纂委员会办公室编：《新平年鉴》（2014），德宏民族出版社 2014 年版，第 95 页。

② 新平县彝族傣族自治县地方志编纂委员会办公室编：《新平年鉴》（2015），德宏民族出版社 2015 年版，第 215 页。

③ 摘自戛洒镇人民政府《戛洒镇美丽乡村建设及乡村旅游发展情况》（2015 年 1 月 30 日）。

到很大的改善。”

也有不少村民指出政府在大槟榔园的旅游开发中存在很多问题：2005年时为了开发花腰傣民族文化旅游，政府将群众过去一度自然形成的花腰傣节日“赶花街”的地点——距大槟榔园村外约1千米的花街坡，改为在大槟榔园村边的林间空地举办。因为“赶花街”是花腰傣最有民族特色的节日活动，所以很容易就成为大槟榔园村每年最重要的，吸引外来游客旅游的活动项目。每到“赶花街”时，四面八方的游客来到这里体验花腰傣的传统民俗风情，村民们则将自制的各种花腰傣风味小吃和手工艺制品摆满路边，大家都能从中获得收益。但是自从2010年后，由于场地面积限制及安全措施不足等原因，同时也为了扩大“花街节”的影响效益，政府又将官方组织“赶花街”的地点迁移到戛洒镇上的文化广场，大槟榔园的旅游随之迅速萧条衰落。大槟榔园村民大多认为近年来的少数民族特色村寨旅游开发除了对村子的道路修整、村民房屋外观统一装饰等使村容村貌变得整洁之外，“花腰傣民族特色旅游村寨”的称号并没有给村里的旅游带来更多的实际利益。如今来大槟榔园村旅游的游客几乎不会进村里观光游览，而是直接乘车去设在村边原来赶花街所在地，现由外来企业中恒公司所经营管理的集民族餐饮与歌舞表演结合的“花腰宴舞”那里，吃喝一顿之后即离去。几年前政府在村子搞旅游开发时，也曾在村外河边的树林里修建了一些茅草房，里面放置了花腰傣传统的水磨、榨糖机、织布机等作为旅游展示的景点，也因疏于管理维护很快就破损、荒废了。现在作为该村标志性的、有价值的旅游活动项目的“花腰宴舞”，也只是由外来的文化旅游公司——中恒公司投资经营，并且因其长期无偿地占用村里的场地，但经营所得却基本上与大槟榔园村无关，所以村民颇有异议。

二、大槟榔园旅游发展的矛盾焦点——“花腰宴舞”

“花腰宴舞”是戛洒镇政府结合当地花腰傣民族文化特色在大槟榔园开发出的一个旅游景点。2003年时由大槟榔园村民自发举办，在政府的支持下成立了最早的“花腰宴舞”表演活动。逢年过节，周围村子里的村民都会聚在这里表演花腰傣的歌舞，一是为了自娱自乐，联络各个寨子的感情；二是也顺便吸引外来游客前来看演出，收一些门票费、清洁费，表演期间有一些村民拿自己做的民族服饰、手工艺品、特色美食等来出售，大家都多少能有所收益。2012年后，“花腰宴舞”由政府做主承包给了外来的中恒公司，该公司为了盈利，把原先开放式的空间用竹栏围了起来，建成了一个封闭式的表演厅。被改造后的花腰宴舞采取“歌舞伴餐”的形式，主打菜肴有干黄鳝、腌鸭蛋、牛肉汤锅等花腰傣特色饮食，游客们可以在大厅里边欣赏花腰傣歌舞边用餐。歌舞表演者由公司聘请，成为公司的职工。因为“花腰宴舞”作为专门接待游客的场地被围起来，只有游客们去吃饭的时候才可以看演出，所以本村及附近村子里的村民也就没有可能再来表演歌舞和卖小吃，平日村里村外的人也很少去，里面的餐饮费也较贵。一些外地游客主要是听到各种旅游宣传或是在自驾游路过大槟榔园时看到路边有牌子上写着“花腰宴舞”而进村来观看游玩的，他们大多的感受是，“花腰宴舞”提供的饮食还比较好吃，就是玩赏形式很单一，来了就吃个饭顺便看个民俗歌舞表演就结束了。

大槟榔园村民们对“花腰宴舞”也有不同的看法，有的人赞成，有的人中立，而大多数村民对它有意见。赞成者认为，“花腰宴舞”吸引了不少外面的游客，对村子是有好处的。如该村白某某就说：“花腰宴舞会吸引游客来我们村子，对发展旅游业有好处，而且旅游业的发展是一件好事儿，我们的生活也没有因为外来人的闯入而不和谐，村子里热闹一点蛮好的。”另一部分支持者来自村里在中恒公司工作的人，大槟榔园几个村民成为其中的员工后，每月能拿1000～3000元的工资，在村里人眼中算是十分可观的了，所以他们对现在的生活较为满意，而且认为中恒公司也办了一些有利于民族文化的事，如每个月的某个周末，“花腰宴舞”表演队——“俏花腰”的团员们都会在大槟榔园文化广场定期演出，义务教村民们跳广场舞，周围其他寨子里的人都可以参加。

中立者多为常年在外面工作的人，对寨子里面的事情不太关心和了解，对“花腰宴舞”从最开始成立到被中恒承包之间的一切变化没有过多关注，认为没有牵扯到自己的利益，所以态度模糊。

大部分村民们则认为，原来由村子自主经营的时候，逢年过节还可以在那边摆摊位招揽游客，顺便赚点外快补贴家用，现在的钱都让中恒公司赚了，还不让本村人去摆摊，而且中恒用村子里的土地和水电，赚了钱也不给村子里分。村民刀某某说：“‘花腰宴舞’以前蛮好的，就是被中恒公司承包以后，我们村子里的人就没有收入了，你说天天游客来来去去的，总得给我们一点补偿吧。旅游业的发展对我们民族文化有好处，但是我们没有从中得到好处。”

对“花腰宴舞”中所进行的民族歌舞表演，大槟榔园村民小组的副组长白某平介绍，“花腰宴舞”被中恒公司承包前，里面的表演由周围寨子里的村民们自发组织，进行表演的人员称“文艺队”，每年两到三次公开表演，场地也是开放的。每次表演的时候，周围寨子里的人都可以前去观看，空地上也可以摆摊位，会象征性地收一点清洁费，每个摊位就 4 元钱。那时候设施虽然不完善，但是去的人多，非常热闹。现在表演场地被围起来后，看表演要交费，所以村子里的人都不大去了，而且里面的表演都是专门编给外地游客看的，并非原汁原味的花腰傣民族舞蹈。

此外，“花腰宴舞”的表演场地就建在大槟榔园村边的常年举行传统祭祀活动的竜树林旁，经常这边正在进行着严肃的祭祀仪式，那边却在载歌载舞、吃喝玩乐。不少老一辈的村民对此颇为不满，说这是对神灵的不敬，会给村子带来不好的影响。

据该村民小组组长刀某华介绍，他曾多次以书面形式向镇政府反映中恒公司无偿占用大槟榔园的土地、使用水电而未给任何补偿费用等问题，要求政府规范他们的经营行为，但相关政府部门迟迟未给出明确答复。

为了对“花腰宴舞”内部情况有更深入的了解，我们还访谈了“花腰宴舞”的经理陶某某。据他介绍，中恒公司承包“花腰宴舞”是和县政府签订的合约，县政府之所以让中恒公司来经营，是因为政府不能经营第三产业以此盈利，但是演员要出钱养，仅仅靠政府的补贴留不住人，只有让公司经营才能更好地经营。在中恒公司承包前，文艺表演队仅有团员 12 人，大家都觉得工资太低，不愿意在这里长期工作，中恒公司接手后逐渐发展，到现在已有 30 多人。现在改名为“俏花腰”的表演队里的演员能领两份工资，政府补贴一部分，公司出一部分，工资比较高，演员们才愿意留下来。但是他也认为，现在“歌舞伴餐”形式非常乱，游客一边吃饭一边看表演，对民族文化十分不尊重。“花腰宴舞”虽然毗邻大槟榔园，在外地人看来更接近原生态，但里面的表演并非真正的花腰傣原生态文化，演出的节目形式上很多都是复制、移植其他地区的傣族歌舞，这有悖于宣传和保护花腰傣特色民族文化的目的。而且在这个地方其实也有诸多不便，现在公司在用地、用电等方面一直没有与寨子协商妥当，存在诸多争议，表演继续在这里办下去会使矛盾越来越深。他说，“花腰宴舞”计划三年以后要全部归到花腰傣文化生态园，仿效昆明的“民族文化村”，以剧院的形式来做。

三、对少数民族特色村寨旅游开发的思考

1. 民族特色村寨旅游的开发对促进民族文化的宣传、保护和发展的积极意义

民族文化是一个民族赖以生存和发展的精神支柱，也是其成员能够保持集体凝聚力的核心，但民族文化不是封闭的、停滞的，它对时代发展和现代文明始终处于一种不断调适的过程，它也需要不断吸收现代文明的成果去丰富和发展自身。一个民族的文化要永葆活力，在传承传统文化的同时也要跟上时代的步伐不断发展创新，既要保持自身的民族特色，又要在形式和内容上吸纳先进文化和现代文明的精髓。现代社会，民族文化的发展主要在于它不断地进行创新，不断地吸收先进文化和现代文明的内容，使民族文化特别是优秀民族文化成为先进文化和现代文明的重要组成部分。少

数民族特色村寨旅游的开发不仅能带动民族地区的经济发展，也促进了各民族、各地区之间的经济与文化交流，促进整个社会生活的丰富和繁荣。花腰傣文化丰富多彩，少数民族特色村寨旅游开发对花腰傣文化既可以起到很好的宣传作用，让更多的人认识和了解花腰傣文化，也可以提高当地花腰傣群众对本民族文化的自豪感和保护意识，成为促进花腰傣文化保护与传承的一条重要途径。

2. 目前少数民族特色文化保护与开发多流于表面化、同质化

我们在调查过程中能明显感觉到，虽然当地花腰傣村寨的干部和群众也有传承保护民族文化的意识，但大多停留在口头上，在追求个体经济利益为主导的社会风气下，并没有多少行之有效的规划和行动能力去保护与传承本民族的文化。花腰傣村子里的年轻人更向往和追求外面的时尚生活方式，鲜有保护自己民族文化的主动意识，随着老一辈花腰傣人的逐渐离去，花腰傣传统民族文化的传承和保护难免面临断层。而当地政府和旅游企业在重视民族文化开发和追求旅游业经济效益的过程中也往往忽视对花腰傣民族文化的深层了解，比如旅游企业认为让游客看了“花腰宴舞”中的表演就能基本了解花腰傣的文化，所以在“花腰宴舞”的表演节目中，因为对花腰傣民族文化的了解认识不够深入，往往只是以用几个简单的模拟舞蹈动作和串烧式的歌舞表演，对花腰傣传统风俗中的赶花街、祭祀和劳动生产等加以展现，游客在观看时也因缺乏相关的文化背景知识的了解，最终只能达到走马观花式的伴餐效果，造成民族文化展示的浅表化。

此外，在民族文化旅游开发中的文化移植、再造等却对当地民族传统文化传承的冲击，“少数民族特色村寨作为民族文化的物质载体，在开展民族文化旅游时，如果因急功近利、过度开发而偏离了本民族的文化内核，就必然导致传统民族文化朝着庸俗化、商品化、伪文化的方向异化”①。民族特色旅游业的发展可以推动当地经济的发展，而为了追求商业最大化，不少民族文化旅游的开发经营者采取文化移植、改造和再造一些所谓的民族文化，生搬硬套，生产出一批批庸俗化的伪文化商品。这种现象在许多地区的少数民族文化旅游开发中也普遍存在，也使得各地在少数民族文化的宣传、保护和开发中存在浅表化和同质化的隐患。民族文化旅游业的发展必须以本民族所特有的文化内涵为依托才能以自己的特色去真正吸引游客，大槟榔园的花腰宴舞中的很多表演内容，都是商家在没有深入了解花腰傣文化和传统歌舞的前提下自己想象编排出来的，有的节目还将一些西双版纳地区的傣族歌舞搬演成花腰傣的歌舞，甚至有一些表演伴奏使用的是国外的流行音乐等，这都难免给外来游客对花腰傣特色文化形成误解，也影响了对花腰傣民族文化的宣传和保护，这样的文化表演展示方式就很可能会对少数民族文化旅游业发展和少数民族文化自身的传承、保护产生消极的作用。

3. 加强对当地村寨经济与文化上的有效扶持和反哺

在国家民委《少数民族特色村寨的保护与发展规划纲要（2011—2015 年）》中指出，少数民族特色村寨是指“少数民族人口相对聚居，且比例较高，生产生活功能较为完备，少数民族文化特征及其聚落特征明显的自然村或行政村”②。由于自然、历史等原因，少数民族特色村寨在民居样式、村寨风貌、生产生活方式以及风俗习惯等方面都集中体现了少数民族经济社会发展的特点和文化积淀，凝聚了各少数民族的历史文化结晶，是传承民族文化生态要素、促进民族群众发展与进步、民族地区加快发展步伐的有效载体和重要资源。而民族特色村寨建设和旅游的开发既需要政府持续的重视、扶持与引导，也需要当地少数民族村民的积极参与和社会各方的共同努力。

在大槟榔园村花腰傣特色旅游刚起步时，“花腰傣民族特色旅游村”的称号以及各种县、市、省乃至全国性的荣誉称号提高了大槟榔园自然村的知名度，给大槟榔园依靠旅游业促进村寨经济带来一定的效益，当地政府对民族旅游开发与少数民族特色村寨的建设也使大槟榔园的村容村貌发生了

① 李忠斌、郑甘甜：《特色村寨建设、民族文化旅游与反贫困路径选择》，《广西民族研究》2015 年第 1 期。

② 国家民族事务委员会：《少数民族特色村寨保护与发展规划纲要（2011—2015 年）》，2012 年 12 月 5 日发表。

巨大的变化。但其后由于场地、交通、住宿、安全等方面的考虑，镇政府将原安排在大槟榔园进行的“赶花街”等重要的花腰傣民俗文化旅游活动转移到戛洒镇上进行，随之而来的是大槟榔园村的旅游业的迅速衰落，曾经热闹一时的大槟榔园被游客日渐淡忘。村子里原先专门为游客准备的民族传统生产工具、手工艺品等旅游文化展品，因为缺乏专项管理人员和经费，以致生锈、损毁，村子里只能收起来或搁置不管，基本失去了它们作为花腰傣民族特色文化进行常态化展示与宣传的作用。而现在村子里作为花腰傣民族特色旅游重要项目的“花腰宴舞”，则是当地政府与中恒公司进行合作，利用大槟榔园村的地点和名声开发出的旅游文化商品，其经营、管理与收益都与该村无关，这就极大降低了村民对民族特色村寨旅游开发的参与性和认可度，也影响了大槟榔园村作为花腰傣民族文化旅游标志性村寨的后续发展。

新平县把花腰傣文化作为旅游名片加以打造和建设，也希望借助花腰傣特色文化旅游来更好地推动本县的经济发展，这与国家积极发展民族地区经济的政策相一致，也符合当地花腰傣群众的脱贫致富的基本愿望。但是花腰傣民族特色村寨的旅游开发，在很大程度上都是由政府所主导，这种推动民族文化发展的方式也有其不足之处，即可能为了发展旅游而主观地、一厢情愿地改变了民族文化生存的具体场域，使民族文化产生了脱域的现象。在经济发展规划和民族文化开发过程中如果脱离了当地少数民族群众的实际生活，忽视了当地群众的根本利益和对民族文化深入研究，没有实现当地群众的积极参与，那么无论在经济的发展上还是在民族文化的传承、保护上都会与主观发展规划形成很大的落差。

有学者曾指出：“少数民族特色村寨保护和发展工作是一项系统工程，既包括民居、建筑维修和改造，也有非物质文化的保护和传承，还有村寨经济建设。在这些工作中，村寨经济建设是基础，发展村寨主导产业，壮大村寨经济是村寨保护与发展村寨的支撑和依托。因此，一定要抓住村寨经济发展这一事关全局的中心工作，选择好、建设好特色优势产业，使村民富裕起来，村寨的保护和发展才能持续。”① 少数民族村寨的发展问题往往与社会经济、政治及民族文化和民族心理等多方面因素相互交织，具有长期性、复杂性、敏感性等特点，各级政府应意识到在推动民族旅游业发展之时积极保护花腰傣民族传统文化和维护当地群众利益的重要性，不能为了短期的、局部的经济效益而忽视推动少数民族经济发展的根本目的，并且应该将此落实到提高当地村民的生活水平和质量的具体措施上，进而实现全社会的共同富裕。

再就民族文化的传承、保护方面而言，少数民族特色旅游村寨作为一个民族文化具体的活态化载体与展示场域，也完全可将其视为一个很好的民族文化传承场，“传承场的形成涉及各民族的文化生成机制。民族文化总是在一定的环境中产生、传递，而这种环境本身就是文化传承机制的组成部分，构成文化传承的硬件，它包括自然环境和文化环境等。这些环境在文化传承中的模式、特征决定了文化传承场的类型和特性，对文化再生的方式、内容产生了重大影响”②。在围绕花腰傣特色民族村寨旅游建设过程中，对少数民族特色村寨旅游进行合理、有序的开发，建立起少数民族特色旅游开发与促进当地少数民族村寨群众生活改善的良性发展关系，使生活于花腰傣民族特色村寨中的村民们在特色旅游的开发建设活动中真正受益，那么作为少数民族文化传承机制中最基本的、核心的因素，他们也能更加积极、自觉地成为自己民族文化的守护者、传承者。以这样的发展理念进行少数民族特色村寨的建设规划并辅以具体的行动落实，则不仅能够实现对少数民族地区乡村经济积极的促进，而且也可以在文化上对少数民族文化的保护、传承及文化再生产形成有益的反哺。

---

① 段超：《保护和发展少数民族特色村寨的思考》，《中南民族大学学报》（人文社会科学版）2011年第5期。

② 赵世林：《民族文化的传承场》，《云南民族学院学报》（哲学社会科学版）1994年第1期。

民族地区特色文化旅游景观生产、市场感知及其发展路径

——以广西三江侗族自治县为例①

谢 菲*

摘 要：特色文化旅游是民族地区非物质文化遗产丰富、经济相对滞后区域的主要发展路径。基于景观生产现状与旅游市场感知的层面，研判三江特色文化旅游景观生产发展趋向。同时，借鉴旅游人类学的整体观理念，从产品整合性和整体性上优化三江县特色文化旅游产品的发展路径。

关键词：特色文化旅游；景观生产；市场感知；发展趋向；发展路径

DOI：10. 13835/b. eayn. 22. 19

一、引 言

从词源学角度而言，特色（characteristic）是一个事物或一种事物显著区别于其他事物的风格、形式，由事物赖以产生和发展的特定的具体的环境因素所决定。与此相对应，特色文化可视为与特定区域民众生产生活密切相关的传统文化表现形式和文化空间，具有鲜明的地域性与群体性。

在自然与人文资源异质性相较突出的民族地区，依托独特的文化资源，通过创意转化、科技提升和市场运作，打造具有鲜明区域特色和民族特色的文化产品和服务是地方特色文化旅游发展的主导形态。继而，特色文化旅游发展与非物质文化遗产保护良性互动成为地方旅游产业发展的中心议题。从两者互动关系而言，非物质文化遗产保护对旅游的拉动力在于增加旅游资源的文化吸引力，提升旅游业的内涵式发展；反之，特色文化旅游发展通过挖掘非物质文化遗产价值体系，提高民众对非物质文化遗产的认知与体会，从而形成自觉传承、发展与创新非物质文化遗产的社会意识。② 正如布迪厄所言，在社会实践中，经济资本和文化资本是两种起主要作用的资本或者说是两条主要的

---

* 作者简介：谢菲，民族学博士，副研究员，研究方向：文化旅游、旅游人类学。

① 基金项目：国家社科基金一般项目“南岭走廊瑶族特色村寨空间建构与永续发展研究”（项目编号：16BMZ066）、广西哲学社会科学规划研究项目“广西特色文化旅游发展与非物质文化遗产保护互动研究”（项目编号：15FMZ010）、广西高校人文社会科学重点研究培育基地“休闲养生旅游研究中心”和“民族特色旅游工艺品研究中心”的阶段性研究成果。

② 肖增艳：《非物质文化遗产保护与旅游开发的互动研究》，湖南师范大学硕士学位论文，2006 年。

建构原则。[①] 经济资本的通约性是转换的前提，文化资本的独特性是转换的基础。[②] 申言之，以转换为介质的经济资本与文化资本的互构为非物质文化遗产传承与旅游经济资本增值的双重叠加效应提供了实现路径。

作为拥有壮族、汉族、瑶族、苗族、侗族、仫佬族、毛南族、回族、京族、彝族、水族、仡佬族12个世居民族的广西壮族自治区，民族文化异彩纷呈，具有鲜明的地域性与独特性。特别是2013年以来，为加快旅游业跨越式发展，广西壮族自治区确立了以特色旅游名县建设为抓手的区域发展战略。换言之，凸显地方旅游特性已成为广西地方政府拉动旅游经济增长、推进新型城镇化、建设生态文明、加快贫困地区脱贫致富的重要举措。因此，以特色文化旅游发展为切入点，探索地方非物质文化遗产保护与特色文化旅游发展互动现状和实践路径，对于促进地方旅游经济发展与民族文化遗产保护的双赢效应具有现实意义。

基于此，本文以三江侗族自治县（以下简称“三江县”）创建广西壮族自治区特色旅游名县为背景，通过对三江特色文化旅游景观生产现状的梳理，结合广西旅游特色名县游客满意度问卷调查的相关数据，分析三江特色文化旅游产品市场感知与评价。最后，引用旅游人类学的整体观理念，从产品整合性和整体性上讨论提升特色文化旅游品质内涵的发展路径。

二、三江特色文化旅游景观的生产

“景观”一词是典型外来词的中文现代译用。在西方的语义中，景观分别指代纯粹自然之景、人为雕琢之景和观看意象之景三种含义。换言之，景观既是一种地理形态，一种观看方式和视觉理解，更是人类将经验世界与意义世界连接起来的景观实践、文化过程（cultural process）和社会实践方式。[③] 结合景观语义和空间生产理论，本文所探讨的景观生产可视为一种有意识、有目的的建构行为，具有生产身份/认同符号的意味。

（一）非物质文化资源的赋存

广西三江侗族自治县位于湘、桂、黔三省（区）交界地带，是一个多民族聚居的少数民族县。除了侗族（人口占57%）外，还居住着汉族、苗族、瑶族、壮族等其他民族。同时，三江县是广西唯一的侗族县，民族风情多姿多彩，人文景观独具一格，具有“桂林山水甲天下，侗族风情看三江”的美誉。特别是以鼓楼、风雨桥、侗族民居等为代表的木制建筑是全国迄今为止数量最多、分布最集中、保存较好的侗族建筑群。

2006年，随着我国加入《非物质文化遗产公约》，以彰显地方文化特色与价值的非物质文化遗产成为民族地区旅游开发主导的文化资源。依据民族文化价值和濒危程度，三江县侗族文化陆续纳入了世界、国家、省（区）、市、县五级名录体系予以系统化和制度化保护（见表1）。

表1　三江县非物质文化遗产名录体系表

名录级别	具体项目
人类非物质文化遗产代表作名录	侗族大歌
国家级非物质文化遗产保护名录	侗族木构建筑营造技艺、侗族大歌、侗戏

① 宫留记：《布迪厄的社会实践理论》，河南大学出版社2009年版，第110页。

② 樊友猛、谢彦君、王志文：《地方旅游发展决策中的权力呈现——对上九山村新闻报道的批评话语分析》，《旅游学刊》2016年第1期。

③ 葛荣玲：《景观人类学的概念、范畴与意义》，《国外社会科学》2014年第4期。

续　表

名录级别	具体项目
自治区级非物质文化遗产保护名录	侗族款文化、侗族刺绣、三江农民画、侗族百家宴、侗族医药、侗族器乐、侗族花炮节等16项
市级非物质文化遗产保护名录	侗笛艺术、六甲歌、草苗明歌、侗族打油茶等14项
县级非物质文化遗产保护名录	侗族送萨文化、和里庙会等16项

注：以上名录项目收录截止时间为2015年。

概览三江非物质文化遗产，涵盖了传统手工艺、民俗节庆、民间音乐、传统戏剧、民间美术等诸多门类，内容丰富，形式各异，具备营造文化旅游空间氛围和打造特色文化旅游产品的特质。

（二）特色文化旅游景观生产的方式

作为从外部观看和体验的生产、交换、消费的各种社会过程和时间的现象形式，景观主要表达为可以看见、形成印象和想象的地理。景观的现代观念和体验的演化，与观看和表征空间的各种技术具有密切关联性。① 检视三江以非物质文化遗产为主导的特色文化旅游景观生产，且依据景观生产的文化主体性以及表征空间形式的分殊，可视为静态实体景观的符号化生产和动态展演景观的制度化生产两种样态。②

1. 静态实体景观的符号化生产

在三江，作为彰显族群文化象征的符号，侗族特色文化通常以集中生产—展示和布局于景观关键节点两种方式，打造侗族旅游符号和旅游景观吸引物。前者以三江生态博物馆为代表。该模式以县城侗族博物馆为中心，以独峒乡苗江河沿岸的10座侗寨为点，囊括了侗族18处寨门、13座风雨桥、26座鼓楼、1500座吊脚楼，采用“馆村结合，村馆互动”的方式将静态性实体景观予以流动性展示。另外，在景区的空间节点上，通过侗族文化符号的组合设计，突出文化表征，彰显文化理念，营造文化气氛，激发游客文化想象的共鸣。譬如，具有浓厚侗族风情的4A级景区程阳八寨，便贯穿了2000多座吊脚楼、8座鼓楼、5座风雨桥。与生态博物馆点面结合的原生态展示方式略有不同的是程阳八寨景区集合了8个侗寨各类建筑体式，有意识地布局侗族文化景观空间生产的重要节点，具有空间生产实践的意味。纵观以上静态实体景观的生产，皆通过侗族代表性建筑的空间节点设计与集中化展示形成直观化与符号化的生产，以建构侗族群体的族群归属和文化表征，引导游客对侗族文化认知与想象。

2. 动态展演景观的制度化生产

任何空间的存在都具有特定的意义，是多重力量共同参与、共同生产的结果。③ 旅游空间生产具有空间社会建构的特性，文化主体与空间特定历史意义融于一体，相互构成依赖、复杂的统一体。与静态实体性景观的符号化生产不同，动态展演景观的生产偏向于在旅游空间互动中，主体参与的规律化与制度化。

在具有“百节之乡”“歌舞之乡”的三江，动态性展演景观的生产主要通过节日文化和风情实景演出的形式，通过流动性展演的方式，表述与生产侗族民族文化，以满足游客对侗族文化原真性

---

① 凯·安德森、莫娜·多莫什、史蒂夫·派尔、奈杰尔·思里夫特著：《文化地理学手册》，李蕾蕾、张景秋译，商务印书馆2009年版，第341－365页。

② 桂榕：《从景观生产视角观看民族文化遗产的旅游利用与保护传承——以丽江玉水寨为例》，《广西民族研究》2013年第3期。

③ 罗新星：《第三空间的文化意义生产研究——以湘西凤凰的旅游传播为个案》，岳麓书社2013年版。

的想象与凝视。以中国侗族大型实景演出《坐妹》为例，该实景演出以展现木构建筑营造技艺的侗族“鸟巢”为演出地，通过侗族大歌、喊姑娘、闹姑娘、坐姑娘、赶坡节、多耶团圆六个篇章以及鼓楼、桥、吊脚楼的舞台变化，将侗族婚恋、劳作、歌舞等不同空间文化元素予以集合式的舞台展现，以凸显服饰、芦笙踩堂、多耶舞、侗族大歌的文化魅力，具有动态性展演特征。在这种不同空间的集中化生产过程中，对于游客而言，身处“鸟巢”中体验异彩纷呈的侗族风情，实现了对侗族民族文化空间全景快照式消费，而这种消费源于游客对侗族文化真实性的诉求下，经过侗族地方文化精英、民众和地方政府的共谋，将景观形式化与程序化生产的结果。

纵观以上两种景观文化生产转换方式，首先具有并行不悖、互相交融的特点，且生产边界具有跨区域、跨业态的趋势。其次，从参与生产过程辨析，静态实体景观符号化生产中的生态博物馆展示方式和动态展演景观的制度化生产皆以地方政府为引导，在地方精英的指导和民众共同参与策划下的一种“可参观性”生产（贝拉·迪克斯，2003），具有政策支撑有力、市场定位明确、经济效益显著的特点。

简言之，具有生产意味的侗族特色文化旅游空间，通过空间装饰、组合与互嵌等方式表征了三江侗族文化符号的文本意义，而其空间生产的可持续性需以游客空间消费的感知予以检验。基于此，以下论述将围绕三江特色文化旅游产品游客满意度，分析景观生产与服务的市场感知与需求趋向，为其特色文化旅游景观发展路径提供市场依据。

三、三江特色文化旅游产品的市场感知

旅游感知是旅游者在常住地或旅游目的地将外部旅游信息被动接受后和自己已有的旅游经验进行对比所形成的和旅游目的事物密切相关的认识与评价。[①]

为了真实而准确地呈现旅游者对三江特色文化旅游景观生产与服务的感知程度，本文选取了2016年第一季度、第三季度广西特色旅游名县游客满意度调查相关数据，择取旅游特色的七项指标，即特色文化（特指演艺、节庆等），特色建筑、特色步行街区，特色古镇、古村落或民族村寨，特色餐馆和地方特色风味美食，特色旅游商品，特色旅游景区景点，特色旅游服务项目予以评估。数据来源以问卷现场拦访调查、网络舆论评价（包括到到、驴妈妈、蚂蜂窝、美团、去哪儿、途牛、微博、携程、游多多9个旅游网络平台）以及当地旅游投诉、质监情况分析为主。

根据抽样调查显示，2016年第一季度三江县游客满意度抽取样本点为210份，有效问卷202份，有效率为96.19%；第三季度三江县游客满意度抽取样本点为199份，有效问卷195份，有效率为97.98%。运用PLS（Partial Least Squares，PLS）方法和LISREL（LInear Structural Relationship）方法建立模型，同时使用专家打分法、层次分析（AHP）模型和数据包络（DEA）模型的综合权重指标体系，得出三江县特色文化旅游产品游客满意度，并与广西平均值、最高值予以比较（见表2）。

表2　2016年第一季度、第三季度三江县特色文化旅游产品游客满意度构成表

数值 分项	旅游特色相关指标						
	特色文化（特指演艺、节庆等）	特色建筑、特色步行街区	特色古镇、古村落或民族村寨	特色餐馆和地方特色风味美食	特色旅游商品	特色旅游景区景点	特色旅游服务项目

① 白凯、马耀峰、游旭群：《基于旅游者行为研究的旅游感知和旅游认知概念》，《旅游科学》2008年第1期。

续　表

分项 \ 数值		旅游特色相关指标						
第一季度	全区平均值	7.02	7.05	7.20	7.13	7.15	7.35	7.16
	全区最高值	7.56	7.65	7.70	7.61	7.51	7.80	7.59
	三江县	7.56	7.65	7.70	7.50	7.39	7.67	7.42
第三季度	全区平均值	7.31	7.31	7.55	7.41	7.38	7.73	7.43
	全区最高值	8.06	8.06	8.56	8.10	7.98	8.25	8.03
	三江县	8.06	8.06	8.56	8.10	7.81	8.13	8.03

数据来源：广西旅游科学研究所《2016年广西游客满意度调查数据库》，指标数值满分为10分。

结合三江县2016年第一季度、第三季度特色文化旅游产品游客满意度构成表（见表2）、特色文化旅游产品的网络舆论评价（见表3），可感知三江县特色文化旅游景观市场评价具有以下四个特点。

1. 特色文化旅游产品与服务整体评价较高

在广西特色旅游名县（包括创建县）中，三江县特色文化旅游产品与服务整体水平较高。其中，特色文化（特指演艺、节庆等），特色建筑、特色步行街区，特色古镇、古村落或民族村寨三项指标位列首位，特色餐馆和饮食，特色旅游商品，特色旅游景区景点，特色旅游服务项目等四项指标均远远超出全区的平均水平，明显反映游客对三江县特色文化旅游产品与服务满意度的整体评价较高。

2. 可视性旅游景观感知突出

根据第一季度和第三季度抽样调查数据显示，三江县特色文化（特指演艺、节庆等），特色建筑、特色步行街区，特色古镇、古村落或民族村寨三项指标皆位于全区特色文化旅游的首位。这一状况与当地特色文化旅游实践较为吻合，如在文化旅游演艺上，侗族实景演出《坐妹》，通过婚俗实景演绎的方式，生动地将侗族歌舞、服饰、习俗等多重文化展现于游客；在可视性景观构建上，将体现侗族木构建筑营造技艺的风雨桥、鼓楼、吊脚楼等一系列单体建筑予以展示和组合，赋予了三江特色建筑、街区和古镇（古村落）侗族风情的意象。总体上，游客对侗族文化视觉上的感受较为深刻。

3. 体验性文化旅游产品感知偏低

根据特色文化旅游产品网络舆情评价表（见表3）中正、负面高频词的内容来看，游客普遍认为三江侗族建筑、服饰、歌舞、民宿等可视性旅游产品特色明显，但在旅游纪念品和旅游景区服务上缺乏特色和个性，吸引力不足。显然，与可视性旅游景观感知突出的特点相比，体验性文化旅游产品感知明显偏低。这一状况与三江县特色旅游商品（第一季度、第三季度）、特色旅游景区景点（第一季度、第三季度）和特色服务项目（第一季度）游客满意度分值相对偏低具有一致性（见表2）。尽管以上三项指标数值已远远超出全区平均值，但与最高值仍存在一定差距。

表3　2016年第一季度、第三季度三江县特色文化旅游产品网络舆情评价

序号	高频词	正面评价频次	负面评价频次
1	程阳风雨桥、鼓楼、侗寨	34	/
2	侗族服饰	8	/
3	民宿	8	7（木楼隔音效果差）

续　表

序号	高频词	正面评价频次	负面评价频次
4	侗族特色饮食（女儿红、血鸭、酸鱼、百家宴）	7	2
5	民俗歌舞表演（坐妹、侗族大歌）	6	/
6	景观原生态	3	4（缺乏特色、个性）
7	旅游纪念品	/	6（传统、特色手工品少）

数据来源：广西旅游科学研究所《2016年广西游客满意度调查数据库》。

4. 文化旅游产品融合性与创新性不足

结合游客满意度相关数据和网络舆情评价等信息，综合反映了三江县侗族特色文化旅游的突出问题是旅游纪念品千篇一律，与其他景区并无二致；且粗制滥造的较多，缺乏地方性特色等问题。本质上，特色文化旅游是文化产业与旅游产业深度融合、良性互动的结果。以目前三江非物质文化资源的赋存来看，相当数量能凸显地方性特色的非物质文化遗产尚未从旅游商品角度予以生产性保护与开发，如侗族医药、三江农民画、侗族刺绣等，从而导致侗族文化与旅游产业互嵌意识不足，文化旅游产品与服务的特色性不明显，体验性不突出。

简言之，从三江县特色文化旅游景观生产市场感知而言，该地特色文化旅游初步形成了建筑、古村落和演艺三大特色文化旅游景观品牌，而特色文化旅游商品与服务却稍逊一筹，缺乏精致化的深耕细作，难以在内涵式发展上凸显特色文化旅游产品的体验性、融合性与差异性。

四、整体观视域下三江特色文化旅游产品的发展路径

整体观概念源于人类学，是文化人类学者理解他者文化的方法论。该观念一方面强调民族文化的内在要素、内在要素之间以及这些因素与所处环境的关系；另一方面，思考民族文化在人类学文化发展史以及现代全球文化多样性中的位置①，以凸显民族文化的历时联系与共时性关系。在整体观视域下，作为现代旅游的想象性资源，“民族”与“地方”成为游客与东道主共同建构的产物。② 继而，作为彰显民族性与地方性特色的文化旅游产品，离不开产业运行环境下文化产业与旅游产业融合方式以及东道主地方民族文化的征用、设计与开发。简言之，在旅游人类学整体理念的观照下，特色文化旅游产品的构建与提升可在特色文化运行机制和实践逻辑上关注特色文化挖掘与旅游产品开发，在产品整合性和整体性上优化三江县特色文化旅游产品的内涵。

（一）产品整合性

所谓整合，是指不同行动者或者集合体之间（自主与依赖）实践的交互关系。③ 产品的整合性表现为基于产品差异性的市场需求，对其他区域、产业的比较、借鉴与融合。众所周知，在区位上，三江县地处大桂林旅游圈和西南民族文化旅游圈辐射区内，加之贵广铁路、三江至柳州高速公路的通车以及即将开通的桂三、三江至北海高速公路，特色文化旅游产品整合区域性不断扩大，其差异性需求也不断渐长。与此同时，在区域范围上而言，特色文化又具有一定的相对性。如何在不断渐长的区域整合性需求下，凸显民族性与地方性特色。笔者以为，提升区域整合幅度与深度，突出产

① 麻国庆：《走进他者的世界》，学苑出版社2002年版。

② See Salazar, N. B. and Grahurn, N. H. (ed) *Tourism Imaginataons: Anthropological Approaches*. New York and Oxford: Berghahn, 2014, p. 5.

③ ［英］安东尼．吉登斯著：《社会的构成：结构化理论纲要》，李康、李猛译，中国人民大学出版社2016年版。

品差异性至关重要。

1. 与周边区域的整合

一个地区的特色文化资源往往在较大范围内具有特色，但在相对较小范围也许会缺乏特色，甚至毫无特色。[①] 基于旅游空间生产角度，在大桂林民族文化旅游圈乃至西南民族文化旅游圈辐射和带动下，三江县应凸显特色文化旅游产品区域互补性和差异性，打造跨区域民族特色文化旅游产品和精品线路，构建三江侗族特色文化旅游产品体系、大桂林民族文化旅游圈、西南民族文化旅游圈三级联动互补的民族特色文化旅游整合区，在整合中突出个性与差异，形成市场互补。

2. 与文化创意产业的整合

文化创意产业是在全球化条件下，以民众在消费时代的精神文化娱乐需求为基础，以高科技手段为支撑，以网络传播方式为主导，以文化艺术与经济的全面结合为特征，跨国、跨行业、跨部门、跨领域重组或创建的新型产业集群。[②] 在全球化背景下，作为凸显地方性和民族性的侗族特色文化景观的生产与运营，在实现跨区域整合的基础上，可打通文化艺术与经济、科技的产业壁垒，提升旅游产品设计、生产与营销的文化科技含量，丰富和优化网络传播途径，激发市场化运营机制，形成产业联动与区域整合并存的生产态势，充分释放三江县特色文化旅游的魅力与活力，对接当下全域旅游市场要素与资源配置的发展需求。

3. 与地方公共文化的整合

近年来，随着国家公共文化服务体系建设的深入推进，传统公共民族文化生活成为政府与社会满足民众文化生活需求的重要载体。在共建共享的发展理念下，通过特色文化旅游开发与地方社区文化建设的互嵌，既承续了地方传统文化的生命力，也提升了特色文化旅游产品发展活力与持续力。具言之，三江特色文化旅游产品可依托地方传统公共文化活动（如侗族送萨文化、和里庙会、侗族百家宴等地方仪式与节日文化），通过旅游产品的内容设计与形式转换，突出体验性与个性化，打造基于游客与当地居民深度互动的特色文化旅游产品，形成与地方公共文化深度整合的复合性文化旅游商品。

概言之，在特色文化旅游产品开发中，整合具有边界不断延展的特性，包含了区域整合、产业整合以及地方文化自身的整合，是立足区域旅游生产实践交互关系下，动态定位与设计的多层级整合。与此同时，这一整合是基于特色文化旅游产品市场生产与销售差异性的交互作用与实践（其构建机制见图1）。反之，这种“民族”和“地方”特色文化旅游产品的差异性生产，置于区域整合、产业整合和地方文化整合的实践交互中方能凸显与强化。

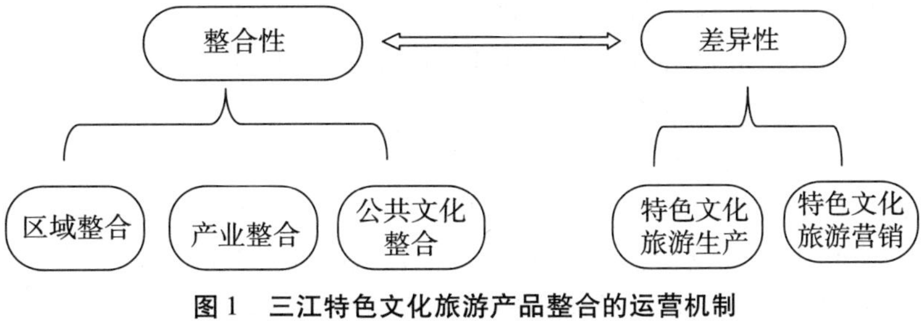

图1 三江特色文化旅游产品整合的运营机制

（二）产品整体性

从生产方式而言，特色文化旅游是地方文化与旅游深度融合的结果，具有契合文化发展与旅游

① 马健：《特色：我国产业发展的误区与应对》，《中国文化报》2015－9－5。

② 陈建宪等：《民俗文化与创意产业》，华中师范大学出版社2012年版。

业运营的双重特征。目前，以特色文化旅游开发的形态而言，具有可视性和体验性两种样态，而根据主体参与情况的不同，可视性旅游产品生产可分为静态实体景观的符号化生产和动态展演景观的制度化生产以及两种生产的混合体。倘若从遗产三种“展示—凝视”模式①而言，旅游可视性对应“观看—文本”模式，而体验性则包括“社交—仪式”模式和“模仿—身体”模式，两者皆以游客身体感觉为中介（见图2）。

结合前述特色文化旅游产品的市场感知调查，对照特色文化旅游产品的整体性构成，可发现三江县特色文化旅游开发以可视性旅游产品为主，缺乏以体验性为主的特色文化休闲项目，旅游产品发展的整体设计意识欠缺。笔者认为，基于特色文化旅游的可持续发展逻辑，注重游客体验产品的设计，完善生产过程中地方性与独特性的细节对于弥补三江县特色文化旅游产品整体性开发缺失、延伸特色文化旅游产品生产与服务链具有实践性意义。

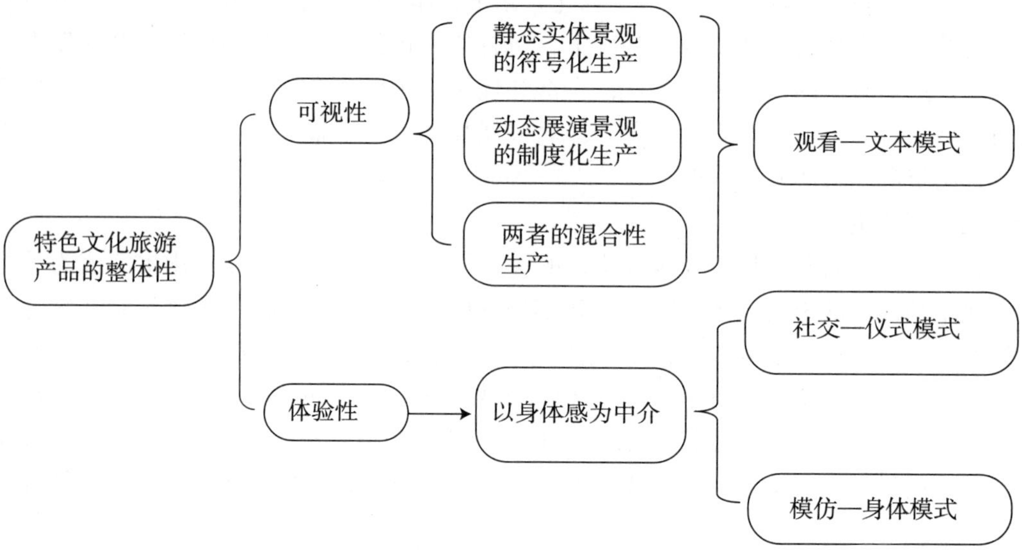

图2　特色文化旅游产品的整体性构成

1. 基于文化逻辑的可持续生产

从文化特色旅游产品的整体发展而言，特色文化旅游具有文化与经济双重特性。正如阿根廷学者马里亚若·格龙多纳所言，经济发展是一个文化过程，理由是短期的经济行为可以由经济逻辑来解释，但长期的经济行为靠经济逻辑无法给出答案，必须求助于文化逻辑。② 基于此，作为整体性的特色文化旅游产品发展战略，不仅仅将特色文化旅游产品生产视为理所当然的经济行为，更应将产品是否具有文化持续性发展潜力作为评价与衡量的终极目标。换言之，特色文化旅游产品整体性发展是借助文化逻辑持续生产的经济行为和过程。

2. 基于游客身体感的体验性生产

随着旅游服务经济向体验经济的转型，体验性旅游产品注重从生活与情境出发，塑造旅游者感官体验及思维认同，引导旅游者改变消费行为，继而为旅游商品找到新的生存价值与空间。因而，在体验性产品生产过程中，身体感是衡量体验性旅游经济生产成功与否的一项重要评价指标，包含了以各种感觉（如视、听、触、味、嗅等）为途径的刺激与转化，以产生对特色文化的认知与共鸣。三江特色文化旅游产品的开发应在注重游客身体感反映的基础上，不仅将特色文化作为可视性旅游

① 樊友猛、谢彦君：《记忆、展示与凝视：乡村文化遗产保护与旅游发展协同研究》，《旅游科学》2015年第1期。

② 转引自余秋雨《文化转型与竞争力》专题演讲，2003-04-01，http://finance.sina.com.cn/roll/20030401/2103326980.shtml。

产品开发，更应通过不同特色文化样式的组合、特色文化因素的嵌入以及与其他产业的互融，激发游客除视觉外其他多样化的感知，构建特色文化创意新颖、参与气氛浓厚的体验性旅游产品。

3. 基于地方性与独特性的过程性生产

单一特色文化旅游产品的整体性，离不开设计、生产与营销等旅游生产各环节的监控。简言之，整体性体现了将景观生产与市场感知有效连接，不断吸收、修正与扬弃的连续过程，并从区域整体性与市场差异性中，导引出特色文化旅游的地方性与独特性，以提升特色文化旅游的市场差异性和敏感度。这种注重过程和细节的特色文化旅游生产，较为适合特色餐饮、特色旅游商品、特色旅游服务项目等直观性强、体验直接的旅游产品设计、生产与营销。这种过程性生产在充分结合市场需求、注重游客体验的基础上，提升特色文化旅游产品的地方性和独特性。

综上，特色文化旅游产品的整体性既需考虑具体旅游产品实在性构成和组合的市场需求的即时性，更需考量特色文化发展的可持续性；既需注重旅游市场发展趋势，更需保持地方特色文化的独特性，两者缺一不可，相生相长。

五、余　论

据地理学家格拉汉姆（Graham）、艾希沃斯（Ashworth）和腾布里奇（Tunbridge）相关研究表明，遗产具有经济与文化的“双重属性”（the duality of heritage），遗产的经济和文化意义在遗产旅游中的关系是相辅相成的。[①] 作为非物质文化遗产赋存丰富的三江县，发展特色文化旅游具有先天优势。如何在遗产旅游开发中根植文化意义，体现经济价值是旅游目的地政府与学者共同探讨的中心话题。在广西特色旅游名县建设发展背景下，三江县特色文化旅游产品开发获得了地方发展战略的政策支持和生产动力，拥有了演艺、节日、侗族村寨等众多口碑较好的特色文化旅游产品。与此同时，三江特色文化旅游发展亦面临在历时性发展与共时性比较视野下侗族特色文化挖掘、旅游产品设计和可持续发展评估等一系列生产实践的问题，亟须旅游人类学整合性理念与反思性实践的指导，以确保特色文化旅游内涵式发展，提升地方特色文化旅游产品的整体品质。

回溯 20 世纪 80 年代末 90 年代初期，随着我国应用人类学广泛地对现实性问题研究的高涨，旅游人类学逐渐走进研究者的视野。具有整体性研究旨趣的旅游人类学在旅游影响与可持续发展下发挥了重要的作用。特别是在民族地区旅游研究上，人类学兼具扎根族群文化研究的学科传统和反思民族文化发展实践的学科优势。但与此同时，由于旅游人类学与生俱来对少数民族和小族群研究关注的“胎伤”，导致了其只注重“旅游目的地、游客、旅游中介系统、客源地”中“目的地、游客”的单向度研究，未能对旅游中介系统（旅游从业者及相关系统如导游、旅游媒介、旅游企业、规划界、政府等）和客源地予以应有的关注和研究[②]，真正意义上的学科体系面临完整性挑战，难以应对旅游发展新形势、新格局。

因此，基于民族地区文化多样性与特色性以及现实发展的考量，特色文化旅游产品规划与设计亟须旅游人类学积极介入旅游客源地和旅游中介系统的研究，在民族文化传承与发展、旅游市场产品开发上发挥学科整合性特点和关注整体的学科优势，确保特色文化旅游“有形的经济性”与“无形的文化性”[③] 并行不悖的生产与再生产。

---

① Graham B. J., Ashworth G. J., Tunbridge J. E. *A Geography of Heritage: Power, Culture and Economy*. London: Arnold, Oxford University Press, 2000, pp. 2－65. 转引自桂榕《作为旅游景观的民族文化遗产及其保护利用效果评价——以云南民族村为例》，《云南社会科学》2015 年第 2 期。

② 向玉成：《旅游人类学“单向度”研究取向之反思》，《思想战线》2015 年第 1 期。

③ 潘杰、王向华、麻国庆、潘英海：《两岸三地学者谈文化创意产业》，《西南边疆民族研究》2014 年第 1 期。

参考文献：

［1］肖增艳．非物质文化遗产保护与旅游开发的互动研究［D］．长沙：湖南师范大学，2006.

［2］宫留记．布迪厄的社会实践理论［M］．开封：河南大学出版社，2009：110.

［3］樊友猛，谢彦君，王志文．地方旅游发展决策中的权力呈现——对上九山村新闻报道的批评话语分析［J］．旅游学刊，2016（1）：30.

［4］葛荣玲．景观人类学的概念、范畴与意义［J］．国外社会科学，2014（4）：110-111.

［5］［英］凯·安德森，［美］莫娜·多莫什，［英］史蒂夫·派尔，［英］奈杰尔·思里夫特主编，李蕾蕾，张景秋译．文化地理学手册［M］．北京：商务印书馆，2009：341-365.

［6］桂榕．从景观生产视角观看民族文化遗产的旅游利用与保护传承——以丽江玉水寨为例［J］．广西民族研究，2013（3）：192.

［7］罗新星．第三空间的文化意义生产研究——以湘西凤凰的旅游传播为个案［M］．长沙：岳麓书社，2013：7.

［8］白凯，马耀峰，游旭群．基于旅游者行为研究的旅游感知和旅游认知概念［J］．旅游科学，2008（1）：22-25.

［9］麻国庆．走进他者的世界［M］．北京：学苑出版社，2002：33.

［10］See Salazar, N. B. and Grahurn, N. H.（ed）Tourism Imaginataons：Anthropological Approaches［M］. New York and Oxford：Berghahn, 2014, p. 5.

［11］［英］安东尼·吉登斯著，李康，李猛译．社会的构成：结构化理论纲要［M］．北京：中国人民大学出版社，2016：26.

［12］马健．特色：我国产业发展的误区与应对［N］．中国文化报，2015-9-5.

［13］陈建宪等著．民俗文化与创意产业［M］．武汉：华中师范大学出版社，2012：5.

［14］樊友猛，谢彦君．记忆、展示与凝视：乡村文化遗产保护与旅游发展协同研究［J］．旅游科学，2015（1）：23.

［15］余秋雨．“文化转型与竞争力”专题演讲［EB/OL］．（2003-04-01），http：//finance. sina. com. cn/roll/20030401/2103326980. shtml

［16］Graham B. J.，Ashworth G. J.，Tunbridge J. E. A Geography of Heritage：Power，Culture and Economy［M］. London：Amold，Oxford University Press，2000.

［17］桂榕．作为旅游景观的民族文化遗产及其保护利用效果评价——以云南民族村为例［J］．云南社会科学，2015（2）：110.

［18］向玉成．旅游人类学“单向度”研究取向之反思［J］．思想战线，2015（1）：20.

［19］潘杰，王向华，麻国庆，等．两岸三地学者谈文化创意产业［J］．西南边疆民族研究，2014（1）：1.

论少数民族村寨旅游背景下的旅游艺术开发

——以哈寨为例①

李世武*

摘　要： 旅游艺术，是当代少数民族村寨旅游开发进程中的重要内容，因为旅游艺术往往是最能表现一个民族族性的文化形式。旅游艺术本真性的界定，不能拘泥于欧美商人、收藏家和艺术史学家以及激进地批评伪民俗现象的游客或人类学家所设立的标准。旅游艺术具有保存传统、复兴传统的作用。当然，前提是旅游艺术是在充分尊重本土文化的基础上创作的，而不是凭空捏造的。我们可以把旅游艺术的本真性界定为在尊重和深入挖掘地方传统文化基础上形成的艺术真实。旅游艺术生产的动力机制，由政府、旅游开发商、当地人、游客、学者和艺术家共同构成。保持平衡是运用旅游艺术生产的动力机制来保存本真性的核心原则。在尊重和保护传统文化与满足游客需求之间，在发挥教育和娱乐功能之间保持平衡，才能保证本真性旅游艺术的生产。

关键词： 旅游艺术；本真性；族性；建构；出售

DOI：10.13835/b.eayn.22.20

旅游艺术（Tourist Art）是伴随旅游业，特别是民族旅游（Ethno - tourism）业而兴起的一种艺术形式。它主要是指由本地生产，以供局外人消费的一种当代艺术形式。②除了由本地人生产和供局外人消费之外，旅游艺术的第三个要素在于此种艺术的风格受到了外来人的影响。③ 旅游艺术，主要是旅游人类学、艺术社会学、艺术人类学和跨文化美学所关心的问题。其中，旅游艺术的本真性（Authenticity）成为学界共同关注的焦点。

事实上，在当代少数民族旅游城市或旅游村寨所销售的，与其说是风光、饮食和文化，不如说是族性（Ethnicity）。族性是指“属于一个族群的品质（Quality），换句话说，是通过离散的语言、文化和国家的特征来区分一个民族”④。族性是一个具有高度概括性的术语，比民族文化或民族艺术更具有概括力。奥尔夫·卡尔特梅尔提出了销售族性（Selling Ethnicity）的概念。为了在全球化的商

* 作者简介：李世武，文学学士，民俗学硕士，民族学（中国少数民族艺术方向）博士，云南大学艺术与设计学院副教授，硕士研究生导师，云南大学青年英才计划资助教师。研究方向：中国少数民族艺术。

① 本文受“云南大学青年英才培育计划”资助。

② Bennetta Jules - Rosette, *The Messages of Tourist Art: An African Semiotic System in Comparative Perspective*, New York: Plenum Press, 1984, p. 9.

③ Larry Shiner, “Primitive Fakes ,” “Tourist Art,” and the Ideology of Authenticity, *The Jpurnal of Aesthetics and Art Criticism*, 52: 2, Spring, 1994, pp. 225 - 234.

④ Mike Morris, *Concise Dictionary of Social and Cultural Anthropology*, West Sussex: John Wiley & Sons Ltd, 2012, p. 84.

业竞争中处于最有利的商业地位，决策者通过创造独特意义空间（Sense of Place），以此吸引投资者、企业雇主和游客，使他们的城市成为全球文化市场上的独特卖点（Unique Selling Point），“身份本身成为一个消费品”①。旅游艺术，是当代少数民族村寨旅游开发进程中的重要内容，因为旅游艺术往往是最能表现一个民族族性的文化形式。本文以哈寨为例，讨论少数民族村寨旅游背景下，各方力量如何影响或直接介入旅游艺术开发的过程。

一、旅游艺术建构与出售族性的方式：来自哈寨的个案

族性成为一个消费品的前提，是族性得到建构。民族旅游背景下的族性建构，往往是通过旅游艺术来实现的。位于云南省保山市施甸县木老元乡哈寨的布朗族民众，因居住在海拔高、气候寒冷、土地贫瘠、水源缺乏的高寒山区，当地政府多次从养殖、种植业方面加以扶贫，却成效不大。哈寨的养殖业、种植业、林业等传统产业，均受到客观条件的制约。当地政府认为，发展旅游绿色产业，可以成为当地人脱贫致富的新路径。旅游产业的开发，既可以保护生态环境，又可以增加民众的收入。游客到哈寨来，主要是领略和品尝自然风光、传统民俗文化和特色饮食。哈寨有巍峨的高山、茂密的森林、清新的空气，有土鸡、绿壳蛋、黑山羊、野菜等特色饮食，还有布朗族世代传承的宗教习俗、婚俗、歌舞乐、民间传说、服饰等传统民俗文化。在民族精英的带领下，哈寨布朗族自发地恢复了神刀节，建立了神祠，每年节期以集体跳会的形式纪念祖先的功勋。当地政府聘请专业人员，用壁画的形式，展示“金布朗”的民族风情。此外，传说的搜集、整理，特色建筑的建设，休闲景点的打造也是民族特色旅游村寨的重要内容。

在木老元乡政府所在地的壁画中，最引人注目的是在政府接待大楼侧面绘制的巨型壁画《濮人传说》。这幅壁画占据了整个建筑体的侧面，显得气势恢宏，格外醒目。壁画的底部，云雾缥缈的峡谷，一队仙鹤从云雾间飞过。三个面容姣好、身材修长的女子各骑一匹飞马，在高于仙鹤的位置飞翔。第一位女子身体站立，高扬起头颅，展开双臂；第二位女子坐在马背上，昂首，双臂张开；第三位女子向后侧立，身体亦侧舞。三个女子身穿红、黑相间的服饰，马匹凌空腾跃，或昂首，或低头，颇有仙马气势。峡谷的左侧，是青灰色的大山。山顶有一位威武雄健、气宇轩昂的勇士，头戴宝冠，头发飘逸，面相方正，双眼炯炯有神，口部开阔，双耳坠环。强壮的左手握紧宝剑，手腕上戴有手镯，眉宇间透出沉着、自信和智慧。在他的身后，一条苍龙腾空环绕，两侧则有凤凰展翅，呈现吉祥。图像表现的是一位有勇有谋的濮人首领。首领的宝剑下方，隐约可见双目紧闭、嘴角张开的男子头像，似是为首领宝剑所杀。首领前方，则放有一个圆柱形器物，两端装饰有小圆圈形成的纹饰，正面则是两条昂首对视的飞龙。苍龙身后，则是云朵。

首领右侧，有一青丝女子，头戴花饰，手臂、手腕皆戴手镯，双耳坠环。她跪在首领侧面，头部微低，表情顺服，手捧婴儿，作献礼状。又白又胖的婴儿，脖戴项圈，手持圆环。女子的身后，有一位身背匕首的猎人，手持钢叉，奋力刺中一头长角野兽的背部。野兽倒地，头部侧向后方，痛苦至极。猎人右侧，是一位手臂高举、翘首而望的少女。左侧，则是一位丰腴富态，面带微笑，手捧物件，跪地而视的妇女。首领的左侧，绘有两女一男。男子头戴宝冠，披发，脸部扁圆，嘴角有胡须。他双脚叉开，右手持棍并扛于肩头，左手持刀，置于身侧。此人身体强壮，正视前方，气宇轩昂，作外出狩猎状。侧面女子身穿短裙，上身穿着短衣服，双手合并，置于头顶，跪在地上。右侧有一女子，作伸手、翘首的飞动状，身体部位为另两位人物图像遮挡，后部似野兽身体，可能是描绘某种人兽合体的形象。壁画的标题，就写在左下方，字体由几何图案装饰。幽深的峡谷、巍峨

---

① Olaf Kaltmeie, *Introduction Selling Ethnicity: Urban cultural Politics in the Americas from the conquest to contemporary consumer Societie*, in Selling Ethnicity: Urban cultural Politics in the Americas, Edited by Olaf Kaltmeier, Wey court East: Ashgate Publishing Limited, 2011, p. 13.

的高山，仙鹤凌空而过，构成了濮人仙境般的居住环境；苍龙环绕，凤凰来仪，勇武、强壮的首领所向无敌，女人臣服，塑造了一位神话式的濮人英雄形象，传达出一种粗犷、雄健的力量。两侧的猎人，则表现出狩猎时代的生活状况。这幅巨型壁画构图复杂，主要表现了12个人物，7只仙鹤，3匹仙马，1条苍龙和2只凤凰，2件神器以及青山、峡谷和云雾的景象。将观众带到一个以狩猎为生的时代。在这个时代，女子美丽，男子强悍，神兽瑞禽，与人交好。一种神秘、悠远的绮丽想象油然而生。这幅壁画具有很强的叙事意识，为观众预留了自由想象的广阔空间。

施甸县木老元布朗族乡为民服务中心旁边，有一幅题为《风情布朗》的壁画。这幅壁画较《濮人传说》而言，布局略小。壁画以金色的多叶植物作为背景，植物中间缀满了金色的圆形果实。植物丛中，有装满果实的竹篾框。金色的背景，传达出一种暖洋洋的气氛。壁画中，一男三女成为视觉中心。其中，一名高大的布朗族男子头戴圆帽，帽子上装饰有两个同心圆，圆心中央是三个金色菱形，菱形一端对准圆心。男子面带微笑，佩戴耳环，双手高举，口鼻开阔，上身赤裸，肌肉暴突，身材高大、强壮。男子身穿黑色长裤，腰系白色腰带，裤脚由赭石色绑腿缠住。男子的总体审美感觉是强壮、高大、乐观、坚强。男子右前方的女子，面若桃花，眼睛清亮有神，身体向前倾，双手向上合并，手掌放平。因翘首眺望，下巴愈加显得尖。女子头戴黑色圆形包头，饰以粉红花朵，佩戴耳饰，身穿黑色马甲，领口装饰有白色圆形图案；体侧有3条金色直线，中间有多排纽扣；裤子为赭石色长裤，裤脚有两条波浪纹；腰部系有长方形围腰，从内向外，由金色、黑色、赭石色、花边和赭石色构成，花边为牡丹花，粉色花瓣配合绿色叶子，富贵而大方。右侧女子身后是一位少女，头戴黑白相间的包头，颈部装饰有橘黄色小花，配有绿叶。左侧女子高昂着头颅，双手向右高举，作摇晃状，服饰与右侧女子大致相同，但更加年轻、妩媚。人物足踏在阔叶植物之间，壁画的上部有一个环形图案，中间的圆以白色为底色，绘有龙凤嬉戏的动态图像；环带为青黑色，边际为白色。右上方写有“风情布朗”四个大字；左上方绘有羊、犬各一只，头部隐去的人像两个。此幅壁画，呈现了布朗族欢庆丰收的场景，男性的阳刚之美和女性的秀丽之美，表现得入木三分。

在打造民族特色旅游村寨的过程中，当地政府聘请的设计者可谓煞费苦心。首先，他们设计了传达出神秘、古朴气息的巨型壁画《濮人传说》，以具有强烈视觉冲击力的复杂组合图像，试图将观众带回到一个远古的传说时代，苍龙、凤凰、仙鹤、飞马构成的神禽异兽，唤起的是观众对原始宗教信仰的遥想；纤细、妖娆的女子和勇武威武的男子的形象，则建构了布朗族祖先——濮人的族性，即男性的阳刚美和女性的阴柔美。狩猎的男女则再现了部落社会的生活方式。壁画的目的就在于以组合图像的形式，建构布朗族祖先的悠久历史和丰功伟绩，以历史感、神异感达到视觉艺术导引想象的目的。《风情布朗》表现的是布朗族庆祝丰收的欢乐场景。龙凤相戏的图案预示着吉祥，强壮、憨厚的男子和美艳、善良的女子形象，透露出布朗族人民对生活的无比热爱，金色的背景强化了这种炽热的情感。“金布朗”的族性寓意显而易见。

《濮人传说》和《风情布朗》，以纯美术的形式，连接了古代濮人及其后裔金布朗之间的历史，设色大胆，构图繁复，规模宏大，具有沉甸甸的历史感和穿越时空的审美效应。绘制在木老元乡政府两侧的小型壁画，则以图文并茂的方式，详细地向观众介绍布朗族的民俗文化，可谓是以图释俗的当代风俗画。从建房、捕鱼、做花草鞋、以物换物、打歌等习俗，到布朗族色彩缤纷的山歌传统和乐舞传统，再到绿壳蛋鸡和黑山羊等特产，绘画皆娓娓道来，显得妙趣横生，使观众在艺术欣赏中得以形象地了解布朗族的民俗文化。哈寨村壁画对祭塞、祭龙等民俗的再现，以及由众多崇拜要素组合而成的铓锣图案，都是为了以美术的形式展现布朗族的文化传统及其背后的族性。

上述艺术形式对布朗族族性进行了积极的建构，但是，最能体现当地布朗族族性的，却是围绕“英雄祖先”母题而进行的艺术创作。哈寨流传着《神刀的传说》，但具体的故事情节，却是众说纷纭，莫衷一是。哈寨布朗族非遗传承人阿新位将长老们讲述的零星、散碎的情节加以整理。他整理出来的大致文本是：五代十国时期，大辽国的后裔阿都鲁和阿苏鲁二位将军战败后，率众南迁。二位将军各持一把战刀，来到永昌郡。本族人不如汉人聪明。在划分地界时，本族人疏忽大意，仅仅用草绳来标记；汉人很聪明，用坚固的石头做标记。汉人放了一把大火，将草绳烧毁，并将本族人驱赶至猛底坝，即现在的施甸坝子。猛底坝气候湿热。本族人原先在北方草原放牧为生，不适应这样的气候。于是，举族迁徙至提般寨。但这个地方山高坡陡，难以安家。族人只好继续迁徙，到哈寨安家落户。这个地方原本叫“好在”，意味着一片适合居住的乐土。新中国成立后，地名由“好在”改为“哈寨”。阿新位认为，本族人的起源难以有确切的定论，因为本族人没有自己的文字，仅依靠语言传递信息。

施甸坝有蒋氏家族所立的衣冠冢，目的在于纪念祖先阿都鲁和阿苏鲁。对联称：“耶律庭前千株树，阿莽蒋氏一堂春”。姚关蒋家寨的民众，据考据，是契丹人的后裔。蒋姓是由阿姓所改，现在，蒋家和阿家互称家门。莽姓亦是由阿姓所改。相传，阿都鲁和阿苏鲁带到哈寨的两把神刀，是镇寨之宝。神刀有灵性，会发出声音，警示族人做好准备，防止盗贼入侵。因为有神刀庇护，盗贼不敢到哈寨盗窃财物。两位将军的后裔也是两兄弟。兄弟俩商量，一人留在冷地方居住，一人到热地方居住。冷地方居住的，可以种植麦子、苦荞、洋芋；热带居住的可以种植大米。如此一来，兄弟之间种植不同的粮食，相互交换，可以使生活过得更好。从前，供奉神刀的神坛就在目前神刀山山脚的石崖下。每次盗贼入侵，寨民们都能提前做好准备，使得盗贼的阴谋败露。盗贼打听到是因为神刀显灵，向寨民报警，便将其中的一把神刀盗走了。留下的那把神刀则被吓“哑”了，并且下落不明。

按照两兄弟的传说，哈寨布朗族的兄弟就是下木老元的布朗族。据下木老元民众口耳相传，当地人的祖先原本居住在仁和镇、由旺镇，那里地势平坦，气候温和，土地肥沃。但祖先胆量比汉家人小，所以被驱赶至此地安家。起初来时，此地地名为“木龙源”，因为当地有一条木头雕刻的龙，后来地名讹传为“木老元”。上哈寨和下木老元是同一个族别，因为他们的祖先是两兄弟，兄弟分家，各在一方，本是同根生。最早来到木龙源的兄弟俩，发现此地因海拔高低不同而气候差异较大。为了实现粮食生产的互补，一位在上哈寨安家，种植苦荞；一位在下木龙源种植包谷。木老元地区的布朗族，在姓氏上以阿姓、李姓居多。相传，李姓的“李”字，源于木龙源的“木”字。李家是最早搬迁到此地的布朗族先民，最初不姓“李”，因居住在木龙源而改姓“李”。所以李姓的布朗族是此地最早的居民，阿姓家族则是随后迁来的。

神刀的传说，是木老元布朗族的一部口头迁徙史。追本溯源，是一个民族根植于意识深处的诉求，而准确、完整地记录、展现历史，是一个民族的神圣职责。哈寨壁画展示的神刀传说，在邓子龙滇西平叛的宏大历史背景下，凝聚着保家卫国、同仇敌忾的民族意识。阿三和阿样这两位祖先，勇于加入义军，体现出勇敢无畏、大义凛然的英雄气节，立下赫赫战功又不愿加官晋爵，则表现出淡泊名利、热爱家乡的朴实性格。神刀信仰是哈寨信仰的核心内容。因为神刀是祖先的神器，凝聚着祖先的魂灵，庇护着哈寨布朗人的心灵，使哈寨布朗人远离受人欺辱的恐惧和没有历史的空虚，获得凝聚民族的力量和传承人文化的信心。因此，神刀节的恢复成为哈寨文化复兴过程中的重要内容。无论是寨门前的护门神刀，还是神刀祠中祖先神手中紧握的神刀，神祠墙壁上交叉倚靠的神刀，还是出现在口头传说、墙体壁画中的神刀，都在帮助哈寨人记忆本民族的历史，追忆布朗族的荣耀。

围绕“英雄祖先”的神圣传说，衍生出了三个艺术景观。第一个是哈寨的寨门。寨门两侧伫立着的两把威风凛凛的神刀，象征着哈寨的寨魂，即不屈不挠、坚强勇敢的神刀精神。寨门旁的神刀，也有守护哈寨、保境安民的宗教象征意义。第二个是再现神刀传说的壁画。绘制于哈寨村委会驻地的墙壁上。壁画以图文并茂的连环画形式，用画语讲述历史故事，以图像的形式强化哈寨人的历史记忆，以激发民族认同和国家认同。建构哈寨人的英雄祖先爱家、爱国、英雄抗敌、淡泊名利的族性。第三个是以“神刀节”的形式，恢复神刀祭祀，并通过融合了布朗族传统音乐、舞蹈的祭祀表演以及神祠艺术，来缅怀英雄祖先。

从艺术创作的理念和表现来看，可以归纳出当地人构建族性的方式。第一，设计者从汉文古籍中汲取了濮人、蒲蛮等古代族群的历史知识，结合部落社会的战争、生产知识以及古代人的神话思维，创作了《濮人传说》。第二，设计者以最能体现哈寨历史和英雄祖先崇拜的哈寨口头迁徙史——“神刀传说”为基本情节，创作了以神刀为护寨灵物的寨门、再现历史故事的壁画和纪念祖先功勋并全方位展示布朗族传统音乐、舞蹈、服饰和神祠艺术的神刀节。第三，设计者从现存的布朗族民族生活、生产习俗中，汲取图像创作的素材，尽可能真实地再现布朗族生活的全貌。《布朗风情》以及有关山歌、打歌、祭塞、祭龙、捕鱼、建房、养殖、贸易、婚礼等方面的壁画，即属此类。第四，从布朗族的传统文化中，提炼出具有象征意涵的元素，组合而成新的艺术符号，形成既有文化渊源，又有文化创意的浓缩型艺术符号，如在寨门和墙体上绘制的铓锣图案。

不难发现，木老元旅游艺术在建构族性的过程中，最大程度地利用了历史资源。利用历史经验塑造的土著形象，显得厚重而神秘。它迎合了游客对远古土著所生活的神秘空间和所具有的精神力量的向往。[①]《濮人传说》利用的是布朗族为古代濮人后裔的历史身份，再现婚礼、生产劳动、宗教祭祀等壁画以及以神刀传说为口述史渊源而进行的艺术再现和展演，都在以历史作为创作资源。特别是神刀节，可以说是一种被发明的传统（Invented Tradition）。“对所有被发明的传统而言，它们尽可能将历史作为行为的合法性依据以及凝聚群体的胶结剂。”[②] 神刀传说的存在，使神刀节的展演有历史可依，并且将当地族群凝聚为一体，强化了他们对本民族、中华民族的认同以及对中国的认同。

二、旅游艺术本真性的界定、生产的动力机制和运作原则

在旅游人类学研究中，入侵、本真性和权力关系等，都牵涉到诸多的伦理问题。[③] 蓄意伪造传统文化，向不了解本土文化的游客兜售非本真性的文化，刻意欺骗游客，本质上具有诈骗性。当未经侵扰的传统文化业已消失或正在消失时，面对游客对原生文化的强烈需求，本真性的问题日益成为一个烫手山芋。受美国社会学家戈夫曼社会戏剧和舞台理论的影响，旅游人类学家麦坎内尔提出了舞台本真性（Stage Authenticity）的话题。在生产与消费机制推动的旅游市场中，以探寻文化本真性为目的的游客，所消费的是不真实的文化。无论是为了给游客留下他们预想的印象而由东道主精心布置的前台本真性，还是为了满足游客文化猎奇心理而刻意伪装的后台真实性，都是为了满足游客的期待而制造的不真实的文化。[④] 麦坎内尔并没有用舞台本真性来特指旅游艺术，而是指旅游目的文化生产与消费的隐秘机制。但是，旅游艺术的生产和消费，无疑是旅游文化生产最为重要的表现形式。旅游目的地的文化生产是在积累文化资本（Cultural Capital），而文化资本可以理解为“一座城市最近在有意识地制作以该社会、经济、城市形式和地方认同为中心的艺术（并且经常和文化产业相关）”[⑤]。

旅游地文化展演的真实性问题，是由文化的商品化问题引发的，对待这一问题，形成了两种相反的观点。一种观点认为，因为艺术的中介，舞台真实使原生文化更加真实，旅游艺术并没有完全丧失原真性，因为舞台真实以传统为基础，并且使当地人保持了民族自尊，成为新的独立文化实体并强化了当地传统和社会。舞台真实的创造，是保护传统文化的一种投资，相应的回报体现在经济

---

① Hamilton, Annette, “Fear and Desire: Aborigines, Asians and the National Imaginary,” *Australian Cultural History* , 1990, 9 (July): 14 - 35.

② Eric Hobsbawm, *Introdution: inventing traditons.* In The invention of tradition, Edited by Eric Hobsbawm and Terence Ranger, Cambridge: Cambridge University Press, 2000, p. 12.

③ Mike Morris, *Concise Dictionary of Social and Cultural Anthropology*, West Sussex: John Wiley & Sons Ltd, 2012, p. 254.

④ Maccannell, Dean, *The Tourist: A New Theory of the Leisure Class*, New York: Schocken Books, 1976, p. 93 - 99.

⑤ Johnson, L. c. , *Cultural Capitals: Revaluing the Arts*, *Remaking Urban Spaces.* Farnham and Burlington, Vt: Ashgate. 2009, p. 6.

和文化的收益上。舞台真实还具有激发文化创新，从而引发文化变革的作用。另一种观点则认为，为创造舞台真实而创造的旅游文化，是“伪民俗”，已经丧失了象征意义。①

商人、收藏家和艺术史家认定的具有本真性的原始或传统艺术作品，是指由小型社会中的成员制作，具有当地的传统艺术风格并发挥着传统社会或宗教功能的艺术品。这种观点将创作者严格限定在本土社会，将风格限定于当地艺术传统，将功能限定于当地社会生活或宗教生活。即当地人按照当地传统艺术风格创作出来，并在传统社会或宗教中使用的艺术品。赖瑞·辛奈尔认为，这种有关本真性的意识形态赖以建立的基础主要是对传统本真性的错误看法，一种完全与世隔绝、未经丝毫破坏的原始文化或传统文化的神话，艺术与手工艺的区别以及艺术家的职业精神和风格传统完整性等特征。他反驳欧美人对旅游艺术所持的艺术本真性观点。首先，将传统社会理解为恒定不变的社会是错误的，必须考虑到文化变迁与文化交流对传统的冲击。其次，旅游艺术所处的世界绝不是完全与世隔绝的土著社会，欧美人在伪造这样一个不存在的社会。最后，受欧美艺术理论界对艺术和工艺品所设定的区分标准的影响，欧美艺术界抬高宗教仪式用品的地位，贬低刻意制作的手工艺品。②

笔者认为，尽管旅游艺术最初是指伴随旅游业而兴起的，处于欧美艺术界之外的非洲、大洋洲、美洲和亚洲等地的非西方手工艺术品，但随着全球旅游业的兴起，我们可以将旅游艺术的范畴扩大至展示于旅游目的地、为了吸引游客而供游客消费的艺术品，它是旅游经济模式下艺术商品化的结果；其类型可分为手工艺品、绘画、雕塑、建筑以及表演艺术等。今日的世界，我们在旅游目的地的旅游情境中，几乎已经难以发现由本土艺术家为延续族群传统生活方式而严格遵守传统艺术风格创作出来，并在当地社会和宗教生活中使用的艺术。如何界定旅游艺术的本真性，旅游艺术生产的动力机制是什么？如何运用旅游艺术生产的动力机制来保存本真性？对上述问题的研究，兼具理论价值与应用价值。既要保持旅游艺术的本真性，又要利用旅游业创收，实现文化上和经济上的回报，即是理想中的双赢模式。

旅游者消费的内容，主要包括自然风光、特色饮食和传统文化。传统艺术是传统文化中最能吸引游客感官并且最能生动、形象地展示族性的部分。在民族国家中旅游，游客消费的旅游艺术，往往具有独特性，这种独特性有别于游客日常都市生活体验的范围，成为满足游客文化猎奇心理的商品。因此，消费文化和消费艺术已经成为旅游消费的普遍模式。游客到达古城、风景区和民族村寨，独特的建筑，作为自然风物解释传统的神话和传说，透露着异域生活情调的绘画和雕塑，以及堪称视听盛宴的歌舞、戏剧表演等，都属于旅游艺术消费的对象。匆匆而过的游客，大多无心力探查艺术得以呈现的前台和后台，舞台真实的问题留给了学者、当地人和决策者。

旅游艺术本真性的界定，不能拘泥于欧美商人、收藏家和艺术史学家以及激进地批评伪民俗现象的游客或人类学家所设立的标准。当地人依据本土传统创作并在当地社会或宗教生活中使用的艺术，在当今的乡土社会中依然少量存在，但是我们要正视文化变迁、文化交流和经济发展模式转型的社会现实。在民族旅游发展的大趋势下，那种由当地人创作并售卖给游客，受到外来创作风格影响的旅游艺术有其存在的合理性，体现了艺术商品化所带来的艺术创新和艺术变革，体现了另一种形式的真实。传统社会并不是恒定不变的，当下的哈寨人既没有生活在濮人部落时代，也没有生活在英雄祖先筚路蓝缕、辗转迁徙的时代，而是生活在一个从传统养殖业和种植业无法脱贫致富而转向民族旅游业突围的时代。这个时代的打工、电脑、电视、广播，不断改变着哈寨人的价值观，传统文化正在和全球化、现代化发生交流，继而发生变迁。如果用欧美人设定的区分艺术与手工制品的标准来判定艺术的原真性，则是受种族中心主义的影响，被欧美艺术理论所殖民。

① 张晓萍：《西方旅游人类学中的“舞台真实”理论》，《思想战线》2003 年第 4 期。

② Larry Shiner, “Primitive Fakes ,” “Tourist Art,” and the Ideology of Authenticity, *The Jpurnal of Aesthetics and Art Criticism*, 52：2, Spring, 1994, pp. 225 – 234.

相反，旅游艺术具有保存传统、复兴传统的作用。布朗族与古代濮人间的族裔关系，已经消失的民俗活动和生产方式，濒临灭绝的口头传统，可以通过旅游艺术加以图像化地记录，以图像的形式保存传统。旅游艺术的创作，要求创作者从传统中搜集资源，这无疑促进了传统的复兴。例如，哈寨神刀节的复兴，迫使民族精英深入挖掘神刀传说、跳会的舞蹈语汇、音乐曲调和仪式过程等已经流失的传统文化资源，并积极地参与到民族文化的复兴过程中。总之，旅游艺术使那些仅仅为少数艺人或寨老掌握或保存在记忆中的传统文化得以以艺术的形式加以保护，甚至以节日、仪式的形式得到展演，促进了传统文化的系统性整理和挖掘。当然，前提是旅游艺术的创作是在充分尊重本土文化的基础上创作的，而不是凭空捏造的。因此，我们可以把旅游艺术的本真性界定为在尊重和深入挖掘地方传统文化基础上形成的艺术真实。具有本真性的旅游艺术分为两个层级：第一，是由当地人按地方传统风格创作并在当地的社会和宗教生活中使用的艺术；第二是由当地人或外来的艺术工作者在充分尊重并深入挖掘地方传统文化资源而创作出的艺术，这种艺术以在旅游市场中建构独特的族性，形成独特的卖点，从而吸引游客为经济目的，同时具有保护和复兴传统文化的作用。旅游艺术包含着表达符号系统，艺术家借此陈述自身身份和向社会解说，以隐喻的视觉形象再现作者的情感和族群认同，同时促进不同文化之间的交流。[①] 非本真性的旅游艺术，则是指那些不尊重和不深入挖掘地方传统文化，以牟利为唯一动机，以模式化、庸俗化为特点创作的艺术。无论这种艺术是由当地人创作的，还是旅游开发商、设计者创作的，都属于非本真性旅游艺术的范畴。我们有理由对此类艺术进行伦理上的谴责和经济上的制裁，将其逐出旅游艺术的意义空间。

旅游艺术生产的动力机制（Dynamics），由政府、旅游开发商、当地人、游客、学者和艺术家共同构成。当族性被策略性地用于当地文化政治中，并允许族性以何种艺术形式加以建构和出售。在无民间投资者提供支持的情况下，由政府提供相应的资金支持，旅游艺术的创作才有了政策保障和资金保障。旅游开发商负责旅游艺术实施蓝图的构思，以形成规划。当地人为政府、开发商、学者和艺术家提供本土解释。作为地方性权威，当地人是传统文化资源的保存者。寨老、非遗传承人和民族精英负担着解释传统、提供传统的责任。学者的作用在于从学术的角度把握和阐释当地传统文化，为旅游艺术的生产提供智力支持。在哈寨的案例中，先前调研布朗文化的学者、民族史家以及当代成立的布朗族民族文化研究会都对旅游艺术生产有重要影响。布朗族为濮人后裔的历史问题、布朗族音乐文化和口头传统的价值问题都需要学术界的解疑。有趣的是，在哈寨神刀山大门的对联中，出现文化人类学的关键概念“万物有灵”，可以说是学术影响旅游艺术生产的鲜活例证。受聘于政府或开发商的艺术家，是旅游艺术的直接生产者，他们如何理解政府、开发商、学者的建议以及当地人提供的创作资源，将直接影响到旅游艺术本真性的呈现。本土的艺术家则以保护和复兴传统为要旨。游客是否能获得旅游艺术的本真性消费，实现物有所值或物超所值，和他们是否了解当地传统关系甚大。作为消费者，游客的评价将对旅游艺术产生积极或消极的影响。

那么如何运用旅游艺术生产的动力机制来保存本真性？研究表明，必须在真实性和解释之间保持平衡。解释应当以地方为中心、以保护为导向，并且是多样化的，从而尽可能真诚地展示出地方的历史和特点。但是，应当结合教育和娱乐成分，适度调整以满足游客的需求，以确保多样化的经验和游客的满意度。[②] 保持平衡是核心原则。在尊重和保护传统文化与满足游客需求、发挥教育和娱乐功能之间保持平衡，才能保证本真性旅游艺术的生产。

---

① Larry Shiner, "Primitive Fakes ," "Tourist Art," and the Ideology of Authenticity, *The Jpurnal of Aesthetics and Art Criticism*, 52: 2, Spring, 1994, pph229 - 230.

② Tolina Loulanski, and Vesselin Loulanski "The sustainable integration of cultural heritage and tourism: a meta - study," *Journal of Sustainable Tourism*, Vol. 19, No. 7, September 2011, pp. 837 - 862.

灾后留守隔代家庭日常生活研究

——四川省南坝镇灾后留守隔代家庭的个案

陈媛媛*

摘　要：本文以2008年四川特大地震重灾区南坝镇灾后隔代家庭为个案，对灾后重建结束后产生的大量灾后留守隔代家庭进行研究。指出南坝留守隔代家庭整体呈现良性状态，且指出家庭内部有着良好的亲子关系、祖孙关系、伯（叔）侄关系。此状态基于当地的乡土性延续的本质与当地的人观。此个案可以尝试对灾后重建之后城镇化外衣下的社会本质、中国式重建对家庭的影响、灾害人类学研究视角、乡村留守隔代家庭等问题作进一步思考。

关键词：灾后留守隔代家庭；日常生活；隔代教育；家庭关系

DOI：10. 13835/b. eayn. 22. 21

一、问题的提出

人类历史承载着各种灾害，自然、技术、人为等因素使其频发。灾害的研究路径以及研究范畴处于不断变化发展中。人类学对灾害的系统研究始于第二次世界大战后，以英美等国为代表，著作颇丰。在我国，“5·12”汶川地震后，不少人类学家开始从事灾害学研究，从社会变迁、文化变迁、记忆、脆弱性、韧性、灾害文化等角度展开理论与方法论的探讨，成果丰富。在本文中，笔者尝试深入灾后家庭内部，关注细致入微的日常生活，展现重灾之后中国式重建模式下灾后留守隔代家庭的情况，继而进一步思考相关问题。

纵观学者关于“灾害与家庭”议题的研究，主要包括以下四个研究主题。一是灾害与性别、弱势群体的研究。以灾害中的老人、妇女、儿童、残疾人等为研究对象。Lauren Brockie 对十位在澳大利亚先后经历四次洪灾的老年人的灾害生命周期经历深入调查并分析，指出在社区感较弱的场域中如何救援受灾老年人是亟待探索的问题。① 我国学者对藏族、傈僳族的研究表明女性不仅是灾害的主要承受者，也是积极的应对者。尹仑认为藏族女性不仅能对气候变化及其灾害做出有效的应对，还能基于自身文化与传统知识建立气候灾害防范、互助、治理等应对措施。②

---

* 作者简介：陈媛媛，中山大学社会学与人类学学院人类学专业2015级博士研究生在读，研究方向：人类学家庭研究、灾害人类学研究方向。

① Lauren Brockie, Evonne Miller “Older adults’ disaster lifecycle experience of the 2011 and 2013 Queensland floods”, “*Disaster Risk Reduction*”, Queensland University of Technology, 2016.

② 尹仑：《气候变化及其灾害的社会性别研究———云南德钦红坡村的案例》，《云南师范大学学报》（哲学社会科学版）2012年第5期。

二是家庭韧性研究。McCubbin 对军队中曾参加过打仗的人群进行调查，发现存在部分能够面对灾害调适得很好的家庭，他认为这种情况就叫作韧性。① 台湾心理学者蔡素妙采用质性研究方法，以台湾“9·21”地震中遭受屋毁及成员罹难的9户家庭为研究对象，探讨家庭受创后的复原现象。② 另外，有一篇心理学硕士论文《震后中学生的灾害暴露、家庭复原力和创伤后成长的关系研究》，对灾后家庭进行了心理学方面的研究。③

三是灾后家庭成员心理重建研究。灾害心理学研究取向着力于社会—心理层面，涉及灾害中的脆弱性、受难与受援问题。灾后心理重建运用方法是以精神病学、临床心理学、流行病学为基础，公共心理健康为主导的应对模式。④ 20世纪中期开始，美国国家心理卫生署（NIMH）着手制定受害者服务方案，资助有关重大灾害的社会心理反应研究。在我国，有学者尝试构建地方性知识的心理康复治疗方式，即“利用神话叙事的传统方式促进羌寨儿童长期心理康复，对本土文化经验作为灾后规模化人群心理康复重建的一个地方性范例的探索。”⑤

四是灾后家庭恢复重建的研究。关于灾害研究，近年来强调地方性知识对灾后重建的重要意义。博德对1970年秘鲁地震后悲痛和意义的构建进行研究，研究表明：“在塞浦路斯，一场灾害后恢复进程异常缓慢，一些关键性的机制，如婚姻等，使得人们在态度和价值观上也发生了重大变化。”⑥ 李永祥老师就家庭与亲属合作抗灾作过比较研究，认为无论任何国家，有赖于家庭与亲属关系都是应对灾害极为有效的方式。⑦ 另外在肯尼亚的图尔卡纳地区，家庭间的帮助是战胜干旱的重要途径，一般通过从贫困家庭转至富裕家庭、借牲畜、让女儿结婚或者将大牲畜换为小牲畜等方式。⑧ 李老师此外还对比了云南乡村通过家庭联结手段对抗干旱灾害的个案：“很多家庭困难户的生活用水是通过亲戚朋友的帮助来获得的。在云南楚雄元谋白果中村，因村中很多留守儿童和老人，这部分群体的用水主要是通过亲属或是朋友的帮助获得。”⑨

学者对留守隔代家庭的研究主要包括以下两个观点。第一，留守家庭中的父母外出打工带来了家庭经济水平的逐步上升且子女能够得到上学的经济条件，但是在留守子女在家庭教育、心理健康方面存在显著问题，易产生青少年犯罪与越轨行为。⑩ 第二，有学者将隔代家庭分为两类作探讨，一是那部分祖辈仍有劳动能力、身体状况佳能够照顾孙辈且祖辈能够在照顾中享受乐趣的“生产性为主”的隔代家庭；另一部分则是那部分以“消费性为主”的隔代家庭，即“祖辈”多数只有部分劳动能力，照料孙辈对祖辈而言是一种包袱的家庭，且指出老人养老与子女教育的双重问题。⑪

---

① McCubbin H., Boss P., Wilson “Developing Family Vulnerability to Stress: Coping Patterns and Strategies Wives Employ”, “*The Family and Change*”, pp. 89 – 103.

② 蔡素妙：《地震受创家庭复原力之研究——以九二一为例》，《中华人文社会学报》2014年第9期。

③ 蒋林洁：《震后中学生的灾害暴露、家庭复原力和创伤后成长的关系研究》，四川师范大学硕士论文。

④ Keats, Daphne and Shuguang Wang. 2011. “The Background to the Research: Cultural, Theoretical and Methodological Issues.” In Stering the Cultural Dynamics: Selected Papers from the 2010 Congress of the International Association for Cross – Cultural Psychology, edited by Y. Kashima, E. Kashima, and R. Beatson, pp. 9 – 14. Accessed via www. iacp. org.

⑤ 王曙光、丹芬妮·克茨：《神话叙事：灾害心理重建的本土经验——社会人类学田野视角对西方心理治疗理念的超越》，《社会》2013年第6期。

⑥ 转引自［美］安东尼·奥利弗－斯密斯：《人类学对危险与灾害的研究》，彭文斌译，《西南民族大学学报》（人文社会科学版）2014年第1期。

⑦ David J. Campbel: “Response to Drought among Farmers and Herders in Southern Kajado District, Kenya,” “*Human Ecology*,” No. 12, 1984.

⑧ J. Terence McCabe: “Success and Failure: The Breakdown of Traditional Drought Coping Institutions Among the Pastoral Turkana of Kenya,” “*Asian and African Studies*”, 1990, (25).

⑨ 李永祥：《干旱灾害的跨文化比较研究》，《云南师范大学学报》（哲学社会科学版）2013年第6期。

⑩ 杨舸、王莹：《农村“留守子女”状况初探》，《人口研究》2004年第4期。

⑪ 李全棉：《关注农村隔代家庭》，《人口研究》2004年第4期。

基于上述研究综述和基本判断，可知以往研究缺乏对灾后留守隔代家庭日常生活的个案研究与深度剖析，且缺乏将灾后家庭内部关系纳入分析范畴。本研究尝试从人类学的视角进一步探讨灾后留守隔代家庭问题。虽然包括理论与方法论在内的灾害人类学研究在我国社会科学领域逐渐成为重要分支，但对灾后家庭的重点关注仍然处于缺失状态，笔者重点关注灾后隔代家庭留守老人状态、留守子女教育问题、家庭内部关系等关键问题，以反映真实的灾后留守隔代家庭现状，并试图探寻其背后的社会机制与文化意义，从而对中国式重建之后城镇化外衣下的社会本质、中国式重建对家庭的影响、灾害人类学研究视角、我国广大乡村留守隔代家庭问题作进一步思考。

二、走进他者的世界

本文的田野点是四川省绵阳市平武县的南坝镇。南坝镇位于平武县东南部，距离平武县为51千米，距离绵阳市为117千米。地震前的南坝镇因土壤肥沃完全能够自给自足，林业与矿业资源丰富让小部分人赚得了人生第一桶金，且有着三国文化历史的底蕴和许多为人称道的故事传说。宜居的气候，充沛的降雨，这些得天独厚的自然条件，福荫着南坝的祖祖辈辈，小镇的人们过着安逸且相对富足的生活。用当地人的话来说："那时候的生活多么安逸。"

"5·12"特大地震造成全镇受灾人数20063人，受伤4500人，失踪1人，因灾致孤儿23人、孤老2人，镇内遇难人数1364人。全镇房屋倒塌26600间、严重受损10440间，危房率达99%，场镇几乎被夷为平地。地震使全镇交通、电力、通信等各类基础设施损失惨重，基本农田大量丧失，全镇因灾直接经济损失达75亿元。

灾后在中央领导部署之下，由河北唐山对口支援平武县南坝镇重建项目，最终于2010年10月15日，灾后重建项目正式整体移交，自此，南坝镇援建项目基本告一段落。

灾后重建规划建设面积2.2平方千米，中心区建成面积1.45平方千米，南坝场镇规模比震前扩大了近一倍，场镇主题街道形成"四纵九横三巷"的架构形态。今日的南坝镇，国土面积326平方千米，系平武县第二大镇，下辖26个村、一个社区委员会、180个村民小组。截至2015年年底，全镇共计7843户，总人口数为2.3万余人。为便于收集资料，笔者以南坝镇中心地带南坝场镇作为田野点，南坝场镇由26个行政村之一古龙村的七个生产队构成，共计1150户，其常住人口为4000余人。其余25个行政村均居住于场镇周边的山上，逢阴历单日赶场，聚集于南坝场镇。

2008年的四川特大地震，南坝镇山崩地裂，房屋倒塌，路桥断阻，死伤惨重，将南坝瞬间夷为平地。虽然2010年年底基本重建完成，但对于每个家庭来说，除却历经灾害后失去亲友的心理问题外，数万甚至是二十多万的重建房屋贷款，给原本生活在平静宜居小镇的人们带来了巨大的经济压力。大部分房屋已然重建，使得当地的建筑工作不复存在，锰业集团、木材厂尚未开工，无工厂就业。为了缓解家庭的经济压力，大量男性单独或是夫妻俩外出打工，年龄段在16～58岁之间，因无技术，大部分都做着在建筑工地、工厂、帮人种地的体力活。而女性外出打工一般选择工地打杂、服务行业、摘棉花等工作。打工主要地点在云贵地区、青海、新疆、浙江、湖北等。

经历了突如其来的天灾以及三年多的灾后社会重建之后，当小镇表面似乎归于平静的时候，事实上却隐藏着家庭内部各种需要当地人适应的层面。其中，中年夫妻同时外出，留下祖辈与孙辈在家生活的家庭比比皆是，且祖辈同时带两个孙辈的情况占到半数，或是一个子女的两个孩子又或是两弟兄各一个子女。自此，南坝小镇充斥着灾后留守隔代家庭，场镇的留守隔代家庭占五成。① 所谓"隔代家庭"是指由三代以上组成，但中间有断代的家庭，即由祖辈和孙辈组成的家庭。② 那么，南

① 此数据来源于田野调查中对场镇诸多生产队队长的访谈。

② 沈崇麟、杨善华：《当代中国城市家庭研究》，中国社会科学出版社1995年版。

坝镇灾后留守隔代家庭中留守老人的生活、留守子女的教育状况、家庭内部关系及其现状背后的文化意义与社会机制是什么呢，笔者将结合田野工作一一论述。

三、留守隔代家庭日常生活与隔代教育问题研究

在南坝，生育年龄较早，一般来说女性的生育年龄在 22 ~ 24 岁之间。如果按照两代人均是 24 岁为生育年龄，孙辈上幼儿园阶段父母双双外出打工，留下隔代的祖孙辈在家中，那么祖辈年龄为 51 岁。当地人生育数量一般为两个，按照老二出生晚三年的计算方式，那么，给老二带孩子时，祖辈的年龄是 54 岁。在南坝镇上，小学五年级开始可以住宿；南坝中学只有初中部，几乎所有的同学都是住宿的；而高中需要去到平武县县城或是江油市、绵阳市的高中部去读书，同样是住宿。按照如上算法，祖辈需要集中操心孙辈（孙辈自幼儿园直到五年级期间的八年时间）的年龄阶段为 51 ~ 59 岁，或是 54 ~ 62 岁。联合国世界卫生组织将 45 ~ 59 岁定为中年人阶段，而将 60 ~ 74 岁定为年轻老年人阶段。由此，南坝的留守隔代家庭的祖辈完全有精力抚养孙辈。

隔代家庭主要分为两类，一类家庭经营小生意，主要是经营麻将馆或是小卖部（化肥、种子或是杂货等）；另一类家庭则是过着务农的生活。

南坝小镇的灾后重建，家家户户建成了二至四层的框架结构房屋，对于经营小生意的家庭来说，一楼就是商铺，经营完全都是在家庭的场域内。南坝场镇经营者近 100 户，生意相对较淡，主要是老顾客的生意，相对闲散。

以杨阿姨、严叔叔家为例，他们有一个儿子，目前在绵阳安家落户，一般一个月回家一次。有一个 4 岁上中班的孙子杨阳。家中经营着麻将馆，一共有两桌，每天下午就能听到搓麻将的声音，但是晚上是不开的，因为怕影响孙子的休息。在上学期间，叔叔阿姨一般 6 点半起床，煮稀饭或面条，7 点钟准时将杨阳喊醒，帮其洗漱、穿衣、整理小书包后，喂饭，如果还有时间的话，就再陪着他玩一会儿。此时，邻居们也都已经起来了，或串门，或坐在自家门口的椅子上，端着饭碗聊着天，要是不想做早饭，就去邻居家舀点稀饭，就着泡菜就算吃完早饭了。7 点 40 左右，阿姨就牵着杨阳的小手，去幼儿园了，在去幼儿园路上如遇到邻居，都会同路过去，在南坝，街坊邻居基本上都认识。南坝有两家幼儿园，分别是周周幼儿园和小博士幼儿园，均为私立幼儿园，条件也差不多，中午在幼儿园吃饭，下午加餐。选择哪所幼儿园，基本都是熟人、邻里小朋友上哪家幼儿园，然后也报哪家幼儿园，又或者觉得某个幼儿园不好，就在下学期换到另一家幼儿园，这个在南坝并不存在任何问题。送完杨阳，阿姨就会去集市买菜回家，伙食一般比较简单，中午会煮干饭，有时候会简单炒个菜，不想炒菜的时候，就吃点泡菜解决。12 点半左右，人们陆陆续续过来打麻将了，三缺一的时候，阿姨就会电话联络，总能凑齐一桌。烧水泡茶是开麻将馆必备的条件，除此之外，阿姨叔叔并不需要再做什么，一般 3 点多钟，阿姨就出发去接杨阳。6 点左右，打麻将的人们陆续散场，阿姨会煮点稀饭，将中午的菜热一热，或是再炒上一盘菜，喂给孙子吃。事实上，吃饭的时候，邻居们是相互串门的，去这家吃一些，再去那家吃一些，不想做菜的时候，就不用做菜，端着碗去邻居家里吃就可以了。吃罢晚饭，叔叔阿姨就牵着杨阳去南坝小学或是河坝边上去散步了，散步回来 8 点半左右，杨阳会和邻居小朋友们玩一会儿，一般 9 点钟，叔叔阿姨就拉着杨阳回屋洗漱休息了。

在务农家庭中，日常生活的安排更为随意些，相对来说是极其自由的。以张爷爷和刘婆婆为例，他们都已到花甲之年，在给二儿子带孙子，孙子钰坤上小学四年级了，钰坤的妈妈地震时去世了，爸爸后来再婚，但是婚后两年，媳妇儿跑了，一直没有离婚，爸爸目前在青海打工，一年中爸爸不固定时间回家，但每年至少回家三次，每次三周左右，春节休息时间往往长达两个月。钰坤的性格很开朗，毕竟妈妈是在钰坤不记事的时候去世的，且因为无法避免的天灾，没有妈妈的事实并没有给钰坤带来太大的影响。每天 6 点钟，爷爷和婆婆就起床了，做完早饭，7 点钟钰坤就会自己听到闹

钟醒来，洗漱吃完饭后，便自己去学校了。中午在学校吃饭，下午4点半放学回来。而钰坤的爷爷婆婆一天也非常忙碌，做完早饭后，便开着电动三轮车上山了，除草、施肥、摘些新鲜的蔬菜，回来后吃过晌午饭，或摆条（街坊之间在家门口坐着聊天），或睡午觉，或看电视，下午3点多，就会骑着三轮车去喂鸡喂鸭喂猪，然后就煮稀饭，5点多吃罢晚饭，继续与街坊邻居摆条或者一起出去耍，有时候能够聊到晚上12点多。

综上，笔者认为南坝灾后留守隔代家庭日常生活充实的原因有三：其一，在地震后，政府征地给农转非们买社保使得他们每月都有800～1300元之间的工资，再加上坡地上的地，能够使他们部分地自给自足，经济水平是南坝的隔代家庭生活安逸的基础。其二，和谐的邻里关系是南坝灾后留守隔代家庭中生活、生产以及精神世界充实且富有乐趣的关键。其三，地里适当的劳动，是祖辈锻炼身体的重要途径，而绿色的饮食，使当地人拥有健康的身体，这是南坝隔代家庭延续的重要条件。

关于隔代教育问题。首先，笔者认为有必要讲一下南坝学校教育情况。南坝场镇有两个私立幼儿园，分为：小班、中班、大班，每年级各两个班，每班有两个老师。学费均为900多，每个月交200元的生活费。中午在学校吃一餐，下午有加餐。毕竟有两家幼儿园，某种程度上存在竞争关系，所以在伙食、教学质量等方面还可以。南坝小学，每学期学费是90多，国家每学期补贴500元，中午可以免费吃一顿营养餐，五年级与六年级可以住宿，每个月交160元可以在校吃三顿饭，伙食尚好。南坝中学只有初中部，在1999年之前，是有高中部的，且平武县城内的学生也必须到南坝中学来读书，但是20世纪90年代末就搬迁至平武县内了，自此，南坝中学只有初中部。每学期学费500多，一个月交145元作为住宿费和伙食费。中考之后，有三种选择：一种是去平武中学（在平武县城，教学质量尚可，但生源质量一般），其二是去江油中学（在江油市，教学质量与生源质量总体高于平武中学），其三是去绵阳（在绵阳市，教学质量与生源质量总体高于江油中学）。在南坝中学，初中共6个班，其中有一个快班，快班中大致有2/3的学生能够考到江油中学或是绵阳中学。笔者根据访谈统计，每年中学毕业生在240名，而能考取高中的只有一半，整个平武县能去绵阳读中学的只有30多个，南坝中学每年只有5个左右。南坝中学能去江油中学读书的大致是30多人，其余同学只能去平武县城读书。而另外无法读高中的学生或去技校或去打工。一个刚初三毕业的学生告诉我："我们成绩好的，都想下去读书嘛（指去江油或是绵阳），因为平武中学是很茁（方言：差）的。快班比较容易考过去，但是普通班的学生相对较少能够考过去，可能一个班上就只有几个。"（冯某，2016年8月3日，于南坝河坝边散步聊天）

如果将高考作为衡量一地的教育整体情况的标准。首先，能否进入江油中学或是绵阳中学就成为第一轮淘汰制。显然，在南坝镇，不到1/10的中考生能够进入江油中学或是绵阳中学。那么，是不是以此认为，隔代家庭的教育应该被视为一种"南坝社会问题"来看待呢？

南坝的隔代家庭中，以场镇古龙村为例，五成左右的家庭是留守隔代家庭，而超过九成的祖辈不认识字，无法指导孙辈学习。祖辈对孙辈的照料任务主要是生活上的照顾以及学习上的督促。对于孙辈的教育问题，以笔者对100户开展调查，结果如表1所示。

表1　南坝镇祖辈与父辈对子女教育态度统计表

态度	个案数量	所占百分比
1. 希望子女考取好的大学	8	8%
2. 无所谓能否考取好的大学	89	89%
3. 考大学没有用	3	3%
总计	100	100%

注：数据来自笔者田野调查。

当地人的看法主要如下：

“我们这边的话，就是想着先把大儿子的子女盼大了，然后就把小儿子的子女再盼大了，就好。他们只要长大了能够找到活路，有钱够吃够喝，就得行，成绩的话，好就继续读书，茬（方言：差）就不读了，找钱去。”（刘某，古龙村上街村社，2016 年 7 月 28 日，刘某家中）

“儿孙自有儿孙福嘛，我们不管，小娃儿就是要耍嘛。成绩好就好嘛，我们也开心，成绩茬（方言：差）也没关系。健康长大就得行。”（袁某，2016 年 7 月 5 日，袁某家中）

综上，笔者认为，南坝灾后留守隔代家庭教育存在部分问题，整体呈现良性态势。主要有两个原因。第一，南坝当地的人观中，无论是祖辈，还是父母，孩子的学习成绩从来都不是街头巷尾、邻居聊天的重要话题，城市里的课外补习班、兴趣班在南坝镇也并不存在。自 2016 年年初开始南坝镇陆续进驻三家托辅班，其性质并非是补习班，而是托管那部分住在山上，路程太远父母又无法在场镇租房的小学生，吃、住、督促作业等都包含在内，费用是一个月 400 块。第二，南坝的隔代家庭中，孙辈的父母，因为主要从事工地工作，所以总是能够不定期地回家乡，而且每次回家的时间段都至少是三周时间。过年前一个月基本都会回来，那时的南坝小镇极为热闹，一直会持续到三月或是四月，外出打工的人们才会再次出发。这种流动且随意性极大的工作性质，使得隔代家庭中较少缺失父母的家庭教育。

四、灾后留守隔代家庭的家庭内部关系

第一，亲子关系。在留守隔代家庭中，亲子关系既包括祖辈与其子女的亲子关系，同时还包括孙辈及其父母的亲子关系。

祖辈的生活不存在经济上的问题，其经济收入一方面来自每个到退休年龄可以领取 800 ~ 1300 元的社保工资，另一方面，来自于自己种蔬菜、玉米、核桃、花生等以及畜养家禽的生活补给。在笔者调研的 100 户留守隔代家庭中，绝大部分家庭，抚养孙辈的钱都是祖辈出的。因抚养孙辈所需学费与生活费较低，即使是祖辈，也完全有能力支付。当年轻人打工回南坝后，往往会给父母带回衣物，在南坝买烟酒孝敬父母；给子女买些玩具、衣服、零食等。而打工赚的钱往往都是用来还地震后重建房屋的贷款。

年轻人在外地工作时，与家里最为主要的联络工具就是电话。目前，普遍的隔代家庭中共用一部家庭电话，往往在晚上的时候给家里打来电话。在笔者调查的 100 户隔代留守家庭中，其联络频率如表 2 所示。

表 2 南坝镇年轻人与留守隔代家庭联络频率统计表

联络频率	个案数量	所占百分比
1. 一周一次	28	28%
2. 两周一次	69	69%
3. 一个月一次	3	3%
4. 一个月以上	0	0%
总计	100	100%

注：数据来自笔者田野调查。

其交流内容，主要包括：在外工作情况、身体、生活与学习状况、大家庭或是邻里发生的一些趣事或是某个大事等。每次通话时长一般为 30 分钟。一般是先与父母聊，接着是与子女聊天，最后

再和父母聊一会儿就结束通话。

当年轻人打工回家后，一方面会陪着小孩写作业、赶场买东西、在附近玩耍等；另一方面，会帮着父母一起做饭，在自家门口摆五六张椅子和父母、街坊邻居聊天，夏日乘凉、冬日烤火，逗乐自家与邻居家的小孩，一坐就是几个小时，充满欢声笑语。

第二，祖孙关系。在南坝，祖辈对孙辈的照顾主要起到两种重要作用。其一，尽可能地对其生活与学习起到照顾与督促的作用。即使祖辈并不认识字，但是总是会催促孙辈完成学校作业，并在一定程度上，配合学校教育以及班主任老师的工作。其二，祖辈对孙辈起到某种威慑力。在南坝，很少有祖辈对孙辈过分溺爱的。一方面，祖辈不会超出自己能力范围去一味满足孙辈不合理的要求。另一方面，在很大程度上，孙辈自小主要由祖辈抚养，对于孙辈有很强威慑力。

第三，伯（叔）侄关系。亲属关系称谓不仅代表了家族内部的人物关系，同时也代表了亲属关系的亲昵程度。在南坝，其亲属称谓如图 1 所示。

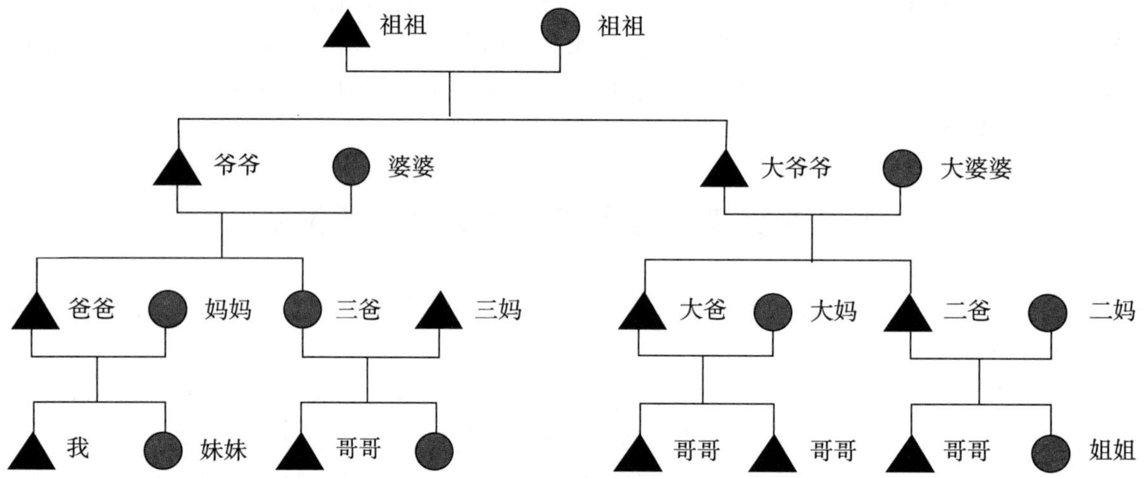

图 1　南坝镇亲属关系称谓图例

注：根据笔者田野调查而绘制。

笔者认为，从亲属关系称谓可以看出，在南坝的社会里，有着很强的大家庭的观念，当地人称作是“同一个合子”。以祖辈生育兄弟两个的家庭为例，兄弟俩的灾后重建房大部分都是建在隔壁的，而因为经济因素祖辈极少还会自己单独重建房屋。兄弟的子女，就如同自己的子女一样。当一兄弟夫妇回老家后，同样会给自己的亲侄子侄女带回东西，也会给其买零食、玩具等，关心他们的学习与生活，且会像对待自己孩子一样批评他们。

五、讨论与展望

提及隔代家庭，我们常常将其与子女教育问题、子女情感问题、老人精神层次孤单等联系在一起。而在中国式重建之后，当地人为偿还贷款，年轻人、中年人不得不离开家乡，赚钱还款与维持家庭生活开支。继而，在这样的情况下，隔代家庭成为为生计而选择的家庭策略。家庭结构的迅速转型，按照过往学者的研究路径，应当呈现出隔代留守家庭的种种问题。但笔者的田野调查，在南坝小镇里，隔代家庭并不存在问题，且有着良好的代际关系以及和谐的家庭内部关系。笔者认为，其背后的机制主要包括以下几个层面。

其一，乡土性的延续。南坝镇的城镇化率为 34%。[①] 场镇上，排列着整齐划一的二至四层小洋

---

① 数据来自镇政府办公室。

房；原本大片农田也填土改成了如今的步行街，步行街道上的商店一改往日小卖部的形式，已经与城市里的店铺摆设如出一辙；夜晚广场上响起了广场舞的音乐，成为当地女性锻炼身体、交流感情的场域之一；家家户户的LED屏液晶电视、冰箱、热水器等家电一应俱全；街坊邻里谈论的话题，不仅仅围绕着生活的南坝，也延伸到了旅游、外地人的生活方式等。毋庸置疑，中国式重建将南坝镇扶持到了城镇化道路上，但其生活方式、邻里关系等仍然延续着灾前的乡土性。在生活上，种植蔬菜粮食、畜养家禽成为生活来源的补给，干农活仍然是大部分家庭生活的一部分。玉米核桃的好差、打药除草、拉潲水、喂鸡喂猪、捡柴火等，仍然是聊天的话题与每天不可或缺的生活。在邻里关系上，不分白天或是夜晚，坐在家门口和街坊邻里摆条；邻居小孩子们一起玩耍，大孩子带着小孩子玩游戏；一个大人带着邻居家几个小孩，夏天一起去河里洗澡；吃饭的时候，端着饭碗，到邻居家共享等。这些都是在南坝日复一日的日常生活。基于此，笔者看到的正是南坝小镇在重建之后表面的城镇化过程背后的乡土性的实质。

其二，当地的人观。笔者认为，当地的人观是南坝小镇灾后留守隔代家庭呈现两性状态的重要机制。主要体现在三个层面：一是教育观。当地近九成的家庭，对待子女教育，持着“能读最好，实在不是读书的料也无所谓”的态度。面对南坝镇教育观现状，笔者认为有必要提及费孝通先生所著的《乡土中国》一书中“文字下乡”这一节，费先生讲道：“我决不是说我们不必推行文字下乡，在现代化的过程中，我们已开始抛离乡土社会，文字是现代化的工具。我要辨明的是乡土社会中的文盲，并非出于乡下人的‘愚’，而是由于乡土社会的本质。而且我还愿意进一步说，但从文字和语言的角度中去批判一个社会中人和人的了解程度是不够的，因为文字和语言，只是传情达意的一种工具，并非唯一的工具；而且这工具本身也是有缺陷的，能传的情、能达的意是有限的。”① 费先生一再强调并非是指不必在乡土社会推行文字，而是告诉我们应该以文化相对观来看待教育问题。笔者认为，在仍然延续着乡土社会的南坝镇，费先生的这种观点十分重要。二是养老观。在南坝，一般情况下，除孤寡孤残者可以住进养老院外，其余老者的养老方式只能是家庭养老。在南坝，地震前主要是以幺儿养老为主，但今天的养老方式逐渐多样化。目前，在场镇上，据村书记统计：“独居生活的老人和与子女居住的老人各占一半。”养老方式的变化，主要是因为地震后，外出打工的子女剧增，外出打工者的生活方式逐渐与老者拉大差距，老者因深感作息、娱乐等与子女不能合拍，而选择分开居住。然而，即便是分开居住，重建房往往在隔壁或是附近，每天都会走动与聊天，多数家庭还是在一起吃饭的。南坝多数家庭子女孝顺，使得老者并无养老担忧，可以自由地选择养老方式，这成为南坝灾后隔代家庭良性状态的原因之一。三是财富观。家庭纠纷往往因为金钱问题。在南坝，当地人的观点是，只要能负担家庭开支以及房屋重建贷款就可以，并非一定需要赚到多少的财富。即便是今天，还是有部分40岁左右的人不曾有存钱的习惯。即便家庭一般，但是烟酒、肉还是生活的必需品。他们常常挂在嘴边的话是：“找那么多钱，做啥子啊。”所以，形成了多数打工者流动的打工模式。

正是乡土性的延续性以及当地的人观，使得所有关乎留守隔代家庭潜在的问题并没有真正存在。邻里的相互关照、一个生产队的感情以及他们对教育、养老、财富的观念，是南坝灾后留守隔代家庭良性状态的重要机制。

事实上，中国式重建带来诸多家庭问题与思考。中国式重建“意味着在最短的时间里快速动员并汇聚最多资源，处处‘提档升级’地实现恢复与发展同步”②。笔者认为中国式重建最大的特点就是：快速提升式的重建方案将灾害地的全貌、城镇化水平等都扶持到一定高度。然而，当对口援建队力量撤出，面对耕地较少、用工工资剧增等现状，当地人的生计、物价水平、生活、居住方式都

① 费孝通：《乡土中国·生育制度》，北京大学出版社1998年版。

② 温志宏：《中国式重建》，《中国报道》2011年第6期。

得重新调整与适应。笔者认为，我们研究中国式重建会带来如下家庭问题：一是家庭结构的重构。出现了隔代家庭、重组家庭、丧子家庭、孤儿家庭、残疾家庭等。面对突如其来的灾害，生者如何面对新型家庭结构的出现，值得研究与探讨。二是面对失地、物价上涨、用工上涨、政策性贷款等问题，个体与家庭需要进一步适应生计调整带来的问题。三是因生活方式、思想层面的改变，相应产生合家与分家问题、养老问题、子女教育问题、婚姻问题等。综上，我们研究中国式重建在带来政府政策调整、社区如何可持续发展等问题的同时，还应当将关注点落到与当地人息息相关的家庭中去。

中国式重建是一把双刃剑，一方面，将灾害地扶持上了快速城镇化道路；另一方面，却因对口支援力量撤出之后带来了众多个体、家庭、社区与社会的问题需要当地人面对、逐步适应与解决。笔者在本文中，着重写了南坝小镇灾后普遍存在的留守隔代家庭的日常生活及其家庭内部关系问题，在南坝出现了与诸多学者研究的农村留守隔代家庭有差异的良性状态。笔者认为，南坝小镇特殊性的灾后隔代家庭状态能够成为如何解决全国广大农村留守家庭问题的思考路径。

地震已经过去九年之久，中国式重建力量也已然撤离六年，今日的南坝小镇表面已然恢复平静，但是却留下了属于南坝人心中永远地对“5·12”的灾害记忆以及需要逐步适应的各种问题。根据 Haas 对灾害阶段的划分：紧急救援、安置、重建与提升，其对应的时间阶段分别是：18 日、180 日、5 年以及 50 年。[①] 可以说，南坝小镇目前处于提升阶段，笔者期待不断提升中的个体、家庭、社区、社会越来越好，真正成为“宜居、宜业、宜游”的新南坝。

参考文献：

［1］Lauren Brockie, Evonne Miller. Older adults' disaster lifecycle experience of the 2011 and 2013 Queensland floods, Disaster Risk Reduction［M］. Queensland University of Technology, 2016.

［2］尹仑．气候变化及其灾害的社会性别研究——云南德钦红坡村的案例［J］．云南师范大学学报，2012（5）．

［3］McCubbin H., Boss P., Wilson: Developing Family Vulnerability to Stress: Coping Patterns and Strategies Wives Employ［J］. The Family and Change, pp. 89－103.

［4］蔡素妙．地震受创家庭原始力之研究——以九二一为例［J］．中华人文社会学报，2004（1）：122－145.

［5］蒋林洁．震后中学生的灾害暴露、家庭复原力和创伤后成长的关系研究［D］．成都：四川师范大学，2011.

［6］Keats, Daphne and Shuguang Wang. The Background to the Research: Cultural, Theoretical and Methodological Issues［C］. In Stering the Cultural Dynamics: Selected Papers from the 2010 Congress of the International Association for Cross－Cultural Psychology, edited by Y. Kashima, E. Kashima, and R. Beatson, 2011, pp. 9－14. Accessed via www. iacp. org.

［7］王曙光，［澳］丹芬妮·克茨．神话叙事：灾害心理重建的本土经验——社会人类学田野视角对西方心理治疗理念的超越［J］．社会，2013（6）．

［8］［美］安东尼·奥利弗－斯密斯．人类学对危险与灾害的研究［J］．彭文斌译，西南民族大学学报：人文社会科学版，2014（1）．

［9］David J. Campbel. Response to Drought among Farmers and Herders in Southern Kajado District, Kenya［J］. Human Ecology, 1984（12）.

［10］J. Terence McCabe. Success and Failure. The Breakdown of Traditional Drought Coping Institutions

---

① Haas, E., Kates, R. and Bowden, M. *Reconstruction Following Disaster*［M］. Cambridge MIT Press, 1977.

Among the Pastoral Turkana of Kenya [J] . Asian and African Studies, 1990 (25) .

[11] 李永祥. 干旱灾害的跨文化比较研究 [J] . 云南师范大学学报: 哲学社会科学版, 2013 (6) .

[12] 杨舸, 王莹. 农村 "留守子女" 状况初探 [J] //杜鹏. 聚焦 "386199" 现象关注农村留守家庭 [G] . 人口研究, 2004 (4): 27 -30.

[13] 李全棉. 关注农村隔代家庭 [J] .//杜鹏. 聚焦 "386199" 现象关注农村留守家庭 [G]. 人口研究, 2004 (4): 33 -36.

[14] 沈崇麟, 杨善华. 当代中国城市家庭研究 [M] . 北京: 中国社会科学出版社 , 1995.

[15] 费孝通. 乡土中国·生育制度 [M] . 北京: 北京大学出版社, 1998: 19.

[16] Haas, E. , Kates, R. and Bowden, M. Reconstruction Following Disaster [M] . Cambridge: MIT Press, 1977.

新疆高校民汉混住宿舍中的族际交往研究

——来自石河子大学的个案

聂爱文 孙荣垆*

摘 要：一个时期以来新疆多所高校通过实施民汉学生混住来增加不同民族学生之间的了解，在宿舍管理方面这一新的举措加强了不同民族学生之间的团结。本文主要通过问卷调查法以石河子大学Z学院民汉混住宿舍成员作为分析对象，研究影响民汉混住宿舍中族际交往的因素。调查结果显示，生活习惯、饮食禁忌和宗教因素是影响宿舍成员关系的主要因素，同时民族身份的差异性、年级的不同、学生生源地（新疆内外）的不同都会对民汉混住宿舍中的族际交往产生不同程度的影响。新疆高校民汉混住宿舍中的族际交往的良性发展有赖于对不同民族文化的尊重、管理者对宿舍文化的关注和学生学习生活中的多层次互动的实现。

关键词：民汉混住；族际交往；石河子大学

DOI：10.13835/b.eayn.22.22

一、引 言

随着新疆高校少数民族大学生数量的不断增多，新疆高校校园中多民族文化共存现象更加普遍；这给新疆高校的管理带来了新的挑战，为了应对这一挑战，更好地促进新疆高校中的民族团结，新疆的一些高校开始探索新的方法。近些年，在新疆各个高校陆续出现的汉族学生和少数民族学生混合住宿的宿舍管理模式就是其中的一种。现在，包括新疆师范大学、新疆大学、新疆石河子大学在内的新疆主要高校都在推广和实行民汉混住的宿舍管理模式。目前在新疆高校民汉混住主要有三种模式：（1）同学院同班级民汉学生合住；（2）少数民族语言学习为主的民汉学生交叉居住；（3）各民族学生党员和学生干部率先合住。[1]

"族际交往是指具有不同民族文化背景的群体间或个体间的交流和沟通，是民族关系的具体体现。"[2]影响族际交往的因素有很多，族群居住格局就是其中一个很重要的因素；而学校是人们最主要的学习场所，因此也是研究族际交往最主要的场所之一。在民汉混住的条件下，汉族学生和少数民族学生不可避免地要进行较为频繁的交往，这种族际间的交往会给双方带来变化，甚至很可能会改变他们对彼此的态度。而关于族际接触与改善族群态度的研究显示两种对立的观点。一种观点称为接触理论，认为：在民族接触与冲突之间存在着某种负相关，即个人接触越多，冲突就越少（偏

---

* 作者简介：聂爱文，人类学博士，石河子大学政法学院教授，主要从事人类学与社区发展研究。孙荣垆，石河子大学政法学院硕士研究生，主要从事少数民族地区社会发展、民族文化研究。

见、歧视、敌意等)。[3]通过对美国的一项研究发现，那些与黑人同宿舍的白人对黑人的内隐偏见小于那些与白人同宿舍的白人的。[4]另一种观点则认为：越是频繁族际接触的地区，不同族群之间的偏见、歧视和冲突越多。[7]那么在新疆高校民汉混住的条件下，宿舍中的族际交往是一种什么状况，存在哪些问题？宿舍中的族际交往受哪些因素的影响？学生对这种住宿形式持什么态度？这些问题引起了笔者的思考，基于对这些问题的回应，本研究以新疆石河子大学 Z 学院民汉混住宿舍的学生为调查对象，以问卷调查法为主，辅以访谈法，主要调查新疆高校民汉混住宿舍中的族际交往现状及存在的问题，并对如何建立新疆高校民汉混住宿舍中良好的舍友关系提出建议，以更好地促进新疆高校不同民族学生间的团结。

二、研究对象与方法

(一) 研究对象

石河子大学一向重视民族团结教育。早在 2002 年，石河子大学动物科技学院的个别民族学生为了学习汉语开始到汉族学生宿舍居住。[5]到了 2003 年，石河子大学部分学院采取积极引导、循序渐进的原则在自愿的基础上推行民汉同住措施。[6]经过学校多年的努力，到了 2014 年 4 月，石河子大学全校共有本科生宿舍 3720 间，其中民汉同住宿舍 575 间，且都为六人间，共计 3450 人。[7]石河子大学的民汉混住宿舍在经过多年的发展后，近些年正在向全校所有学院推广。

作为此次调查对象的 Z 学院从 2012 年实施民汉混住的宿舍管理制度。石河子大学 Z 学院是一所文科类学院，学院成立于 1998 年，拥有 6 个专业；截至 2015 年年底，共有本科学生 1160 人，25 个班级。石河子大学 Z 学院在 2012 年 9 月份之前招收的学生以汉族为主，只招收少量少数民族学生且以回族学生为主。从 2012 年 9 月份开始，Z 学院开始大量招收以维吾尔族和哈萨克族为主的民族生，开设民族班。截至 2015 年年底，Z 学院设有 5 个民族班，其中 4 个民族班的学生是民考汉，只有一个民考民的民族班；5 个民族班共计 171 名少数民族学生，涵盖两个本科专业。学院实施民汉混住的宿舍管理制度，5 个民族班的民族学生主要和同年级相同专业的汉族同学混合住宿，少数民族班的学生和学院同年级的其他专业的汉族学生混住。Z 学院的少数民族学生数量较少，因此在大部分民汉混住宿舍安排 1 或 2 名少数民族学生混住，这就使该学院民汉混住的宿舍在数量上大大增加了。目前，Z 学院有男生宿舍 74 个，民汉混住宿舍 34 个。在这 34 个民汉混住宿舍中有 20 个混住宿舍是每个宿舍只有 1 名少数民族同学，其他 5 名是汉族同学的类型，20 个宿舍中其中大一学生的宿舍有 14 个；其余 14 个民汉混住宿舍中至少有 2 名少数民族学生。Z 学院共有女生宿舍 109 个，民汉混住宿舍 55 个；24 个混住宿舍中只有 1 名少数民族学生，其中有 18 个混住宿舍是大一的；其余 31 个民汉混住宿舍中至少有 2 名少数民族学生。在 Z 学院全部 183 个宿舍中民汉混住宿舍有 89 个，占到了宿舍总数的 48.63%。

本次调查对象以石河子大学 Z 学院民汉混住宿舍中的学生为主。为了保证本次调查覆盖面的广度，此次问卷在学生课间发放并当场回收问卷。实际调查样本的构成情况见表 1 。

表 1　调查样本构成情况

所在年级	民族						总计
	汉族	维吾尔族	哈萨克族	柯尔克孜族	蒙古族	锡伯族	
一	40	14	7	0	0	0	61
二	35	12	9	0	1	0	57

续 表

所在年级	民族						总计
	汉族	维吾尔族	哈萨克族	柯尔克孜族	蒙古族	锡伯族	
三	37	11	19	2	3	2	74
四	19	8	5	2	0	0	34
总计	131	45	40	4	4	2	226

（二）资料收集

本次调查主要采取问卷法，辅以访谈法。问卷的发放工作在 2015 年 11 月 10 日 ~ 2015 年 11 月 14 日进行，共向 Z 学院 2 个专业，12 个班级发放了 260 份问卷，其中无效问卷 34 份，有效问卷 226 份；问卷的发放对象包括了 Z 学院所有 5 个民族班的学生。问卷主体包括 5 个部分，共 22 题；包括个人基本情况、舍员交往情况、影响舍员间族际交往的因素、学生对民汉混住的态度及民汉混住宿舍的实施效果。

为了更好地了解 Z 学院民汉混住的真实情况，我们还访谈了有过民汉混住经历的不同年级的 5 名同学和 2 名负责学生工作的老师。

（三）资料整理与分析

全部问卷资料经检查核实后进行编号，将有效问卷输入计算机，利用 SPSS11.5 分析软件进行统计分析。在分析资料的过程中我们把问卷调查获得的资料结合访谈资料一起分析。

三、研究发现与分析

（一）民汉混住宿舍中不同民族间舍友交往情况分析

宿舍是大学生生活的重要场所。大学宿舍中的人际关系是大学生最重要的人际关系之一，在同一宿舍中舍员间的日常交流互动比较频繁。为了了解民汉混住宿舍中不同民族舍员间的交往情况，我们在此次问卷调查中专门设计了一些问题。在这一方面我们根据问卷中的 B7、B8、B9、B10 这 4 项的统计分析得来。

1. 民汉混住舍员间有无相同的兴趣爱好

该值根据问卷 B7 项得来。在有效回答该项问题的 226 人中，共有 213 人给予了肯定回答，占有效总人数的 94.2%。虽然绝大多数民汉混住宿舍舍员都拥有相同的兴趣爱好，但在男女性别差异上十分明显。男生的共同兴趣爱好以玩游戏、打篮球居多；女生的共同兴趣爱好以追剧、逛街居多。这在一个方面反映出民族身份的差异并不影响舍员间有共同的兴趣爱好。

2. 民汉混住舍员在课余时间更多地和谁在一起

表 2　民汉混住宿舍中舍员课余更多地和谁在一起

n（%）

	和本民族同学在一起	和各民族同学在一起	和其他民族的同学在一起	总计
汉族同学	90（69）	39（30）	2（1）	131（100）
少数民族同学	33（35）	53（56）	9（9）	95（100）
总计	123（54）	92（41）	11（5）	226（100）

从表 2 的统计数据可以看出，汉族学生相较于少数民族学生在课余时间上更多地和本民族学生在一起。由于 Z 学院汉族学生的数量要远远多于少数民族学生，这使得少数民族学生在民汉混住的情况下接触汉族学生的机会大大增加；汉族学生更多地和本民族学生在一起但与其他民族学生接触的机会也大大增加了。

3. 有无其他民族要好的朋友

该值根据问卷 B9 项得来。实际调查情况如表 3：

表 3　民汉混住宿舍中舍员有无其他民族要好的朋友

n（%）

年级	民族成分	有	无	合计
一	少数民族学生	18（86）	3（14）	21（100）
	汉族学生	23（58）	17（42）	40（100）
二	少数民族学生	19（86）	3（14）	22（100）
	汉族学生	21（60）	14（40）	35（100）
三	少数民族学生	32（86）	5（14）	37（100）
	汉族学生	19（51）	18（49）	37（100）
四	少数民族学生	15（100）	0	15（100）
	汉族学生	18（95）	1（5）	19（100）
合计		165（73）	61（27）	226（100）

从表 3 可以看出，在 Z 学院民汉混住的情况下大部分舍员都有其他民族的朋友。在所有样本中，拥有异族朋友的汉族学生大约占到汉族学生总数的 62%；而少数民族学生的这一数值则达到了 88%。这说明相较于汉族学生在民汉混住的情况下，少数民族学生更容易拥有异族朋友，有无异族朋友在年级上没有明显差别。

4. 民汉混住宿舍中不同民族舍员间的交往频率

该值根据问卷 B10 项得来。实际调查情况如表 4：

表 4　民汉混住宿舍中不同民族舍员间的交往频率

n（%）

年级	民族成分	经常	有时	很少	从不	合计
一	少数民族学生	18（86）	3（14）	0	0	21（100）
	汉族学生	22（55）	11（28）	5（12）	2（5）	40（100）
二	少数民族学生	19（86）	2（9）	1（5）	0	22（100）
	汉族学生	18（51）	11（32）	6（17）	0	35（100）
三	少数民族学生	24（65）	8（22）	2（5）	3（8）	37（100）
	汉族学生	15（40）	10（27）	11（30）	1（3）	37（100）
四	少数民族学生	15（100）	0	0	0	15（100）
	汉族学生	12（63）	5（26）	2（11）	0	19（100）
合计		143（63）	50（22）	27（12）	6（3）	226（100）

从表 4 可以看出在一个宿舍内，不同民族学生间的交往机会大大增加，绝大多数舍友间经常交往，只有少数舍友间很少交往甚至不交往。在与异族同学交往的频率上，所调查的汉族学生没有少数民族学生的高。这和宿舍中民族成分的数量有关，因为 Z 学院大多数民汉混住宿舍中汉族学生的个数多于少数民族学生的个数。民汉混住宿舍不同舍友间的交往频率在不同年级有所不同，但随着舍员磨合时间的增加，不同民族舍友间的交往频率总体上在增加。

通过上面的分析不难得出：Z 学院的民汉混住宿舍管理方式极大地促进了不同民族大学生间的交往、交流。因为共处一个宿舍的原因，不同民族舍员间的日常交往较为频繁；大部分学生都能和不同民族身份的学生正常交往。

（二）影响民汉同宿中舍员族际交往的因素分析

这一部分是此次调查的主要内容，影响民汉混住宿舍中族际交往的因素具有多样性、复杂性，既包括影响普通宿舍人际关系的一般因素，又因为舍员民族身份的不同，又不可避免地涉及民族文化的差异。在本次调查中我们设计了一些问题，希望通过对问题答案的分析来探讨影响 Z 学院民汉混住宿舍中族际交往的因素。

1. 民汉混住宿舍中不同民族舍员间交往存在的障碍

该值根据问卷 B11 项得来。实际调查情况如表 5：

表 5　和宿舍其他民族同学交往有无障碍

n（%）

年级	民族成分	有	没有	不清楚	合计
一	少数民族学生	10（48）	10（48）	1（4）	21（100）
	汉族学生	21（52）	19（48）	0	40（100）
二	少数民族学生	14（64）	8（36）	0	22（100）
	汉族学生	17（49）	17（49）	1（2）	35（100）
三	少数民族学生	5（14）	26（70）	6（16）	37（100）
	汉族学生	21（57）	14（38）	2（5）	37（100）
四	少数民族学生	4（27）	11（73）	0	15（100）
	汉族学生	6（32）	13（68）	0	19（100）
合计		98（43）	118（52）	10（5）	226（100）

从表 5 可以看出在 Z 学院民汉混住宿舍中有 52% 的学生认为和宿舍其他民族学生不存在交往障碍，有 43% 的学生认为存在交往障碍，还有 5% 的学生表示不清楚。汉族学生在整体上认为与同宿舍少数民族学生交往存在障碍的比例高于少数民族学生，汉族学生的这一比例达到 50%，而少数民族学生的只有 35%。整体上，低年级的学生认为存在障碍的比例高于高年级的学生。

在接下来的影响民汉混住宿舍不同民族舍员间具体交流障碍的问题时，在全部有效的 226 份问卷中有 109 人选择了饮食习惯，占到总数的 48%；有 81 人选择了个人生活习惯，占到总数的 36%；有 25 人选择了语言，占到总数的 11%；其他 11 人选择了其他选项。此外，值得注意的一点是，在 131 份汉族学生填写的问卷中，有 82 份问卷是疆外汉族学生填写的，有 49 份问卷是疆内汉族学生填写的；其中疆外汉族学生有 51 人认为在宿舍中和少数民族舍员交往存在障碍，占疆外汉族学生总数的 62%，而疆内汉族学生有 19 人认为在宿舍中和少数民族舍员交往存在障碍，占疆内汉族学生总数的 39%。这说明受生源地差异的影响，新疆的汉族学生对本地少数民族学生更加了解，而来自疆外的汉族学生由于对本地少数民族学生的不了解造成彼此的心理距离更大。

2. 对其他民族风俗习惯的了解程度

该值根据问卷 B12 项得来。在全部的 131 份汉族学生填写的问卷中，有 87 份问卷填写的是“了解”，占所调查汉族学生总数的 66%；有 44 份问卷填写的是不了解，占到所调查汉族学生总数的 34%。随着年级的增加，汉族学生对其他民族风俗习惯的了解程度在增加。此外，疆内汉族学生对其他民族风俗习惯的了解程度明显高于疆外汉族学生，但随着年级的升高，来自疆外的汉族学生对其他民族风俗习惯的了解程度在逐渐增加，到了大四已经和疆内汉族学生对其他民族风俗习惯的了解程度没有差别了。

3. 对民汉混住宿舍中出现不尊重某一民族风俗习惯频率的调查

表 6　民汉混住宿舍中出现不尊重某一民族风俗习惯的频率

n（%）

年级	民族成分	经常	偶尔	很少	从不	合计
一	少数民族学生	1（5）	6（28）	10（48）	4（19）	21（100）
	汉族学生	0	5（12）	26（65）	9（23）	40（100）
二	少数民族学生	0	11（50）	6（27）	5（23）	22（100）
	汉族学生	0	10（29）	18（51）	7（20）	35（100）
三	少数民族学生	7（19）	10（27）	12（32）	8（22）	37（100）
	汉族学生	1（3）	11（30）	20（54）	5（13）	37（100）
四	少数民族学生	0	4（27）	8（53）	3（20）	15（100）
	汉族学生	0	3（16）	10（53）	6（31）	19（100）
合计		9（4）	60（26）	110（49）	47（21）	226（100）

从表 6 中可以看出，在民汉混住的情况下不尊重某一民族风俗习惯的现象有，但发生频率不高。值得注意的现象是，少数民族学生认为宿舍中风俗习惯不被尊重的比例高于汉族学生认为的，这说明在民汉混住宿舍一些汉族学生并没有意识到自己的某些行为触犯了其他民族学生风俗习惯的禁忌。问卷调查的结果也和我们访谈得到的结果一致，不尊重某一民族风俗习惯的行为主要表现在饮食禁忌上。

4. 其他

为了更好地了解影响 Z 学院民汉混住宿舍中族际交往的因素，我们在此次问卷的最后出了一道开放性的问答题，让被调查者列出影响民汉混住宿舍舍员间关系最主要的因素。我们得到了各种各样的答案。不少学生认为民族文化差异是主要因素，包括：不同的风俗习惯，不同的宗教信仰，不同的语言，民族感情是否好……但更多的学生认为民族文化的差异并不是主要因素，舍员间能否彼此互相尊重，在生活习惯上能否彼此照顾才是影响民汉混住宿舍舍员间关系最主要的因素。在这些回答中出现频率最高的首先是不同的风俗习惯、生活习惯；其次是能否相互理解尊重。从这些回答中我们可以看出，大学生对民汉混住宿舍中影响舍员族际交往因素的认识还是比较理性的。但根据我们的调查，在宿舍日常交往中影响 Z 学院民汉混住宿舍中族际交往最多的还是基于民族文化不同而产生的生活习惯、生活观念上的差异，比如饮食禁忌、宗教信仰。这些基于民族文化差异所造成的生活习惯、生活观念上的差异往往成为影响民汉混住宿舍中族际交往的主要因素。

（三）民汉混住宿舍中舍员对宿舍生活的满意度及其相关分析

大学生对其宿舍生活状况的满意度在很大程度上反映了宿舍人际关系的好坏。我们将此满意度分为三个层次，调查结果显示，Z 学院民汉混住宿舍中舍员对宿舍生活的满意度总体较高。有 68% 的大学生处于高满意度层次，有 27% 的大学生处于中满意度层次，只有 5% 的大学生处于不满意层次。不同民族身份的学生在对宿舍生活满意度上存在差异，汉族学生中有 65% 的学生处于高满意度层次，而少数民族学生则达到 72%；只有 2% 的少数民族学生处于低满意度状态，而汉族学生则达到了 8%。对于疆内外的汉族学生，在宿舍生活度上也存在差异；疆外的汉族学生对宿舍生活的低满意度要比疆内学生的高出 5 个百分点。这说明疆外汉族学生在民汉混合宿舍适应上存在更大困难。

有无调换过宿舍也在一方面体现了舍员对宿舍生活的满意度。在调查的 226 人中有 32 人调过宿舍，其中有 15 人的宿舍是学院安排调整的，有 17 人的宿舍是学生主动要求调整的，17 人中有 11 名是汉族同学。主动调宿舍的原因主要是舍员在生活习惯上相差较大，也有无法忍受舍员卫生习惯和与舍友不合的。

根据我们的调查，大多数学生在进校之前对于大学采取何种住宿形式并没有认真考虑过。而对于学生对民汉混住这种住宿形式怎么看，我们通过表 7 来说明。

表 7　你是否支持民汉混住这种住宿形式

n（%）

年级	民族成分	支持	不支持	合计
一	少数民族学生	19（90）	2（10）	21（100）
	汉族学生	28（70）	12（30）	40（100）
二	少数民族学生	19（86）	3（14）	22（100）
	汉族学生	21（60）	14（40）	35（100）
三	少数民族学生	25（68）	12（32）	37（100）
	汉族学生	17（46）	20（54）	37（100）
四	少数民族学生	15（100）	0	15（100）
	汉族学生	15（79）	4（21）	19（100）
合计		159（70）	67（30）	226（100）

从表 7 我们很明显地可以看出，支持民汉同宿的学生人数远多于不支持的，少数民族学生支持民汉同宿的比例高于汉族学生的支持比例。这说明汉族学生对民汉混住的意见比少数民族学生要大。

支持民汉混住的原因是多种多样的。汉族学生中原因最多的是民汉混住有助于民族团结、有助于不同民族间学生的相互了解，也有部分学生选择混住可以开阔自己的眼界、丰富自己的知识；汉族学生不支持的原因比较集中，最多的是民族生和汉族生风俗习惯不同，生活习惯也不一样，磨合期太长。有部分学生还认为，在民汉混住宿舍中，一些因生活习惯不同引起的小矛盾纠纷很容易和"民族问题"联系起来；少数汉族学生觉得，在民汉混住中学院过于照顾少数民族学生而较少考虑他们的感受。[①] 少数民族学生中支持民汉混住的原因出现频率最多的是有助于不同民族学生间的相互了解，有助于民族团结。排在第二位的是混住可以更方便地向汉族学生学习，提高自己的汉语水平，

---

① 资料来自访谈对象 A 学生，男，大二。

拓宽自己的知识面。少数民族学生不支持民汉混住的原因主要集中在舍员不注意尊重他们的风俗习惯方面；部分少数民族学生认为混住宿舍中少数民族学生的数量太少了，使他们在心理上感觉到了不平等；此外，少部分少数民族学生认为少数民族学生和汉族学生风俗习惯不同，生活方式不同，文化差异显著这些都容易导致舍员间的摩擦。①

（四）民汉混住对促进民族团结的作用分析

为了了解Z学院民汉混住宿舍对其舍员的影响，我们在问卷中专门设计了一道题来了解这一情况。调查结果表8。

表8　和其他民族学生住在一起有无改变你之前对他们的印象

n（%）

年级	民族成分	改变了	没改变	合计
一	少数民族学生	7（33）	14（67）	21（100）
	汉族学生	17（43）	23（57）	40（100）
二	少数民族学生	6（27）	16（73）	22（100）
	汉族学生	19（54）	16（46）	35（100）
三	少数民族学生	12（32）	25（68）	37（100）
	汉族学生	27（73）	10（27）	37（100）
四	少数民族学生	7（47）	8（53）	15（100）
	汉族学生	10（53）	9（47）	19（100）
合计		105（46）	121（54）	226（100）

从表8中我们可以看出，就总的样本情况来看，民汉同宿学生中没有改变自己对其他民族印象的比例高于改变了的学生。但通过进一步分析不同民族、不同生源地的情况我们发现：汉族学生改变他们对少数民族印象的占汉族学生总人数的56%，其中内地汉族学生占其总人数的63%，疆内汉族学生占其总人数的43%；少数民族学生改变他们对汉族学生印象的占少数民族学生总人数的34%。这些数据说明相对于少数民族学生来说，汉族学生在与少数民族学生生活一段时间后对他们的印象更易发生改变，同样相较于疆内的汉族学生，疆外的汉族学生在与少数民族学生生活一段时间后对他们的印象也更易发生改变。通过在问卷中继续询问在哪些方面对其他民族的印象发生了改变，我们发现对于汉族学生尤其是那些来自疆外的汉族学生，他们对少数民族印象改变最多的是发现少数民族学生远比他们之前想象中的好相处、热情友好、活泼。在所有73名改变了他们对少数民族印象的汉族学生中，有42人认为少数民族学生比他们原来认识的要更好相处。结合我们的访谈发现有不少汉族学生认为通过和少数民族学生的接触，自己了解了更多关于维吾尔族、哈萨克族的风俗习惯和少数民族知识，有些学生还学会了一些简单的少数民族语言和维吾尔族舞蹈。② 但也有极少数汉族学生认为通过和少数民族学生接触，他们对少数民族的印象更坏了，在我们的调查中有2名这样的同学，他们都因为无法忍受宿舍中个别少数民族学生的生活习惯（抽烟、很晚才睡）而搬离了原来的宿舍。③ 少数民族学生认为，在民汉混住中对他们改变最多的首先是生活习惯，其次是拓宽

① 资料来自访谈对象B、E学生；B学生，哈萨克族，男，大一；E学生，维吾尔族，女，大二。

② 资料来自访谈C学生，汉族，女，大四。

③ 资料来自访谈对象A和D；D学生，汉族，女，大二。

了他们的知识面，提高了他们的汉语水平。

结合前面的分析我们可以认为：民汉混住为不同民族身份的学生提供了一个良好的交往平台，在民汉混住宿舍中不同民族身份舍员间的交流较为密切，这增加了不同民族学生间的相互了解，有助于对少数民族刻板印象的消除。虽然，在民汉混住宿舍中不可避免地因为民族文化的差异产生一些矛盾乃至冲突，但这不是普遍现象。民汉混住在很大程度上增加了汉族学生尤其是来自疆外的汉族学生对少数民族的了解，对促进高校大学生间的民族团结作用巨大。

四、结论及思考

因为生活环境的不同，疆外的汉族学生几乎没有接触过新疆本地的少数民族，这导致疆外汉族学生在与宿舍中少数民族学生交往的过程中比疆内汉族学生有更多的障碍，还使得他们在对民汉混住宿舍的满意度和支持率上低于疆内汉族学生。但随着与宿舍中少数民族学生交往时间的增加，汉族学生对少数民族学生的了解也越来越深入，这改变了很多汉族学生对少数民族学生原有的看法。对于少数民族学生来说和其他民族的学生交往在生活中是比较普遍的，他们对汉族有较深的了解。这些都使他们在民汉混住宿舍中相较于汉族学生有更强的适应性，对宿舍生活的满意度和支持率也更高，对汉族学生印象的变化也不如内地汉族学生改变之大。尽管调查中个别民汉混住宿舍不同民族舍员间出现了不和谐的现象，但这不是普遍现象，民汉混住在促进不同民族学生间的相互了解、维护高校民族团结上的积极作用明显，有助于多民族学生更好地发展。

我们的调查结论印证了接触理论关于“在民族接触与冲突之间存在着某种负相关，即个人接触越多，冲突就越少（偏见、歧视、敌意等）”的这一论断。我们也不能忽视调查中民汉混住宿舍中族际关系不和谐的现象，但这些不和谐现象很大一部分是舍员间生活差异不同造成的。学校在管理民汉混住宿舍时应该以学校基本校规校纪为基础，坚持在校规校纪面前不同民族学生间都是平等的这一基本原则，同时要充分考虑民族文化差异的因素。针对影响民汉混住宿舍中族际关系因素以不尊重少数民族风俗习惯、一些少数民族学生生活习惯较差为主的问题，注重对汉族学生进行少数民族风俗习惯知识的教育，可以通过知识竞赛、主题学习等活动形式让他们熟知维吾尔族、哈萨克族等民族的风俗习惯、禁忌。对一些少数民族学生生活习惯较差的现象，学校要对他们进行批评教育。而针对个别民汉混住宿舍中舍员关系紧张，舍员间出现一些矛盾冲突的现象，学校要增加对民汉混住宿舍学生的关注度，辅导员要定期走访他们的宿舍了解舍员想法，必要时对其进行心理疏导，遇到问题及时解决。同时，学校要注重发挥少数民族党员班干部的作用。

就新疆部分高校实施民汉混住这种宿舍管理模式所产生的效果来看，在民汉混住中族际交往十分频繁，不同民族学生间通过相互接触有效减少了彼此的偏见、歧视。新疆高校应该在对民汉混住这种宿舍管理模式进一步完善的基础上继续推广，使其更好地促进新疆高校不同民族大学生间的团结，更好地为新疆高校各族学生服务。

大学生网络消费行为的人类学研究

——以ZS大学为例

张恩迅*

摘　要：数据显示，目前大学生已成为国内网络消费最重要的群体之一。国内现有研究多强调网络对大学生价值观、个体行为的影响和控制，但鲜少关注其消费行为背后的主体性逻辑和资本逻辑。大学生网络消费呈现普遍性、社交性、个性化、侧重性、从众性和局限性等特征，本文借助波兰尼“嵌入性”理论视角，以ZS大学为研究个案，论述了大学生网络消费的双重逻辑：一方面，大学生网络消费解除了传统消费的诸多约束，使大学生消费主体性得到进一步增强；另一方面，大学生网络消费不仅是主观能动性的表现，还受制于网络资本系统影响，即大学生网络消费嵌入到了网络资本的逐利实践之中。

关键词：大学生；网络消费；嵌入性；网络资本

DOI：10.13835/b.eayn.22.23

一、问题的提出

网络消费是指通过网络通信手段缔结的商品和服务交易，主要是发生在企业与个人（B2C）和个人与个人（C2C）之间的交易。据中国互联网信息中心（CNNIC）的数据显示，截至2015年底，中国网民①规模达到6.88亿人，以学生群体的占比最高，为25.2%。网络购物用户②达4.13亿人，以20~29岁青年人的占比最高，达50%以上[1]。

CNNIC在《2014年中国网络购物市场研究报告》中以“半年度购物频次”和“半年度购物金额”为统计指标，将网购者分为“一般网购用户”和“深度网购用户”，报告认为，在校学生通常都是网购用户，大专及以上的大学生更容易成为深度网购用户[2]。据统计，截至2015年底，网购行为在大学生群体中普及率为89.1%，远高于非学生群体的73.8%以及总体网民的60%[3]。阿里研究院、淘宝头条联合发布的《全国重点大学网购排行榜》中也明确指出，网购已经成为大学生最重要的生活方式，年级越高，对网购的依赖度越高。可见，大学生已成为当今中国最重要的网购群体之一。

然而，目前国内关于大学生网络消费的研究主要集中在管理学、心理学等领域，大多强调网络对大学生思想、行为的主导和控制[4]，忽略了大学生在消费过程中的主观能动性。同时，目前关于

* 作者简介：张恩迅，博士研究生，研究方向：互联网人类学。

① 网民：指半年内上过网的中国居民。

② 网购用户：指半年内在网上购买过商品或服务的网民。

消费行为的主流研究中，消费又往往被当作是消费者自主决定的事务，其理论视角多强调消费是一种行动者的自主过程，虽在一定程度上为分析大学生网络消费提供了借鉴，但大学生作为消费者是无法通过自主性来解决消费过程中可能存在的各种潜在消费风险的[5]。

本文认为，针对大学生网络消费行为，仅强调网络环境对大学生消费的主导作用，或仅强调大学生在消费过程中的主体性作用都是不够的，若要系统认识大学生网络消费行为需采用新的研究视角，因此本文将借助波兰尼嵌入性研究视角来分析大学生网络消费中的两种逻辑，即主体性逻辑和网络资本逻辑。

消费主体性逻辑是指消费生活往往被当作是消费者（家庭、个体、组织）自主决定的过程，消费也被认为是消费者根据可支配资源来获取效益最大化的过程，是一种主观能动的消费符号表达过程。而系统或体制，可简单理解为组织或组织联盟，它是实施某些战略实践的结构基础，网络资本系统便是由购物网站、网络商家、银行、物流等共同组成的商业联盟，其本质是资本为追求利润或垄断所实施的各种策略和制度，其利润依赖于网络消费人群、消费需求和消费习惯的形成和强化。

笔者从2016年5月开始，对ZS大学的51名在校大学生进行了深度访谈，访谈内容主要包括：（1）被访者基本信息；（2）被访者消费史；（3）被访者传统消费的顾忌和问题；（4）被访者网络消费喜好和频率；（5）被访者网络消费的顾忌和问题；（6）被访者对网络资本系统的评价。被访者包括25名女性和26名男性，年龄在19～30岁间，涉及本科生、硕士研究生和博士研究生。

二、大学生网络消费的基本特征

（一）普遍性

目前中国在校大学生多出生于20世纪80年代和90年代，从1996年中国第一笔网络消费至今短短20年中，他们亲历了电脑、网络、网购在中国的发展和普及，教育、娱乐、社交等因素导致了他们对电脑、网络高度的需求和依赖，大学生在学习能力、操作技巧、接受程度等方面都极具先天优势，客观上也为群体性网络消费创造了有利条件，使之成为中国网络消费最初受众和普及率最高的群体，如在笔者访谈对象中，绝大多数学生网龄都在15年以上，网购龄在10年以上。据统计，截至2015年，网络消费在大学生中普及率最高，达89.1%；非学生群体和总体网民的网络消费普及率分别为73.8%和60%[3]。

（二）社交性

社交网络消费是网络消费一种新的衍生模式，它借助社交软件、社交媒介等传播途径，通过社交互动、用户自生内容等手段来辅助商品购买和销售。据统计，截至2014年，大学生使用主要社交通信软件的普及率为98.3%，高于总体网民的90.7%[3]，他们已成为使用社交网络工具最集中的群体。以最典型的微信营销为例，微商通过公众号、微信群、朋友圈等渠道，以血缘、地缘、业缘、趣缘等熟人关系为基础来进行网络营销。“分享”和“互动”成为社交网络消费的最大驱动力，比如大学生用户在微信、QQ等社交软件上对购物信息的分享互动，基于好友关系的信任及熟人关系的共同偏好，可实现购物体验信息迅速扩散，从而通过这种即时化的消费信息推广迅速实现引流，这种方式完美结合了用户购物心理和社交的特性。传统网购模式大多参照其他购买者评价，但这种信任关系基本是陌生人之间的，而微信、QQ等社交软件则多是熟人间的分享推荐，信任度更高，因此转化率也更高。如今，传统网络营销模式对大学生吸引已越来越小，他们的网络消费行为越来越受周边亲戚、朋友、同学、网友影响，越发倾向通过社交网络向熟人寻求购物建议和经验，以达到降低消费风险和实现消费信息价值最大化的目的。

（三）个性化

大学生个性化网络消费主要表现在：一方面，消费行为个性化。如“发烧消费”，由于大学生与上班族、中小学生等群体相比，他们在时间、资金上的受限更少，很多人喜欢利用网络去购买一些现实中不易获得的物品，为自己与众不同的爱好买单，如收集各种绝版书籍、绝版球鞋、绝版光碟、纪念邮票、明信片、明星物品、手工模型等物品的行为。另一方面，消费商品个性化。大学生正处于喜欢追求新潮、敢于尝试的年龄阶段，相比其他网购群体，他们对商品的外观、新颖性、使用体验上的要求更高，他们喜欢通过自身商品的“特殊性”来凸显个性，如目前购物网站上各种可订制的服装、饰品、礼物、球鞋、蛋糕等，正是迎合了大学生乐于追求与众不同的需求。

（四）侧重性

根据阿里研究院、淘宝头条联合发布的报告显示，大学生除了在服装鞋帽、化妆品、食品等日常消费支出较高外，还有一个最重要的特征就是文化用品的群体性消费趋向更明显，如大学生在书籍、音像制品、数码产品、电脑软件、教育培训、考试资料、虚拟货币等文化商品上的投入要远远高于其他群体，这充分反映出大学生在生活、学习、娱乐等方面的群体特征。在笔者的访谈对象中，不同学习阶段的学生在文化产品消费上也存在差异，如低年级在电子票务、电脑软件、网络会员等网购服务上的开支更大，而高年级将更多资金花费在网上购买书籍、考试资料、教育培训、就业中介等网购服务上。

（五）从众性和局限性

一方面，由于大学生在日常学习、生活中的主要接触人群是同学，因此同学间的消费影响较大，使得他们的消费具有一定的从众性，容易形成“宿舍效应”或“班级效应”，如一个班级或宿舍的男生经常在网上购买类似的运动商品或游戏点卡，女生经常在网上购买同一品牌的服装或化妆品等。另一方面，由于大学生的经济来源主要是家庭提供的生活费，还有少数收入是勤工俭学工资、奖学金及其他兼职收入，有限的经济来源使得他们的消费水平具有一定的局限性，因此商品价格也是大学生进行网络消费的重要考量因素之一。

三、大学生网络消费的主体逻辑

（一）解除传统消费的约束

首先，解除了地区时间的时空约束。大学生可以通过网络购买到全国乃至世界各地的在售商品，依托现代化的物流体系，虚拟网络使得现实的地理空间不再是商品交易的屏障。同时，网购也不再局限于传统商业时间上的约束，全天 24 小时随时可进行。

> 比如说我非常喜欢一个最新的名牌皮包，在中国市场上还没开始销售，我就能通过购物网站委托在美国的代购商进行购买，然后再由他们通过国际物流寄往中国，基本一个星期就能收到商品，商品发票、海关证明、物流清单等资料都十分齐全，现在购物不出门也能买遍欧美商品了！（A 同学访谈）

其次，解除了现金的物理约束。在日常出行过程中，大学生随身携带的现金、银行卡数量有限，但只需有绑定银行账号且能正常上网的智能手机，就能通过消费软件以刷二维码、转账、红包等形式解决衣食住行中的各种消费需求，物理交易媒介的约束得以消除，同时也有效缩短了现金消费所耗费的交易时间和人力成本。笔者通过对学校周边超市、商店、摊点等观察发现，几乎所有店铺都张贴了在线付款的二维码图片，绝大多数学生外出消费已不再使用现金。

再次，解除了现金的心理约束。在现实购物环境中，人们在支付前一般会对现金有获取、占有和积蓄的渴望，缺乏独立经济收入的大学生在现金支配上的不自主性更大，在点算和转手过程中容易形成一种对现金的“真实感”。然而在网络消费中，大学生支付的仅是交易网站体现的虚拟数字，感受不到具体现金的大小、新旧、厚薄等物理触感，从而容易丧失支付活动中的“真实感”和心理负担。

网络购物就像不是在花自己钱一样，结账时鼠标一点或者手机一扫，感觉很轻松。如果花现金就会不由自主想到自己这个月生活费还剩多少，超过两三百元就挺心疼。有时去团购几张电影票、吃顿自助餐、在网站采购一些生活用品，一个月感觉没怎么花钱，但是每月网络账单算下来，随随便便就是三四千元。（B同学访谈）

最后，解除了消费隐私的约束。在现实购物环境下，往往存在一些涉及个人隐私或过于个性化的商品，容易使大学生在交易过程中感到不自然，但通过网络消费则有效避免了购物过程中容易发生的心理尴尬，如大学生寝室中常见的怪诞服装道具、丑陋的宠物蜥蜴、隐私性的药品等。

（二）实现网络消费的新可能

随着购物网站和互联网的发展，网络消费已成为人们一种新的生活方式和消费方式，虚拟世界给人们价值观及行为方式产生了巨大影响。网络消费不再是理性的经济行为，还是一种社会行为和文化现象。尤其在大学生群体中，网络消费使他们日常生活发生了巨大变迁。与其他群体相比，大学生在涉及网络消费的各项应用中普及率都居高不下（如表1），网络消费在帮助大学生解除一些传统消费约束同时，也实现了新的突破。

表1　2015年互联网商务交易应用在青少年及网民中的普及率

网络应用	小学生	中学生	大学生	非学生	青少年总体	网民总体
网络购物	26.60%	53.70%	89.10%	73.80%	61.30%	60.00%
团购消费	10.00%	18.30%	51.70%	35.50%	27.20%	26.20%
旅游预订	23.50%	26.40%	69.60%	43.30%	36.90%	37.70%
网上支付	23.60%	53.00%	89.70%	76.90%	62.00%	60.50%
网上银行	14.40%	32.70%	71.50%	61.90%	45.60%	48.90%
互联网理财	3.30%	7.60%	22.80%	15.70%	11.70%	13.10%

资料来源：中国互联网信息中心：《2015年中国青少年上网行为研究报告》。

1. 新的符号消费。一是网络消费作为新兴的消费方式，对于大学生而言不再是简单使用货币购买商品，网络消费过程中的电子设备（手机、电脑、平板）、网龄长短、网购频率、网购时长等成为代表现代生活方式的时尚标签和文化符号，改变了过去大学生将购物地点级别（地下商场、专卖店、大型商场）、逛街频率、商场打折信息了解程度等作为标准的历史。

以前网购还没有普及的时候，我们女生都喜欢成群结伴去实体店逛街购物，时间也很固定，基本安排在周末或课余时间，家庭条件好的同学基本每周去购物一次，条件差的基本去那些不知名的地下商场，自从有了网络购物后，现在班上女生都是各买各的，很少有

人再去逛街了。(C 同学访谈)

作为一名男生，去实体店逛街就是受罪，很多男生是生活所需才去逛街。一是商店太多，逛起来很累，不停问价讨价很麻烦；二是一天下来可能还买不到自己想要的球鞋或衣服，浪费时间效率太低。现在网上消费简直是男生的福音，手机、电脑轻松一点，吃饭、商品、机票等问题全部解决，避免了过去购物的许多麻烦。(D 同学访谈)

二是网络消费普及成为大学生体现自身群体特征的手段，正如布迪厄认为“当代社会生活方式和消费品位是由不同阶层的消费模式与其拥有的社会和文化资本联系起来，消费是社会身份建构的手段”的观点[6]。一方面，大学生相比白领上班族而言，其消费时间更充裕和自由；相比中小学生而言，其金额支配更充裕和自由；相比中老年人群而言，大学生网购操作和商品信息筛选的技术更娴熟。另一方面，大学生在校园生活中，网络消费还是大学生间相互区分差异的手段，这种差异可能体现在网购级别、购物技巧、购物方式等因素所构筑的。

班上同学间现在有种习惯就是喜欢比较购物账号级别和购物积分，购物积分和级别最高的同学往往被大家奉为“网购达人”，很多商品打折信息、促销信息和购物技巧都喜欢去咨询她，而那些还经常去实体店购物的同学会被嘲笑为“老古董”。还有一些同学可以在网上通过自己的“网络关系”去帮周围同学抢到一些限量发售的演唱会门票、国外名牌或别人买不到的稀缺商品等，大家也觉得他很酷。(F 同学访谈)

2. 新的生活方式。一是学习方面，过去大学生传统学习消费主要是以校内课堂教育加校外培训班为主，现在大学英语四六级、考研、电子书籍、校外名师课堂、公务员培训等都可通过视频或直播等方式进行网络消费。二是娱乐出行方面，过去大学生进行的娱乐活动，如看电影、用餐或旅行都需要去实体店进行即时现金消费，而现在大学生进行娱乐活动一般会提前在网上对电影票、旅行团购、游乐场票等提前预订，即便当天因故无法成行也可随时取消，出行也可随时借助手机软件实现的士、火车票、机票等在线购票服务。三是生活方面，过去大学生的校内生活空间主要以食堂、寝室、教室为主，网络消费的普及使其生活空间进一步缩小，导致了校园“宅文化”，如娱乐是玩网络游戏、吃饭是网上送餐、购物是网上商城、学习是网上课堂等。四是理财方面，过去大学生很少有理财的习惯，去银行存款或理财往往被当作一种家庭经济行为，但现在的网络消费软件一般兼具理财功能，使大学生理财成为可能。

3. 新的仪式消费。现实中的仪式性消费是指一种规范性的消费活动，它带有神圣性质，如岁时节日消费或人生仪礼消费[7]。网络上的“仪式消费”并非具有神圣性质，但与“通过仪式”来维持社会关系一样，大学生群体也经常通过网络上的仪式性消费来促进群体关系并赋予个体以生活意义。如双十一网购节，受访者均认为凌晨参与购物活动的主要原因并非是享受商品折扣，更重要的是体验与班级、宿舍好友一起全民“奋战”的购物氛围以及相互分享购物攻略带来的愉悦体验。

我也知道双十一折扣只是一个噱头，很多网上商品与平时相比其实便宜不了多少钱。但是还没到双十一，网站上、朋友圈、新闻里就开始流行各种关于双十一的话题，很难让经常上网的人不去重视这个活动。活动在晚上十二点开始，感觉整个校园和朋友圈都在网上购物，所有人都在参加活动，有人不去参加就显得有些另类，很多同学会提前交流购物攻略，第二天大家都会讨论和炫耀昨晚血拼的成果。(G 同学访谈)

(三) 网络消费的新约束

按照吉登斯的“结构二重性”观点[8]，新的消费环境不但具有促成性（enabling），而且具有约束性（constraining）。其实，网络消费的促成性不过是其约束性的一个特殊形式。因此，在虚拟网络世界中，网络消费在解除现实约束并带给大学生新的消费可能的同时，也构成了对其消费的新约束。

1. 网络设施的约束。虽然便捷的网络消费摆脱了携带现金、银行卡的烦恼，但也不得不受限于网络设施的新约束。一是需要能进行网购的智能电子产品，如手机、电脑等，这也在一定程度上导致了大学生对电子产品的高度依赖。二是需要能进行网购的网络服务设施，如网线、WiFi、流量等。

2. 物流时限的约束。由于网络消费主要通过物流和快递配送，虽然打破了地理限制，但从网上确认付款到收货时间一般都需一段时间，商品不再是可触摸、可感知的实体，而且如遇到商品不满意或质量问题时，退换货又需一段时间，无形中增加了消费中的时间耗费成本。

3. 网络风险的增加。一是电商平台入门条件低，导致商品虚假信息泛滥、质量依据匮乏、销售者资质无保障的弊端。二是由于商品宣传图片的虚拟性，商品实物容易与期待值存在差异。三是网络消费法律的缺失导致维权困难，容易出现“一次性消费”问题。四是网络环境的开放性容易导致私人信息和隐私泄露。五是病毒、黑客等容易导致私人财产损失。

四、大学生网络消费的资本逻辑

大学生网络消费服从上文所描述的消费逻辑，即解除传统商业的消费约束，同时进一步增强了其消费主体性。然而，从“嵌入性消费”视角看，大学生消费的主观能动性还要受网络资本系统的影响，因此，还需要从网络资本的逻辑予以分析。

（一）吸引大学生网络消费

大学生作为网购普及率最高、消费潜力最大的群体，是网络资本竞相争夺的资源人群。

1. 高校校园项目，即网络资本积极开发与大学生日常生活、学习、出行、娱乐等紧密相关的消费项目，如网上缴纳学费，过去学生学费支付多为异地转账，需承担一定比例跨行或异地转账的手续费，现在一些网络资本平台则与各高校开展合作，避免了手续费。学生不但可以通过网络消费软件免费充值学杂费、校园卡、饭卡等日常校内费用，还能享受电子书、网络课程、景区门票、地铁、春运大巴和火车票等一系列针对大学生的校园优惠活动，成功吸引了大量学生客户对网络消费软件的依赖和支持。

2. 高校网络营销，即网络资本常在大学生较聚集的教育性、娱乐性、社交性等较强的论坛、网站、软件上以各种方式开展商品营销活动，如在知乎、人大经济论坛、人人网、豆瓣、猫扑、虎扑体育等高校学生注册较多的论坛和网站上经常以弹窗、文字链接、游标、图片广告、二维码扫描等方式来推销书籍、电子设备、体育用品、打折卡、游戏币等主题性商品，同时还会通过微博、微信、QQ等社交软件发布商品促销信息。网络资本利用学缘、趣缘、地缘等纽带进行的网络营销模式，极易在各高校联盟、兴趣小组、学生考群、专业学习群、学生社团中产生广泛影响。

3. 高校节日消费，即网络资本通过高校学生参与度较高的中西节庆、校园节庆、网络节庆等开展网络宣传和营销活动，如除传统的情人节、七夕节、圣诞节、愚人节、教师节等进行鲜花、巧克力、毛绒娃娃、整蛊玩具等促销外，还通过校园横幅、社团赞助、网络渲染等方式对高校近年来普遍流行的女生节、男生节、“5·20”节、光棍节、樱花节、音乐节、电商狂欢节等“新兴节日”进行大力推广和宣传，网络资本在推动高校节日流行文化同时也不遗余力地进行各种相关节庆主题的网络促销，如百度糯米在全国高校推出“庆祝“3·7”女生节”的电影、KTV、美食、酒店、旅行等网络促销活动。

4. 高校金融服务，即网络资本针对高校学生开展的各种网络投资、理财、借贷等金融服务，如近年在全国高校流行的各种针对在校大学生（专科及以上）推出1~3年、1000~50000元不等的网络信用贷款服务，学生只需提供学生证和身份证便可轻易地拿到网络贷款，这些高校网贷业务往往打着“贷款易、利息低、审核强、到账快”等宣传口号来吸引大批高校网贷学生，但也极易引发恶性骗贷、监管不严、过度借贷消费，甚至是违法追贷等问题。另外，一些网络资本还开发了针对高校学生的余额投资、教育保险、创业基金、助学金等网络金融服务来推广其网站、软件等在高校学生中的使用率和知名度，如工行推出的“工银 e 校园”便是服务高校学生贷款、汇款、创业等的手机软件，学生在享受金融服务的同时，还可通过软件在专属高校学生购物平台进行“学生购”。

（二）强化大学生网络消费

相比“吸引消费”而言，网络资本“强化消费”的群体针对性并不明显，而是在吸引大学生进行网络消费实践后，对包括其在内的网民消费习惯进一步强化，进而使其产生对网络资本系统的依赖。

1. 制造身份差异。大学生在进行网购时，各电商平台往往会根据消费金额、频率、品牌、评价等指标来奖励平台积分或电商币，网购越多收获的积分就越多，不同累计的积分数形成不同的会员级别，排名越高可享受的电商“特权”就越多，如专属的客服服务、先试后买、极速退款、生日特惠等，平台积分或电商币还能在网购时兑换成一定比例的商品折扣，因此，在电商制造的“消费身份”策略中，大学生往往为获得更高会员级别而不得不集中在少数电商平台上消费。

2. 培养消费习惯。网络资本会利用快捷的配送服务、超零售的商品消费、多元化的消费选择、平民化的消费价格、追踪化的质量评价等一系列手段来培养大学生的消费习惯和意识，如 ZS 大学食堂过去一直以菜品丰富、低廉、卫生而广受师生欢迎，但也存在开放时间固定、就餐时间短、学生排队难等问题，而现在网络订餐则迅速取代食堂就餐在校内流行，在学生宿舍区从早上 7 点至晚上 11 点随时可见骑着电动车的送餐员，八大菜系、西式快餐、冷饮甜点、地方小吃等餐点内容一应俱全，很多赶论文、打游戏、下课延迟而不能去食堂就餐的学生第一时间会选择网络订餐，少数学生甚至一日三餐都是网络预订的，电商平台通过将餐饮商家集中展现、餐点多元选择、配送时间灵活等策略使学生很容易便养成了网络订餐的习惯。

3. 提升消费认同。大学生法律维权意识淡薄、商品辨别能力差，在网络消费过程中的“一次性消费”、维权困难、假冒伪劣、网络诈骗等也成为长期困扰他们的普遍问题，也是造成其网络消费认同低的重要原因。网络资本系统便通过搭建买卖双方信任平台、展示商品详细参数（上市时间、材质成分、销售渠道、品牌货号、商品工艺等）、建立第三方机构诊断机制、提高商家准入标准、建立网络惩罚和承诺机制等一系列网络制度来提升大学生的消费认同感，如各电商平台普遍存在的七天无理由退货、商品相符描述、试用中心、营业执照展示、图片文字评价等保障措施。

4. 借助网络大数据。信息是在信息化时代中深受各个权利主体重视与争夺的增值性资源，网络资本相比传统商业的一个显著优势是对网络大数据的掌控能力，如网络资本能轻松收集、统计和分析全国各大高校的消费数据，通过对各高校消费排名、消费喜好、性别消费比例、季节消费趋向、区域消费喜好等各种数据的掌控，对不同高校学生针对性地制定推广和营销策略，最终实现对不同高校网络营销的利益最大化，如阿里研究院定期发布的《全国重点大学网购排行榜》，蚂蚁金服与中国高校传媒联盟联合发布的《中国大学生财富价值观调查》等大数据报告。

五、大学生网络消费背后的逻辑关系

“消费自主性”作为过去消费研究中的主流研究范式，并不能有效克服由系统引发的消费风险及其所引起的消费脆弱性问题，只能将消费行为和过程嵌入到具体的环境中，借助超越个体的集体力量如组织、系统、制度等去监控和防范消费风险。因此，消费者的自主性是受外部环境约束的自主性，即借助波兰尼“消费嵌入性”的研究范式。

事实上，波兰尼关于嵌入的观点，可以用来分析大学生网络消费背后的逻辑关系。大学生网络消费所揭示的正是传统商业系统的价格体系、商家承诺、第三方监管、信用评级等的系统缺位以及网络资本系统的崛起等作为脱嵌力量所造成的大学生对传统商业模式的突破和消费自主性表现，而网络资本系统不断完善的技术、策略、制度等则有效填补了传统商业的系统缺位问题，并作为一种新兴力量使大学生消费再次嵌入到网络资本系统中，即大学生网络消费是一种从脱嵌到嵌入的完整过程，如图 1 所示：

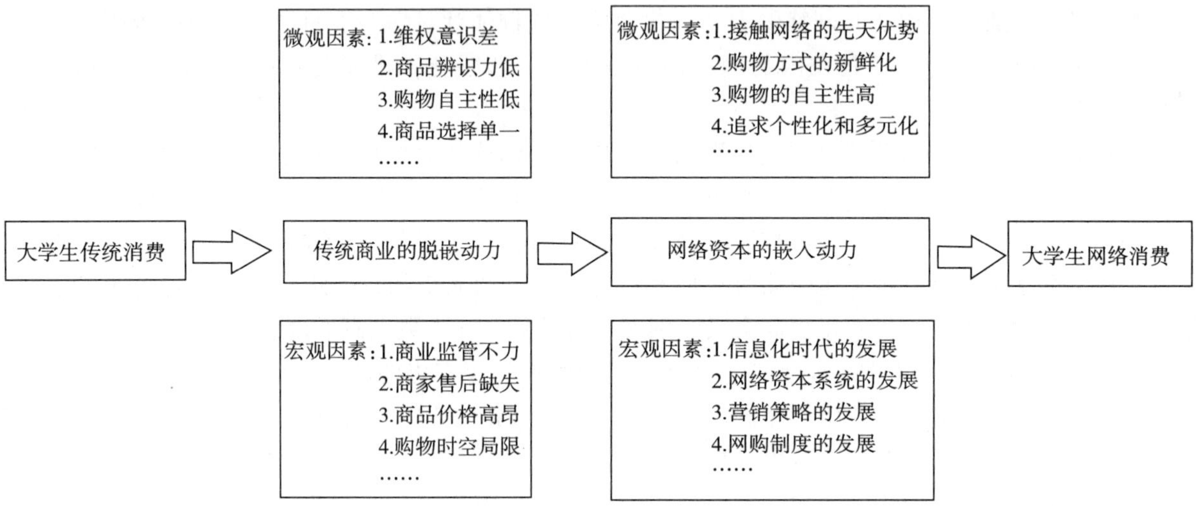

图 1　大学生消费从“脱嵌”到“嵌入”的过程图

在波兰尼看来，现代社会中市场与社会的分化便是一种脱嵌过程，但任何经济过程都不能完全脱离社会关系、文化和制度的影响，这种脱嵌并非绝对意义上的脱嵌，而是相对意义上的脱嵌，即市场相对于社会而言具有自主性和相对独立性[9]，本文中大学生消费在传统商业模式中的脱嵌也是相对意义上的。

大学生过去的传统商业消费往往属于私人行为，传统商业系统如价格体系、商家承诺、第三方监管、信用评级等基本处于不干预和不作为的缺位状态，加上大学生在传统消费过程中普遍存在法律维权意识淡薄、商品辨识力不强、消费自主性不高等问题，他们在承担消费主体责任同时往往还需面临价格是否透明、商品是否合格、售后是否满意、选择是否多元、体验是否愉悦等一系列不可预见的传统消费风险而引发的消费脆弱性问题，而网络资本系统的崛起，恰好为大学生突破传统消费中的被动性和脆弱性提供了条件和基础。

一方面，网络资本系统的发展使大学生逐渐脱离了原有商业模式和消费模式的约束，不仅解除了大学生消费过程中时空约束、物理约束、心理约束和隐私约束等，也使大学生实现了新的符号消费、生活方式、仪式消费等象征消费的意义；另一方面，网络资本系统通过掌控网络大数据的优势，针对性地实行校园项目、网络营销、节日消费、金融服务等策略来吸引大学生进行网络消费，同时还不断完善信任机制、商品参数、第三方诊断机制、网络惩罚和承诺机制等自身系统制度来强化大学生进行网络消费，并进一步填补了传统商业系统的缺位问题，使大学生消费主体性进一步增强。

事实上，虽然大学生消费主体性在网络资本系统中得以进一步增强，但他们又不得不面临网络设施、物流时限、网络风险等新的消费约束，从这个角度看，当前大学生网络消费的资本系统并不完善，但它相比传统商业系统而言更具有灵活性和自我改进能力，因此，网络资本系统一直不断地通过完善监管制度、营销策略、技术数据来消除可能由系统引发的新的网络消费脆弱性问题。

六、结论和反思

通过对 ZS 大学的学生个案研究和分析，我们可以发现：

首先，大学生突破传统消费的诉求与网络资本系统追求利益的本质存在不可分割的内在联系。一方面，网络资本系统为大学生实现主动性消费提供了基础和条件；另一方面，大学生作为网络消费的主力军，其在消费过程中的群体性特征也为网络资本系统的发展提供了动力源泉。

其次，这种内在联系是嵌入性的。网络资本系统利用大学生消费大数据的资源优势，不停完善各种针对性的营销策略和制度来吸引大学生消费、培养其消费习惯，使他们在摆脱传统消费约束的同时，又不得不面临新的网络消费约束。因此，大学生网络消费是嵌入到整个网络资本系统中的行为。

再次，大学生网络消费是不同于传统商业的消费新模式，它的意义便在于建构出了一套新的消费方式、消费制度甚至是消费习惯，为目前传统商业系统的改进提供了宝贵的借鉴经验，同时也为未来的全民网络消费的趋势指明了方向。

最后，嵌入性消费的理论范式值得关注。很显然，处理大学生在消费过程中可能面临的脆弱性问题已超越了主体性层面，而网络资本系统的发展对大学生消费行为形成了直接影响和约束。因此，要理解个体的消费行为，必须把视野放到更大的资本系统框架中加以审视。

参考文献：

[1] 中国互联网信息中心．第 37 次中国互联网络发展状况统计报告［Z］.2016.

[2] 中国互联网信息中心.2014 年中国网络购物市场研究报告［Z］.2015.

[3] 中国互联网信息中心.2015 年中国青少年上网行为研究报告［Z］.2016.

[4] 黄祖辉．大学生网络消费异化的哲学反思［J］．高教探索，2013（2）.

[5] 高芳放．大学生网络消费心理与行为调查［J］．中国青年研究，2015（2）.

[6] 黄文彦，温世松．大学生网络消费意愿影响因素实证研究［J］．科技管理研究，2012（3）.

[7] 蒋建国．网络消费主义，网络成瘾与日常生活的异化［J］．贵州社会科学，2014（5）.

[8] 王宁．从“消费自主性”到“消费嵌入性”——消费社会学研究范式的转型［J］．学术研究，2013（10）.

[9] Bourdieu P. *Distinction: A Social Critique of the Judgement of Taste* [M]. Boston: Harvard University Press, 1984.

[10] 王宁．消费社会学［M］．北京：社会科学文献出版社，2001.

[11] Giddens A. *Central Problems in Social Theory: Action, Structure and Contradiction in Social Analysis* [M]. London: Macmillan Education, 1979.

[12] Polanyi K. *The Great Transformation* [M]. Boston: Beacon Press, 1957.

文化、权力与过程：当代情境下丽江龙蟠人的族群意识与认同建构①

和　虎*

摘　要： 族群认同及认同表述的相互关系问题是人类学族群认同建构模式关注的重点，认同主体的身份建构触及社会边界的深层划分，从主观选择和文化想象的族群建构模式出发，族群并不必然与“文化”有着对应关系；当代丽江龙蟠人的生活形貌和他们对自我归属的模糊性表达，与区域文化—权力预设的具体历史情境限制息息相关，当代龙蟠人的族群意识与认同建构表现出明显的“同一群体的不同认同”和“多样化群体的共同指代”特征。

关键词： 龙蟠人；族群意识；认同表述；族群认同

DOI：10. 13835/b. eayn. 22. 24

丽江市玉龙纳西族自治县龙蟠乡因乡政府驻地龙蟠村委会山势蜿蜒，形似蟠龙而得名②；龙蟠乡位于玉龙县西北，担当丽江的北大门，是丽江市面向迪庆藏族自治州的前沿，与西部的香格里拉市虎跳峡镇、迪庆藏族自治州经济开发区隔江（金沙江）相望；东与玉龙县白沙乡相邻，玉龙县九河白族自治乡、石鼓镇位其南，玉龙县大具乡居其北。214 国道经过龙蟠乡域全境，全乡人口 1. 1 万人左右，纳西族人口占全乡总人口的 80% 左右，另外还分布着少数的汉族（1500 名左右）、傈僳族（260 名左右）、藏族（160 名左右）、壮族（130 名左右）；农业人口占 90% 以上，其中 65 岁以上人口占全乡人口的 12% 左右。2011 年的资料显示全乡人口出生率 3. 3‰，死亡率 4. 8‰，人口自然增长

---

* 作者简介：和虎，中央民族大学民族学与社会学学院民族学博士，研究方向：族群认同、文化多样性研究。

① 基金项目：本文系教育部人文社会科学重点研究基地重大项目“民族区域自治制度与国家安全、治理体系和能力现代化与中国软实力研究”（项目编号：14JJD850004）的阶段性研究成果。

② 关于龙蟠乡的称谓，杨杰宏在相关文章中指出有两种来源，具体分析如下：“在很长的历史时期龙蟠乡名一直为‘阿喜’，新中国成立后才改为龙蟠。龙蟠一带地处金沙江边，周边纳西族泛称这一带为‘英比空’（yi biq kv），意为江边地。具体的‘龙蟠’一词来源有两说，一是此地自古为茶马古道要冲之地，金沙江如巨龙蜿蜒，群山如雄虎对峙，故取虎踞龙蟠之意名之；另一说取自纳西名，龙蟠乡政府所在有一村名为‘龙华’，纳西名为‘爬堵坞’（paq ddv wue），龙蟠是各取两名中前一字而得之。蟠是‘爬’的变音而已。”参看杨杰宏《龙蟠故事——茶马古道民族志》，云南大学出版社 2014 年版，第 110 页。笔者结合田野调查时对龙蟠乡山川地理的把握和众多被访对象的想法及龙蟠乡政府提供的资料，在本文中还是坚持“龙蟠”之名来源更多与当地山川自然地貌有关。另，在本文中可能会涉及引用相关材料时有如本注释中的“英比空”（yi biq kv）、“爬堵坞”（paq ddv wue）等，其括号内所用为纳西语音译，采用 1957 年设计，1981 年修订的拉丁字母形式拼音文字《纳西文字方案》，在此一并交代。

率 -1.5%。①

今天，龙蟠的定位是丽江面向藏族聚居区的北大门，在历史上龙蟠这一区域曾经几度风云，上演了一次又一次多民族交往互动的历史剧目。丽江地处大理白族自治州与迪庆藏族自治州之间，而龙蟠位于大理、丽江和迪庆的交会处，多元文化富集交融。从石鼓长江第一湾沿金沙江北上至虎跳峡一线的区域与龙蟠乡域大致重合，在这个区域内金沙江东岸行政区划归属丽江市，而对应的西岸则多属迪庆藏族自治州，行至迪庆哈巴雪山与丽江玉龙雪山之间的虎跳峡处则龙蟠乡域大体结束，由于地理条件限制，金沙江东岸居民呈逐渐减少状。

云南丽江玉龙纳西族自治县龙蟠乡境内分布着的丽江龙蟠纳西族人，在当代情境下表现出认同建构的多维选择，在具体认同实践中“两可认同”态度突出。丽江纳西族精英阶层制造的文化认同观念预设对龙蟠人影响力度不足，这种族群精英对本民族文化传统的重构基于官方话语的引导，改造的成果被用来对纳西族“族群性”加以本土的表述，使其符合现代社会的要求，以达到维护和强化纳西族在当地族群社会中文化、政治、经济的优势地位。②

伴随丽江旅游经济建设的发展和丽江—香格里拉经济辐射带（简称“大香格里拉经济圈”）对龙蟠这类丽江境内行政交界区域乡镇“名副其实”的忽视，以丽江古城为中心的纳西族本土族群认同“制造同意”理念在这类地域引发了越来越多的持续效应：在强调现代化和经济发展进步的“族群等级话语体系”中龙蟠人居于劣势地位，政策资源和权力配置对他们而言是一种随机概率性问题；而在“文化真实性话语”体系下龙蟠人被赋予传统价值和“族群性”维护的重要地位，然而这两种话语体系在当代中国广大的少数民族分布地域内是错位的，两种话语体系的错位造成了少数民族在认同和日常生活中的张力和冲突。

从族群认同建构模式角度出发，认同建构可以是共同体“制造同意”的过程，也可指涉行为主体的认同实践可能触及对“制造同意”的反抗和多维选择。在族群认同建构论看来：“‘族群’和‘族性’这些术语，是否涉及真实存在的、植根于群体生活和个人经历的社会事实；这些术语是否指称某些相当散漫和拙劣的认同，是否他们的重要性转瞬即逝，应该被视为‘社会建构的’（socially constructed），而不是意义深远的和‘真实的’。进一步或者两步来说，族性是指血统与文化的社会建构（social construction）、血统与文化的社会动员（social mobilization）以及围绕它们组建起来的分类系统（classification system）的逻辑内涵与含义；所谓共同体的观念，完全可能是在人们不管事实上共有血统和文化的主张明显存在问题的条件下精心制作出来的，民族和族群经常被看作社会建构的、想象的或虚构的，‘群体’（group）既是实际存在的又是被人们构想出来的。”③

一、当代丽江龙蟠人的生活形貌特征

在对当代龙蟠人的认同情境进行重新定义时，如从共时的社会政治背景、历时的动态演变和龙蟠纳西族人内部多元一体形态等三个方面出发，则龙蟠人的认同形貌和族群意识形成过程，与全球化背景下今天中国境内大规模开展的乡村城镇化运动及以经济建设为核心的发展理念息息相关；当然这两个重要理念下牵涉龙蟠区域整体性的传统文化结构特征和当代少数民族政策权力下的资源争

---

① 关于龙蟠乡人口资料数据来源由龙蟠乡政府提供，笔者在此对龙蟠乡政府在笔者田野期间给予的帮助表示感谢；由于龙蟠乡政府的最新人口数据目前只更新到2011年，所以笔者在文中对目前人口总规模进行了大体估算，文中“左右”是笔者估算的结果，特此说明。

② Sydney D. White. State Discourses, *Minority Policies and the Polities of Identity in the Lijiang Naxi People's Autonomous Country*, *in Nationalism an Ethnoregionnal Identities in China*, ed., by William Safran London, Frank CassPublisher, 1998, pp. 8–29.

③ 斯蒂夫·芬顿著：《族性》，劳焕强等译，中央民族大学出版社2009年版，第1–14页。

夺，尤为形塑龙蟠纳西族认同形貌复杂态势的重要内因。

李志农和廖惟春曾从散居族裔研究视角探讨过纳西族支系玛丽玛萨人①近年来开展的文化重构现象，他们认为在当代全球化背景下的散居族裔群体，对自身的文化情境和发展机遇所具有的把握能力，将成为他们在现代化过程中能否避免丧失自我，实现自身身份顺利转型的关键性因素。② 他们发现有着“共同血缘”和“共同文化”的玛丽玛萨人，其族体认同存在着“文化复兴”“认同转向”和“多元认同”的明显分野，居处多重边缘的玛丽玛萨人，多样化的生存方式、边缘理性的不同表达，与全球化背景下玛丽玛萨人在不同话语体系下的政治博弈与经济权衡息息相关③，玛丽玛萨人存在着明显的“同一族群的不同族群认同”现象。

龙蟠属中国西南两条重要的民族交流线路：茶马古道和藏彝走廊的双重复合区域。通过对纳西族历史上长途行走于康巴藏区专门从事茶马古道远距离贸易运输的商人群体——“藏客”的研究，周智生指出“藏客”这个纳西族商贸交流群体的崛起，得益于茶马古道上纳、藏文化交流频繁及族际间心理认同的深化。④ 当然得益于茶马古道和藏彝走廊的不仅仅是纳西族与藏族之间的关系史略，从历时的动态演变来看，这两条线路沿途可谓是中国境内文化多样性和生物多样性较为突出的地域，古往今来在这些区域和线路上众多民族交往互动，跨民族交流频繁；藏族、彝族、纳西族和普米族、傈僳族、汉族等诸民族在这两条线路和区域上的族群关系是一种共生互补的建构模式；阐述当代龙蟠人的生活形貌特征，无疑需要对这种互补共生的族群建构关系进行“历史地理”和“人文地理”上的分析梳理。可以肯定的是，无论从当代龙蟠多族体杂居现状的偶然性和多元易变情势，还是从决定族群性的行为主体内在表征和行为逻辑来看，行为主体之间的密切互动并不意味着族群性的同化或消亡，相反这对认同主体的多元性要求更高，促使行为主体的认同实践具备自我调适的机制。

当代龙蟠人的生活形貌，笔者认为来源于该地域“历史地理”和“人文地理”交叉作用之下形成的社会—文化惯习。“惯习”（habitus）是布迪厄社会实践理论中的核心概念，布迪厄认为：“在高度分化的社会里，世界是由具有相对自主性的社会小世界构成的，这些社会小世界是具有自身逻辑和必然性的客观关系的空间，这些小世界自身特有的逻辑和必然性也不可化约成支配其他场域运作的那些逻辑和必然性。”⑤ 从布迪厄的观点出发，龙蟠乡域可将其视为“相对自主性的社会小世界”，而在该乡域背景内形成的人类学意义上的宗教、艺术、政治、法律和经济等形状的复合体，则属其历经发展变迁之后当代情境下的“自身特有逻辑和必然性”。从共时的社会政治背景和历时的动态变迁出发，可以体察的是龙蟠纳西族人的自身特有的逻辑和必然性。

布迪厄进一步补充：“可以把场域设想为一个空间，在这个空间里场域的效果得以发挥，并且由于这种效果的存在，对任何与这个空间有所关联的对象，都不能仅凭所研究对象的内在特质予以解

---

① 玛丽玛萨人是该族群的自称，20 世纪 50 年代民族识别中因其语言、文字、习俗等相近于纳西族而将作为其支系之一，其族源目前仍无从考证，玛丽玛萨人现约有 2000 多人。

② 李志农、李国太、廖惟春：《云南维西玛丽玛萨人身份研究》，《广西民族大学学报》（哲学社会科学版）2012 年第 3 期。

③ 李志农、廖惟春：《“连续统”：云南维西玛丽玛萨人的族群认同》，《民族研究》2013 年第 3 期。

④ 纳西族的“藏客”群体是明代丽江木氏土司在滇藏川交接区域大力推动纳藏文化交汇、帮助藏传佛教在这一交接区域传播交流下，僧、商缠联孕育而生的衍生体。周智生认为“藏客”起源于远距离赴卫藏地区朝圣转经的僧侣，而其发展则得益于以藏传佛教交流等民族互动活动为纽带的纳藏文化交会；纳西族“藏客”群体的衰落与消失，在很大程度上是由于 20 世纪 50 年代以后，纳西族和藏族聚居区之间传统文化交流渠道逐步遗失造成的。他认为茶马古道上族际之间的物资交换和商贸发展，有其特殊的地理边界和心理边界，交换行为的发生并不单纯取决于物资补给的需求程度，人们物资需求与文化联系之间的多重选择，是这一行为发生的主要原因。参看周智生《茶马古道上的纳西族“藏客”起源探析》，《西藏研究》2009 年第 5 期。

⑤ 皮埃尔·布迪厄、华康德著：《实践与反思·反思社会学导引》，李猛、李康译，中央编译出版社 1998 年版，第 133 – 134 页。

释。场域的相对独立性表现为不同的场域具有不同的‘逻辑和必然性’，每一个场域都具有自身的逻辑和常规。”① 在笔者看来，具体到当代龙蟠人的生活形貌，龙蟠不仅是一种社会—地理空间概念，从实践论出发它更应是一个相对独立性的社会—地理空间；龙蟠纳西族人的相对独立性标志表述，来自于认同主体——龙蟠人与茶马古道和藏彝走廊上其他场域族体间的相互区别，这种表述方式也是不同场域得以存在和文化多样性得以发展的依据；龙蟠人的社会—文化惯习与龙蟠场域紧密相连，它属于龙蟠人的“心智结构”范畴，是一种“主观性的社会结构”②；当然惯习既是个人的又是集体的，惯习作为一种主观性的心智结构，它源自于社会制度又靠行为主体——人来延续，因此惯习又具备个体性特征。

当代丽江的龙蟠纳西族人，对南诏、吐蕃、丽江木氏土司甚至红军长征、茶马古道和藏彝走廊并没有在个体层面表现出“历史地理”的熟悉感；对他们今天的生活而言，曾经遍布乡域内214国道两旁人满为患的饭店、汽车修理厂、小卖部和早已“门前冷落鞍马稀”的路边摊和石鼓、桥头、迪庆经济开发区每隔固定时段必然举行的集市，显然有着更为巨大的吸引力和地方性情怀。笔者采用族群概念分析居处我国“藏彝走廊”南端川、滇、藏交界的金沙江上游地区的人们共同体——龙蟠人，在很大程度上是因为该区域呈现出的文化多样性特征及多民族交往共生的现实：一民族内部存在诸多支系，各支系有的具备主体民族的文化属性，有的又自带属性与主体民族“格格不入”甚至相差甚远。而伴随丽江和迪庆旅游经济的同步发展，这种“共生现实”中部分地缘群体与主体民族“格格不入”甚至相差甚远的趋势正在加剧。

具体到当代丽江龙蟠人的生活形貌，位于藏彝走廊“纳系文化区”③ 的丽江龙蟠纳西族人虽然在日常生活中，以金沙江为界的丽江市玉龙纳西族自治县龙蟠乡与迪庆藏族自治州虎跳峡镇、迪庆藏族自治州经济开发区，同饮一江水、经济生活也基本上在一起消费，但自丽江发展旅游以来，龙蟠不仅没有形成丽江北大门应有的发展速度与规模，面向藏族聚居区的桥头堡不但没有与其相邻的藏族聚居区同步发展，反倒是落后了；这导致了同为一个民族，自然地理和气候条件基本相同的两个相邻行政区划的纳西族人，在“公众话语”和“私下话语”体系下会选择性地突出或隐藏自己的族群身份和文化特征。拿笔者田野调查时龙蟠乡领导的说法，站在龙蟠看金沙江对面的迪庆藏族自治州经济开发区就像是“站在瑞丽江边看对岸一样，对面是欣欣向荣，这边是江山依旧”。历史车轮滚滚向前，沿江两岸的人们在政治、经济生活和社会—文化面貌方面都发生了许多的变化，有的灯火辉煌，有的则步履维艰。

二、族群性与族群意识表达

巫达教授认为“ethnogenesis”一词可以理解为“新族群如何形成”。在人类学族群认同建构模式情境下，族群认同被视作一种动态的情势，强调族群有其形成的过程与轨迹，而“ethnogenesis”

① 皮埃尔·布迪厄、华康德著：《实践与反思·反思社会学导引》，李猛、李康译，中央编译出版社1998年版，第142页。

② 布迪厄认为惯习是与客观结构紧密相连的主观性，属于“心智结构”范围，是一种“主观性的社会结构”，尽管布迪厄把惯习视为一种主观性，但他从来不认为惯习具备纯粹的主观性，而是与客观结构（场域）相联系的主观性。

③ 石硕在其相关研究中指出，纳系文化区具有如下特点：“位于藏彝走廊南端川、滇、藏交界的金沙江上游和雅砻江下游地带，包括了自称为‘纳喜’‘纳’‘纳日’‘纳罕’‘纳恒’‘纳木依’等众多的人群支系，其最大特色是各人群支系均以‘纳’为基本族称……纳系文化区在宗教上相当程度地受到藏地苯教和藏传佛教的影响与渗透，需要指出的是，该文化区由于历史上复杂的民族互动与地缘等因素，导致今天的纳系民族在自我认同上已出现了一些分化和差异，如有的认同自己为‘蒙古族’（‘纳日’或‘纳’），也有的认同自己为‘藏族’（‘纳木依’）。”参看石硕《关于藏彝走廊的民族与文化格局——试论藏彝走廊的文化分区》，《西南民族大学学报》（人文社会科学版）2010年第12期。

为我们提供了分析这种现象的阐释工具。[①] 在本文中笔者所谓当代龙蟠人的“族群意识”，不是指龙蟠乡域内某个族群、某个民族的意识，而是指以某个历史区域命名（如龙蟠人）的人群的意识。“龙蟠人”这个名称相对于其他历史区域，如“丽江人”或者“香格里拉人”在当下情境已具备或逐渐具备区域性的群体标识，这种群体意识建构是行为主体“族群性”的具体社会—文化表达，符合 ethnicity 的范畴；龙蟠人的族群意识表述在龙蟠人族群认同建构的形成过程之中。陈志明教授指出，族群认同研究主要包括两个方面的问题：“一个是族群认同问题，另一个是族群的文化表述问题。”[②] 由此，笔者认为龙蟠人的社会—文化表述是其族群意识的重要构成元素之一，“族群意识过程是形成一个族群的基础，对族群意识形成过程的研究，可以帮助我们更好地理解族群形成过程”[③]。

20 世纪 60 年代，挪威人类学家弗雷德里克·巴斯（Fredrik Barth）在其主编的《族群与边界——文化差异下的社会组织》一书中指出：“族群并不必然与‘文化’有着对应关系，归根结底，族群是当事者本人归属与认同的范畴，这种范畴最重要的是社会边界的形成，而不是群体所附带的文化特质。在当事人出于互动的目的使用族群身份来对自己和他人进行分类的时候，他们就构成了组织意义上的族群，族群是文化差异下的社会组织。”[④] 巴斯认为通过把族群视为“文化差异下的社会组织”（social organization of culture difference）将族群边界视为一种社会边界，可以把群体“边界”视为人们一种基于主观上的内部态度选择。在巴斯看来研究族群应该注意区分“族群并不是一种文化承载和区分单位，而是一种社会组织，族群的自我认定和被他人的认定是族群最重要的区分特征。族群研究的重点不应该继续放置在那些被圈定在边界范围之内的文化内容，而应该更多地去关注不同社会群体之间的边界”[⑤]。这种想法相当接近于当今民族学和人类学界对于族群认同建构模式的阐述，巴斯的这一主张对此后的族群认同研究产生了持续的影响，巴斯关于族群的分析和判定后来被学术界称为边界论，“族群边界”成为认同研究中的一个重要分析工具。

巴斯认为族群并不必然与“文化”有着对应关系，但他所反对的不是文化特征对于族群建构所具有的重要性，而是当时学术研究中人们普遍尝试使用文化特征来划定族群的思路与做法。在巴斯的族群边界理念中，族群的形成更多的因素是通过人们对于一些文化特征的取舍、社会关系的伸缩，来达到族群边界的维持与人们认同的建构。族群有其边界及其可伸缩性，一种人们基于具体互动情境之下文化特征取舍而形成的主观建构，族群是文化差异下的社会组织；那么，在一个较大系统内形成某种族群认同观念和认同选择时，人们是怎样进行认同态度的取舍，族群的社会建构过程与其他共同体概念相比有什么突出特点？

巴斯的“族群边界”理论强调：族群特征、族群意识或文化认同等是人与人之间的社会互动关系造成的，而绝不是一个群体单独演化的结果，不同族群成员可以在多个族群之间转换身份，同时使族群的文化也跟着变迁，但是族群之间不会合二为一，族群与族群之间的边界还是会坚持不变。[⑥] 有学者指出，自 20 世纪 50 年代以来认同（identity）逐渐成为社会学家常用的术语，用来指示个人或群体的“归属感”，即个人或群体（行为主体）与其他对象（客体，包括个人、团体、观念、理

---

① 巫达：《关于 ethnogenesis 一词的理解与翻译》，《西北民族研究》2009 年第 4 期。

② 陈志明：《从费孝通先生的观点看中国人类学的族群研究》，载马戎、乔健、李沛良、李友梅编《文化、族群与社会的反思》，北京大学出版社 2005 年版，第 237 页。

③ 巫达：《论大都市人的族群意识——以上海人个案为例》，《思想战线》2010 年第 3 期。

④ 弗雷德里克·巴斯主编：《族群与边界——文化差异下的社会组织》，李丽琴译，商务印书馆 2014 年版，第 9 – 24 页。

⑤ 弗雷德里克·巴斯主编：《族群与边界——文化差异下的社会组织》，李丽琴译，商务印书馆 2014 年版，第 2 页。

⑥ Barth Fredrik, “Introduction” In Fredrik Barth, ed., Ethnic Groups and Boundaries, Boston: Little, Brown and Company, 1969, pp. 9 – 38.

想和事物）产生心理上和情感上的结合关系，在潜意识中将自己视为对象（客体）的一部分而行动。①

1983年，本尼迪克特·安德森出版了《想象的共同体——民族主义的起源与散布》一书，他在该书中为民族做了如下界定："它是一种想象的政治共同体——并且，它是被现象为本质上有限的(limited)，同时也享有主权的共同体。"② 在安德森看来，民族、民族属性与民族主义都是一些"特殊的文化人造物"。他指出"想象的共同体"的形成主要取决于以下因素：宗教信仰的领土化、古典王朝家族的衰微、时间观念的改变、资本主义与印刷术之间的交互作用、国家方言的发展……要"想象民族"，在社会结构上的先决条件，就是资本主义、印刷科技与人类语言宿命的多样性这三者的重合；这三者之间半偶然的，但却富有爆炸性的相互作用，促成了拉丁文的没落与方言性的"印刷语言"的兴起……而以个别的印刷方言为基础形成的特殊主义的方言—世俗语言共同体，就是后来"民族"的原型。③ "想象共同体"概念的提出，对族群认同建构论产生了深远的影响，族群是建构在一定的"想象"基础之上的，互不相识的人之所以能够相互认同为同一族群，同一民族的人之所以会产生多种认同，从一定程度上来讲正是人们"想象"建构的结果。

马库斯·班克斯（Marcus Banks）强调，研究者的着眼点不同，得出的关于族群认同的结论也就会有所不同，相对于观察者来说，存在着三种立场："一种是'心中的族群'(ethnicity in the heart)，即对被观察者来说，族群性是与生俱来的，它是原生的；二是'头脑中的族群'（ethnicity in the head)，即被观察者对族群采取实用态度，有用的时候它就存在，没用的时候它就消失；第三种是研究者头脑中的族群（ethnicity in the analyst's head），即族群不过是研究者用来进行研究的工具，是一种概念，不一定是现实。"④ 20世纪六七十年代以来，民族学、人类学关于族群认同的理论取向已经不再强调族群的客观识别，而主要注重其主观建构的认同实践，西方许多关于族群认同的研究解释，在概念和理论上都受到了建构模式的影响和启发，在许多研究中对族群建构论都有着不同程度的探讨和发展。

身份认同的建构，必然触及认同边界问题，巴斯认为："文化属于不同的族群，不同的族群会调适别的族群的文化。不管人们在不同的族群间的交叉流动有多大，即使个人经常穿插于不同的族群，但族群边界仍然是持续的、保守的，持续的以及重要的社会关系是交叉于族群边界之间的，而且是区分两个族群的基础。"⑤ 他指出："族群是一种组织性容器，在不同的社会—文化体系中，它可以装入不同数量、不同形式的内容。"⑥ 族群这个人们共同体的性质，在巴斯看来就像是一个可以吸纳足够多的共同体想象人群的容器，不管族群成员走到哪里，不管受到其他社会—文化的如何影响，"他们"仍然属于这个"容器"，而这个容器的边缘就是"文化差异下的社会组织"（social organization of culture difference）的边界，族群边界指涉人们一种基于主观上的内部动态选择。

关于群体认同及认同表述的关系问题，比较重要的研究可能还需要提及1954年利奇（Edmund

---

① 崔贵强：《新马华人国家认同的转向：1945—1959》，厦门大学出版社1989年版，第1-2页；庄国土：《略论东南亚华族的族群认同及其发展趋势》，《厦门大学学报》（哲学社会科学版）2002年第3期。

② 本尼迪克特·安德森著：《想象的共同体——民族主义的起源与散布》（增订版），吴叡人译，上海人民出版社2011年版，第6页。

③ 本尼迪克特·安德森著：《想象的共同体——民族主义的起源与散布》（增订版），吴叡人译，上海人民出版社2011年版，第9-81页。

④ Marcus Banks, *Ethnology: Anthropological Constructions*, London and New York: Routledge, 1996, pp. 184-188. 转引自纳日碧力戈《万象共生中的族群与民族》，中国社会科学出版社2015年版，第45-46页。

⑤ Barth Fredrik, "Introduction," In Fredrik Barth, ed., Ethnic Groups and Boundaries, Boston: Little, Brown and Company, 1969, pp. 8-11.

⑥ Barth Fredrik, "Introduction," In Fredrik Barth, ed., Ethnic Groups and Boundaries, Boston: Little, Brown and Company, 1969, p. 14.

Ronald Leach）的《缅甸高地的政治体系》一书，在该书中利奇指出："此前人类学认为那些生活在同一地域中的人们必然拥有共同的文化和共同社会组织的观点事实上可能只是一种民族志写作虚构……生活在缅甸北部山区的克钦人是一个不同于掸人的族群，但在克钦人内部，不同的群体之间在语言、文化和社会制度上存在很大差异，他们之所以还能结合成一个族群，主要是由其族群互动造成的。"① 因此他认为族群实际上关乎的是一个人们主观选择和辨认的过程，它与旁观者能够观察到的客观差异并没什么必然的联系。虽然缅甸的克钦人这一概念内包含着数个人们共同体，并且文化差异较为明显，但是在具体的条件下当这些群体的成员在缅甸的克钦邦面对缅族人的时候，他们自觉认同为一个族群——克钦族；由此利奇认为"文化不是决定人们认同观念和族群形成的必要条件，缅甸高地的族群互动促成了克钦人的族群认同"②。

与利奇提出文化特征不是族群认同的决定性因素相似，1965 年美国学者迈克尔·莫曼（Michael Moerman）通过对泰国北部泐人（Lue）的研究指出，"泐人"就是那些在泰国北部自认为"泐"的人们群体；虽然"泐人"使用泰语，在语言、文化上跟泰人基本相同，但是他们并不认同于泰族群，他们认为自己是不同于"泰人"的另一族群，"泐人可以以变迁的文化特征来作为强调其认同的依据。"③"泐族群是根据人们的主观认定来促成的，而不是根据其客观的文化特质；把族群看成是固定单位和固定文化的看法，在'泐人'的族群认同研究当中显然很难成立。"④ 莫曼认为，虽然我们很难通过客观语言来界定泐人，但如果转变一种思路从"泐人"的自我主观认同出发，则界定泐人族群认同的标准就会显得较为清晰；虽然泐人的语言与泰人没有区别，但泐人可以通过选择其他的文化特征来强调自身的族群认同。⑤ 这里已经含有了当今学术界族群认同建构模式当中对于族群变动性进行探讨的意味，族群成员结合具体情境，选择某些文化特征作为族群自我主观认同的界定标准，这种主观认同建构显示出了族群及其边界可伸缩性和流动性特点，认同建构在一定程度上突显过程性整合的隐喻；正如莫曼自己的陈述：族群是变迁的，它不是固定不变的，族群在个人、集体和区域上是暂时的；人们会变更自己的认同，"泐人就是自认为是'泐'的人，而不是客观给他们认定的"⑥。

认同建构与族群边界方面的研究，除了巴斯的族群边界理论以外，在当代人类学领域影响比较深远的还有：阿伯纳·柯恩（Abner Cohen）对尼日利亚城市社会的跨国族群豪萨族（Hausa）的研究⑦；保罗·布拉斯（Paul Brass）对族群精英和族群意识关系的分析⑧；查尔斯·凯斯（Charles

---

① 埃德蒙·利奇著：《缅甸高地诸政治体系——对克钦社会结构的一项研究》，杨宇春、周歆红译，商务印书馆 2010 年版，第 268－277 页。

② Edmund Ronald, Leach, *Political Systems of Highland Burma: A study of Kachin social structure*, London: Athlone Press, university of London, 1954, pp. 26－30.；转引自巫达《宗族观念与族群认同——以四川藏族尔苏人为例》，《北方民族大学学报》（哲学社会科学版）2014 年第 4 期。

③ 转引自巫达《族群性与族群认同建构》，民族出版社 2010 年版，第 26 页。

④ 转引自巫达《四川尔苏人族群认同的历史因素》，《中南民族大学学报》（人文社会科学版）2006 年第 4 期。

⑤ Michael Merman, *Who are the Lue? Ethnic identification in a complex civilization*, American Anthropologist, 1965, pp. 1215－1230.

⑥ 转引自巫达《四川尔苏人族群认同的历史因素》，《中南民族大学学报》（人文社会科学版）2006 年第 4 期。

⑦ Cohen Abner, *Custom and Politics in Urban Africa*, London: Routledge, 1969. 科恩通过研究西非最大的跨国族群豪萨族（Hausa）指出，族群作为一种社会组织，兼具了工具理性的实用性与价值理性上的意义，因而具有双重性。族群意识一方面可以回应日常生活中"持久性的问题"（perennial problems）——诸如自身的起源、命运及生命意义；另一方面也具有实用性功能，能够在现实的社会空间中满足社会行动者的利益需求；而是否具有这种功能也是族群边界强化或淡化，甚至有些边界消失的主要原因。

⑧ Paul Brass, *Ethnicity and Nationalism: Theory and Comparison*, New Delhi, Sage Publications, 1991；纳日碧力戈认为：保罗·布拉斯把"族群"内涵视为是社会、政治和文化资源，能为不同的利益阶层服务，它是一种非正规的政治组织，人们通过社会、文化和政治的差异建构，为本族群提供符号资本，族群精英们利用族群符号争取群众的支持，实现自己的政治目的；参看纳日碧力戈《万象共生中的族群与民族》，中国社会科学出版社 2015 年版，第 41 页。

F. Keyes）对族群性和族群认同辩证关系的探讨[①]；叶胡迪·科恩（Yehudi Cohen）的族群边界“气球”模式表述[②]；桑德拉·沃尔曼（Sandra Wallman）的族群“边界情境决定论”（the situational determination of boundary）[③] 和卡特尔·班特雷（Carter Bentley）用实践论对菲律宾马拉瑙人（Maranao）族群性及群体认同建构问题的分析等。[④]

三、当代龙蟠人的族群性表述

在当代龙蟠地域持续、频繁的民族互动历史过程中，诸多的人们共同体在历史中形成、变化和消亡，各民族分化融合，一些多民族杂居的区域形成了“分而未化、融而未合”的多元民族共生关系局面。龙蟠乡是一个以纳西族为主的多民族杂居乡镇，可以说龙蟠乡和金沙江对岸的虎跳峡镇由于某些历史上的政策和规划原因，也呈现出某种程度上在社会—文化特征和经济生活方面“分而未化，融而未合”的状态；而乡域内散布的其他族体则又与该地位于“茶马古道”要冲和“藏彝走廊”南端的历史记忆和文化想象有着密不可分的联系。

当代龙蟠人的族群意识表达：一方面，基于特定的地缘关系情境，“龙蟠人”概念在今天指涉了一个地缘关系程度超过文化关系构拟的群体符号，龙蟠人的范畴辐射了在龙蟠地域生活的纳、藏、彝、普米、傈僳、苗、汉等多种民族群体成员。在同迪庆藏族自治州、大理白族自治州宾川县和丽江市匹配的“公众话语”体系中，他们乐于承认自己的这种基于地缘关系的群体称谓，并且通过这一群体符号，他们积极争取自己在该区域的各种生存和发展资源；根据龙蟠人自己的地方性知识，

① Keyes Charles F, *The dialectic of ethnic change*, in Charles Keyes, ed. Ethnic Change, Seattle: University of Washington Press, 1981, pp. 4 – 30. 在凯斯的理念中族群性的变迁在文化或者社会尺度（dimension）方面是突如其来的（precipitate），在人们所生活的政治和经济环境下激进变化（radical）。巫达认为，凯斯的研究指涉“族群认同”暗含人们之间的“族群内心情感”关系，“族群性”作为关于人类认同本质的一种类型，在所有的社会形态中都可以找到，族群变迁史是一种循环的、螺旋式和辩证的变迁，但基于“内心情感”的认同却是不变的，它为服务螺旋式的变迁而存在，参看巫达《族群性与族群认同建构——四川尔苏人的民族志研究》，民族出版社 2010 年版，第 15 – 16 页。

② Yehudi Cohen, *Social Boundary Systems*, Current Anthropology (10), 1969, pp. 3 – 26. 在巴斯的“族群边界”模式之下，人们更加关注的是群体之间的互动过程及其整合性过程，而在其基础之上叶胡迪的理论进一步完善了关于“边界”的体系，族群边界触及群体之间及群体自身的社会关系维系和建构问题，如果说巴斯的“族界”观为了预设“文化差异下的社会组织”而忽视了群体自身的“边界”合理存在问题，那么叶胡迪的理论则从一定意义上来讲补充了“边界论”模式对群体自身边界系统的关注；依据情境的变化族群边界会发生实际的变动，这种“社会关系”的变迁有时候是由内而外的发展，有时候则是由外而内的蔓延，恰如“一个气球表面”的不同受力物理反应。

③ Sandra Wallman, *The boundaries of race: Processes of ethnicity in England*, Man (13), 1979. 沃尔曼的理论体系，触及了群体认同的“层级分布”与“社会结构”之间的层次关系问题，在巴斯和叶胡迪基础之上提出的“茶叶袋”理论预设了“社会结构”和“认同层级”的客观存在，而“族群边界”作为两个结构系统——“社会”和“族群”——之间相互转换的重要“阈限”区域，它的特征必然受到这两个系统的共同影响，结构层级性和流动的递变性明显，而沃尔曼理论的特点在于具备上述特征的“群体边界”自身形成一个完整的系统即“茶叶袋”，它受内、外力的综合影响而会发生相应的变化，但是首先应该明确的是“族群边界”自身也形成了一种伴随具体情境而不断完善的“结构”系统。

④ Bentley G. Carter. *Ethnicity and Practices* [A]. *Comparative Studies in Society and History* [M] 1987. 29 (1), pp. 24 – 55. 人类学家卡特尔·班特雷用“实践”论对菲律宾马拉瑙人（Maranao）族群及族群性建构问题进行了分析，他指出族群性是通过具体的认同“实践”而呈现出来的；作为“认同意识”，由于认同层级和结构分布的不均衡性特点，个体认同意识具备“灵活”和“选择”特征，而当结合到具体的群体认同实践过程时，受文化“惯习”的“结构形塑”左右，个体认同意识基于特定“场域”往往会出现与群体意识结构之间的张力冲突，在班特雷的案例里，个体最终被群体范畴所覆盖；但是从一定意义上来讲，这种关于个体认同意识及群体族群观念的张力冲突，在认同实践过程中往往能够得到来自社会—文化系统内的调和，因为族群概念如从相对性来讲它既可以涵盖个体认同的范畴也可以含群体规划的意义。

这种群体称谓是他们在今天越来越处于“边界”地域情境中重要的权力共谋符号和机制，这种称谓选择为他们带来了经济、政治和社会发展方面的潜在希望。另一方面，在以龙蟠乡、石鼓镇和虎跳峡镇为关系背景的“私下话语”体系中，“龙蟠人”概念有时专指龙蟠的纳西族人，有时则指代龙蟠乡内居住着的所有行为主体成员，有时则又强调茶马古道和藏彝走廊历史记忆影响之下的“阿喜人”①，阿喜人概念在这里强调的是一种关于龙蟠人历史心性和认同表述的相互关系，“历史地理”和“人文地理”因素突出。

需要强调的是当代龙蟠人的群体意识表达不单是通过其“称谓”来体现的，这种关系问题突出表现在当代龙蟠人对丽江纳西族“文化认同”的模糊性选择上。从文化认同角度探讨当代龙蟠人特别是龙蟠纳西族人的文化认同，人们的认同态度和观念选择明显受到不同时期的社会变迁、行政变革和旅游外来文化输入等因素的影响；这样的情况正如杨福泉曾撰文强调的：“当代的文化旅游、东巴文化的国际声誉等外在因素，对国家主流话语中关于东巴文化的评价产生着重要的影响，对不同阶层的纳西族人的本族东巴文化认同建构产生着具有时代特征的各种影响。”② 在当代龙蟠人身上，从文化认同角度来看，笔者的田野体会是他们一方面极力争取纳西族传统文化的旅游符号名片；另一方面，由于政治权力分配资源的限制，他们已经对这种文化认同表现出某种程度上的疲惫感。

四、结论：文化、权力与当代龙蟠人的认同建构

新中国成立以来，执行的少数民族政策对各民族的认同建构影响深远，少数民族的优惠政策加强了各少数民族的族体认同，也使部分新中国成立初期极力隐藏自己少数民族身份的行为主体在当代积极建构起自己的少数民族身份，与少数民族通婚的汉人，也乐于将自己子女认同为少数民族；而在各地，具体民族之间的权力关系也影响着人们的认同态度，文化、权力是当代中国少数民族认同建构参考的重要维度，在现代民族—国家范围内族群认同建构，受到群体间权力关系和国家权力的双重影响。陈志明教授认为，族群成员通过社会化的过程在一个当地情境持有某种原生性质的族群认同，地方性的经验会影响个人对自我的感知及对族群和国家的感知；但族群意识在现代的意义乃是因为国家对个人及群体间关系的影响。国家通过行政和统治的集权对社会经济资源进行分配，这对群体的形成和重组及其相关特征的变动和再定义发挥着重要的作用，哪里有政府从族群观念出发制定政策，哪里的族群认同就会与政治权力相关联，强调权力关系以及导向赋予族群认同以特定的意义和内涵，不是因为族群认同的出现导致了族群冲突，而是因为不平等的权力关系以及不公正的社会资源分配迫使人们按族群进行竞争。③

族群性与族群认同建构在今天已经是人类学以及社会科学研究的重要领域，陈志明教授结合自己多年的研究经验提出研究族群认同可分为：从族群意识（一个族群的自我认同以及这种认同的产生经验），到族群的名称（族群的名称和标志，反映族群意识和族群之间的关系以及族群与国家之间的关系），再到客观的族群认同表现（如语言、服饰、习俗等）三个部分来分析的方法论意见。他认为人类学的族群认同研究，最好从调查一个族群的自我认同，即人们的族群意识开始，这当中除了族群的自我意识也包括其他族群以及国家对他们的分类。而在分析一个族群的意识时，必定讨论到

---

① 阿喜人概念可参考杨杰宏《龙蟠故事——茶马古道民族志》，云南大学出版社2014年版，第54页、第110页、第136页。

② 杨福泉：《社会与文化变迁对民族宗教文化认同的影响——纳西人对东巴教的认同及其变迁研究》，《思想战线》2010年第4期。

③ 参看陈志明著《族群认同与国家认同：以马来西亚为例》（上），罗左毅译《广西民族学院学报》（哲学社会科学版）2002年第5期；陈志明著，罗左毅译《族群认同与国家认同：以马来西亚为例》（下），《广西民族学院学报》（哲学社会科学版）2002年第6期。

其名称。在明白了族群自我认同及其与其他族群和国家的关系之后，就可以去分析族群成员是如何表述他们的族群认同，如何以语言、神话、宗教或者习俗，甚至经济活动等，去象征他们的族群认同。陈教授认为，这样进行族群认同研究不仅可以从固定的文化特征去识别族群，更能以动态的方式探讨族群认同及其文化认同。①

地处中国西南的龙蟠地区，从传统意义来说属于多族群频繁互动的华夏边缘，参考龙蟠地方的地理形貌、村落格局、建筑特色、生计模式、日常生活和人际交往等方面，可以获得对当地自然空间和社会生活的表面的认知，进一步观察该区域人们的日常生活和习俗活动如他们在衣、食、住、行、婚、丧、嫁、娶中的具体行为表现和表述，则能够考察该区域居民的历史记忆，现实生活中他们对自我身份的界定，以及他们会在何种情境下、通过何种方式来将这种表述转化成具体的行为和言语意义上的符号，进而去影响其他人。当然除了对其“自观”的考察外，还需要注意龙蟠人对周边其他民族的印象和看法，这一点尤为重要。

从田野调查得到的资料来看，茶马古道和藏彝民族走廊在今天滇西北区域还发挥着持续的功能，这种功能意义从传统的古道和历史—民族区域转换为新的形式和面貌：分布在滇西北区域的众多基础交通设施，在这一区域进行着现代意义上“茶马互市”，人们之间的交流、物与物之间的交换呈现出跨民族、跨地区和跨国界的特点。而在这样的跨界交流情境中，龙蟠人对现代意义上的“茶马互市”是陌生和表现出稍许抗拒的，因为他们曾经辉煌；而关于他们“古道风云”的历史记忆，因为社会组织的变革表现出明显的集体记忆缺失和“时过境迁”的特征。社会发展速度的脱节、普遍造势和助力发展的乡村城镇化运动相互结合，在认同方面龙蟠人表现出明显的“两可”态度。以旅游广为人知的丽江地区经济社会建设，其辐射力度对龙蟠这样的乡镇在现实生活情境中呈弱化态势；而以经济建设为主导的社会发展理念和评价体系，又影响着当代龙蟠人认同观念和集体记忆的形塑。

从龙蟠的“历史地理”和“文化地理”关系具体到当代龙蟠人的认同表述及这种表达的形貌特征，笔者梳理了一些龙蟠的地方性知识予以呈现：龙蟠乡上元村，曾为明代木氏土司时期重要的兵站和关隘，村落规模较大，因族际通婚村内有部分藏族，该村共同语言为纳西语，族际通婚家庭在对孩子族属选择上比较尊重父母的个人意愿；在上元村内，人们之间对自我群体的归类范畴超越不了“龙蟠人”的概念范围，从跨族通婚和风俗习惯的涵化层次来看，社会结构体系内的涵化特征与人们的自我归化选择呈正态分布曲线。铺子村，位于龙蟠阿喜渡口和茶马古道七十二道弯交会处，曾是马帮休憩和小商品交易地，该村汉、纳杂居，汉族人口占50%左右，该村汉族基本上已经同化为本文意义上的“龙蟠人”，风俗习惯表现出明显的地缘关系特征，汉语和纳西语在该村都是通用语；在铺子村的汉族基本上是“纳西族化”的，铺子村突出的汉文化遗存是严氏家族的家谱传承，从体例和形式来看这是他们区别于“纳西族化”的重要特征，在自我表述方面由于地缘关系的“熔炉”效应，他们对于汉或纳西的认同基于具体情境而变化，但在生活形貌和日常生计上基本可以称为合格的“龙蟠人”。渡口村，村落遗存保存较为完整，木氏土司时期阿喜官渡所在地，古渡口遗址在渡口村内，纳、汉、藏杂居，村内交流以汉语为主，但村民基本上都会讲纳西话，村内居民以汉族移民为主；龙蟠村为乡政府所在地，离迪庆藏族自治州经济开发区较近，村内的“和家大院”为龙蟠境内最大的庭院，院主和万华曾经是茶马古道（龙蟠鲁南线）上的风云人物，建有商号“元德和”，村内居民以纳西族为主；忠义村，纳西语称“滤灿”（liul cail），后由此名改为“忠义”，该村历史上以庙会和洞经音乐出名，汉文化发达，村中曾有村庙三圣庵，据村内老人回忆，曾塑有关公、

① 陈志明：《族群的名称与族群研究》，《西北民族研究》2002年第1期。

地母和孔圣人，现已不存，村民以纳西族为主。①

对当代龙蟠人而言在认同意识层面，他们的自我认同以及这种认同产生的经验，在很大程度上来自于经济社会发展转型期内权力预设的疏漏和文化—象征选择上的急促。纳西族在丽江地区整体性的民族精英对本民族认同观念的形塑，因为客观历史条件和具体的当代情境限制——以丽江古城及大研镇为核心范畴，这样的认同意识在结构深层并未兼顾到许多丽江地区类似“龙蟠人”这样的行为主体，“族群精英建构论”的结构缺失是形塑当代龙蟠人观念意识的重要内因。而这样的认同意识结构，促动了行为主体——“龙蟠人”认同表述明显的“两可化”特征；具体到今天龙蟠人概念则可以在不同的层面表述不同的群体范畴，并且超越了民族对人们共同体的分类，基于个人理性选择和族体情感的综合，龙蟠人范畴在具体情境下可以进行“同一群体的不同认同”和“多样化群体的共同指代”，在两极之间实际伸缩。而在客观认同特征方面，龙蟠地域的诸多民族，呈现明显互动共生的态势，风俗习惯、生计生产、语言习惯和人们衣食住行的各个方面，相似性超过差异性；而在龙蟠“历史地理”和“文化地理”双元因素的共同作用和当今全球化的时代背景下，龙蟠人的认同观念建构在“龙蟠”呈逐渐趋同态势。

参考文献：

[1] White. Sydney D. State Discourses, Minority Policies and the Polities of Identity in the Lijiang Naxi People's Autonomous Country, in Nationalism an Ethnoregionnal Identities in China [M] . ed. , by William Safran London, Frank CassPublisher, 1998, pp. 8 – 29.

[2] [英] 斯蒂夫·芬顿著，劳焕强等译．族性 [M] ．北京：中央民族大学出版社，2009：1 – 14.

[3] 李志农，李国太，廖惟春．云南维西玛丽玛萨人身份研究 [J] ．广西民族大学学报：哲学社会科学版，2012 (3)：60 – 66.

[4] 李志农，廖惟春．“连续统”：云南维西玛丽玛萨人的族群认同 [J] ．民族研究，2013 (03)：73 – 82.

[5] [法] 皮埃尔·布迪厄，[美] 华康德著，李猛，李康译．实践与反思·反思社会学导引 [M] ．北京：中央编译出版社，1998.

[6] 巫达．关于 ethnogenesis 一词的理解与翻译 [J] ．西北民族研究，2009 (4)：95 – 97.

[7] 陈志明．从费孝通先生的观点看中国人类学的族群研究//乔健，等．文化、族群与社会的反思 [M] ．北京：北京大学出版社，2005：237.

[8] 巫达．论大都市人的族群意识——以上海人个案为例 [J] ．思想战线，2010 (3)：20 – 24.

[9] [挪威] 弗雷德里克·巴斯主编，李丽琴译．族群与边界——文化差异下的社会组织 [M]，北京：商务印书馆，2014.

[10] Fredrik Barth. “Introduction.” In Fredrik Barth, ed. , Ethnic Groups and Boundaries [M] . Boston: Little, Brown and Company, 1969, pp. 9 – 38.

[11] 崔贵强．新马华人国家认同的转向：1945 – 1959 [M] ．厦门：厦门大学出版社，1989：1 – 2.

① 龙蟠是康巴藏区势力南下入滇的必经路站，首先，藏文化因子对这一历史—民族区域影响深厚，许多人们共同体在这一历史区域范围内杂居、通婚，生活习俗存在诸多共同点，社会组织之间文化互构现象频繁发生；其次，作为“茶马古道”的必经站点，龙蟠是历史上西南地区整体物类资源交流系统下的一个枢纽和节点，这一点从龙蟠乡域范围内金沙江一线人们的饮食习惯、生计方式上可见一斑；最后，作为“藏彝走廊”和“茶马古道”的双重复合地域，龙蟠人认同观念和态度的建构，不仅只是地缘关系问题，也不单是藏族或者纳西族的关系问题，其中牵涉更多的是历史上汉藏语系诸民族在这一区域的交往互动问题。可具体参看杨杰宏《龙蟠故事——茶马古道民族志》，云南大学出版社 2014 年版。

[12] 庄国土．略论东南亚华族的族群认同及其发展趋势［J］．厦门大学学报（哲学社会科学版），2002（3）：63－70.

[13] 杨福泉．社会与文化变迁对民族宗教文化认同的影响——纳西人对东巴教的认同及其变迁研究［J］．思想战线，2010（4）：15－20.

[14] 陈志明著，罗左毅译．族群认同与国家认同：以马来西亚为例（上）［J］．广西民族学院学报（哲学社会科学版），2002（5）：2－10.

[15] 陈志明著，罗左毅译．族群认同与国家认同：以马来西亚为例（下）［J］．广西民族学院学报（哲学社会科学版），2002（6）：23－29.

[16] 陈志明．族群的名称与族群研究［J］．西北民族研究，2002（01）：48－53.

流动的“理”与“礼”：中缅边境拉祜西的文化记忆与族群认同

——以澜沧龙竹棚母寨与子寨拉祜西为例[①]

许瑞娟*

摘　要：“理”与“礼”对龙竹棚母寨与子寨的拉祜西而言是一种强大、无形的力量，贯穿于日常生活图景的方方面面，是促使村寨聚落和谐有序运作的文化内驱力，成为分布在中缅两国拉祜西支系在文化认同方面的关键因素。龙竹棚母寨及子寨的拉祜西将头人制度、宗教信仰、历史记忆、祖先认同、伦理规约进行整合，创造出一套体现拉祜西传统文化的“理”与“礼”，并将与之相关的信仰准则、节日仪式和符号表达交织在一起，利用村寨佛堂和家神祭祀的形式，建立起超出行政村范围的寨际互动关系，并以此作为中缅两国10个寨子拉祜西历史文化记忆以及族群血缘认同的标志。

关键词：“礼”与“理”；文化认同；族群互动；族群认同

DOI：10. 13835/b. eayn. 22. 25

拉祜族是亚洲的古老民族之一，主要分布在中国云南省和缅甸、泰国、老挝、越南等国家的山区和半山区。拉祜族历史源远流长，学界普遍认为拉祜族是古羌人的后裔。[②] 拉祜族首次作为一个族群明确出现在官方记载中是在清朝。[③] 在随后的几个世纪里，拉祜族在历史文献中时常被提及，主要是因为他们举行过二十多次反抗清政府的起义。[④] 在受到几次大规模镇压之后，少数拉祜族留在被清军征服的地区，其余的则大举南迁，大多数拉祜族在澜沧江以西、靠近缅甸的边境地区定居下来，其余的进一步南迁，最终定居于缅甸、泰北、老挝和越南边缘与崎岖的山区，成为跨境民族。清朝末年，清政府通过改土归流实现了对云南大部分地区的直接统治，但澜沧江以西的拉祜族依然保持着高度的自治性。“造成这一历史特色的主要原因是交通闭塞、特殊气候、疟疾丛生等因素铸成的自然屏障，加之拉祜人民历史上在军事和文化方面对清政府所进行的顽强抵抗。”[⑤]

---

* 作者简介：许瑞娟，博士，云南民族大学东南亚学院讲师，云南民族大学民族学博士后流动站在站博士后。

① 基金项目：国家社科重点项目“文化多样性与构建和谐世界研究”（项目编号：12AZD006）、云南民族大学民族文化研究院2014年度招标课题“云南跨境民族的文化交流与族群互动研究”（项目编号：MY2014YB05）、云南省哲学社会科学创新团队“云南跨境民族文化研究创新团队”（项目编号：2014CX08）阶段性成果。

② 王正华、和少英：《拉祜族文化史》，云南民族出版社2014年版，第1页。

③ 尤中：《云南民族史》，云南大学出版社1994年版，第542页。

④ 李保、杨文安主编：《拉祜族史》，云南民族出版社2003年版，第263页。

⑤ 杜杉杉著：《社会性别的平等模式：“筷子成双”与拉祜族的两性合一》，赵效牛、刘永青译，云南大学出版社2008年版，第135页。

中国境内的澜沧拉祜族自治县是拉祜族的主要聚居地区之一，隶属于云南省普洱市。澜沧县的拉祜族分为拉祜纳和拉祜西两个支系，俗称“大拉祜”和“小拉祜”，他们通常以“寨”为单位形成一个个聚落，分布于中缅边境的群山之中。拉祜纳在宗教方面深受基督教和天主教的影响，而拉祜西依然保留着传统的信仰。

澜沧拉祜族自治县糯福乡南段一带的拉祜西村落比较集中，是拉祜西支系的主要聚居区，这一带拉祜西聚居区位于澜沧拉祜族自治县糯福乡南部，南边与缅甸接壤，东与勐妹、南北根、芒井、景迈相连，北接南北村，西与糯福和班角镇相邻。信仰具有浓厚的原始宗教色彩，语言属汉藏语系藏缅语族彝语支。①

象征人类学大师格尔茨曾提及：“他在进行民族志研究时常常在两个问题之间往返运动，研究对象的生活模式是什么？以及那种模式藉以体现的载体究竟是什么？”② 基于这样的问题意识以及学术关怀，笔者于2016年7～8月前往澜沧县糯福乡南段村的龙竹棚老寨进行田野调查，对拉祜西的“理”与“礼”进行了深入观察，以及“理”与“礼”如何在中缅两国拉祜西之间进行传播与互动进行了深度思考。

一、“母寨”：“子寨”

龙竹棚老寨是澜沧县糯福乡南段行政村下辖的一个自然村，与缅甸接壤。截至2016年8月，该寨有73户，约320人。有6对跨国婚姻，均为缅甸籍的女子嫁入该寨子。除了2名从磨黑嫁过来的哈尼族妇女外，其余都是拉祜族。村民的主要经济收入来源为种植与售卖茶叶。③ 龙竹棚老寨是南段村历史久远的老寨子，“据说约在150年前，一部分拉祜西从牛尖山（景谷县永平区）渡澜沧江在谦六地方定居。另有几户在现今景迈地方巴老住了三年，又到南北归住了数月，后到鞋帮与哈尼族同住。在鞋帮住了几年，因生活困难和民族关系，迁到缅甸北部之上板戛地方，数年后又从上板戛搬到我国境内的龙竹棚居住至今”④。历史上，龙竹棚老寨曾面临急剧的人口增长与有限的生态资源相互抗衡的局面，为了缓解这种矛盾，便从老寨先后分出了9个小寨子，分布在老寨的周边，或近或远。用田野报告人的话说，“都是为了讨生活才分出去的”。有了国家概念之后，这9个寨子也因所处地域的不同而分属于中国和缅甸两个国家。中国境内的寨子有4个，分别是宛卡大寨、种米谷、龙竹棚新寨、洛三勐。缅甸境内的寨子有5个，分别是墨腊、活巴糯、由得、图也罢、挖股。⑤ 由于龙竹棚老寨与9个寨子之间深厚久远的历史渊源关系，老寨被称为“母寨”，其他9个寨子被称为“子寨”，形象地揭示了龙竹棚老寨与其他寨子间的同构关系，犹如母亲与子女。

作为一个充满浓郁民族风情的边境村寨，龙竹棚获得的外界关注度并不高。游客和摄影爱好者常常止步于景迈山古茶园便不再往前，即使自驾车在到达洛勐后也都戛然而止，交通不便是主要原因。龙竹棚目前没有通班车，雨季时经常山体滑坡、道路塌方，路面状况不好，徒步的话从洛勐要走近20千米的路才能到达龙竹棚老寨。正因为如此，迄今为止龙竹棚老寨仍然保留了完好的拉祜西民俗特色，被誉为“中国拉祜族文化保留最为完整的一个村”⑥。从生活水平、经济条件来看，缅甸境内的寨子不如中国境内的，但“国有界、心无界”，这并不妨碍中缅两国拉祜西之间的频繁交流与

---

① 王正华、金悦：《中缅边境澜沧拉祜西婚姻文化调查》，《普洱学院学报》2014年第4期。

② ［美］克利福德·格尔茨著：《地方知识：阐释人类学论文集》，杨德睿译，商务印书馆2014年版，第84页。

③ 根据龙竹棚老寨会计李家保2016年8月18日口述整理。

④ 《民族问题五种丛书》云南省编辑委员会编：《拉祜族社会历史调查（一）》，云南人民出版社2009年版，第4页。

⑤ 根据龙竹棚老寨佛爷李老大2016年8月18日口述整理。

⑥ 来源于澜沧信息网，http：//www. pelcxxw. cn/ztzl/lcxcpjj/6058190205723098291。

互动，比如婚姻互通、贸易往来、走亲串戚、节庆慰问、探病问丧等。

二、“礼”：“理”

推动中缅两国拉祜西10个寨子交流互动与文化认同的动力机制是什么？这个问题一直萦绕在笔者心中。通过步步深入的田野观察与访谈，这个看似扑朔迷离的问题终于泾渭分明地显露出来。笔者在做田野调查时，时常听到拉祜西乡亲们提起祖先传下来的一套风俗礼仪、道理规矩，他们称之为“li31”。究竟是“理”还是“礼”？弄清这一点对于研究拉祜西社会有着重要的意义。杜杉杉认为是“理”，隐喻传统、规矩或理念。① 有学者认为是“礼”，并指出拉祜西的“礼”包括村落中约定俗成的规矩，村寨内外权力分配和关系的处理都要按照古“礼”来进行，同时“礼”也指在信仰体系指导下的行为实践，如祭祀仪式、节日习俗以及象征符号的使用。②《现代汉语词典》对“礼”的解释是社会生活中由于风俗习惯而形成的为大家共同遵循的仪式，而将“理”解释为道理、事理。胡适认为：“‘礼’的观念凡经过三个时期：第一，最初的本义是宗教的仪节；第二，礼是一切风俗习惯所承认的规矩；第三，礼是合乎义理可以作为行为规范的规矩。”③

笔者认为，只有结合“理”与“礼”的含义，才合乎拉祜西所恪守的这一套礼仪规约的文化语境。作为文化认同的根基，拉祜西对“理”与“礼”有着独特的理解与诠释。根据田野观察，“理”与“礼”对拉祜西而言是一种强大、无形的力量，贯穿于日常生活图景的方方面面，作为一种常态，是促使村寨聚落和谐有序运作的文化内驱力，成为分布在中缅两国拉祜西支系在文化认同方面的关键因素。

（一）“理”：头人制度

头人制度是拉祜族西自古沿袭下来的一套政教合一的管理制度。龙竹棚老寨有六位头人，相当于“民族领导”。依据职权的大小，这六位头人分别是：活些帕（佛爷）、卓巴、卡些、摩巴、者舍、加利。活些帕（佛爷）的主要职责是管理佛堂及宗教事务，被认为是寨子里最有能力的人，是“老天爷派遣到人间的使者”“老天爷的徒弟”，熟谙拉祜西传统文化知识，最懂拉祜“礼”，是十个寨子的神鬼祭祀头人，与“厄莎”佛祖的关系最为密切。卓巴主要管理寨子，寨子里的婚丧嫁娶、疾病病痛、充当司仪媒人等都由卓巴负责。此外，卓巴还是沟通神灵的使者，祭祀寨神，为寨子祈福，在“祭寨心”仪式中扮演重要角色，是龙竹棚老寨的神鬼祭祀头人，也是佛爷的助手。卡些的职责是管理寨子里的人及世俗事务，如打架斗殴、吵架丧偶、酗酒闹事、偷盗抢人、偷情离婚等，负责传授道德礼仪。摩巴管理自然灾害，如病虫天灾、火灾疟疾等。者舍掌管牲畜家禽，相当于兽医。加利管理劳动生产工具及使用，以前还负责打铁，相当于铁匠。六位头人均为男性，年龄在45岁以上，在寨子里有一定的威望与号召力。选举头人前先征集寨子每户代表，确定候选人，之后以一种具有浓厚原始宗教色彩的民俗礼节——“茅草粘鸡蛋”最终确认，即“候选人获得头人身份，必须得到双重认可——世俗认可和神的旨意”④。六位头人有严格的职务分工，各司其职，互相尊重，不越权，没有经济上的特权，也没有固定的薪酬，除佛爷外平日里与大家一起从事生产劳动。⑤“尽

---

① 杜杉杉著：《社会性别的平等模式：“筷子成双”与拉祜族的两性合一》，赵效牛、刘永青译，云南大学出版社2008年版，第125页。

② 张雨心：《拉祜族村寨中的“礼”——龙竹棚老寨个案调查》，中央美术学院硕士学位论文，2015年，第7－8页。

③ 胡适：《中国哲学史大纲》，东方出版社1996年版，第133－134页。

④ 韩俊魁：《拉祜西头人制度：传统与国家力量影响下的变迁》，《民族研究》2006年第3期。

⑤ 根据龙竹棚老寨卡些李队长2016年8月18日口述整理。

管头人各自的分工明确，但分工的有效实施又依赖于整个头人集体的合作。”① 在对外交流中，卡些扮演了重要角色，卡些的主要职责是维护村寨的秩序，保证寨子正常的生产生活，同时还要处理寨内的行政事务。凡寨人违反社会公德，出现偷盗抢劫、虐待老人、偷情乱伦、土地纠纷、夫妻矛盾、邻里矛盾、酗酒闹事、村寨矛盾、寨民与境外的居民发生矛盾等，都由卡些出面调解，而且卡些必须秉公办事。

从龙竹棚老寨分出去的9个子寨在头人设置上较母寨简化了许多，子寨一般只设有卡些、卓巴和加利三个头人，卡些负责世俗事务，卓巴负责宗教事务，加利负责打铁和掌管劳动生产工具。尽管从母寨分离出去已有50多年的历史②，如今还有了国家的界限，但子寨至今仍与母寨保持着密切的联系。每年的春节、火把节和新米节时，子寨的卡些和卓巴要带着全寨人员准备的贡品来母寨向佛爷和佛堂敬献。每一个子寨的贡品由卓巴来负责收集，寨子以户为单位给卓巴一碗米、四对蜂蜡以及若干的香。收集完寨子的贡品后，卡些就和卓巴一起将贡品分成两份，一份由子寨的卡些和卓巴两人平分，另一份则由他们二人前往母寨供奉给佛爷和佛堂外。如果一些寨子因路途遥远不便在火把节和新米节时将贡品送往母寨进行供奉，那么在春节时也要补上火把节和新米节时所献的贡品，连同春节时的贡品，共计三份送往老寨进行供奉。③ 除了距离老寨最远的缅甸境内的宛卡子寨建立了佛堂，其他的子寨均没有佛堂，且9个子寨都没有佛爷。按照老寨佛爷的说法就是：“经老寨同意，子寨可以建立自己的佛堂，但佛堂的规模不能超过老寨，并且绝不可能有自己的佛爷，因为老祖宗只在这边……”④ 因此老寨的佛爷和佛堂成为9个子寨的宗教信仰中心。

中缅边境的拉祜西头人制度，在当代村寨中作为一种村寨内生性的传统权威，发挥着不可或缺的作用。在处理边民之间的民事纠纷、相互援助以及预防流行性疾病等方面，都由母寨与子寨的卡些们共同协商解决。与此同时，头人卡些们还密切配合政府有关职能部门，组织村民建设家园，教育村民遵纪守法，协调村民之间、干群之间、军民之前的关系，发挥着积极的作用。人类学家安东尼·R. 沃克基于对泰国拉祜人的田野调查指出：“拉祜人没有高于村寨或小村落群体的政治组织，也没有同族遗传下来的制度使人们在没有国家的社会中建立起超出乡土范围的广泛团结。”⑤ 而事实上却是，龙竹棚老寨在现代国家力量不断下移至村民的生活中并产生规范性的影响下，寨里的头人与基层行政干部（队长、副队长、保管员、会计、妇女主任、民兵队长）形成双重权威，但不能否认的是，“头人制度”仍发挥着政府基层行政干部所无法取代的作用。

“头人主持并督导村寨的道德规范与民俗文化，熟悉祭祀仪式与习俗，精通文化细节与历史传说，拥有文化内涵阐释的话语权，在村寨及拉祜西人民心中具有崇高的威望。”⑥ 他们懂得的拉祜西“理”（传统规矩）最多，也是“做礼”的关键人物。“头人制度”在拉祜西社会具有文化意义上的内生性、整合性及调适性，至今传统的头人制度仍被拉祜西视为他们的“理”，犹如强大的黏合剂，将龙竹棚母寨与子寨、中缅边境的拉祜西族民紧紧地粘在一起，作为族群认同的一种无形力量，在维持中缅边境拉祜西族群认同中产生着有力的影响。

（二）“礼”：宗教信仰

格尔茨认为“宗教是一个象征符号体系，它所做的是在人们中间建立强有力的、普遍的和持续长久的情绪及动机，依靠形成有关存在的普遍秩序的概念并给这些概念披上实在性的外衣，它使这

---

① 韩俊魁：《拉祜西头人制度：传统与国家力量影响下的变迁》，《民族研究》2006年第3期。

② 根据龙竹棚老寨佛爷李老大2016年8月18日口述整理。

③ 龚舰：《龙竹棚老寨拉祜族当代“卡些卡列”研究》，云南民族大学硕士学位论文，2014年，第67页。

④ 根据龙竹棚老寨佛爷李老大2016年8月18日口述整理。

⑤ ［英］安东尼·R. 沃克著：《泰国拉祜人研究文集》，许洁明译，云南人民出版社1998年版，第111页。

⑥ 乔晓光、董永俊：《村寨礼俗之花——云南澜沧县拉祜西村寨剪纸传统个案研究》，《文化遗产》2015年第6期。

些情绪和动机看上去具有独特的真实性”①。张锦鹏指出：“在拉祜族跨境迁徙和互动中，自始至终都贯穿着宗教因素。拉祜族群众的宗教信仰，像一根看不见的绳子，牵引着拉祜族群众的空间流动，同时它又像一个黏合剂，弥补着因地理空间隔离可能引起的族群关系松弛。”②

佛教传入前，拉祜族主要的宗教信仰为原始的鬼神崇拜与“厄莎”信仰。“鬼神崇拜是拉祜族对与他们日常生活直接相关的鬼神‘尼’的信仰。拉祜族认为‘厄莎’是创世神、造物主，是操纵、支配万物命运的至上神，世界因‘厄莎’的存在而存在。”③“‘厄莎’还是人类的祖先，也是已故或在世的父母的化身。”④“明末清初，来自大理鸡足山的明朝和尚杨德渊把汉传佛教传入拉祜族地区，经其门徒的大力传播，至清朝嘉庆年间，先后在今临沧地区的耿马、双江等县建立了 4 大佛教基地，在今澜沧县境内建立了 5 个佛教活动中心。”⑤ 如今拉祜族地区没有留下汉传佛教兴盛时代建盖的佛寺，这与佛教传入后拉祜族人民与清政府进行的对抗有关，佛殿皆毁于战火，佛像多下落不明，佛经所剩无几。今拉祜族地区虽有以竹木结构、以草盖顶搭建的佛堂，但其中既无佛像，也无佛经。佛教徒只能以口传形式传颂佛祖的故事，佛教活动形式和内容具有明显的原始宗教色彩。佛教传入后与拉祜族传统的头人制度合为一体，形成“政教合一”的社会组织，成为近代拉祜族宗教信仰的主要特征。

佛教得以在拉祜族中迅速传播并产生深远影响，主要是佛教传入之初将佛教信仰与拉祜族的原始宗教信仰相结合，使拉祜族人民相信佛祖与厄莎一样，能洞察世间一切善恶，扶正祛邪，扬善除恶，将拉祜族争取生存权和自由幸福生活的企盼与佛教“普度众生”的教义相结合。同时，佛教经典教给了拉祜族人民关于天文历法、手工技艺、农耕技术、中医草药等方面的生活知识和生产技术。佛教活动也将拉祜族凝聚成为反抗剥削压迫、与清政府和地方土司抗衡的民族。但这种反抗却遭到大规模的镇压，“在民族的政教合一组织和佛教中心被清政府镇压和消灭了以后，佛教的传播完全靠少数几个掌握一定文字的佛爷讲经释义来进行，当这些传播者或宗教领袖去世或离去后，佛教传播失去了文字依据，仅凭人们的记忆和经验再传播。于是，佛教就再一次被拉祜族的传统文化，尤其是传统宗教意识整合，向巫术和民间信仰蜕化过去，变成今天这个民族特有的拉祜化的民间佛教信仰”⑥。

龙竹棚老寨及其分布在中缅边境的 9 个拉祜西子寨，至今仍坚守着这种“特有的拉祜化的佛教信仰”，他们将此称作“礼”。“礼”是龙竹棚母寨和子寨彼此认同的基础，且母寨和子寨使用的是同一种“礼”，而其他母寨与子寨的“礼”与其有所不同。子寨的头人要到母寨来向佛爷学“礼”，之后再将学到的“礼”教给寨民。正如龙竹棚老寨的佛爷所说：“有了‘礼’，村民之间更加团结、和睦。必须要‘做礼’，寨子里多年没有发生过瘟疫和疾病灾害，就是因为者舍‘做礼’做得好，把不干净的东西都挡去了。寨子里如果哪家的牲畜生病了，村民们都会请‘者舍’来‘做礼’。”⑦拉祜西坚信“礼”是老祖宗传来下的东西，不懂礼节、不会礼数，就不是真正的拉祜西人。

1. 祖先：共同的历史记忆

据龙竹棚老寨现任佛爷讲述，迄今为止，老寨共有 10 任佛爷，分别是：阿的八、李扎列、李八八、李丫独、李洛达、白甲的、李甲白、白李竹、李老大。⑧ 佛爷是龙竹棚老寨及子寨拉祜西人追溯

① ［美］克利福德·格尔茨著：《文化的解释》，韩莉译，译林出版社 2008 年版，第 96 页。
② 张锦鹏：《拉祜族跨境迁徙与互动中的宗教因素》，《云南社会科学》2012 年第 5 期。
③ 钱宁：《厄莎·佛祖·耶稣—— 拉祜族的宗教信仰与社会变迁》，《思想战线》1997 年第 4 期。
④ 王正华、和少英：《拉祜族文化史》，云南民族出版社 2014 年版，第 118 页。
⑤ 思茅行政公署民委编：《思茅少数民族》，云南民族出版社 1990 年版，第 345 页。
⑥ 钱宁：《厄莎·佛祖·耶稣—— 拉祜族的宗教信仰与社会变迁》，《思想战线》1997 年第 4 期。
⑦ 根据龙竹棚老寨佛爷李老大 2016 年 8 月 18 日口述整理。
⑧ 根据龙竹棚老寨佛爷李老大 2016 年 8 月 18 日口述整理。

历史并获得关于祖先记忆的宗教领袖。

龙竹棚老寨至今流传着关于祖先建寨的神话传说：约在清朝道光末年，自云南大理鸡足山来了个游方和尚（名不详），人称为王佛爷，后来称为“老佛祖”。初来时，他在今东河区后山大箐中盖了一间小草房并在其中“修仙传道”。后来“王佛爷”有了很多教徒，信者日众，在澜沧拉祜族中普遍传开，并设立了“三十六尊佛”，成了政教合一的统治形式。当时东主佛最大，约在清朝光绪初年，拉祜西有个名叫“阿的八”的人，聪明智慧有本领，东主佛亲传给他，先在龙竹棚设立了佛堂。[①] 阿的八有一个儿子名叫李扎列，父子二人曾在糯卡居住，厄莎告诉阿的八，要他带上儿子去找“牡卡密卡”（造天造地的地方），然后在那里建寨。父子二人先去了东方到达今勐海地区，儿子扎列说：“爸爸，我不想在这里。”于是他们又去了南方的角莫、邦角（缅甸境内），扎列也不想在那里。最后到了龙竹棚神山上请老天爷的地方附近，扎列表示愿意在这里。阿的八将儿子留在那里，自己便回糯卡升天了。但这个地方还不是建寨的地方，阿的八将厄莎的心意托梦告诉扎列：“你要找到一个地方，那里长着一种竹子，四面枝条上有圆圆的东西，那里才是‘牡卡密卡’。”后来李扎列终于找到了这个地方，就是今天龙竹棚老寨“霍页”（佛堂）和“牡卡密卡”的地方，最终在这里建立了寨子。[②]

从建寨传说中不难发现，是祖先阿的八和李扎列带领拉祜西人民在一次次迁徙中找到了“牡卡密卡”所在，他们是传递厄莎神旨意的使者，被视为持有厄莎神力的先祖，是中缅两国10个寨子对族群迁徙产生共同历史记忆的核心人物，也是其宗教信仰的主要依托。由于阿的八和李扎列在村寨的建设中做出了重大贡献，使得村民们相信他们是转世厄莎的新生力量。如今在拉祜西寨子中除头人以外，熟悉拉祜“礼”的老年人，男性被称作“波库”，女性被称为“麦库”，体现了拉祜族尊老敬老的文化传统。将祖先崇拜、神灵信仰与尊老敬老联系在一起，从神灵到祖先再到老人，共同的历史记忆与祈盼获得神灵祖先庇佑、受到年老长辈教诲的愿望构成了母寨与子寨拉祜西人关于“礼”的核心与文化内涵。

2. 神灵：节庆祭祀的核心

根据田野观察，龙竹棚母寨与子寨拉祜西的“礼”并没有太多巫术的痕迹，事实上是祖先流传下来的一套价值观念体系与礼仪规矩。“能‘做礼’的头人们都没有通灵的特殊能力，他们只是懂得的规矩和历史多，德高望重的老人。”[③] 头人们被村民们视为可以与神灵和祖先沟通的人，“礼”更多的时候都具象化为节庆祭典时对神灵的供奉以及平日里村民们认可的风俗礼仪，比如供米、供水、烧香、点蜡、跪拜、颂念、民俗禁忌、祭祀程序、布置神坛、佛堂装置、歌舞表演以及祭品的制作等。

龙竹棚老寨“霍页”（佛堂）里供奉的佛祖是“裴雅依佛”，但佛堂里既没有佛像也没有佛教典籍，只有一个内里存放着蜂蜡的“考校”（木盒子）与一把通向盒子的木楼梯（天梯）。拉祜西认为当他们用蜂蜡祭祀的时候，创造人类的始祖厄莎就会到“考校”里来，人们通过“天梯”将自己的祈愿传达给厄莎神，以获得神的庇佑。“裴雅依佛”管辖着龙竹棚老寨及9个子寨，一般由母寨和子寨的头人及寨子里懂得传统文化最多的一群老年妇女（麦库）祭拜，祈求保佑寨民们“得吃得穿、长命百岁”。“裴雅依佛”作为保佑母寨与子寨共同的神灵，是中缅两国10个拉祜西寨子建构民族认同、重塑文化记忆的精神信仰核心。

龙竹棚老寨及子寨的李姓和白姓家户都供奉有家神，拉祜语叫作“迪瓦拉”，外形为用竹子搭建

---

① “民族问题五种丛书”云南省编辑委员会编：《拉祜族社会历史调查（一）》，云南人民出版社2009年版，第14页。

② 根据龙竹棚老寨会计李家保2016年8月18日口述整理。

③ 张雨心：《拉祜族村寨中的“礼”——龙竹棚老寨个案调查》，中央美术学院硕士学位论文，2015年，第25页。

的小房子，里面装着蜂蜡，旁边放有纸花。拉祜族在家中供奉家神有悠久的历史，“泰国拉祜尼村寨用竹子搭祭坛”[①]，“有的地区的拉祜人家的家神使用高脚篾桌放置蜂蜡”[②]。只要供奉有家神的家户，每天家长都要给家神敬献食物和水，早晚烧香、点蜡、磕头、念经。每逢年节，对家神的祭祀更为郑重，村民们不仅要及时更换、添加家神前的贡品，还要去寨里各位头人家对其家神进行祭拜，尤其以祭拜“卓巴”和“卡些”家的家神最为隆重，届时寨里的女人们跳起摆舞，男人们吹起芦笙，异常热闹。

家神的头领是寨神，寨神供奉在龙竹棚老寨卓巴家里。卓巴家的“迪瓦拉”既是保佑卓巴家的家神，同时也是龙竹棚老寨的寨神，是老寨所有家神的“头头”。更高级别的寨神供奉于龙竹棚老寨“霍页”（佛堂）旁的“四页”里，这是龙竹棚老寨及子寨的总寨神，除了佛爷与卓巴外，其他人都不可以进去。宗教信仰是龙竹棚母寨与子寨拉祜西“礼”的核心，借由佛堂、家神、寨神的形式，将厄莎神灵与祖先崇拜融为一体，建立起维持村寨平安和谐的秩序。而“礼”在具体的日常实践中，又使得神灵、祖先、族群认同、文化记忆之间的关系得到不断印证与再现。

拉祜西将头人们履行职责叫“做礼”，头人们获得酬谢叫“吃礼”，村民们学习传统礼仪叫“学礼”，依照礼仪规矩做人行事叫作“懂礼”。母寨与子寨的拉祜人对“礼”的虔诚信念基于对拉祜传统文化的尊重与认同，“礼”是不同国界同一民族文化资源分享的基础[③]，也是彼此之间文化交流与传播的核心。“礼”将口传神话故事中的历史记忆以实践的方式在村民的日常生活中体现，让人们重温村落迁徙与建立的场景，追忆神灵与祖先的功德，祈盼得吃得穿、幸福长命的美好愿望，同时也增进了中缅两国母寨与子寨拉祜西之间对同一个族群起源、共同血缘的认同及对文化记忆的追认。

（三）“理”与“礼”：伦理道德规约

除了人们日常遵守的行为规范外，“理”与“礼”还涉及村规民约，比如寨子里严禁酿酒、神职头人不能饮酒，村民不能与人争吵打架，要谦让有礼、与人为善、尊老爱幼等。拉祜族敬重老人，人们常说：“太阳、月亮是最老的人最先看到的；粮食米谷是最老的人最先栽种的；山花、野果是最老的人第一个找到的；世上的事情最老的人懂得最多。”[④] 勤劳俭朴是拉祜族崇尚的传统美德，拉祜谚语常说：“穷得贪不得，苦得偷不得。”杜杉杉基于田野调查指出：“世间万物成双对，形单影只不存在，这就是拉祜族的‘理’。”[⑤] 根据笔者的田野观察，拉祜西人在节庆仪式中的祭品均成双成对，寨子里的路灯、寨桩、家户门前放置的“阿涛”和寨子里用来驱秽避邪的“瓦统”也成双成对，佛堂里摆放的道具、纸花也“蕴含男女两重属性，构成由细节到整体的层层重叠的二元属性系统”[⑥]。拉祜西人常说：“树和竹是一对，山与河乃一双。”拉祜创世史诗、婚姻祝词中也不无反映“筷子成双、世间万物皆成双”的公理古规。

三、结　语

龙竹棚母寨及子寨的拉祜西将头人制度、宗教信仰、历史记忆、祖先认同、伦理规约进行整合，

---

① ［英］安东尼·R. 沃克著：《泰国拉祜人研究文集》，许洁明译，云南人民出版社1998年版，第114页。

② “民族问题五种丛书”云南省编辑委员会编：《拉祜族社会历史调查（二）》，云南人民出版社2009年版，第72页。

③ 王明珂：《华夏边缘：历史记忆与族群认同》，社会科学文献出版社2006年版，第24页。

④ 雷波、刘劲荣：《拉祜族文化大观》，云南民族出版社1999年版，第146页。

⑤ 杜杉杉著：《社会性别的平等模式：“筷子成双”与拉祜族的两性合一》，赵效牛、刘永青译，云南大学出版社2008年版，第52页。

⑥ 乔晓光、董永俊：《村寨礼俗之花——云南澜沧县拉祜西村寨剪纸传统个案研究》，《文化遗产》2015年第6期。

创造出一套体现拉祜西传统文化的“理”与“礼”，并将与之相关的信仰准则、节日仪式和符号表达交织在一起，利用村寨佛堂和家神祭祀的形式，建立起超出行政村范围的寨际关系，以此作为中缅两国10个寨子拉祜西族群血缘认同的标志。“理”与“礼”好似“暗涌”在国家与寨际之间流动，作为龙竹棚老寨与子寨拉祜西对其世界观的诠释①，竭力地维持着文化的边界，体现了拉祜西传统文化拥有的内在张力。通过“理”与“礼”的渗透，龙竹棚母寨和子寨的社会秩序与文化意义的解释体系得到不断的再现与阐释，深入地影响了中缅两国10个拉祜西寨子之间的文化历史认同与族群互动关系。

① 马健雄：《再造的祖先：西南边疆的族群动员与拉祜族的历史建构》，中文大学出版社2013年版，第87页。

少数民族绘画的族群性与艺术表达

——以傈僳族农民画为分析个案

薛其龙*

摘　要：对族群性的研究，少数民族绘画可以提供一种视觉的解读途径。从全国农民画的视野中看，傈僳族农民画留有明显的族群痕迹，其存在于作者创作实践之中并运用艺术手法进行表达。少数民族族群痕迹的集中表达实为族群性的外显，又是农民画主体刻意的建构。这与族群身份意识相关，以此反映了族群特有的文化内涵，区分了其他的族群艺术。本文从傈僳族农民画的演变历史，图像题材、元素的表达层次与表征方式，看族群性在绘画中的形成、构成、表达与建构，分析傈僳族农民画图像如何表现族群性，以及族群性与艺术表达的关系。

关键词：族群性；傈僳族；农民画；少数民族绘画；艺术表达

DOI：10.13835/b.eayn.22.26

"族群性"（ethnicity）作为"族群"复杂化的衍生，是具有一定共享意义的族群共同体表现出来的整体特质。族群性普遍被认为以文化差异为前提，表达群体之间的关系性及独特性。自20世纪60年代产生至今，国内外的相关研究颇丰，社会学、经济学、政治学与文艺学都不同程度地涉及了族群性的研究，代表人物有弗雷德里克·巴斯（Ferdrik Barth）、理查德·杰克斯（Richard Jenkins）等。具体到艺术上，艺术的族群性表达在"图像转向"之后的研究中尤为重要。艺术被赋予的价值和意义重新得到挖掘，其价值不单限于作品本身，更是涉及社会、文化、族群等各方面，不仅体现了艺术创作者的审美取向，还是族群集体意识及价值观的表征。

早期西方学者从不同的视角研究艺术的族群性特质，借艺术进行民族精神和思想的探讨。例如，温克尔曼（Johan Joachin Winckelmann）结合艺术考古学对艺术族群性进行研究；丹纳（Taine）在《艺术哲学》中涉及族群性的论述，探讨文学、艺术与种族、环境、时代的关系；沃林格尔（Wilhelm Worringer）、李格尔（Alois Riegl）研究艺术内部规律与族群性关系。伴随艺术人类学对非西方社会的关注，他者的族群文化与艺术作品也是学者不可忽略的内容。艺术人类学从跨文化视角强调族群观体系下的艺术，涉及不同的族群性与艺术生产、形制及形式特征之间的关系。博厄斯（Franz Boas）探讨了艺术与族群社会体系，族群文化结构之间的规律；布洛克（Brooke ）和哈登（Alfred C. Haddon）强调艺术品与其生产群体的社会互动关系，探索艺术的族群性表征；格尔兹（Clifford Geertz）从阐释人类学的角度去研究艺术和群体的关系；罗伯特·莱顿（Robert Layton）强调族群对

* 作者简介：薛其龙，云南大学2015级少数民族艺术专业博士研究生，云南师范大学文理学院教师。主要研究方向：艺术人类学。

艺术形式、风格的影响。国内的艺术人类学学者在探索艺术的族群性方面吸纳了西方相关理论和思想，偏重艺术“证史”的研究，也颇有收获。然而，就艺术对族群性的表达内容与方法上少有论及。

运用艺术人类学的知识分析艺术个案的族群性既可借鉴甚至发展前人的研究，又可扩展族群与艺术的思考维度，还可探索艺术的深层表达。傈僳族农民画是我们认知傈僳族的窗口，是农民在地域体验、审美经验的基础上所描画的艺术图像，它包含了地域性、审美性、族群性等多重特性。在全国农民画的视野中，傈僳族族群性连接着地域性和审美性，成为有别于其他族群的艺术标识。傈僳族农民画的族群性是以腾冲地区的傈僳族农民为主体身份，对傈僳族的生产生活、族群文化、风土人情等族群特质的绘画呈现。在族群意识的作用下，傈僳族农民画的整个创作过程都带有或隐或显的族群特征，这些代表傈僳族特征的共享性的、符号性的元素所形成的族群性在此得到编码并通过农民画进行艺术表达。

一、傈僳族农民画族群性的发展变化

“人们的族群（或民族）意识和观念并不是先天遗传来的，而是在后天环境中逐渐萌生、明晰并不断发生变化的。”① 族群性在傈僳族农民画的发展过程中生成，且随其演变而表现出了不同的状态。应政府宣传之需而产生的傈僳族农民画，从1974年的第一幅作品《牧猪》开始便显现了族群性。在短短40余年的时间内，族群性在傈僳族农民画的数量、题材、元素上呈现了从政府要求到作者刻意强调，从规定表达到自觉表达的转变。

20世纪70年代，在全国农民画运动的背景下，傈僳族农民应腾冲县文化馆的要求，以宣传时代政策为目的，农民自行在村落墙体上描画计划生育、医疗卫生、农业生产技术、农村精神风貌等题材。1974年，腾冲县文化馆学习户县、金山等地的农民画后组织培训，拉开了傈僳族农民画的序幕，同时也进入了创作的繁荣期。以往傈僳族村寨中并无绘画形式的存在，文化馆的辅导成了农民画产生的直接原因。出于政治宣传及参展等目的，文化馆要求作者创作与傈僳族的族群信息有结合的主题固定，即便在表现当代题材方面亦是如此。20世纪70年代末，向金山农民画学习民俗文化题材，傈僳族农民画出现了由政治宣传转向民俗文化展示的发展趋势。学习其他地域的农民画是政府力量的有意为之，作品中族群性的表达同样受政府力量的要求。农民画将器物装饰、节庆活动、巫术仪式、民族服饰上零散的民间艺术元素借鉴、整合在作品之中并集中展示，把生活中长久累积的审美经验选择性地表现在作品上，可以看出傈僳族农民画具有自发建构傈僳族族群性的特征。然而，傈僳族农民画作者未受专业的绘画训练，他们的文化水平偏低，创造视野仅局限于他们生活的环境和了解的知识之中，作品上几乎全是作者经验的再现，这也奠定了傈僳族农民画族群性表达的前提。

从20世纪90年代开始，傈僳族农民画的发展表现出学习、借鉴甚至是挪用其他地域的农民画后的“水土不服”。这一时期仅剩余海青、余生旺两位作者出于个人兴趣爱好而创作，其他作者为了经济利益的追求纷纷转行或放弃绘画的创作，从事玉雕、手工制作、装裱、电脑设计、墙绘等行业。他们开始在画纸、画布上进行各类手法的实验创作，描画主题从政治宣传转向族群日常生产生活的场景和故事，在题材上呈现多变与混杂的特征。在族群性表现方面，傈僳族农民画趋于本土化表达，集中在具有代表性的族群元素上，表现出族群性与艺术性的融合。虽然这一时期是傈僳族农民画的困难期，但是其与本土族群的结合使族群性成了傈僳族农民画直观性的特征。

20世纪90年代末至今，在因“求”而“供”的利益驱使下，腾冲傈僳族农民画开始转向市场。一般作品以800元起价卖给消费者，市场价格成了作品创作的依据。傈僳族农民画作者发挥智慧，对作品图像进行复制生产，自觉地探索商品化发展道路。政府将傈僳族农民画纳入非物质文化遗产

① 马戎：《民族社会学导论》，北京大学出版社2005年版，第28页。

的保护之列，“傈僳族农民画”这一命名显示了政府对傈僳族族群性的认可。余海青、余生旺、余全发、麻永春、麻占亮被评为保山市“傈僳族农民画”传承人，一批新老作者又开始傈僳族农民画的创作。为了有别于其他地域的农民画，作者会刻意地强调傈僳族在生产劳作、手工制作、族群生活、地域风光、政策宣传方面的特征，使族群性更加明显地表达。此外，文化互动的频繁使傈僳族农民画扩大了认知度，获奖、出售的反馈，促使族群性的描画成了农民画作者迎合受众者的噱头。

通过比较可知，不同时代的农民画在表现族群性上差异明显。上刀杆这一题材被多位农民画家所描画，其中余海青的《上刀杆》（图 1）曾作为国礼赠送给日本青年访问团。该题材一般为大场景的描画，人数众多，节庆特色突出。图 1、2、3 是三位农民画作者分别在 1980 年后、1990 年后和 2000 年后描画的上刀杆作品。三幅作品一致强调了傈僳族服饰、刀杆等器具的族群性表达，形成了历时的共享题材。不同的是，图 1 着重描画整体的族群活动场景，具有较强的纪实性；图 2 注重傈僳族细节特色的描画，突出细节的族群特色；图 3 艺术表达观念更强，突出了族群的符号元素。三幅图像都刻意突出了傈僳族的族群特点，也呈现了不同时代的艺术表达方式及表现侧重。

图 1　《上刀杆》余海青

图 2　《上刀杆》张兴伟

图 3　《傈僳刀杆节勇士传说》麻娜娜

二、傈僳族农民画族群性的表达层次

傈僳族农民画的题材表达和元素选择是作者为传达特定主题、情感而进行的排列组合。它作为视觉形象兼具直观性和隐喻性意义，突出了族群性角度的整体关照。傈僳族农民画题材广泛，表现手法是偏向装饰的写实类型，将审美经验与现实生活结合，描画了族群生活中喜闻乐见的故事和场景。从傈僳族农民画历时性的发展变化视角来看，作者对题材与元素的选择基于审美经验、地域特征、族群文化、政治在场，与其他艺术形式的关联，他者对特定主题形象需求等一系列因素，整体上表现出艺术性、地域性、族群性的结合。这既是农民画作者的个人兴趣，又与傈僳族的集体特性相关。一方面傈僳族农民画具有表现族群的直观性内容，另一方面则需具备一定的族群知识才能获取隐喻性信息。此外，在艺术商品化的当下，艺术流通过程中他者也参与建构了族群性。因此，本文通过直观性、隐喻性、建构性三个层次分析傈僳族农民画的族群性表达。

（一）直观性表达层次

绘画作为一种图像语言，擅长“存形备象”，生产与传递直观性意义。斯图尔特·霍尔（Stuart Hall）认为语言表征的首要解释途径是反映论的，如镜子一样反映现实。绘画语言同样如此，反映出来的意义处于画面的显性层次。基于写实的艺术特质与宣传的功能，傈僳族农民画在题材与元素上以族群共识、代表的直观性表意为主，塑造了直白的艺术形象。傈僳族包头、服饰、吊筒、建筑、刀杆、火海、傈僳族标示等元素直接代表了傈僳族的特点。元素的组合形成了不同的表达题材，其中，生产劳作和日常生活的题材明显地表达了族群性。

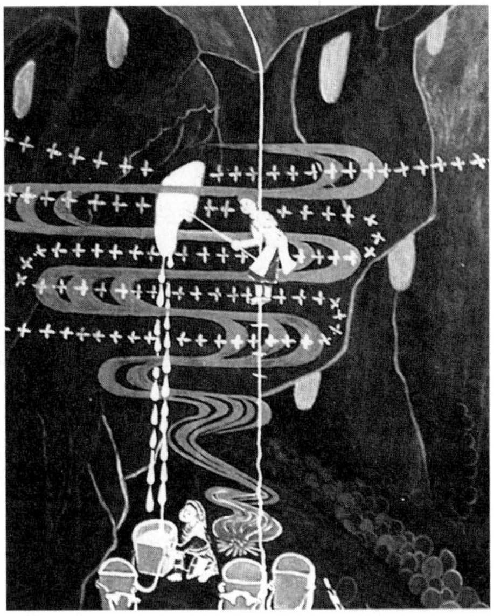

图4 《采岩蜂蜜》余海青

生产劳作与农民身份相关，是傈僳族农民画表现最多的题材。“傈僳族农民画作者”“傈僳族农民画家”这一艺术身份的称呼得名于农民从事的绘画创作和族群生产劳作经历。因此，采摘果实、耕田、榨油、采山菌、舂粑粑、剥玉米、浇地、打农药、采茶、采岩蜂蜜、挖野生天麻、种树、养殖等生产劳作场景得以呈现。这类题材具有族群实景反映的作用，集中描画了最激烈、最常见以及作者对族群记忆最深刻的生产劳作场景。以腾冲傈僳族山区劳作生活的采岩蜂蜜为例。由于巢在离地面数十米的山崖绝壁上，采集蜂蜜危险性和技术性较高，因此只有极少数人敢从事这一劳作。采岩蜂蜜由夫妻两人完成，历时三四个小时，分求山神、找蜂巢、楸烟、吊索、戳岩蜂、分蜂蜜等步骤。傈僳族农民画家余海青的作品《采岩蜂蜜》（图4）描画了这一劳作场景。一位身着傈僳族服饰的男性挂在山岩垂下的藤条上，打结的藤条上穿有木棍以便踩踏。男性一手抓绳子，一手拿棍子戳岩蜂。山岩下，一位身穿傈僳族服饰的女性，用背篓接滴下来的蜂蜜。她的旁边点有火堆，起到驱赶岩蜂的作用，烟描画成了蓝色的螺旋状，直到画面上方。《采岩蜂蜜》并非是作者突发奇想，而是傈僳族真实生活的直观表现。此画既是采岩蜂蜜过程中的高潮片段，也是作者印象最深的场景。与实际的采岩蜂蜜场景相比，作者刻意地加强了背篓、服饰、刀具等元素的直观性表现，使之易于辨识傈僳族族群性。

傈僳族的族群生活有着不同于其他民族的独特性，农民画作者喜于描画族群生活基于他们对生活语境的认知范围。熟悉或亲历的场景是农民画创作的来源，在某种程度上也是族群生活的再现。手工制品是傈僳族农民在农闲之余的智慧生产，以此来适应生活的需求和审美的要求。在傈僳族村寨中遍布各类手工艺的制作者，部分农民画作者也从事手工制作活动，比如余全发制作刀筒，麻永春加工木雕。手工制作是一个长期的重复生产行为，需要一定时间才能完成。农民画对族群性的直观性表达层次，在表现手工制作题材上选择作者熟知的或者是有一定代表意义的场景。这些题材是作者经过选择后的提炼，突出表现在手工制作过程中高频率的重复部分，比如纺织场景多画织布过程中重复的织布动作。重复是民间手工制作的特点上，村寨村民熟知这一重复的过程，傈僳族农民画正是抓取了这一重复性的片段，形成了直观性的族群共享知识。

（二）隐喻性表达层次

与直观性表达层次相比，隐喻性表达层次隐藏着傈僳族农民画视觉形象之外的深层意义，通过作者的绘画实践完成傈僳族思维模式、审美观念、信仰观点的表达。“绘画中的隐喻是指通过绘画画面中的诸多构成要素如绘画题材、画面中物象的形态、物象的色彩、物象之间的对比关系以及物象名称的读音等来说明、指示或暗示绘画形象之外的经验、意思、思想和情感的意义表达模式和文化行为。”① 并非所有作品都直观地呈现族群性，一些常见的题材与元素具有无法直接表达的族群内涵，作者对于在族群历史中建构起来的知识并非完全认知。与现实生活对照，傈僳族农民画是农民美好意愿的美化，那些代表美好事物的元素集中呈现在作品之上，这也造成了族群的隐喻性要素的集中表达。隐喻性层面的族群性表达既可以具体到单个元素又可以扩展到整个题材之中。在绘画元素中，同心酒、祭品、岩蜂、簸棍、傈僳族三弦、红杜鹃、石月亮、弩等代表了傈僳族的族群符号。例如，

① 范美霞：《绘画中的隐喻——中国古代绘画中的隐喻现象研究》，民族出版社2015年版，第20页。

石月亮的显性意义是一处区域景观，但是傈僳族族群中却视其为祖先的象征，图像中反复出现的这一景观更多的是隐喻性层面的表达。

族群单个形象在很多题材交叉出现，产生了若干重要题材的混合层，进而提高了这些题材的族群性表达价值。以傈僳族服饰为例，作者的目的并不仅仅在于表现服饰特点，而是借此在视觉形象上组合表达独特的傈僳族特征。在题材方面，族群元素的组合强调单个绘画元素的深层意义和他们共同形成的组合效应。比如，傈僳族农民画的色彩搭配具有一定的讲究，红、黄、绿、白是傈僳族的传统色彩，代表了吉祥的寓意。如果颜色改变了就无法识别傈僳族及其中的寓意。“熟知而非真知”的族群性信息需要他者具备主位的族群知识才能解读艺术的隐喻性的表达层次。尽管隐喻性的探讨还面临着作者主观创作表达的层面，但是这是我们分析绘画族群性必不可少的部分。

（三）建构性表达层次

布尔迪厄（Pierre Bourdieu）用“场”的术语解释受政治影响的艺术，政治直接或间接地应用、延伸到艺术领域。同样，傈僳族农民画顺应腾冲文化馆、政府等国家部门的政策宣传需求而产生，绘画技法、表现内容呈现出受专业美术人员辅导及影响的“政治在场”。作为教化辅政的工具，傈僳族农民画的主题明确，主要有农民医疗、计划生育、国家方针政策等时代题材。腾冲文化馆每隔两三年一次的农民画培训中，辅导农民画作者的表现技法，启发农民的创作，尤其是对族群描画上进行一些规律性的引导。文化馆从审美、经济、参展等角度对农民画的族群特色进行强化，以达到政府视野的艺术发展。傈僳族农民画一方面与政治保持密切联系，另一方面脱离不了族群的语境、主体及主题，致使农民画作品中表现出来的族群内容与政治内容结合。比如，棋盘石傈僳族村寨墙体上的计划生育题材描画的是傈僳族的生活场景、人物形态；麻永春的《旗帜红遍》集中了政策宣传与族群元素，描画的是国家要求下傈僳族村寨按照旗帜红边的政策家家户户插国旗的场景。

随着腾冲旅游业的发展，市场和商业对傈僳族农民画的渗透以及游客等他者的需求，一种宣传傈僳族村寨风土人情的绘画题材就产生了。为此，族群的符号性元素被强调且集中表达，形成了“市场的在场”“他者的在场”。傈僳族农民画因此产生了图像的复制现象，即同一幅作品生产了数张雷同之作。复制强化图像的信息，也强化他者对族群认知程度。总之，综合多元影响要素，形成了农民画作者自觉的建构行为。

由此可知，族群性不是原生的，而是建构性的。这一层次的表达关注的是傈僳族农民画作者不单是主观的艺术创造，族群性更多的受各种在场的作用。建构性要素在傈僳族农民画作品图像中难以显现，主要是作者创作实践中的一部分，因此有必要关注到主体在创作行为之中的族群性表达。恰如斯图尔特·霍尔所言，“正是社会的行动者们使用他们文化的、语言的各种概念系统以及其他表征系统去建构意义，使世界富有意义并向他人传递有关这世界的丰富意义”①。

三、傈僳族农民画族群性的表达方式

绘画在题材的限制条件下，按照事物表象与作者的主观意向对各种形态元素进行选择、组合形成了农民画作品。傈僳族农民画作者的个人兴趣爱好各异，艺术经验的获取方式不同，表现在题材与元素的族群性表达方法的侧重不同。例如，麻永春临摹过丁绍光作品，他的农民画倾向重彩画；余海青与现代绘画接触较多，他的表现方式多样。整体上分析得知，作者运用平面构成和色彩构成的造型手法呈现事物本真面貌，将图像聚焦在与族群相关的题材与元素上，表达方式可分为现实生活的反映和绘画造型的处理。

---

① 斯图尔特·霍尔：《表征——文化表象与意指实践》，徐亮、陆兴华译，商务印书馆2003年版，第36页。

傈僳族农民画具有的写实特点让作品形象成了族群信息表达的“合法证据”。作者考虑族群范围内所共享的事项，强调族群集体的表现，所以题材就成了表达傈僳族族群性的主要方式。在绘画元素上，作者对族群元素有刻意的强调倾向。凡是涉及服饰的部分均是傈僳族的服饰特征，凡是涉及器物的部分均是傈僳族的器物样式。如果将这些绘画元素去掉，我们将很难获取其族群性。例如，将余全发《纺织》（图5）中的傈僳族女性服饰、挎包去掉，就无法辨识出傈僳族农民画。换言之，无论在农民画作品中还是现实生活中，族群元素都是族群性的重要表达方式。因此，对于族群性的表达方式，傈僳族农民画在题材与元素上都是有选择地对现实生活进行反映。

图5 《纺织》余全发

任意翻阅傈僳族农民画即可发现布满画面的族群信息。需要指出的是，对现实生活的反映是视觉图像表达上惯用的手法，尤其是在偏向写实表现的作品中。但是由于绘画技法有限，描画内容无法保持其“原真”再现，因此，这种表达方式表现出了绘画艺术的概括性。如果说对客观表象的反映只是现实的再现，那么作者的创造性在农民画图像上即是主观性的表达。一件农民画作品与作者主观经验有关，各种表象牵连到他对事件和题材的主观处理。傈僳族农民画作为情感、经验表达的途径，再加上作者的艺术创造，形成了对绘画造型的处理方法，编入特定的意义和价值于农民画形象中，赋予作品独特的族群特征。可以说，傈僳族农民画作者的艺术手法跟族群性的表达具有互助性。

以《上刀杆》为例（图1），我们看到了傈僳族农民画作者在形象、色彩、构图等艺术语言的族群性表达。这幅画描画的是傈僳族刀杆节中上刀杆的场景，画面竖行构图，刀杆贯通上下。近景描画的是五位香通正在跳仪式舞蹈，一人正在爬刀杆；中景是手拉手围城弧形状的傈僳族男性和女性；远景是观众、村寨和风景，人物面部模糊，统一身着傈僳族服饰。刀杆顶部有三人在表演，其中有一人倒立杆顶，两人分列两边。画面色彩以蓝色、绿色为主色，黄色、红色辅助。一方面这幅画的场景与现实相像，反映了现实生活；另一方面这是最典型的上刀山的情景，但现实生活中却无从发生。农民画作品非影像资料，这种对场景的表现与美化得益于作者主观的处理。余海青通过绘画造型手段表达了傈僳族的族群性知识：第一，在题材上选择傈僳族最隆重节日进行描画，这在族群内部有广泛的共享性意义，族群外部有较广认知度。第二，在形象的构成元素中，作者抓取了一个视觉“瞬间”，香通及观众的服饰、刀杆器物表征了傈僳族村寨的生活情景，强调了族群活动及元素的特征。第三，在造型手段方面，形体归纳为几种简单的基本形，大胆的提炼与夸张，强调识别族群性的样式。例如，包头的描画简略形象，概括傈僳族包头的几何造型。第四，色彩配置方面，用色参考现实色彩，采用红、黄、蓝等民间常用色彩。这一作品案例展现了傈僳族农民画作者运用艺术手法刻意强调族群性。在此，绘画本身的艺术性与族群性进行了连接，共同形成了傈僳族农民画的艺术特性。

结　语

对族群性的研究，少数民族绘画可以提供一种视觉的解读途径。傈僳族农民画作为一种观看方法的痕迹，通过作品可以发现作者对生活熟知事项和经验的表达，其中对视觉事实的提炼易于证明作品具有族群性的痕迹。族群意识的流露使傈僳族农民画表现出有异于他者的艺术风格，可以说，族群性就是傈僳族农民画的风格特征。作品所具有的艺术性是族群性的典型表现，或者说农民画中的艺术性和族群性两者相互交融、相互建构，一说到傈僳族农民画的艺术性就会涉及族群性要素，反之亦然。

仔细观察傈僳族农民画作品，我们可以很容易地找到许多例证证明它的族群性。但是，这些显而易见的题材和元素需要整体上的观察才能获取，单幅作品、单个元素难以解答傈僳族农民画的族群性问题。由此可知，傈僳族农民画的族群性的表达主要集中在题材与元素之中，是一个整体性的呈现面貌。这就要求我们从傈僳族文化背景知识、文化惯例知识上理解族群性与之艺术表达的关系。正如邓福星认为，“美术中的象征形象是以本民族文化观念作为依据和传播条件的判断是可靠的。如果我们对一个民族的文化缺乏了解，那么对其美术中的象征形象的解读就会感到困难”①。换言之，少数民族绘画的族群性又强调了对主位的关注。无论是伴随傈僳族农民画发展变化的族群性还是在题材与元素的表达层次上，农民画作者一直存在于其中，通过艺术手法使傈僳族农民画成了族群表达的窗口。农民画作者的身份是造成作品族群性甚至“傈僳族农民画”表述的原因。这一身份既是农民画艺术作者的身份又是农民的身份，还隐含着族群身份。大部分作品既是个人的创作，又是族群集体绘画情感、理念与方式的表征。族群性就是他们的身份意识通过艺术事实所做的视觉呈现，傈僳族农民画风格其实是被视觉化、审美化了的身份标识。

族群性通过少数民族绘画得以表达，发生于族群间文化、艺术的异质性。从更广的意义上看，这恰恰是接受者在面对他文化时艺术的实践主体的族际交往的一种表现。族群性与艺术表达的个案研究对分析少数民族绘画特征，认识族群文化濡化过程具有一定参照意义。

参考文献：

［1］曹意强，［英］麦克尔·波德罗等．艺术史的视野——图像研究的理论、方法与意义［M］．杭州：中国美术学院出版社，2015.

［2］方李莉，李修建．艺术人类学［M］．上海：生活·读书·新知三联书店，2013.

［3］范美霞．绘画中的隐喻——中国古代绘画中的隐喻现象研究［M］．北京：民族出版社，2015.

［4］何马玉涓主编．腾冲少数民族文化系列丛书·傈僳族卷［M］．北京：民族出版社，2015.

［5］［英］斯图尔特·霍尔．表征——文化表象与意指实践［M］．徐亮，陆兴华译，北京：商务印书馆，2003.

［6］马戎．民族社会学导论［M］．北京：北京大学出版社，2005.

［7］范例．论云南现代民间绘画的艺术特点［J］．云南民族大学学报：哲学社会科学版，201（6）：146－148.

［8］杨世济．腾冲傈僳族民间绘画艺术风格探析［J］．科教导刊，2012（5）：143－144.

［9］杨世济．腾冲农民画的过去、现在与未来［J］．美术大观，2008（8）：178－179.

① 邓福星：《文化与象征》，http：//wstv－1. com/vierdisp3. asp？column_ id＝375。

越南泰族婚姻家庭研究叙论

——以西北部山罗省为中心[①]

覃延佳 ［越］陈幸源*

摘 要： 泰族是广布于越南、中国、老挝、泰国、缅甸等国的跨境民族，因其分布地域广而呈现多元的文化图景。越南西北部泰族聚居区的家庭不仅是其社会组织的基本构成单元，亦是其社会文化传统的一个重要特征。越南学者对泰族婚姻家庭的研究经历了从猎奇描述到学术理性讨论的转变过程，其要旨是将婚姻家庭纳入民族文化传统的整体脉络中加以解析，从而对既定民族文化特征进行再强化与再确认。其研究缺陷在于缺乏深度的田野调查，因而对特定时空中的社会经济、交通、族群交融等动态要素促成的婚姻家庭变迁尚未进行深入讨论，因此需要我们在田野经验基础上从政府行为、交通及市场经济等重要因素上寻找更多可供深耕的领域。

关键词： 越南泰族；婚姻家庭；社会变迁

DOI：10.13835/b.eayn.22.27

泰（Thái）族（在中国被称为“傣族”）是一个横跨中国及泰国、老挝、缅甸、越南等数国的重要跨境民族。迄今为止，中国学术界关于境内傣族的研究成果颇丰，对族群迁徙过程、傣族传统文化、中外泰族比较研究等方面的研究已有较多积累。[②] 但对其他国家的泰族进行之研究尚处起步阶段，近年关注的重点主要集中于泰国、老挝及缅甸部分地区，对越南泰族讨论甚少。[③] 因此，我们有必要从越南泰族研究的角度出发，理解作为跨境民族的越南泰族研究所具有的历史与文化意义，进而追寻越南泰族研究的几种可能路径。其中，婚姻家庭作为泰族社会结构的基本构成要素，其在社会经济及生活环境下所产生的变化及其对泰族社会生活的影响，成为我们探寻越南泰族社会与文化的一种重要切入点。

---

* 作者简介：覃延佳，教育部人文社会科学重点研究基地云南大学西南边疆少数民族研究中心讲师，云南大学民族学博士后流动站研究人员；陈幸源，越南西北大学外语系讲师。

① 基金项目：云南省高校一流学科云南大学民族学学科建设项目“越南西北部泰族水库移民社会文化适应研究”阶段性研究成果。

② 参见张禹、昌建纳《新中国成立以来傣族研究的概况与特征——基于论文的统计分析》，《思想战线》2010年S1期；胡阳全《近十年国内傣族研究》，载《云南民族学院学报》（哲学社会科学版）2002年第6期，等等。

③ 就笔者目前所掌握之资料，国内学界对国外傣族研究主要集中于泰国，对越南泰族的研究迄今尚少，大致包括范宏贵：《同根生的民族：壮泰各族渊源与文化》，民族出版社2007年版；匡爱民：《中越跨境民族婚姻家庭习惯法研究——以壮、泰、瑶、苗等民族为重点》，中央民族大学2011年博士论文；陈寿科：《越南黑泰人的婚俗》，《东南亚》1985年第3期；范宏贵：《越南泰族的由来》，《世界民族》1996年第2期；刘稚：《越南泰族历史与文化述略》，《世界民族》2002年第4期等为数不多的专著与论文。

一、越南泰族及其相关研究

泰族作为越南人数较多的少数民族，长期以来受到不同学科背景的越南学者关注。近30年来，越南学术界主要从族源、支系、语言及风俗习惯上进行了诸多探讨。这些研究基本上理清了越南泰族迁徙、发展的大致过程，同时也为我们揭示了不同支系泰族之间存在的差异与关联，此为我们进一步开展研究的重要基础。

（一）越南泰族：多重支系的重叠

越南泰族人口众多，支系纷杂。根据2009年的统计，越南泰族约有1550423人①，广布于全越南63个省市，是越南第二大少数民族，目前主要聚居于山罗（Sơn La）、奠边（Điớn Biên）、莱州（Lai Châu）、和平（Hòa Bình）、安沛（Yên Bái）、清华（Thanh Hóa）、义安（Nghê An）、达勒（Đăc Lăc）、达浓（Đăc Nông）等省份。② 作为越南西北部山地地区的主体民族，越南泰族的主要特点是人口众多、分布范围广阔、族源和族内分支较为复杂。

越南泰族自称为“Tay”或者“Thay”，与越南岱族和中国傣族、泰国泰族、老挝佬族及缅甸掸族的自称相同或相似。迄今为止，越南学术界尚未就泰语词汇系统中“代”（Tay）一词的具体含义取得统一意见。根据现代泰语词汇的释义，“Tay”具有两方面的含义：其一是指“人”［例如：亲人是“代昏”（Tay hươn），勐莱的泰人是“代莱”（Tay Lay）］；其二是指泰族的自称。［例如：泰语里的“府代”（phủ Tay）或“昆代”（côn Tay）的意思都是“泰人”］。

关于越南泰族的族源，国内外学者普遍认为其祖先并非越南土著民族而是从中国广西、云南一带逐渐迁入的。从现有的研究来看，越南泰族的来源主要有两条线路：一是从云南、广西两地逐渐迁入；二是从云南进入老挝，再从老挝迁入越南西北部地区，这一过程经历了数百年。在此期间，越南西北部地区的泰族又进行了多次迁徙，并在漫长的迁徙过程中与越南西北部地区的兴门族（Xinh Mun）、抗族（Kháng）、莽族（Mảng）等土著民族杂居生活，逐渐形成当下较为复杂的分布格局。

越南已故泰族研究专家琴重（Cầm Trọng）根据民族自称、传统服饰、传统习俗等特点将越南泰族分为黑泰和白泰两大支系，两个支系又由不同的地方分支组成。其中，黑泰主要分布于山罗省全省和莱州省的巡教县（Tuần Giáo）、封土县（Phong Thổ）、星湖县（Sình Hồ）；此外，山罗省的安州县（Yên Châu）也有部分黑泰人分布，他们自称“勐哈（mướng Vôt）泰”，并认为他们的祖先从老挝迁移而来；清华省与义安省（Nghệ An）西部也有部分人自称为泰青（Tày Thanh），该分支的祖先是从奠边省（Điện Biên）古勐青（mướng Thanh）迁移过来的黑泰。

越南泰语使用赕（Đón）和浩（Khao）等两个形容词来表示白色。其中，赕色是指白色（与黑色相反）；浩色是指亮度较高的非彩色的或消色差的物体的颜色。因而，根据民族的自称来分类，越南白泰分为泰赕（Tày Đón）和泰浩（Tày Khao）等两大分支。其中，泰赕（Tày Đón）主要分布于

---

① Ban ch i đạo Tổng điều tra dân số và nhà ở trung ương, “Tổng điều tra dân số và nhà ở Việt Nam năm 2009: Kềt quả toàn bộ.” Hà Nội, 6－2010. Biểu 5, tr. 134－225. 〔［越］中央人口普查委员会编：《2009年越南全国人口普查总结果》，河内：2010年6月，第5表，第134—225页。〕

② ［日］*Kashinaga Masao*, Tạ Đức dịch (2007), “Việc lưu truyền và sử dụng biên niên sư: *Quám tô mướng* của người Thái Đen” Trích trong Lương Văn Hy, Ngô Văn Lệ chủ biên “Hiện đại và động thái của truyền thống ở Việt Nam: Những cách tiếp cận nhân học”, Nxb Đại học quốc gia Tp Hồ Chí Minh, 2007, tr. 550. （［日］Kashinaga Masao著，谢德译：《关于黑泰族“讲述勐寨的故事”编年史集的传播及使用》，载良文熙、吴文丽等主编《人类学视野下的越南传统及现代》第2册，胡志明市国家大学出版社2007年版，第550页。）

山罗省的琼崖县（Quỳnh Nhai）和莱州省的勐莱县（mường Lay）、封土县（Phong Thổ）、勐特县（mường Tắc）等；泰浩（Tày Khao）主要分布于山罗省的扶安县（Phù Yên）、木州县（Mộc Châu）以及和平省的枚州县（Mai Châu）、达北县（Đà Bắc）。清华省和义安省的西部亦有部分白泰人自称为泰勐（Tày mường）。[①] 由此可见，黑泰与白泰两个大支系多是交错杂居的，部分地区的族群界限略有模糊。

琴重上述的观点不仅颇受越南学者认可，也深得不少国外泰族研究者的认同。中国不少民族学、人类学家亦甚赞同此分法，如范宏贵认为："越南泰族以服饰分为白泰和黑泰两个支系。白泰女子穿白色上衣，脑后有髻，包白色头巾。但并非全然绝对，当祭祀祖先时，他们全身穿戴黑色服饰。黑泰女子穿黑色上衣，婚后发髻位于头顶，包黑头巾。平时，白泰男子缠着白头巾，黑泰男子缠黑头巾。"[②] 此外，覃圣敏也认为："泰族分为两大支系：白泰和黑泰。泰族在越南西北呈'目'字形分布，白泰人居住在北端和南端。北端在老街省文盘县和山罗省琼崖县以北至中越边境；南端是山罗省扶安、安州以南至和平省枚州县一带。中端是黑泰人居住，即老街省文盘县和山罗省琼崖县以南，山罗省扶安县、安州县以北地区。"[③] 由此看来，中越两国学者对于泰族文化的认识相对一致。故此，我们亦可认为，以黑、白为越南泰族的主要分类标准是一种较具普适性的做法。此两种在统一民族内的不同族群身份，对他们的文化及社会生活产生了诸多影响。

（二）从猎奇到专论：越南泰族研究述略

作为越南人口第二多的少数民族，越南泰族的社会生活及风俗文化很早就受到传统时期儒家官员及法属时期法国官员、学者的关注。因而，自传统王朝时代伊始，越南的儒家学者及官员便用各类文本记录了越南泰族的相关信息。其中包括泰族地区的自然环境、风俗习惯、语言文字等方面。较具参考价值的有阮廌所著《舆地志》（1435 年）、范慎遹于 1568 年编写的《兴化纪略》、黎贵惇于 1773 年编写的《芸台类语》、黄平正于 1778 年编写的《兴化处风土录》等。上述论著为我们观察历史上泰族社会生活与传统文化提供了重要的参照和线索。不过纵观这些文本资料，大多是出于猎奇心态而撰写的描述性文字，受古代中国"天下—四夷"族群观念的影响较深。而且这些记录只是从某一个侧面进行的直接或间接描述，并非只针对泰族的社会文化，更遑论针对某一主题进行深入地描述。就目前我们所掌握的资料看，真正实现现代学术规范意义下的泰族研究要追溯到法属时期。

越南法属期间，出于殖民地管理的需要，法国学者对越南少数民族地区的研究渐丰，不少论著均涉及越南泰族。其中包括 A. Bourlet 的《泰族》（Les Thai）[④]、Ch. Robetquain 的《清华省》（Les Thanh Hoa）[⑤]、Abadie, Maurice Pelliot, Paul 的《从封土到良山的民族研究》（Les Races du Haut - Tonkin de Phong Tho à Lang Son）[⑥]、R. Robert 的《对越南中部清华省 Lang Chánh 泰族的一些了解》（Notes Sur Les Tay Deng de Lang Chanh <Thanh Hoa - An Nam>）[⑦]、Durand, Maurice 的《关于封土泰

---

① Ngô Đức Thịnh, Cầm Trọng (1999), "*Luật tục Thái Việt Nam*", Hà Nội: Nxb Văn hóa dân tộc, tr. 12 - 13. 〔［越］吴德盛、琴重：《越南泰族习惯法》，河内：民族文化出版社 1999 年版，第 12 - 13 页。〕

② 范宏贵：《越南傣族的由来》，《世界民族》1996 年第 2 期，第 71 - 76 页。

③ 覃圣敏：《东南亚民族》（越南、柬埔寨、老挝、泰国、缅甸卷），广西民族出版社 2005 年版，第 8 页。

④ Antoine Bourlet, *Les Thay*, Anthropos, vol. 2, no. 3, 1907.

⑤ Ch. Robequain, *Le Thanh Hoa*, Etude géographique à ume provimce annamite, Les Editions G. Van Oest Paris/ Bruxelles, 1929.

⑥ Abadie, Maurice Pelliot, Paul, *Les Races du Haut - Tonkin de Phong Tho à Lang Son*, Société d'éd. géographiques, maritimes et coloniales, Paris, 1924.

⑦ R. Robert, *Notes sur les Tay Deng de Lang Chanh* (*Thanh Hoa - An Nam*), Imprimerie d' Extrême - Orient, Ha Noi, 1941.

族的记录》（Notes sur les pays Tai de Phong – thô）等著作。[①] 这些著作都是在 20 世纪初到 50 年代期间完成的，早期作者并非受过专业训练的研究者，而是法国殖民政府中的文职人员，其论著的核心目的是让殖民当局对越南西北部山地少数民族有更全面深入的了解。后期学者则是受过人类学专业训练的，其研究旨趣在于为法国人类学研究提供更多实践案例。

需要说明的是，尽管当时法国的人类学已有较大发展，并逐渐成为欧洲大陆的重要学术支脉。然彼时撰述有关越南泰族的学者很多并非正统学院派出身，其工作重点主要在于执行法国殖民当局的行政指令，因而大半著述是以描述性的文字居多，专题性问题的讨论尚少。遗憾的是，尽管上述研究均颇具价值，但至今尚未翻译成越南语，语言方面的阻碍，限制了越南研究者对这批研究成果的有效利用与学术承继，也限制了笔者的有效运用。

越南社会主义共和国成立后，新越南的学者不仅有相当一部分继承了法属期间的学术传统，亦受到苏联民族学理论及研究方法的深度影响，他们从经济、文化和社会等各个方面对越南泰族进行了更进一步研究。越南社会主义共和国成立初期，由于经历了抗法和抗美等两大战争，越南学界对于国内少数民族的研究几乎停滞。直至 20 世纪 60 年代末期以后，越南学界才陆续恢复了民族研究工作。自 1968 年起，越南社会科学界出版了一系列关于越南境内少数民族的研究，其中有一部分介绍越南泰族的概况。

在此期间涉及越南泰族的著作有：吕文卢（Lã Văn Lô）及邓严万（Đặng Nghiêm Vạn）合著的《越南岱、侬、泰等民族概况》[②]，越南文化部编著的《越南少数民族风俗习惯概况》[③]，越南民族学研究院编著的《越南各个民族手册》[④]，黎玉胜（Lê Ngọc Thắng）、林伯南（Lâm Bá Nam）的《越南各民族的文化特色》[⑤]，阮文辉（Nguyễn Văn Huy）的《越南民族文化概论》[⑥]，阮登惟（Nguyễn Đăng Duy）的《越南少数民族文化略论》[⑦] 以及黄南（Hoàng Nam）的《越南民族传统文化概述》[⑧] 等。以上著作从整体性的角度对越南的少数民族社会文化进行了综述，其中关于泰族的内容不仅成为我们理解泰族传统文化的参照，同时也是我们追溯泰族研究的问题理路的重要线索。在这些书中，有不少著作均述及越南泰族婚姻家庭之情况及其在泰族传统文化传承中扮演的角色，为我们理解泰族婚姻家庭提供了基础与线索。

---

① Durand, Maurice, *Notes sur les pays Tai de Phong – thô*, Imprimerie d'Extrême – Orient, Sài Gòn, 1952.

② Lã Văn Lô, Đặng Nghiêm Vạn (1986), "*Khái quát về các dân tộc Tày, Nùng, Thái ở Việt Nam*", Nxb Khoa học xã hội, Hà Nội.〔［越］吕文卢、邓严万：《越南岱、侬、泰等民族概况》，社会科学出版社 1968 年版。〕

③ Bộ Văn hóa Việt Nam (1976), "*Khái quát về phong tục tập quán các dân tục thiệu số Việt Nam*", Nxb Khoa học xã hội, Hà Nội.〔［越］越南文化部编：《越南少数民族风俗习惯概况》，社会科学出版社 1976 年版。〕

④ Viện Dân tục học Việt Nam (1983), "*Sổ tay các dân tục Việt Nam*", Nxb Khoa học xã hội, Hà Nội.〔［越］越南民族学研究院编：《越南各个民族手册》，社会科学出版社 1983 年版。〕

⑤ Lê Ngọc Thắng, Lâm Bá Nam (1990), "*Đặc trưng văn hóa các dân tộc Việt Nam*", Nxb Văn hóa dân tộc, Hà Nội.〔［越］黎玉胜、林伯南：《越南各民族的文化特色》，民族文化出版社 1990 年版。〕

⑥ Nguyễn Văn Huy (2003), "*Bức tranh văn hóa các dân tộc Việt Nam*", Nxb Giáo dục, Hà Nội, tr. 157 – 161.〔［越］阮文辉：《越南民族文化概论》，教育出版社 2003 年版，第 157 – 161 页。〕

⑦ Nguyễn Đăng Duy (2004), "*Nhận diện văn hóa các dân tộc thiểu số Việt Nam*", Nxb Văn hóa dân tộc, Hà Nội.〔［越］阮登惟：《越南少数民族文化略论》，民族文化出版社 2004 年版。〕

⑧ Hoàng Nam (2011), "*Khái quát về văn hóa truyền thống các dân tộc Việt Nam*", Nxb Văn hóa dân tộc, Hà Nội.〔［越］黄南：《越南民族传统文化概述》，民族文化出版社 2011 年版。〕

二、作为泰族社会组织基础与传统文化特征的婚姻与家庭

（一）越南泰族婚姻家庭概况

婚姻家庭作为一个族群传统社会文化相对稳定的内容，是学界研究少数民族传统文化热衷讨论的领域。现有对越南泰族婚姻家庭的研究正是在这种叙论逻辑下进行的。其中，部分学者从泰族整体文化内涵角度出发研究其婚姻家庭，其研究诉求乃是将婚姻家庭上的特殊性与稳定性视为理解泰族传统文化的一大线索。另一类学者则集中讨论婚姻家庭方面存在的问题，其研究目的在于深化越南已有的对泰族婚姻家庭叙述或分类的知识体系。

上文最后一段所述著作总结描述了越南53个少数民族的传统社会文化特征，其中也涉及泰族的婚姻家庭特征。这些著作都一致认为泰族社会最为基本的生产、生活单位是家庭。一般认为，泰族目前普遍为父系小家庭模式，孩子从父姓，儿子继承财产、祭祀祖先、照顾年老父母并且代表外戚（龙他 - Lúng ta）保护出嫁姐妹的权利和承担一些传统宗教仪式。

泰族家庭中，丈夫处于核心地位，负责决定家里大小事，而妇女地位低下，除了生育孩子、做家务、生产以外她们不能决定家里任何事务，也不能参加社会活动，甚至丈夫不在家的时候也不能接待客人。家里的女孩没有财产继承权，但出嫁的时候她们可以随身带着被子、垫子等嫁妆。此外，尚未出嫁的年轻姑娘在娘家的时候也可以在自己的田地上种植粮食、纺织、饲养小家畜和家禽。收获的产品都属于姑娘们的个人财产，其他人不能私自动用。

泰族的传统婚姻制度是家族外婚制，具有同一个血统的人就不能结婚。他们的婚姻形式是较为稳定的一夫一妻制。泰族男女青年在结婚典礼、新房祝贺仪式、勐神祭祀典礼、寨神祭祀典礼等集体活动时自由寻找对象和恋爱。但是结婚大事却由双方父母根据对方的经济条件、社会地位、人品来决定。泰族的婚姻消费较高而且具有既繁多又复杂的仪式。新郎要到岳父母家上门一段时间后才能迎接老婆和孩子回到自己家生活。为了反对泰族传统婚姻的苛刻，泰族社会也曾普遍出现走婚、抢婚和新郎不管岳父母的态度何等冷酷仍然硬着上门生活等现象。

（二）越南学界对泰族婚姻家庭的研究

1. 整体性研究

自1977年起，琴重与越南其他民族学家出版了关于越南泰族社会文化的一系列专著。其中以邓严万、琴重、可文进（Khà Văn Tiến）、从金恩（Tòng Kim Ân）合著的《泰族社会历史资料》① 和吴德盛（Ngô Đức Thịnh）、琴重合著的《越南泰族习惯法》为代表。② 这些著作主要收集和翻译泰族先民用傣族文字来记载的主要习惯法。众多古籍包含了泰族社会生活中的数种基本秩序规制。其内容不仅包括对婚姻习俗、婚姻仪式、男女离婚、无后家庭的继承权的规定；对乱伦行为和婚外关系行为的惩罚；夫妻对配偶生病的照顾责任、接收干儿女等内容，还对家庭范围内的宗教仪式进行了颇为细致的规定。这些规定不仅对当时的社会制度和家庭起着重要作用，还全面、生动地折射了当时的单位泰族社会，为研究泰族社会历史演进的研究提供了非常珍贵的资料。

---

① Đăng Nghiêm Vạn, Cầm Trọng, Khà Văn Tiến, Tòng Kim Ân (1977), "*Tư liệu về lịch sử và xã hội dân tộc Thái*", Nxb Khoa học xã hội, Hà Nội. 〔［越］邓严万、琴重、可文进、从金恩合著：《泰族社会历史资料》，社会科学出版社1977年版。〕

② Ngô Đức Thịnh, Cầm Trọng (1999), "*Luật tục Thái Việt Nam*", Nxb Văn hóa dân tộc, Hà Nội, tr. 12 – 13. 〔［越］吴德盛、琴重：《越南泰族习惯法》，民族文化出版社1999年版，第12 – 13页。〕

在具备一定的材料与田野调查的条件下，番友亦（Phan Hữu Dật）、琴重合著的《越南泰族文化》[①]；高泰山（Cao Thái Sơn）与琴重合作的《泰族》[②] 及《越南泰族初探》[③] 等书都认为泰族传统社会普遍为父系小家庭和父系大家庭等家庭模式。他们在分析亲属称呼的基础上阐释泰族的三种亲戚关系及其成员之间的交际规则。

除了琴重等泰族学者以外，部分越南学者将泰族婚姻家庭视为泰族传统文化的重要标志之一而深入研究。如黄南、黎玉胜（Lê Ngọc Thắng）的《泰族竹楼》[④] 和王忠（Vương Trung）的《越南泰族传统竹楼》[⑤]，虽然深入研究泰族竹楼的传统建筑，但是都涉及泰族家庭在竹楼下的日常生活。如黄南、黎玉胜在《泰族竹楼》中着重描述泰族传统家庭在竹楼下的物质生活和精神生活及其婚丧养育等人生周期仪式，进而阐释悠久而灿烂的泰民族文化的衍生及发展进程以及社会主义的新政治制度和新社会关系对泰族家庭的影响。王忠（Vương Trung）在《越南泰族传统竹楼》一书中却集中探讨泰族家庭在盖房过程、搬到新房过程和日常生活等方面的宗教仪式和禁忌。作者还深入研究泰族的传统家庭教育方式，进而为了保存和发展泰族特有的物质文化和精神文化，作者建议成立泰族传统竹楼的保存区。

琴宝（Cầm Bươu）的《罕框》介绍了泰族传统集体文化活动。以前每逢农闲之际泰族村寨的老年人都组织全村青年上山砍柴和寻找树木来建造“罕框”，是一个屋外的竹台。当天晚上全村老少都集中于此，男的弹琴唱歌，女的纺织、缝衣服，老的讲故事、少的玩游戏。这个集体活动不仅有利于老一辈把生活生产经验传授给年轻人，还为男女青年提供寻找对象的机会，是泰族和谐幸福家庭的前提。[⑥]

2. 专题性研究

与前述只是部分篇幅讨论泰族的婚姻家庭不同，后续的学者就婚姻家庭开展了相对深入的研究。如杜翠萍（Đỗ Thúy Bình）在《越南岱族、侬族、泰族的婚姻家庭》一书中对这三个民族的婚姻家庭进行深入的探讨，并将三者的异同进行对比研究。与此同时，该书也涉及泰族传统婚姻家庭的机构、功能和宗教仪式。[⑦]

黄良（Hoàng Lương）对山罗省福安县泰族婚姻家庭进行了深入的研究，其研究成果之一是《勐特（mường Tấc，今福安县）泰族婚姻家庭的风俗习惯》。[⑧] 该文主要介绍福安县泰族传统婚姻

---

① Phan Hữu Dật, Cầm Trọng（1995），*“Văn hóa Thái Việt Nam”*，Nxb Văn hóa Dân tộc，Hà Nội.〔［越］番友亦、琴重：《越南泰族文化》，民族文化出版社1995年版。〕

② Cao Thái Sơn, Cầm Trọng（2000），*“Người Thái”*，Nxb Thanh Niên，Hà Nội.〔［越］高泰山、琴重：《泰族》，青年出版社2000年版。〕

③ Cầm Trọng（2005），*“Một số hiểu biết về người Thái Việt Nam”*，Nxb Chính trị quốc gia，Hà Nội.〔［越］琴重：《越南泰族的一些了解》，国家政治出版社2005年版。〕

④ Hoàng Nam, Lê Ngọc Thắng（1984），*“Nhà sàn Thái”*，Nxb Văn hóa Hà Nội，Hà Nội.〔［越］黄南、黎玉胜：《泰族竹楼》，河内文化出版社1984年版。〕

⑤ Vương Trung（1997），*“Nhà sàn truyền thống dân tộc Thái Việt Nam”*，Nxb Văn hóa，Hà Nội.〔［越］王忠：《越南泰族传统竹楼》，文化出版社1997年版。〕

⑥ Cầm Bươu（1998），*“Hạn Khuống”*，trích trong *“Tuyển tập các nghiên cứu về văn hóa lịch sử dân tộc Thái Việt Nam”*，Nxb Văn hóa Dân tộc，tr. 548－553.〔［越］琴宝：《罕框》，载《越南泰族历史文化文集》，民族文化出版社1998年版，第548－553页。〕

⑦ Đỗ Thúy Bình（1994），*“Hôn nhân gia đình các dân tộc Tày，Nùng，Thái Việt Nam”*，Nxb Văn hóa Dân tộc，Hà Nội.〔［越］杜翠萍：《越南岱族、侬族、泰族的婚姻家庭》，民族文化出版社1994年版。〕

⑧ Hoàng Lương（2000），*“Phong tục tập quán hôn nhân gia đình của người Thái mường Tấc”*，trích trong Ngô Đức Thịnh chủ biên *“Luật tục và phát triển nông thôn Việt Nam hiện nay：Kỷ yếu hội thảo khoa học”*，Nxb Chính trị quốc gia，Hà Nội.〔［越］黄良：《勐特泰族婚姻家庭的风俗习惯》，载吴德盛主编《习惯法与越南现代农村发展研讨会论文集》，国家政治出版社2000年版。〕

家庭的交际规则。虽然当地泰族婚姻家庭受新文化潮流和法律的影响，但习惯法对家庭家族的内在关系和婚姻仪式仍然起着巨大影响。

卢武雨（Lò Vũ Vân）在《山罗省北安县、木州县、福安县泰族的民间文化》① 一书中介绍了这一带泰族一般根据姑娘家庭的社会地位和祖先来历，尤其是根据母亲的品格来挑选结婚对象。当地泰族认为堂兄弟姊妹至少要隔离三代以上才能结婚。婚礼一般在年底秋季和冬季举行。结婚之前，泰族姑娘要提前准备大量被子和垫子作为礼物送给夫家亲戚和婚后使用。婚礼仪式一般包括：问名、提亲、订婚、婚礼时间、仪式安排、迎接和送别新郎、迎接新娘等仪式。值得注意的是，举行迎接和送别新郎的仪式后，新郎要搬到岳父母家上门一段时间才能继续举行婚礼最后步骤的迎亲仪式，并且迎接新娘回到自己家一起生活，这与曾流行于中国南方民族的“不落夫家”婚俗颇为类似。另外，作者还一一描述新娘、新郎、双方家庭亲戚、亲友和媒人等对象在婚礼仪式中所扮演的角色。

童重安（Đăng Trong Im）的《莱州省封土县白泰的风俗和仪式》② 概括了莱州省封土县白泰五代之内的婚姻关系和血缘关系及其成员之间的责任和规范。书中提及莱州封土县白泰的婚姻仪式包括：提亲；正式允许男女青年自由恋爱、互相了解；订婚：在提亲仪式的 1 至 6 个月后，双方家庭的亲戚和亲友聚集在一起，正式宣布男女双方的婚姻关系，商量婚礼的形式和规模。婚礼一般举行于 7 月至第二年 2 月。双方家庭都细致准备婚礼仪式。婚礼举行那天有很多风俗习惯、民间游戏、对唱、宴会等活动。趁此机会双方家庭的亲戚和朋友聚集寒暄，这也是村内男女青年寻找对象的机会。

结婚之后，若夫妇双方未能生育儿女，则多采取收养干儿女的形式。莱州封土白泰收养干儿女的情况有：其一，夫妻结婚已久而不生育就邀请巫师主持宗教仪式祈求神圣给予一男半女。如果后来生下了孩子，其父母会让这个孩子认巫师为干父母。日后，巫师家有事或者每年农忙季节，干儿女就像巫师的亲生孩子一样带鲜肉、水果等供品过来帮忙。其二，夫妻俩想尽方法还无法生育的时候，他们就看哪家亲戚的男孩较多，然后向那家夫妻商量接着一个男孩回家收养。婴儿满月或满年后干父母会为其举行入族典礼。从此之后，干父母和干儿子有互相抚养照顾责任。另外，有些成年人也会因父母早逝或异国他乡无人依靠经常寻找一个善良家庭，邀请他们收养自己，以求满足精神和物质生活。那时他们要先通知寨长，然后组织入族仪式。

在家庭范围中，封土县白泰在祖先祭祀台供奉土神和自家祖先并且由家主主持祭祀仪式。此外，在竹楼旁边他们建造一个竹楼小模型来祭祀妻子的祖先并且祭祀仪式都由妻子担任。良氏代（Lương Thị Đại）、卢春荇（Lò Xuân Hinh）《奠边省泰族传统婚姻》③ 按照空间和时间的程序描述奠边省勐青泰族的婚姻仪式的过程，从而阐释本地黑泰婚姻仪式中的信仰宗教、习惯法、风俗习惯、婚姻仪式等因素。从而为保存和发展奠边省勐青泰族的婚姻中的契约、交际、道德规范等积极因素提出建议。

针对婚姻中媒人所扮演的角色，学者也有所关注。琴雄（Cầm Hùng）的《山罗黑泰传统婚姻的媒人》④ 主要探讨山罗顺州县黑泰婚姻仪式中媒人的标准、职责。尤其是媒人在婚姻仪式中所使用的对词。这不仅是泰族的民间文学宝库，还是表示祝贺新婚夫妇幸福并通过歌词教育新婚夫妇如何过

---

① Lò Vũ Vân（2010），“*Văn hóa dân gian dân tộc Thái huyện Phù Yên, Bắc Yên, Mộc Châu tỉnh Sơn La*”，Nxb Đại học Quốc gia, Hà Nội.〔［越］卢武雨：《山罗省北安县、木州县、福安县泰族的民间文化》，国家大学出版社 2010 年版。〕

② Đồng Trọng Im（2010），“*Phong tục và nghi thức của người Thái trắng huyện Phong Thổ tỉnh Lai Châu*”，Nxb Văn hóa Thông tin, Hà Nội.〔［越］童重安：《莱州省封土县白泰的风俗和仪式》，文化信息出版社 2010 年版。〕

③ Lương Thị Đại, Lò Xuân Hinh（2010），“*Hôn nhân truyền thống của người Thá Điện Biên*”，Nxb Văn hóa Dân tộc, Hà Nội.〔［越］良氏代、卢春荇：《奠边省泰族传统婚姻》，民族文化出版社 2010 年版。〕

④ Cầm Hùng（2011），“*Dệt sú, dệt lam trong hôn nhân truyền thống của người Thái Đen Sơn La*”，Nxb Văn hóa dân tộc, Hà Nội.〔［越］琴雄：《山罗黑泰传统婚姻的媒人》，民族文化出版社 2011 年版。〕

家庭生活。番文力（Pham Văn Lêc）等的《西北部历史文化初探》① 描述山罗黑泰传统婚姻仪式。此外，作者在分析山罗省经济社会现状的基础上阐释当地黑泰婚姻仪式的变迁及其发展的积极因素，从而阐明泰族婚姻家庭在都市化、全球化热潮的影响下如何变迁。

杜氏寸（Đỗ Thị Tác）的《白泰贵族姑娘的婚姻仪式和传统婚姻仪式》② 深入描述莱州封土泰族传统社会的贵族家庭和平民家庭中的婚姻仪式。其中阐明女婿标准、媒人职责和婚礼过程，尤其是婚礼中双方媒人的对词。对于平民家庭的婚姻作者也指明选偶标准、婚姻禁忌、婚姻仪式、女婿的上门习俗等传统风俗习惯。

从一般性的整体研究到专题讨论，越南学术界关于泰族婚姻家庭的研究取得颇多成效。尤其是对婚姻仪式的详细叙述及对媒人等关键角色的研究，生动叙说了泰族对于婚姻与家庭的观念。无论是专题性论述还是整体性诉求下的介绍，越南泰族婚姻家庭研究都面临着研究瓶颈，其中的一个重要影响因素是从泰族或地区民族文化整体的角度开展研究，受限于现代化理论及文化特质观的影响，诸多论述颇显僵化，加之缺乏规范的田野调查作为材料支撑，研究窠臼重重。

三、越南泰族婚姻家庭研究的新取向

综观以上关于越南泰族婚姻家庭的研究，我们不难发现，20世纪70年代以来的学者多是从泰族传统文化角度来阐释泰族婚姻家庭的基本性质与功能。其对泰族婚姻家庭的讨论是一种静态同质化的普遍介绍，以村落为田野调查点而开展的个案研究凤毛麟角。近几年来，笔者一直在山罗省琼崖县一带进行田野调查，关注最多的是山罗省泰族水库移民在社会变迁过程中婚姻家庭所经历的变化。以此地区的泰族婚姻家庭变迁为参照，笔者认为若要对越南泰族婚姻家庭进行更深入地研究，需要关注以下几方面问题。

第一，政府行为对于泰族婚姻家庭变迁的影响。作为西北部山地的主体民族，泰族生活于一个相对封闭的社会中，所受外界影响较少，因而日常生活实践赓续着自身文化传统，婚姻家庭是维系社会秩序与家庭传统的关键要素，因此婚嫁及家庭发展均保持传统特质。但在进入20世纪50年代以后，政府采取的婚姻管理、生育管理及地方经济发展管理在不同程度上影响了泰族人的基本生活。其中，针对婚姻家庭产生的新认知，促使其在考虑通婚对象及家庭建设之时，多了更多的约束与意识。此前，研究者一直将政府角色淡化，而直接讨论泰族婚姻家庭之形态及其社会功能，忽略了特定时空中婚姻家庭与国家政策、政府行为之间的相互关联，因而未能为我们提供更加全面合理的解释。

进入2000年以后，随着越南西北部水力资源的大力开发，数以十万计的山区泰族人被迫迁徙到较为开阔的地带，与京族等其他民族杂居生活。政府主导下的移民浪潮，促使被迫接受迁移的泰族人不断调整其社会重组的策略，以顺应新的生存环境。在此过程中，婚姻观念、通婚圈、婚姻形式等随着政府行为的影响而悄然发生变化。以移民点琼进村为例，很多移入此地的白泰居民因政府的移民政策而不得不选择分散在不同的移民点。原本生活于统一社会空间中的泰族人因生活地域的扩大而调整自身的通婚策略，从而推动了泰族婚姻家庭组织及观念的变迁。在此期间，政府的移民政策及针对移民的计划生育政策，对其婚姻家庭产生了重要影响。

---

① Phạm Văn Lực（2011），“*Những hiểu biết sơ bề về văn hóa lịch sử vùng Tây Bắc Bộ*”，Nxb Văn hóa dân tộc，Hà Nội.〔［越］番文力等著：《西北部历史文化初探》，民族文化出版社2011年版。〕

② ĐỗThị Tác（2012），“*Nghi lễ và nghi thọc hôn nhân truyền thống cửa quy tộc Thá Trắng*”，trích trong“*Phong tục truyền thống của các dân tộc Tày，Thái，Nùng*”，Nxb Văn hóa Dân tộc，Hà Nội.〔［越］杜氏寸：《白泰贵族姑娘的婚姻仪式和传统婚姻仪式》，载《岱族、泰族、侬族的传统风俗》，民族文化出版社2012年版。〕

第二，民族交往对于泰族婚姻家庭变化的影响。尽管大部分泰族都是生活于西北部山区地区，但是有不少泰族是沿沱江而居的。沱江是山罗省通往下游地区的重要通道，更是西北部泰族山区与外界沟通的重要渠道。随着地区贸易的兴起，尤其是法国控制越南之后对于原材料的需求增加，导致了沱江上游地区的八角、桐油等产物不断向下游流动。随之而来的便是越来越多的泰族人拥有更多机会与外界人接触，这直接影响了他们对于婚姻家庭的看法。进入2000年以后，西北部地区的资源开发利用受到国家重视，进入到该地区开展贸易活动的外来族群不断增多，促使当地泰族人与越来越多的外地人交往。在经济贸易、通婚等往来过程中，西北部的泰族居民婚姻观念与家庭观念逐渐受到影响。

第三，全球化背景下，交通、经济生活上的变迁对于泰族婚姻家庭产生的作用。除了沱江水道对于人群交往产生的影响外，在全球化背景下，越南西北部地区在交通、经济生活等方面都发生了诸多变化。随着工业化步伐的加快，河内等地区工业与居民用电量增加，从而促发当局在沱江上建立了好几个水电站，随之而来的是大量的泰族移民外迁。这种交通空间上的改变及经济生活方式的变动，促使泰族在保持婚姻家庭稳定方面不断寻找新的出路。这一具体过程及其对泰族社会文化产生的影响仍待评估，需要我们进行个案解析方能具备更为成熟的认知。

第四，族群身份与泰族婚姻家庭的相互关系。如前所述，目前越南泰族内部分类主要以黑泰、白泰为主。此二种泰族内部类分群体，赋予了彼此特定的族群身份。这些建基在风俗习惯、文化传统等方面的族类标签，成为社区中黑泰、白泰区分自我的重要参照。与此同时，在与京族、芒族等的交往过程中，泰族人日渐意识到文化区隔对婚姻家庭产生了重要影响。以琼进村为例，此处白泰居民认为黑泰人与他们的文化有别，京族人的文化差异更是巨大。因此在择偶之时，他们很担心宗教祭祀、祖先崇拜等方面的差异会导致婚姻难以维系，故而尽可能从其他移民点寻找白泰配偶。由此可见，族群身份及因此而产生的文化区隔，对泰族婚姻的选择产生了深刻影响。

通过以上四个方面的综合考察，我们不仅可以从更为微观的社区中窥视泰族婚姻家庭所经历的现代变迁，更能从对婚姻家庭的考察中理解生活于同一社区中的黑泰与白泰之间的身份区分，为我们更好地理解越南西北部地区的泰族内部身份认同与建构提供更多路径，也为我们有可能突破只将民族分类视为既定事实而不将社会文化建构过程视为族群身份认同强化或融合的研究瓶颈，为我们更好地理解泰族传统文化与社会变迁提供新的线索。

四、余　论

越南泰族作为越南第二大少数民族，因其分布之广、人数之多而颇受学术界关注。一方面，学术界需要从越南研究语境中提取越南泰族与周边国家的泰族、傣族之间的相互关联与异同之处，从而对这一区域性的族群产生更为深刻的认知。另一方面，对于越南泰族社会文化的整体研究仍处于方兴未艾阶段，仍有很多领域需要拓展。随着各类田野民族志的诞生，我们对于越南泰族的认知较之前更加多样化。

从人类学角度出发，我们发现泰族对于婚姻家庭的观念因族群身份不同而有所区分。越南学术界关注的婚姻家庭是为整个民族的社会发展考察服务的，始终将乡村婚姻家庭视为泰族文化传统得以延续的重要标志。以个体家庭为中心的婚姻家庭研究，并未被赋予更多的社会文化意涵，讨论空间甚为有限。因此，我们认为，必须从动态的社会文化与经济变迁中对泰族的婚姻家庭观念及其实践形式进行分析，方能揭示在国家行为、地区资源开发及人群认同殊异的语境下，越南泰族借由婚姻家庭变迁而呈现出来的地方性知识演变过程。也唯有在文化整体性转变的视角下，我们才能对泰族的婚姻家庭观念及其具体的组织形式产生更为具有情境性的理解。在此意义上而言，本文的述论仅为一个开端，后续的研究工作将逐渐说明我们的上述基本认知。

都市中流动的“他者”

——评麦高登著《香港重庆大厦：世界中心的边缘地带》

贾超芝杉*

摘　要：麦高登在他的都市民族志《香港重庆大厦》一书中提出了“低端全球化”的概念，即人与物品在低资本投入和非正式经济（半合法或非法）情形下的跨国流动。相比学术概念的提出，该书还呈现了不同于传统民族志的田野调查对象及研究方法。麦高登将都市中的一幢大楼与在此空间中来回穿梭的各国商人、临时工等作为自己的调查对象，且在文本中充分展现了调查者与调查对象的互动以及双方在都市中强烈的流动性体验，这些都对当下的都市人类学研究具有一定的启发意义。

关键词：流动；商人；都市人类学；香港重庆大厦
DOI：10.13835/b.eayn.22.28

“你宁愿在家乡生活，还是在香港？”① 麦高登不止一次对生活在香港重庆大厦的各色人物提出这样的问题，而答案就像是这里的人一样，多元且共生。重庆大厦曾出现在电影里、旅行手册上、媒体报道中，而无论我们对这幢矗立于香港中心的破旧大楼有何印象，是好奇、向往，还是恐惧、逃避？翻开书的那一刻，麦高登便开始带领我们进入这片熟悉又陌生的地方。在这座像迷宫一样的建筑中，我们遇到了非洲商人、南亚店主、华裔业主以及来自世界各地的背包客。如果像麦高登一样经常来到这里，我们或许还会撞见避难者、性工作者和瘾君子。正当我们沉浸在各式人物的轮番登场中，倾听每个人的人生故事时，也许恍惚间会觉得自己在看一部小说或是电影脚本，然而人类学家的田野调查总会在片段与片段之间留下供人思考的空间，它所给予的并非只是冰冷的统计数字和学术理论，而是在他者与我们的人生经验之中升起了对于个体生命的关怀。麦高登在此书中提出“低端全球化”的概念，用以阐释香港重庆大厦中来自不同国家的人们在做什么、要去哪里、如何相处、如何塑造各自全球化的生活。书中所呈现的文本透露出麦高登对于研究者与报道人之间互动的反思，也反映出被研究对象对于流动性的实践以及研究者在都市田野调查中对于流动性的体验。更进一步，麦高登让我们看到了都市人类学研究在现代社会的重要意义。

一、重庆大厦里的“低端全球化”

重庆大厦，这个包含了多元文化的空间，麦高登将它看作是一个“全球文化超市”，他认为“世

---

* 作者简介：贾超芝杉，教育部人文社会科学重点研究基地云南大学西南边疆少数民族研究中心2014级民族学专业博士研究生。

① ［美］麦高登：《香港重庆大厦：世界中心的边缘地带》，杨玚译，华东师范大学出版社2015年版，第275页。

界上有各式各样的文化元素，从食物、音乐到宗教，每个人自由选择超市中的东西，从而塑造自己的人生。”[①] 来往于重庆大厦的人们或许并不知道什么是“全球文化超市”，然而他们每个人的经历都在鲜活地告诉我们，在这样纷繁复杂、多元共生的空间里，“我”即是世界。

来自非洲、南亚等地的外籍商人是重庆大厦中最常见的人群，他们的出现意味着商品、货币、信息等的跨国流动。麦高登在书中引述了一位西非商人的看法：“香港人讨厌非洲人，我不知道他们脑子里在想什么，也许只有钱。非洲人互相帮助，但是我们不太跟印度人讲话，他们也只想着生意，而且印度人很害怕黑人……我是一名基督徒，我们害怕喜欢打架的穆斯林，他们的想法很固执。”[②] 尽管在这幢大厦里，人们来自原本有相互战争或信仰冲突的差异性社会，但这些具备不同国家、宗教信仰乃至文化背景的外籍商人，他们相遇时却常常会说：“我没有时间跟别人打架！我来这里是为了赚钱！”[③] 也正是在这幢都市中心的破旧大楼里，麦高登看到了“这里没有国籍，只讲钞票”[④]。商人对于利益的追逐在一定程度上打破了国家的界限、文化的藩篱，在将商品带向世界各地的同时，也拓展了不同人群之间相互联系的深度与广度。

麦高登在此书中呈现了许多在异国他乡寻求财富的商人故事，他们在不同的国家、文化、制度中穿梭，商品以及货币也跟随着他们在这样的一趟趟旅途中历经风险和阻碍。麦高登将此现象定义为“低端全球化”，即人与物品在低资本投入和非正式经济（半合法或非法）情形下的跨国流动，其组织形态常与发展中国家联系在一起。[⑤] 虽然对于“全球化”的高端与低端之分或许仍值得商榷，然而其意义在于麦高登真实地呈现了重庆大厦中独特的商业景象：“重庆大厦能够吸引四面八方的商人，正是因为人们大致信赖其中的低端全球化和面对面的人际关系……在这个情况下，低端全球化与高端全球化的运作一致，规则却截然不同。”[⑥] 来自非洲、南亚的商人在香港重庆大厦看起来或许是一个十分边缘的人群，然而这并不妨碍他们在自己国家中处于较为精英的地位。他们所携带的商品也许并不十分高端，而这却使自己国家的人们也能与更为广阔的世界做一点初步的接触。执着的逐利行为看似十分功利，而做生意、挣钱正是这些商人欲让自己和家人通向更为美好生活的有效途径。

商业与生活、梦想、未来相关，尽管有不同程度的风险存在，但是这些在重庆大厦往来的商人们依旧冒险来异国追求财富。当被问起本文开篇提到的问题时，许多人仍旧难以放下自己对家人及家乡的牵挂，香港重庆大厦作为他们在外的临时聚集地并不能完全替代自己的家，它多是物质的，而不全是精神的。当麦高登引领我们浸入这些故事的时候，或许我们会在陌生与熟悉之间徘徊。陌生人的故事仿佛也发生在我们自己的身上，这或许正是都市民族志的魅力所在。

二、都市田野中的流动性体验

研究现代性的学者戴维指出：“现代性在现代都市生活的各种体验方式中所处的位置及其艺术表现问题，无意中为那些希望在现代生活中考察飞逝的、过渡的和偶然的事物的社会理论家创造了问题。”[⑦] 如何考察这些短暂、偶然、过渡的现代性现象成为众多学者要面临的方法论问题。

---

① ［美］麦高登：《香港重庆大厦：世界中心的边缘地带》，杨玚译，华东师范大学出版社 2015 年版，第 280 页。
② ［美］麦高登：《香港重庆大厦：世界中心的边缘地带》，杨玚译，华东师范大学出版社 2015 年版，第 129 页。
③ ［美］麦高登：《香港重庆大厦：世界中心的边缘地带》，杨玚译，华东师范大学出版社 2015 年版，第 289 页。
④ ［美］麦高登：《香港重庆大厦：世界中心的边缘地带》，杨玚译，华东师范大学出版社 2015 年版，第 55 页。
⑤ ［美］麦高登：《香港重庆大厦：世界中心的边缘地带》，杨玚译，华东师范大学出版社 2015 年版，第 19 页。
⑥ ［美］麦高登：《香港重庆大厦：世界中心的边缘地带》，杨玚译，华东师范大学出版社 2015 年版，第 284 页。
⑦ ［英］戴维·弗里斯比：《现代性的碎片：齐美尔、克拉考尔和本雅明作品中的现代性理论》，卢晖临、周怡、李林艳译，商务印书馆 2013 年版，第 28 页。

麦高登在重庆大厦中的调查对象是流动的、不确定的。虽然他选择了都市中的一个封闭空间作为自己的考察范围，但是穿梭于其中的各式人群却具有极强的流动性，将看似固定的空间向外延伸至世界各地。与重庆大厦里实践着流动性的各国商人、游客相比，作为在都市进行田野调查的研究者麦高登来说，他也同样面临着如何处理流动性体验的难题。他与研究助理不仅要直面具有高度流动性的研究对象，更要使自己能够适应快速变化的调查机会和人群，并切身体验该如何呈现并分析这些难以把握的材料。对于个人生活片段的提取和碎片化的深描是麦高登针对这个问题所作出的回应。

麦高登在重庆大厦内遇到了各式各样的人物，他在闲逛、闲聊中进行着研究，对往来无常的人们做了碎片化的深描，以此来作为我们认识这个群体以及世界的窗口。他曾遇到一位被富裕家人送到香港的坦桑尼亚人，梦想在贸易上做出成就，也遇到一位从新加坡来的印度裔餐馆老板，因为在争吵中害死一名印度人，于是逃到了香港等。麦高登认为："我只见过这两个人一面，但他们与其他类似的人一样，都是重庆大厦的一部分。"① 一面之缘的聊天信息被麦高登作为有效的田野资料来处理，生活片段作为报道人生命中的一小部分内容仍然具有极大的研究价值。在都市民族志的调查及撰写过程中，大量陌生人的登场使得详细而完整的访谈显得比较困难，因此对于碎片化信息的持续搜集，对匆匆一面的报道人所留信息的忠实记录，这都是在都市田野中需要适应并且不断实践的方法。

与此同时，在都市田野中所遭遇的流动性体验使得研究者与报道人的互动成为需要反思的焦点。在香港重庆大厦的外国商人、临时工等群体与人类学家是地位相同的人类成员，在麦高登对他们参与观察和访谈的同时，他们也会对人类学家的言行产生自己的看法，提供适当的信息，并最终在双方的互动中得出一个基本的认识。麦高登在调查中曾遭遇被借钱、被抱怨的状况，也曾试图为记者介绍自己的调查对象，邀请一些重庆大厦的避难者去参加自己在大学开设的课程等。有一次，麦高登为两位作者引见自己的调查对象，一位非洲避难者。当他努力尝试与避难者沟通时，另外两个作家却缩在背后一言不发，这引起了避难者的怒气，并且破口大骂。麦高登这才意识到了这次访谈的不妥，并向其表示了歉意。② 都市中的强流动性使得人与人之间所建立的关系较为脆弱。即便作为研究者自身，他与报道人的关系也是首先建立在同为都市成员（即使是短暂居住）的基础之上，其次才是研究者与报道人之间的关系。因此，多数情况下，研究者与报道人处于相互平等的地位，有时研究者甚至会处于相对"劣势"的地位。能否与陌生的调查对象建立起关系？能否取得对方的信任？能否获得真实有效的材料？能否获得报道人的允许在研究中呈现他们的私人生活？这些都极大地受到双方互动效果的影响。麦高登在书中有意地向读者呈现了这种互动，向我们展示了人与人之间最基本的信任和交流，反映出人类学研究是双方互动的生成物，而非研究者居高临下对他者的独断专行。

与传统民族志相比，都市民族志依旧延续和发展了人类学的整体观，这主要表现在以社区研究为基础的系统整体观，以比较和区域研究为基础的类型整体观，以情景和关系为核心的网络整体观。③ 而通过麦高登的这本书，我们可以重新审视"流动性"作为都市民族志研究中一个重要维度的价值。

---

① ［美］麦高登：《香港重庆大厦：世界中心的边缘地带》，杨玚译，华东师范大学出版社2015年版，第121页。

② ［美］麦高登：《香港重庆大厦：世界中心的边缘地带》，杨玚译，华东师范大学出版社2015年版，第66－67页。

③ 参见杨小柳《整体观的延续和拓展：都市民族志范式的构建》，《民族研究》2014年第6期。

三、都市人类学研究中的“我”与“他”

麦高登作为一名出色的人类学家，他所调查的香港重庆大厦不同于以往传统的人类学田野调查对象。如果说人类学在之前的发展历史中，习惯于离开自己熟悉的环境，去到遥远的陌生社会中寻找他者并展开研究，那么如今，我们会突然发现，就在我们自身所处的都市中，太多“熟悉”的陌生人等待人类学家去深入研究。《发现社会》的作者之一，兰德尔·柯林斯曾说过：“穿行到城镇的另一端比一次环绕世界的航行要更困难，而要在自己的家里进行一次发现之旅则是最最困难的。各种传统偏见抵制我们去探究和认识那些涉及我们生活的事实。”①

都市里的人们不再只是以血缘作为聚合的条件，更多的陌生人以地缘、业缘等更为复杂的条件聚集，并从事相应的活动。正是对这些陌生人群的研究，使我们可以更加清晰地认识自己。麦高登在香港重庆大厦中的研究正是引领读者在“熟悉”与“陌生”之间来回转换，在这不明确的界限之上去发现事情的本相。

从读者的角度来说，我们在《香港重庆大厦》这本书中清晰地看到了外籍商人、经理、临时工、避难者、家庭佣工、性工作者、瘾君子、当地业主、游客，各式各样的人充斥在重庆大厦中，然而这些人物的出现却与我们息息相关。正如麦高登所说：“重庆大厦仍然是世界各地人们的混合‘异域’，但它也许开始一点点变得‘正常’了，因为世界本身渐渐变得越来越‘异域’，世界上不同文化宗教背景的人都能在普通场景互动交流。”② 越是贴近日常生活的观察越容易让读者身处其境，在一定程度上与书中人物感同身受并且能够反思自己，更清楚地认识到自己所处社会的真实面貌以及自身与其他社会成员之间的紧密关系。

从研究者的视角来看，都市民族志要求我们在更加贴近自身日常生活的场景中进行研究，不但需要将研究对象作为“他者”，也需要将同为都市成员的自身作为研究的“他者”，在“我”与“他”，“熟悉”与“陌生”之间来回转换。人类学并不拘泥于静态般的观察，数据式的统计，其殊胜之处在于虽然“我”在研究“他者”，但是“我”要尽量去切身体验和亲证作为“他者”的经历、感受，在相互尊重和理解的基础上彼此包容，而非以一己的标准去要求和判断“他者”。麦高登在此书中不时提到自己在香港重庆大厦吃饭、住宿，去亲历各种人是如何在重庆大厦这样的狭小空间中寻求自己的生存之道。他的助理也跟随非洲商人去到他们的国家以观察商品和商人在全球范围内的流动状况。③ 这无疑都会使得在都市中做田野调查的研究者能够更加真切地观察他人，同时反观自己。

从中国理解世界，从世界反观中国，这需要我们彼此靠近。麦高登的《香港重庆大厦》让我们看到了商人群体的往来对中国人的日常生活以及中国与世界的资源互通、文化交流所产生的重要影响。在开放的环境中，商贸联通了不同文化对彼此的理解，更清楚地呈现出香港乃至中国在世界所处的位置。从更加微观的层面来看，非洲商人如何在内地与香港之间选择居留，南亚店主如何选择自己国家所需要的商品，避难者为何选择逃亡来到香港，瘾君子又缘何可以领取当地政府的津贴，所有的这些故事和细节都为我们理解香港乃至中国与世界的关系锻造了一面镜子，在凌乱复杂的故事中我们窥见了自己。

---

① ［美］兰德尔·柯林斯、迈克尔·马科夫斯基：《发现社会》，李霞译，商务印书馆 2014 年版，第 10 页。

② ［美］麦高登：《香港重庆大厦：世界中心的边缘地带》，杨玚译，华东师范大学出版社 2015 年版，第 266 页。

③ ［美］麦高登：《香港重庆大厦：世界中心的边缘地带》，杨玚译，华东师范大学出版社 2015 年版，第 62－69 页。

结　语

一本优秀的人类学著作看似关于别人，实则关于我们自己。人类学将“我”“他”相分离，而见“他”不是最终目的，在“我”与“他”相观照和融合的境界之中见到自己和世界才是真正的意义所在。无论是重庆大厦，还是来往于其中的各式人群，与其所在的世界发达城市香港相比，都有些“格格不入”，也正是从这直观感受来看，麦高登将其看作是“世界中心的边缘地带”。麦高登在书末预测：“今日的重庆大厦，就是明天的世界”①，“世界中心的边缘地带也许不久将成为整个世界”②。虽然就本书中到底什么是中心，什么是边缘，还值得商榷，但它仍然有着深刻的意蕴和关怀。若想探究为何如此，请翻开书本亲自去探寻一番，在众生中或许会遇见自己。

① ［美］麦高登：《香港重庆大厦：世界中心的边缘地带》，杨玚译，华东师范大学出版社2015年版，第296页。
② ［美］麦高登：《香港重庆大厦：世界中心的边缘地带》，杨玚译，华东师范大学出版社2015年版，第296页。